美学角度下女性健身行为审视与思考

任秋君　朱襄宜　王红梅　著

中国纺织出版社

图书在版编目（CIP）数据

美学角度下女性健身行为审视与思考 / 任秋君，朱襄宜，王红梅著．—北京：中国纺织出版社，2017.3

ISBN 978-7-5180-2579-4

Ⅰ.①美…　Ⅱ.①任…　②朱…　③王…　Ⅲ.①女性—健身运动—研究　Ⅳ.①G831.3

中国版本图书馆 CIP 数据核字（2016）第 088046 号

责任编辑： 汤浩　　　　**责任印制：** 储志伟

中国纺织出版社出版发行

地　　址： 北京市朝阳区百子湾东里 A407 号楼　**邮政编码：** 100124

销售电话：010—67004422　传真：010—87155801

http：//www.c-textilep.com

E-mail：faxing@c-textilep.com

北京虎彩文化传播有限公司　　各地新华书店经销

2017 年 3 月第 1 版第 1 次印刷

开　　本： 710×1000　1/16　**印张：** 17.5

字　　数： 372 千字　**定价：** 62.00 元

前　言

当今，女性群体已经成为现代社会中一个重要的、不可忽略的组成部分。她们有着独特的社会定位，也在此影响之下逐渐发展出独特的文化特征与流行倾向，既是来自于大众媒体的影响，也作用于大众媒体，影响着大众文化的前进方向。

在女性流行文化中，当下最受到热议的莫过于女性的身体美及其改造。女性向来执着于捕捉时尚、追求时尚，当现代女性身体美的标准成为大众共识，女性便将这一标准视为潮流风向标，开始追求身体塑造，以求达到理想的美。追求身体美的途径众多，有人执着于整形整容，有人执着于化妆与衣着打扮的讲究，而健身作为塑造良好身体形态的重要途径，也得到了爱美女性的关注。

健身是现代人在忙碌的工作生活中得到的最好的运动方式，人们一开始是追求身体健康而进行健身活动，但随后发现它不但能给人们带来强壮的体质，更能带来漂亮的体型、愉悦的心情。可以说，女性参与健身活动的行为，与她们的审美文化是息息相关的。身体人类学认为，身体是生物的，对身体的处理却是文化的。身体作为一种话语符号和隐喻，是在历史、社会、文化中被建构起来的。因此，基于美学的角度对女性健身行为进行审视与分析，能更好地透视体育文化与大众文化之间的相互关系，更利于为大众体育事业指出正确的发展道路。

同时，随着大众传媒的发展，大众文化正不断地塑造着女性的身体审美，女性身体成为大众传媒文化的主角，使得身体美相关消费无限膨胀，任何事物几乎都可以成为美的消费品。这种宣传的副作用就是现代女性对身体美的追求是不择手段的，过度追求“以瘦为美”、崇尚纤弱的形体外表，导致她们忽视了身体的健康以及身心和谐发展。更加严重的是这种病态审美也影响着尚未成为职业女性的中学、大学女生，十分不利于树立她们正确的健身观，给“终身体育”“全民健身”的思想的培养带来阻碍。由此看来，树立正确的女性形体美学观，并充分发挥学校体育的育人功能，加强建设女性体育锻炼环境，以及各种措施的现实需求都迫在眉睫。

本书基于美学的角度，对当代女性的健身行为进行全面分析与思考，并提出促进女性健身行为与女性体育产业发展的建议。前五章内容包括美学角度下女性身体美的理论审视、女性身体美及健身行为的历史演进、女性健身行为产生的原因、女性身体美再造与健身的现状、女性参与健身行为的缺失，系统阐述了美学视角下的女性身体美的相关理论，并对女性健身行为的历史发展与现状进行调查研究；后五章内容则包括美学角度下女性健身行为的理论构建、女性健身健美体育文化的培育、女性体育健身生活方式的构建、不同职业女性健身行为分析、高校女大学生身体美课程的建设，根据不同角度、不同女性群体特点，对促进女性健身、推动女性健身健美体育文化发展等建设性问题进行了分析与展望。

本书由任秋君、朱襄宜、王红梅共同撰写完成，具体分工如下：

任秋君（石家庄学院）第一章、第八章、第九章、第十章；

朱襄宜（湖北工业大学）第二章、第四章、第七章；

王红梅（中南林业科技大学）第三章、第五章、第六章；

最后由任秋君、朱襄宜、王红梅进行串编、统稿与定稿。

本书在撰写的过程中参考和引用了大量的参考文献和研究成果，在此表示由衷的感谢。由于作者的水平有限，书中难免会出现错误和瑕疵，敬请各位专家和读者提出宝贵意见，以便日后修订和完善。

作　者

2016 年 1 月

目　录

第一章　美学角度下女性身体美的理论审视

第一节　现代体育美学的身体转向

美学从它诞生的那一天开始，始终以人文关怀为己任。这是美学的精神内核，是美学的本体价值，同样也是美学对人类文化所做出的最大贡献。如果今天还有人愿意讨论体育美学的使命问题，那么我们首先应当讨论的绝不是体育美学的经济化与商品化，或者体育美学如何为体育科技革命或运动员的争金夺冠服务，而应该讨论在当下体育美学将如何体现自身的人文关怀。

一个世纪以来，身体日益成为人们关注的焦点。无论是社会科学还是人文科学，都开始讨论社会生活中人们的身体。从尼采用刻薄的语言为人类身体做出了令世人震撼的正名之后，梅洛·庞蒂、福柯、舒斯特曼等人提出的美学角度下的身体意识，可谓在身体的文化和符号意义上有了更深层次的发展，为现代身体社会学的来临奠定了理论基础，并促成了整个文化哲学研究的“身体转向”。正如舒斯特曼所指出：“我们的身体——从前被贬低为仅仅只是现实的媒体或手段（因此是从属的、反映的、变形的）——作为最重要的媒介，现在被提高到了建构者和事实场所的地位……身体自身成了一种真实的价值。”在现代城市文化中，体育馆与休闲中心代替了博物馆与图书馆，成为更受欢迎的地方，同时更多的金钱、时间与关注投向了化妆品、饮食、服饰与美容手术上，身体似乎变得越来越紧要。然而，体育美学对于身体的重新确认，完全不同于这种消费语境下的身体形象，而是指向主体性身体感觉的品质。

一、身体转向：体育美学的人文关怀

（一）体育美学中“身体”研究的客体化倾向：肉体显美

体育美学作为一门年轻的学科，对于“体育美在哪里”这一问题进行了深入地剖析。从20世纪80年代以来，众多美学爱好者对比已有许多论证。目前国内外体育美学界基本达成共识，即认为体育美主要有人体美、技术美、精神美三种表现形式。为了突出作为审美对象的体育运动中的人，提出“身体美”和“运动美”是体育美学的基本研究内容，其中对“身体美”普遍欣赏的是体型美、筋骨强壮美与肌肉力量美等三个方面。

尽管体育美学对身体美表现出越来越多的关注，但是这种从外观角度对身体美的研究好像缺少了重要特征。身体美、健康美或各种运动美，虽然都是基于运动中

身体展现的各种美的形式，看似身体是核心，其实此身体是一种客体的身体，或称之为“肉体”“躯体”。“肉体”或“躯体”是纯生物概念，可以理解为作为客体的身体。“肉体”表现的是作为自然科学研究对象时“身”的一个侧面，是可以从多方面来衡量的，如骨骼、力量或者生理机能以及健康状况等。这种建立在肉体客体上的运动美、健康美其实只是“肉体显美”，仅停留在身体的外在形态而已。在受到肉体制约的同时，在其基础上还有作为主体的“身”。我们一般将其称之为“身体”。所谓身体是无法作为空间形式存在，也无法被量化的作为主体的“身”。“身体”涉及无形的精神、心灵、情意，是生理、心理相容而成的共同体。但是在现今的高科技时代，我们的“身体”已附着上浓重的现代色彩，在很大程度上被视同为肉体了。“从学校教育里的健康教育、生物、护理等课程，乃至运用到医疗保健上，生活习惯中所理解的‘身体’，大都无涉于心、神、灵魂等课题。换言之，现代意义的‘身体’乃局限在其具体形貌，可透过解剖、扫描来观察的血肉之躯”。

不但如此，在种种的消费领域中，身体甚至被异化为肉体的修饰。诸如种种化妆品和护肤品的广告让所有人的注意力都集中在皮肤的表层，我们必须时时呵护着自身这种脆弱的防护层以免除各种外来和内在的侵害——细菌、灰尘、紫外线、衰老等；而各种时装广告与各式化妆品则又让我们为自己身体的修饰费尽心机。那么，我们应该怎么把握自己的“身体”呢？那种表现肉体的艺术思维可以给我们明晰的思路。艺术的雕塑与绘画，最重要的是要找出人身体最重要、最稳定的特征。“首先，时兴的衣着显然是一个很不重要的特征；每两年，最多十年就有变化……那是一个外表，一种装饰，一举手就能拿掉。在活的身体上，主要的东西是活的身体本身，其余的都是附属品，都是人工的。另外一些特征，即使是属于人体本身的特征，例如技艺和职业的特点，也不大重要”。我们要采取另一途径，指导我们的应是“某一特征何以更重要，是因为其更接近事物的本质；特征存在的久暂取决于特征的深度。所以我们要在肉体上找出它所固有的特征”。肉眼所见活的身体的本质，“无非是一副附有关节的骨骼和一层骨肉，全部很严密的连在一起，构成一架能做各种动作的灵巧的机器”。而有形生命的第2个元素，则是盖在肉上的一张透明的网——皮肤。雕塑与绘画对身体的把握给了我们很大的启示：身体就是运动机体，是各种感觉的实践体。梅洛·庞蒂提出：我们是以身体在世，身体是现象的身体而非传统意义上客观的身体；舒斯特曼为身体美学展示了全新的视野：他认为身体美学应该对人作为感官的身体进行审美欣赏，对其经验和作用进行批判、改善的研究。因此，他致力于构成身体关怀或可能改善身体的知识、话语、实践以及身体训练。

由于在身体运动中，“身”既不是他人操作我的“身”，也不是我将我的“身”作为客体予以操作，我是作为“身”而动的，或者说我就是身，身就是我。因此，对“身”的思考必须要从主体方面来予以明确。

（二）身体的主体性转向：体育美学的服务主旨

“身”之动，才产生具体的体育运动，为了阐明体育运动就必须首先明确“身”自身是什么。同样，要阐明体育之美也必须首先明确身体意义上的美感是什么。体育，基于其身体运动的体验特点，无法用言语“表达”出什么来。但是，体育运动却使人的身体得到许多在日常生活中难以得到的感受。身体在运动中通过跑动、跳跃、翻腾等动作，强烈刺激人的神经系统和感觉器官，引起其特殊的兴奋和快感。这些感受是人的全面发展所必需的，也是通向审美境界的初级阶段。身体运动强烈刺激着机体的神经系统和各种感觉器官，引起运动感、节律感、时空感、立体感……对力量的震撼，对速度、灵敏度的惊奇，对柔韧性、协调性、耐力的赞叹……人们在运动中不仅使这些感官获得充分的体验，而且在身体运动中还常常伴随着种种良好的感觉，如舒畅、坦然、冷静、专注、投入、自信、自如、活力……体育运动最鲜明的特征是突显感性而不是理性。体育作为一门专门处置感性的学问，要凭主体对自己的身体进行感觉、体验。因而，作为研究身体感性之美的体育美学，运动中身体的各种感觉特别是运动系统的快感、美感为其提供了广阔的探索空间。

身体的审美不完全是精神层面的，而是由多重感官的体验来完成的。当我们去审美时，视觉、听觉、味觉、触觉、嗅觉等各种感官就会一起被使用，组成一个共同的审美体。“人对世界的感觉，不仅依靠视听，也不仅依靠其他感官，而是整个身体向运动对象的全方位敞开。它涉及人的每一个神经、每一个毛孔。这种审美体验的身体性，就是现代汉语为审美体验规定的‘以体去验’的属性”。美学专家刘成纪对审美体验的诠释，使我们对桑塔耶纳的观点有了进一步理解。桑塔耶纳认为，“给我们带来审美基础的首先是我们自己的身体。人体的一切机能都对美感有贡献”。可见，只有从对身体的外在形态转向对身体感觉与体验的关注，体育美学研究才能实现从“无身”向“有身”转化，从而真正体现该领域的人文价值。

总之，体育美学应致力于为身体的各种感觉，尤其是运动感觉在运动中的充分滋养与发展提供美学依据。一旦明确这一点，不仅体育美学的人文价值得以凸显，而且关于“体育美在哪里”等诸如此类的无休止争论将迎刃而解，踌躇于瓶颈中的体育美学将获得全新的生命力与广阔的研究空间。

二、源自身体的感觉：体育审美的三重体验

体育运动中各类项目构建着各式各样的形式美。比如：跳水健儿腾空跃起，在空中一番眼花缭乱的转体后，疾箭般插入碧波之中；一场精彩的球赛中，球员们精湛的技艺与巧妙的配合；体操选手在地毯上腾跃，凌空飞旋，那流畅美妙的动作给观众留下深深的印象；武术动作形神合一，威武强健，复杂多变，尤其是手、眼、身、法、步、精、神、气、力、功的协调配合，讲究意与气合，气与力合，手与足合，肘与膝合，肩与胯合；运动会的开幕式和闭幕式，成千上万人的团体操表演，编排精美，规模宏大，气势磅礴……这些都充分表现了体育运动的直观形式美。但是，我们若仅仅是从观赏者的角度去惊叹运动员高超的体能、技能、技巧，甚至毅力时，我们所体会到的美可能并不是真正意义上的体育美感，而只是一种主体对客体对象的“欣赏”罢了。“从前的一切唯物主义（包括费尔巴哈的唯物主义）的主要缺点是对事物、现实、感情，只是从客体或者直观的形式去理解，而不是把它们当

作人的思想活动，当作实践去理解，不是从主观认识方面去理解”。马克思超越此前一切唯物主义者的过人之处，就在于他能够将“事物、现实、感情”从人的主观认识和实践方面去把握与理解。这对我们研究体育美学，不也是一条通往真理的道路吗？

体育运动既是身之动，那么体育之美就得从身之动的主观体验来把握了。体育运动的身体美感，有着三种不同水平的审美体验：一是身体在运动中，源自肌肉运动系统产生的并伴随着情感体验的“运动快感”；二是建立在第一反射运动快感基础上，源自对技术动作“内模仿”的“运动联想”，由于身体运动的优雅“形式”过于触目以至触景生情，通过相应肢体经验的回忆、唤醒，进而激发出情感反应；三是超越二级反射的身体感官共鸣体验，是一种心灵走出感官，与运动意义世界相融相忘的“身心通感”。

（一）源自肌肉系统的“运动快感”

汪济生认为一切精神活动都可以称之为反应或反射活动，而所有的反射活动在逻辑结构上可以归为三个级别：第一级反射，它指的是直接服务于生命体感觉需要的行为，以生命体的生理性好恶直觉为动因，它的行为方式和执行过程往往是自动进行的，相当于无条件反射；第二级反射，它是第一级反射的延伸，相当于经典的巴甫洛夫条件反射，这级反射和一些较复杂的审美形态关系很大；第三级反射，主要指的是神经系统的理性活动，语言就是凭着这一层次反射的结构而诞生的，而且语言的诞生又反作用于三级反射，使它的速度空前提高。

生命体在自己内在需要的推动下，通过上述的反射级别，把对周围环境的认识和反应之“手”越来越长地伸出去，这里就出现了一个与我们美学问题有关的现象，即生命体的智力程度越高，越能远距离、大范围地看到周围事物和自己内在需要的满足与否的因果关系。简单地说，快感就是一级反射机制所引发的肯定性感觉；而美感是由二级、三级反射机制所引发的肯定性情感。或者说，前一种快感称作实感态的美感，而后一种美感称作情感态的快感。因此，所谓美感和快感的区别，说到底也就是由反射引发机制级别不同而区别开来的不同层次的快乐体验罢了。

人类在几百万年的进化过程中，身体的各种感觉器官在为人类生命谋生活动不停地工作着。除了不断从自身和外界获取各种与生命生存有关的感觉信息以外，也会不时地从外界获取令自身肌体和感官满足、兴奋、美好的感觉。这种感觉随着人类精力和余暇的增多而被有意识地再现与再创造。由此人类的美感活动由原先的自然自在形态逐渐走向了自觉自为的形态。我们今天的各种游戏、体育、艺术活动，正是这种自觉自为的美感活动。但如果我们略加留神，就会发现这些纯然超越物质世界的艺术与游戏活动，其美感依然来自机体和感官的快感。

当个体抛弃各种多余的动作，摆脱各种束缚协调自如的运动时，往往会惊奇地感受到生命力充分发挥和表现的自由状态。不仅他的身体在运动，他的情感也随着流畅、协调的运动形式充分地表现出来，从而在身体运动的和谐形式中产生了流畅、合乎节奏的美感体验。肌肉感觉也有体验美的可能性，在锻炼身体的自由活动中，在一位短跑运动员的冲刺中，在一位训练有素的体操运动员的自选或规定动作中，即刻扩散至整个身心的、作为一种身体健康适意和技能灵活性标志的情感在特定的瞬间是可以成为美的享受的。从心理学角度说，就是神经—肌肉活动，这种运动能使人体本身及活动具有获得美的可能性。

（二）源自对技术动作“内模仿”的“运动联想”

如果说人在运动时引起运动器官、肌肉系统适宜的感觉与随之相伴随的情感叫作“运动快感”，而这种“运动快感”被视为第一级反射的话，那么，那些使人联想起肌体动觉快感的行为方式或形式则就有了较复杂的审美形态。这是第一级反射的延伸，是由于某种形式、动作或行为方式与第一级反射有着间接的关系而建立起来的反射系统，与经典的巴甫洛夫条件反射相当。体育给人的美，源自直接或间接（观看运动）人的肌肉系统的动觉快感，而运动员健美的体形、流畅的线条、结实有力的肌肉、灵活敏捷的弹跳、优美的旋转、高速的奔跑与器械的和谐相融等，恰恰是诱发人的肌肉系统动觉快感的美的形式……我们不妨称之为“运动联想”，可以归入第二级反射。当我们观看运动员在比赛中表现出波动的曲线、弧线、折线、斜线、蛇形线；欣赏到运动员天生的身体素质与一种非凡天赋的精准结合，在恰当的时机表现自身能力的精彩瞬间……这些身体运动的优雅形式，通过相应肢体经验的回忆、唤醒，进而激发出观者的情感反应。这一条件反射形态是在第一级反射快感的基础上形成的第二级反射形态，由于其“形式”（动作）过于触目以至触景生情。由于这一反射形态的快感不再是拘泥于身体某部分的快感，而是忘我地将注意力引向外界，因此这一形态的快感可以认为是一种美感。

具有生理快感的动作实际上很难有纯粹的形式出现，而在生存要求满足后产生的游戏要求，从谋生和劳动中借用一些使主体曾产生过快感的技术动作形式。这些技能“形式”一旦从谋生、劳动中解脱出来，又被游戏按着自己的审美要求大大地加以改变、发展，就获得了自己的独立性和自主发展能力。这种自主发展由于有着自身的内在动力和指向，可以“走”得非常远。就像将沉重的“铅球”抛出后一样，对于我们来说似乎已没有任何意义，就是在战争年代也是如此，但是铅球比赛所规定的这些规则与技术动作，正是远离日常生活引导观众全神贯注欣赏的前提条件。又如各种手倒立、吊环十字支撑、平衡木动作等，这些运动项目均是以急剧的起动、转体和突然加速来改变身体的位置。从整体观察空间结构上的变化，从这些技术动作中很容易感受到平衡美。肌肉骨骼运动感官所带来的快感升华到美感的过程需要一个“形式”的提炼过程，而运动技术之美就是这些“形式美”的体现。

三、与运动意义相融相忘的“身心通感”

更具有审美意义的是比第二级反射更复杂的第三级反射活动。它是在第二级反射建立的基础上，对第二级反射的条件联系进行比较，以想象力为触角和探针，找到了这些条件联系中具有一致性的东西。有如在运动中感受到了人类对身体极限的挑战，对精湛技艺的炫耀，对人体健美的膜拜，对交流、和平、友谊、公平、竞争、负重、拼搏、奋战等的追求……这种快乐不是运动中的舒适感觉，而是在感悟和体验运动的意义与精神中获得的快乐。我们将这种更具有审美意义的快乐感觉称之为“身心通感”。“身心通感”不拘泥于肉体的自由，审美快感的器官必须是无障碍的，它们必须不隔断人们的注意力，而直接把注意力引向外在的事物。好比打网球的快乐，不是体验在流汗的持拍手臂或跑动的双脚中强烈的感受，而是以由衷的酷爱和专注的心神去玩这个游戏。“我们的灵魂仿佛乐于忘记它与肉体的关系，而且幻想自己能够自由自在地遨游全世界，正如它可以自由自在地改变其思想对象。心灵可以从中国走到秘鲁，而绝不觉得身体哪部分有丁点儿紧张变化。这种超脱的幻觉是使人高兴的，而沉湎于肉体之中，局限于感官之内的快感，就使我们感到一种粗鄙和自私的色调了”。

自古以来，人们就十分热爱体育，不仅仅是因为体育能让人更好地生存、劳动或强身健体，而是体育自身所承载着真、善、美的文化精神给人无尽的美的享受。在健壮身体的较量背后，体育运动不仅体现了人类对摆脱物质世界的束缚而不懈创造的精神；同时也传递了人类对友谊、和平、平等竞争的共同理想。百年传承的奥林匹克运动，正是传承着人类为增强体质、磨炼意志和发扬体育精神并使之全面发展的一种生活哲学。而我们对体育运动背后这种人类久远情感与奋争的感悟，已然超越了对运动员高超运动技能的感觉联想，逐渐向着普遍意义的境界之美“身心通感”接近。“观众都渴望将自己的能量与运动员的身体能量融为一体，并以此来增强自己的能量。这里所说的体验不是指精神上的统一，而是身体上的一致。作为观众，人们一直怀着紧张的心情期待着自己的能量与运动员的能量相融那一刻的到来，尽管谁也不知道这一时刻究竟何时到来。这一时刻一旦到来，观众与运动员之间的距离便随即消失”。这种接近相融和超越的过程应该说就是主体审美素质不断优化、审美能力不断提升的过程，而无数主体的不断提升，就构成了群体的提升。这样，在体育运动中，任何一个主体都意识到了自身的存在，同时又认识到他和其他主体因为共同沐浴着体育之美，而一起归属于一个充满公平、竞争、拼搏、渴望、挑战的环境中。然而伴随着现代奥林匹克运动的发展，其自身异化和演绎出的为争名夺利而呈现的“商业交易”“政治追求”等现象令人触目惊心。运动员肆无忌惮地服用药物和消极比赛，个别裁判被定性为“黑哨”，教练员与运动员之间，运动员与俱乐部之间的纠纷，以及在奖励机制作用下，一些运动员和教练员表现出严重的个人主义、享受主义、拜金主义的思想，为了个人利益而急功近利等，使奥林匹克精神几乎化为泡影，也使奥林匹克价值理念受到冲击。这种异化现象，正是反映了“身心通感”的审美境界在现代体育中的不足与缺失。

第二节　女性身体审美研究综述

一、女性身体审美研究

对身体美的认识与研究，人类有着悠久的历史。可以追溯到人猿相揖别之时，人类从那时起就开始了对身体美的探索历程。虽说起初仅仅停留在经验的基础上，没有上升到理性认识，但当人类发展到一定阶段，就逐步由经验提升到理性认识，从对现象演绎上升至对观念和规律的总结。

（一）女性身体美理论

在中国古代关于身体美及其相关的理论，大都是以人体部位及功能同文学艺术的审美相比拟，建立在对人体的外部构造和肉体功能了解的基础上。该理论常见于文论、画论与文学典籍等，如文论史上的气、韵、味、风骨等范畴的命名，这种中国式的审美理论具有具象性与意象化特点，难以上升到系统的逻辑分析和推理的理论总结阶段。而在哲学认识论中，西方发展了丰富、系统的人体艺术理论，其中最有代表意义的为19世纪法国艺术批评家丹纳的《艺术哲学》一书，它是一部艺术通史性质的人体艺术理论著作，至今仍然对西方的人体美学与艺术批评产生着深刻影响。其实西方早期的人体美理论在很多经典著作中就能清晰可见，如波利克托斯的《规范》、罗马学者维特鲁威的《建筑十书》等。中国的身体美研究自长期停滞之后，于20世纪90年代有了一定的发展。代表人物有学者陈醉，他从艺术史、宗教、美学和文化角度对人体艺术进行解读，1988年撰写了《裸体艺术论》。随后就有高小康、张节末、方漳林、姜世正撰写《人体美学》，尤其是王德胜1993年撰写的《形体美的发现——中西形体审美意识比较》等著作，著述或予身体美研究以实证，或从理论归纳的角度对人体美进行探讨，为后来对身体美的研究奠定了良好的理论基础。然而通观中西方古、近代的身体美理论，仍缺乏对影响中西方身体美观念与表现形式的追本溯源以及对女性身体美理论的系统研究，这些现象足以引起社会相关学界的重视。

（二）女性身体审美意识及其表现形式

首先，在对女性身体审美的认识与表现形式的研究中，学者胡敏认为中西方关于人体美和人体艺术的观念是不同的：西方从自然科学的角度去阐释人体美；中国传统文化则注重伦理道德方面的因素。人体审美的趣味也不同：西方人似乎比东方人更加重视美女的身体，重视美女的第二性征；中国文化中的美人大多是“貌美”，所谓貌若天仙；西方文化中的美人同时也需“体美”，所谓魔鬼身材。如16世纪意大利作家费伦佐拉在《论妇女的美丽》一书中，高度概括了西方以往的作家、艺术家对女性美的描绘，或是把一些局部的美综合在一起成为一种理想的美。注重的是“美女的身体”。其次，受时代变迁的影响。不同的时代，人体美的标准是不一样的，美女的特征也不同。同时，对于某些不同时代看似相同的人体美标准，却有不同的审美解读。再次，人体美的本质。人们从不同的角度对其有丰富和精到的阐释：一方面人体美积淀了生物进化和文化进化的丰富内涵；另一方面身体的美就是欲望、技术和大道的游戏显现。王德胜在1993年撰写的《形体美的发现——中西形体审美意识比较》，书中关于中西方形体美的不同审美意识分别是从伦理精神、文化模式、理论表现等角度指出中西形体审美意识的差异源自文化精神和意识的差异，但也存在着共性，即以健康为美；由于受中西方文学碰撞交融的影响，带来了现代中国女性审美标准的嬗变，突出表现是反中国传统文学中以柔弱为美的女性审美标准，到以刻画女子丰满健美为艺术准则的变化。学者马子新从身体写作的视角，自觉地把女性身体之美放进审美空间，追寻女性身体自然的美丽。这表明他对女性身体的写作虽然是文学性的，但却以感性的方式与对身体的美学考察进行相互印证。

（三）女性身体审美价值

“女性只能局限在这种审美的法则之内，不能对自己蓬勃的生命力进行自由地表达和书写。”在美学史写作和传统美学的研究中，女性自身的审美基本上是整体性的不受关注，占据美学话语中心位置的都是男性的审美话语，而女性独特的审美经验、审美理念却没有得到应有的书写。然而随着人类文明的发展，人的独立意识日益增强。女性美，尤其是作为独立的审美客体被现代人重新认识和挖掘，渐渐显示其新的价值取向。易健在《谈女性美的审美价值及其鉴赏》中从女性美巨大的审美感染力、召唤力、向上性、自由性、净化功能、导善功能等多个层面阐述了具有极高审美价值的女性美是一种“无与伦比的美”，同时他认为就女性身体审美问题应从两个方面进行强调：一方面，正确欣赏、看待女性美就是要把女性美看作一个整体，鉴赏时作整体的观照。另一方面，女性的形体美是人们普遍追求与欣赏的一种女性的外在美。它包括女性的身体美、姿态美与服饰美。女性的身体美主要是指身材相貌的美，这是女性人体的一种形式美，具有极高的审美价值。因此，陈望衡在《审美历史演化中的身体境遇》研究中认为：“身体作为被观照的美的对象，重要的是身体在美的感受、评判中的主导功能和内在机制，身体属性在审美创造活动中具有不可忽视、不可替代的独特价值”。这在西方学者的一系列研究中也有体现：如德国古典主义美学时期，康德、歌德、黑格尔、席勒都曾称颂过身体之美及其价值。而身体之美的实现来自理性（精神）与感性（形式）的和谐。特别是尼采“自恋”式的观点在一定程度上具有人性解放的意义。如果没有这样的“自恋”观点，那么真正的“自我”将会消失。值得一提的一个重要的观点是除了女性在历史上地位低下之外，女性更强的自恋性也使得女性身体更容易成为被注视的审美客体。

（四）消费时代女性身体审美

在人类进入消费文化时代，女性在大众文化语境下被广泛消费的身体美学具有强烈的时代特征。刘羽、赵行专等从大众文化的视角研究认为，大众文化特别是媒体对女性身体审美的扭曲及其身体的束缚表现为：一方面，美丽着、性感着，才是符合时尚的美人，只有性感才能俘获大众审美眼光，才能迅速让大众得到审美愉悦的快感。追求完美精确的美丽于女性而言，变成了宗教式的绝对命令。另一方面，女性下意识经受着广告反复的鼓噪，逐渐放弃了自己独立的身体美学意识，认可、赞同、归并了大众媒介所宣扬的身体美学。女性身体在大众文化下深陷于美丽的困境。女性也因此置身于“审美主体”与“被观照的客体”之间的两难情境中。

（五）社会性别视角审视下的女性身体美

在社会性别视角审视下的女性身体通过男性中心文化，构建了美的标准。即便是在妇女解放已经取得了巨大成就的今天，男权文化仍然可以通过社会审美标准完全控制女性的生活方式和思想意识。中外学者从性别逻辑、社会认可、社会控制等方面进行了颇多的研究。

福柯曾说："不需要其他形式的制约，只需要一个凝视，……就会使人变得卑微……"用这种"凝视"模式来分析女性身体的审美，从表面上看，是女性"自发"的选择，然而，如果把这种选择放进福柯的"凝视"模式，不难发现那是凝视所产生的效果。这种凝视实质上是把女性存在的意义引向单一形象的身体。这种单一形象背后的深层原因是社会性别制度建构的审美取向——女性一直是供男性观赏并从属于男性的角色定位。当代媒体与舆论也在不断地强化和渲染这种不合理的刻板印象，在男性强势文化的引导下，女性把其内化成了自我价值的评判标准。男权意识将女性的价值限制在容貌、年龄、体形上，且将女性美的标准冠以健康、科学、性感等修辞话语，更加具有迷惑性，使女性心甘情愿地认同。但是不管审美的标准如何改变，审美文化的本质没有改变，即男性永远是美丽意义的赋予者，而女性只是美丽的载体。

目前西方最盛行的关于女性理想身体研究的理论是斯蒂斯提出的理想身体内化理论，即女性有意识的通过特定的行为达到社会所定义的理想身体标准。如在理论上，女性受他人影响将瘦身理想内化为个人的生活行为。特别是受大众文化影响，瘦身审美追求，无形中强化了理想身体的作用。接受即认同、认可，在对待女性身体审美的问题上，从古至今大家都知道这不仅是个人的需要，也是整个社会的需要。"……女性只有达到了社会所要求的美才会被认可"。张兴霞在对女性的社会性别认同研究中指出：在男权文化中，女性逐渐由被动的被凝视、被观照转向了自我凝视、自我观照，一旦进入审美领域，压迫或奴役一类的问题就销声匿迹，女性心甘情愿地以男性的审美观自觉地进行"自我审视"和"自我塑造"，她们认同了各种各样的男权文化下的身体审美对自身的压抑和束缚，由此而使男权文化更加坚不可摧。因为女性只能按照男权社会定下的标准来发展自己才能被社会认可，而自己只有被社会认可了也才能获得自我认可感，而社会本身同时也获得了利益。特别是随着社会的发展，女性在对身体的关注与审美中获得一种陌生化的新感受。李华林等在研究日常生活审美化与当代女性身体审美的陌生化时指出：目前，那些对女性身体所进行的复杂化、标准化改造是当代女性身体审美追求新奇与快感的需要。

英国学者迈克·费瑟斯通（Mike Featherstone）认为，这是直接将身体审美引进现实生活，使女性身体各部分都成为大众的审美设计对象，如美容、美发、美甲到美体无一不是如此。日常生活审美化的审美泛化、民主化难掩当代女性身体遭遇的美学暴力和两性权利的影响，揭示了现代社会女性自主性的缺失和仍处于从属地位的现状。它将给女性自身和社会带来极大的危害。

综上所述，在这些对女性身体审美的研究中，女性身体审美是多元的、动态的，特别是现代女性把对身体的保养和美化作为人生追求的目标和快乐的源泉，她们对身体的关注尤其是对身体外观的重视超过了以往任何一个时代，认为身体美是通向幸福的钥匙，或许甚至是幸福的本质……为此，我们只有通过综合的视角对女性身体美进行研究，才能使女性身体审美达到一种逾越。

二、女性身体美再造现状研究

（一）女性身体再造现象的表现形式

纵观人类的女性身体审美历史，那些施于女性身体的暴力美学比比皆是，美丽与残酷并存、热情与摧残并存是女性身体再造的生动写照。

1. 愉悦的囚禁——束腰

欧洲有鲸骨束腹、钢骨胸衣、电子束腰等，她们通过用装置来强化纤细的腰肢，以此证明女人的本色。它是道德的表征，也是休闲阶级的一种标记。

2. 张扬的乳房——隆、缩胸

当人们欣赏小而结实的乳房，以大乳房为丑时，妇女通过穿着短小的紧身胸衣、管状紧身胸衣、两片式胸衣来达到目的；当有许多女人为了“挺”好时，不惜在乳房上动刀隆胸。

3. 血腥的魔鞋——纤足

在西方，人们崇尚女人精致小巧的脚，女人为将双脚塞进又尖又窄的鞋子里，不得不将小脚趾切除；在中国，缠足曾是一种“国粹”。

4. 刀下的美丽——整容

“美丽是可以争取的”，女人为了美丽而接受拉双眼皮、隆胸、抽脂、打针吃药、换肤漂色、按摩挤压、镶水晶牙，甚至喝毒汁，也在所不惜。

5. 厌食的怨女——瘦体

随着竹竿美人的崛起致使许多女人崇尚瘦体形，因追“瘦”而患上厌食症，最终还危及生命。

如各类减肥方法令人眼花缭乱，无所适从。为此，许多学者特别是姜秀花、武斌等学者，从文化的视点切入，分析女性身体美的文化控制了女性的生活方式，反映在审美关系中两性权利和地位的不平等。其表现为：身体美是女人的价值所在；对身体美的追求成为一些女性极端的生活方式；对身体美的追求使女人一生与自己的身体为敌；女性道德美和形体美双重标准演化的结果，促使了女性在审美文化中主体地位的丧失。

（二）女性身体美消费

1. 消费社会与女性身体美

在消费领域女性从过去的消费客体转变为现代社会暂时的消费主体，其最终在审美暴力和大众传媒的双重压迫下成了被束缚、被诱导的消费者。身体化的凸显是消费社会的一个典型特征。“身体化是消费社会对女性形象的建构，女性的最大价值就在于她们的身体，而非其精神内涵。女性在消费社会被最大限度地身体化，成为被观赏、被利用的对象”。这种消费主义文化按照艾莉斯的说法是“围绕身体而展开，把身体作为载体，使之成为福利政策不可分割的一部分”。艾莉斯在研究建立身体话语转换的理论时认为：“身体的资本化使得人们对身体的重视程度越来越高”。根据波德里亚的说法，身体在消费社会已经成为“最美的消费品”。消费社会与女性身体的关系主要地体现在两个方面：一方面，它利用女性的容貌以及性的特征来引诱公众对其产品的消费欲望，以获取经济效益；另一方面，也是较为隐蔽的一面，即消费社会的生产逻辑是借助传统社会性别角色的资源对女性身体进行控制的。

2. 消费文化与女性身体美

在消费文化背景下，传媒经济中的女性受众业有了全新的解读方法，即消费文化的解读方法。学者郭健对女性消费文化的研究认为：“传媒与女性及其消费文化之间存在着一种互动与矛盾的多向度关系”。传媒，一方面要反映女性的消费需求，以便吸引女性的关注；另一方面传媒又要不断引导女性消费，进行对女性消费习惯的培养。随着“消费”对于“生产”的决定性作用已为人们所认识，以及“消费社会”逐渐的全球化，消费文化正在被重新释义。“消费”越来越被视为积极的社会实践行为。“一方面消费文化进一步物化了女性的身体，使其更受传统文化的控制，女性成了被动的客体，丢失了主体性；另一方面身体是快乐和表现自我的载体，消费文化‘解放了女性的身体’，使女性找到了一个自由表现的空间，女性的身体、生命活动正成为一种更具主体性的审美活动”。女性身体已从传统的文化观念、社会观念走向拥有者的“意志”观念——为一种自恋式的需要，满足社会美丽标准的需要，从而成为可塑的对象和社会的稀有资源。而消费文化则搁置了女性身体的精神内核，放大其消费、享乐的一面。女性的躯体和灵魂分离了，臣服于视觉快感和商业利润，日益剥蚀着审美的自律和经典模式。为此，从某种意义上说女性身体只是作为观赏的需要，观赏性是其主要特征。（蒋继华，2007）

3. 传媒与女性身体美消费

在传媒的“她世纪”，女性作为媒介消费的主要受众群，仍然难以逃脱媒体强大的影响和作用，陷入了被消费和消费自我的双重诱导之中。女性身体既是时尚消费的代言人，也是流行时尚的阶下囚。著名女性主义者杰梅茵·格里尔在其《完整的女人》（The Whole Woman）一书中这样评价女性对消费的主导：“市场本身虽没有性别，却操纵在有性别的消费者手中”。美国独立妇女论坛（Independent Woman Forum）2006年度报告指出：“男人在高技术领域是以开发者的身份发挥作用，女人则作为主要消费者而存在”。学者白蔚在对传媒中的中国女性的研究中指出：“……某一个人如果在某个社会领域得不到满足，就会找寻另外领域去获得满足”。为此，作为消费者身份而存在的女性为了表现自我、满足自我，时尚就好像载体，女性找到了实现这种满足的载体。大众传媒将女性身体表现为时尚消费的偶像，追逐时尚、追求名牌、注重身体美学等，恰恰印证了女性在消费领域之外受压迫的事实。其实质是置于审美暴力下的女性身体消费，是压迫女性主体意识、最终走向审美空洞和精神空虚的消费文化，令女性陷入媒体和商家合谋制造的消费陷阱中。（虞艳丽，2007）

4. 女性身体塑造及其文化控制

英国学者迈克·费瑟斯通认为:“在消费文化中,躯体被认为是快乐的载体。现实中的躯体越是接近青春、健康、苗条与美丽的理想躯体意象,那么它的交换价值就越高”。他还指出:“消费者越来越接近‘躯体的特征是可塑的,人们通过努力以及躯体制作(bodywork)可以达到特定的、自己想要的外形’的想法”。然而美国社会学者黛布拉·L. 吉姆林(Debra L. Gimlin)博士指出:“身体被文化塑造”。这个观点与西蒙·德·波伏娃在《第二性》中的观点是一致的,可以说它是在波伏娃观点的基础上发展而来的。至于福柯所认为的权力不依靠自我作为控制身体的媒介,黛布拉·L·史吉姆林并不赞同,她认为这种论调忽略了主体的能动性,尤其是以女性作为主体的主动性;她认为在身体塑造过程中,女性通过对身份的协商,可以重新塑造自我。但是,现今广告正通过一种极具煽惑性的表象,构建了身体与其他价值之间的关系,从而在规训女性身体的社会建构中发挥了极其重要的作用。

现今社会的时尚崇尚对身体美的充分展示,并通过各种影响渠道对年轻女性,尤其是女大学生产生一种很强的模仿及拉动力,广告、电视、网络、选美等消费手段,更是不停地作用于她们身上,在这两种力的拉锯下的年轻女性的“身体消费”直接影响她们的形体审美意识的建构。女性在这种消费文化中无论是作为消费主体还是消费客体,其身体消费的主体性堕变为物役的被动性,对物质的消遣变为被物质消遣,女性自我也在这种畸形的消费中再度走入迷途,导致主体和客体的双重陷落。

从上述研究可以看出:女性身体再造现象从古至今就有,其表现形式都反映了时代变迁的痕迹,也凸现了不同时代在不同层面对女性身体不同程度的社会控制。这些研究是对女性身体社会处境的不同角度的一种透视,是对女性身体再造现象的剖析。从这些剖析中能得到很多的启示,但是从实践出发又在理论上有所启发的“女性身体美与身体塑造”的相关研究却相当少,尤其是对于女性身体与健康美具体而入微的深入探讨非常缺乏。为此,本书试图在此基础上对女性身体问题做进一步的探讨,力图挖掘出女性与女性身体美的多元化表达,努力逾越当今社会对女性与女性身体的社会控制,回答什么是女性身体美的问题,为社会和谐发展倡导一种健康的审美文化。

第三节　美学视角下女性身体美的判断标准

一、美的本质与特征

从古至今对于美是什么,众说纷纭。不同时代、不同民族、不同文化等因其界定和崇尚美的标准不同而各有差异,并随着社会的变迁而变化着,由此而构成异彩纷呈的多彩世界。女性身体的美作为多彩世界的一分子,也同样在社会变迁的历史文化中被定义,从而构成了女性身体美的历史。

（一）美的本质

什么是美？其本质何在？对于这样一个命题，中外学者已研究讨论了2500多年，但至今仍无定论，而且争论颇多。不同的时代、不同的人对美的看法不同，可谓“仁者见仁，智者见智”。美是一个相当复杂的东西。对美的解答，古今中外各有不同，各有侧重。纵观西方的美学研究史，前人在对美的本质问题研究时认为，美的本质问题不是简单、孤立的，它不但牵涉到美学领域以内的一切问题，而且也涉及每个不同时期的实践和思想文化情况，最后都要牵涉到社会基础。专就美的本质问题的历史发展来看，它主要是内容与形式的关系以及理性与感性的关系问题。但因美学流派多，对美的本质的看法也就各有不同。

单举我国现代美学的开拓者和奠基者朱光潜在对西方美学史的研究为例，他认为美的本质问题主要有五种：（1）古典主义——美在物体形式；（2）新柏拉图主义和理性主义——美即完善；（3）英国经验主义——美感即快感，美即愉快；（4）德国古典美学——理性内容表现于感性即形式；（5）俄国现实主义——美是生活。

古典主义的美在物体形式，具体地说是只在整体与各部分的比例配合上，如平衡、对称、变化、整齐之类。一个有生命的东西如果要显得美，就不仅要在各部分的安排上见出秩序，而且还要有一定的体积大小；美即完善说认为：“一件事物如果符合它那类事物所特有的形体结构或模样而完整无缺，那就算达到它的‘内在目的’，就叫作‘适宜’，也就叫作美”；英国经验主义的美感即快感说主张：美等于美感，而美感是一种主观方面的心理作用，美不是事物本身的属性，它只存在于观赏者的心里，每个人心里显出不同的美；美在理性内容中表现于感性形式说的主要观点是：只有人才能有艺术，也只有人才能创造美和欣赏美，艺术美之所以高于自然美，也就因它是绝对精神的显现；美是生活说毫不含糊地指出：艺术不应该从概念出发而应从现实生活出发，现实生活的美只在内容本质上而艺术的美则只在形式上。

在中国古代对美的诠释也是百花齐放、百家争鸣。庄子说，“朴素而天下莫能与之争美”；朱熹说，“美者，声容之盛，善者，美之实也”；孟子以“充实之谓美”；老子以“见素抱朴”为美；王阳明认为“美在吾心中”；李贺则认为“自然之为美”等。

美即和谐与完美。在一个绝对独立的系统中，内部的运动终将导致这样的结局：静止或无限循环，即达到内部的完全平衡，也就达到了美的状态。绝对的美是永远达不到的，因为绝对独立的系统在现实中并不存在。马克思主义美学家们关于“美是人的本质力量的对象化”“美是规律”“美是典型”等科学论述，都对于“美”这一属性的具体内涵提出了异彩纷呈的观念，为我们研究“美”留下了无尽的遐想空间。

综上所述，美的本质虽说是美学中最基本的理论问题，但自古以来一直没有明确的定论。人们一方面认为美好像是容易被感觉到的，在人们的生活中能体验出来，另一方面认为美又是非常难以道出它的本质。美的感受、美的欣赏是生动、愉快而又轻松的，但美的本质却是抽象的，任何形式的美要想简化为简单的原则都是很困难的。因此，对美的本质问题的把握是许多哲学家、思想家们千百年来不断追求的目标。同时，为了解美学中美的本质问题，众多哲人智者，穷毕生精力，尽所有智慧，进行艰难的探索。这些告诉我们：对待美，认识美，我们不能“一根筋”，作为纯粹化和简单化的理解。美是复杂的也是多维的，它可能与污泥浊水并生，也可能被不美的东西当作招牌。美在本质上是直觉形象、是不同于功利性那么实用，但不能排斥在美的存在中被功利性作为附加值来贩卖。

因此，本人更赞同学者张先松的观点：所谓美，应该是自然美、社会美和艺术美的统一，它既离不开物（对象或客体），也离不开人（创造和欣赏的主体——生命）。生命运动是一个铁的规律，美只有在生命运动的形式中才能找到它唯一的归属。

（二）美的特征

世界上的万事万物，千奇百态，各有不同。其存在的形式与外在现象各有特征，美作为一种现象，其特征是显而易见的。

一是形象性：任何美的事物和现象都是形象的、具体的，它们都有一种感性的具体形态，可以通过人们的感官直接感受到。因为它们的内容都要通过一定的色、声、形等物质材料所构成的外在形态表现出来，如人的美有着丰富的外在形式和内涵，体形、姿态、肤色、衣着、气质、风度、情操、修养等。这些美的具体表现，一些可能是与生俱来的，一些也可以后天培养，其形象性体现丰富而又多彩。

二是感染性：美的事物不直接诉诸人的理智，而是诉诸人的情感。通过它以感染人，激励人、愉悦人。即任何美的事物都能激发人的情感，使人们在精神上得到很大的愉悦与满足。它不仅形象动人，而且具有强烈的感染力。它不以人的主观意志为转移，而来自于长期的社会实践和历史文化积淀，并以感性的形式直接诉诸人的理智、人的情感。如女性的那种高雅气质和风度之美，给人带来愉悦，同时也激发人美好的情感。而这种美最初出现于审美感知阶段，作为一种感官的快适与对象的声、色形式联系在一起，但它决不停留于此，随之进入深层的体验并得以升华，深刻而持久。

三是社会性：美的社会性首先表现在它的社会功利性上。任何形式的美都依赖人的审美活动去发现、发展和丰富。其社会效用主要在于通过美的各种形式陶冶人的精神层面，它能丰富人们的生活，愉悦人们的心情，启发和开拓人们的思想，使人们的视野更加开阔，品格更加高尚，灵魂更加纯洁，精神更加振奋。人类之所以需要美、追求美、创造美，就是因为美对人类有影响和促进作用。

四是新颖性：美是有生命的，它随着社会的发展而不断发展；美是不断变化的，同一个对象，有人认为美，有人认为不美，或古人认为美，今人认为不美，都是因为人特有的内在审美标准不同而造成的；美是有层次的，这种区分一方面是因为人内在的审美需要与审美标准在层次上有别，另一方面还因为人的审美能力——感受力、想象力有高低强弱的不同。

因此，对于美，特别是社会美、艺术美都需要有创造性特征，只有通过不断地推陈出新，才能演化出层出不穷的新颖独特的美。这些不仅是内容，而且也包括形式。而自然美的创新在于人类创造自然的进程有了发展，人类支配自然的能力增加后就更易挖掘、发现和创造自然美。

二、美学视野中的女性身体美

（一）美与女性身体美

在古希腊时代，柏拉图曾说："人的心愿不外有三，健康的身体、通过诚实劳动获得的富裕和看上去优雅美丽。""美"这个要素在人们的生活和生命中如此重要，主要是由美的功能所决定的。美给人带来的是一种本然的愉悦。美可带来感官的愉悦或使精神和心情感到开豁、兴奋。身体美的观感具有巨大的感染力，以至于人们都十分热衷于欣赏美的身体，同时也对自己身体的美给予特别的关心，时时刻刻关注着自己的外在形象，甚至把这种追求与健康、幸福、成就感以及自信心等人类基本的价值观联系在一起，作为人生在世的基本态度。

那么到底什么是女性身体的美？学者李泽厚从字源学上解释为羊大则美，"美"在于羊的肥大。这在一定意义上说美与人的需求有直接的关系。另一种说法是羊人为美，即戴着羊头跳舞的人是"美"的。从字的起源上看，最早"美""舞""巫"三字是同一字，也有可能"美"与原始的巫术礼仪活动有关。以上解析表明："美"在某种程度上是物质的感性存在，它反映着人的感性需要与感官享受，同时"美"在一定层面又具有社会意义和内涵。虽说从不同角度对"美"有不同的解说，但有个共同趋向，即"美"离不开人的存在。

"美"在日常生活中，更多是指令人产生审美愉快的事物、对象。由此可以说，美是客观的、社会的。美的本质的直接展现就是社会美。自然美中看到的常常便只是自然本身合规律性的性能、结构和形式等。那么，对女性身体的美的理解，可以从学者李厚泽对美的本质的阐述得到启示，它应产生于女性的自由自觉的活动，是女性将自身作为审美对象观照所认识到的美，是感性的女性自然身体形式同内在的精神、心灵美的统一，是对自身的合目的性与合规律性的价值判断。

（二）体育美学中的女性身体美

人为万物之灵，人体乃造化之巅，集自然界中美之大成。正因如此，人类把自身的形体作为在漫长的历史发展中的审美对象。它具有永恒的魅力，同时它也是体育美学的基础。女性身体美在体育美学中特指女性健康的身体所呈现的美——健康美、体型美、姿态美、体质美、肌肉美、毛发美、皮肤美、形体美，它是一种由机体良好的生理状态综合显示的健康美，是生命灌注之美。

女性身体不同的美有层次地贯通机体的整体，显示出女性身体自然结构的美。在体育美学中，狭义的理解往往将女性形体美代表其身体美，主要指女性人体表面轮廓的美。身体美是动态的人体美，人体美是静态的身体美；身体美是人体美的源流，人体美是身体美的升华。

女性的身体，作为一种审美对象，在异性审美主体中极富魅力，它具有外在和直观的特点，是引导女性审美主体进一步挖掘审美客体内在美的关键。古希腊女性雕像优美的形体是女性自然容貌的艺术抽象，身体的线条和轮廓所组成的和谐共鸣，成为女性贞洁、美丽的象征。与此同时女性身体通过漫长的进化和体育锻炼，可以不断完善而变得丰富、生动。如体型的美丑，主要受遗传和环境因素影响的人体骨骼比例，以及脂肪多少与肌肉发育程度所决定。经常参加健身锻炼，可以对女性身体美的比例均衡产生积极影响，特别是能够增加胸背部肌肉体积，消除腰腹部脂肪，凸显形体的曲线美。女性的形体美，除静态的美以外，在健身运动中还存在一种动态的美。它是女性在空间活动时显现出来的一种样式变化的美，集中体现在动作姿态中。正确的身体姿态，既体现女性的精神面貌，又关系到女性的身心健康。如在日常生活中常见的坐、立、行三种基本姿态。女性的坐、立、行有其特殊的审美要求：坐要轻、缓，上身要保持正直，两眼自然向前平视，两腿自然屈曲，双脚并拢或平列，可前后稍微分开，两手要自然放在膝上或支撑在椅子的扶手上；立时，身体要自然直立，挺胸收腹，腰和头颈伸直，头抬起，两肩平衡，重心落在两脚掌上；行时，上体保持站立时的姿态，头部端正，目光平和，直视前方，自然挺胸收腹，两臂自然协调摆动，前后摆幅宜小，两脚迈步要自然、轻柔、飘逸、匀称，膝盖正对前方，双脚几乎踏在同一条直线上，这样可显示出女性端庄、文静、温柔、典雅的窈窕美，给人一种轻、灵、巧的美感。总之，女性身体美的内容是丰富而有层次的，反映了审美主体对女性的体型、姿态、举止等各方面的综合评价。追求与塑造女性身体美，既是女性自身追求的目标，也是以女性为审美对象的基本审美要求。女性通过有意识、有目的地塑造自身身体的美，是现实生活中一种积极的审美活动，可以激发女性参与健身活动的热情。特别是在审美生活化时代，女性对身体美的追求更需要美的身体运动。健身运动作为一种积极的塑身美体手段，能实现女性对形体改善的理想，可以使女性不断完善、协调发展自己的身体，并通过以美学的标准衡量，使之具有外在形式与内在精神结合之美，其身体所传递的意蕴，达到无目的的合目的性的充盈生命力为美的境界。

三、社会性别语境中的女性身体美

女性身体美在不同时代有不同的审美标准，因而在对美的判断上会有较大的差异。然而身体美的实质——比例与和谐，却是亘古不变的。柏拉图曾说，“美在于恰当的尺度和大小，在于各个部分以完美和谐的方式连成统一的整体”。西赛罗指出，美是“肢体成对称发展的形状，再加上迷人的色泽”。身体的美恰恰表现为柏拉图和西塞罗说的这种比例与和谐。这种比例与和谐体现了身体美的基本特征，更重要的是这些特征都必须与健康联系在一起。西塞罗曾说：“优雅和美不可能与健康分开。”意大利文艺复兴时期的人道主义者洛伦佐·巴拉曾强调说：“健康是一种宝贵的品质，是‘肉体的天赋’，是大自然的恩赐。”很多健康的人并不美，但是没有一个美的人不健康。”纵观人类身体审美史，人们身体美观念或显著或细微的差异都因民族、种族、阶级、个人等因素的不同而不同，更因文化不同而有差异，因时代发展而变迁。

（一）不同时代美的标准不同

“环肥燕瘦”是中国历史上对女性身体美标准不同的最好佐证。在汉唐时期，人们崇尚健硕之美——丰胸体硕，显得雍容华贵。而在宋代以后崇尚消瘦之美，那女性身体的清秀与弱美就表现在杨柳小腰和纤足上。对此，曾有学者在研究古代美女时发现，其美女标准是苗条身材、细嫩皮肤、柔软关节、丹凤桃眼、如漆黑发、面颊丰润、鼻梁高挺、樱桃小嘴、衣装艳丽、气质优雅、性情温和。这是中国文化传统所赋予女性应有的审美标准和欣赏习惯。而在西方，尽管历史上对美女基本上都离不开对女性身材、面貌、皮肤、性情等的比例、线条的要求，但在不同的时代，对女性美的要求和特征则又不相同。古希腊人对椭圆形的脸，平滑的额头，笔直挺起的鼻梁，扁桃形眼睛的女性更为欣赏。而因受达·芬奇等人的影响，文艺复兴时期则非常强调女性身体各个部位之间的比例。到20世纪的西方曾受T台文化的影响，女性追求“骨感”美，也曾一度影响中国女性的身体审美观，纤细、骨感的身材是女性向往的完美身材。

（二）不同时代对美的解读不同

对于女性身体美的标准，因时代的不同其审美解读也常常不同。例如，同样是对女性丰乳肥臀的崇尚，因审美目的和追求的不同，在古代和今天就有完全不一样的解读。远古时代，为了生殖后代，繁衍生命，人们崇尚丰乳肥臀，认为那是美，主要是受当时生殖崇拜文化的影响，因为那样易于生殖；当今社会，无论是在现实生活中还是在各种不同的媒体宣传中，经常听到人们说隆胸、塑臀，张扬“做女人挺好”的口号，则主要是为了所谓女性的曲线与线条美。在这种因素的影响下，现代女性对此趋之若鹜，更有甚者为了保持所谓的优美线条竟拒绝生育，这与古代为了繁殖后代的观念是截然不同的解读。

古代崇尚女性身体的丰乳肥臀的风尚在很多的史料中可以得到印证。如西方上古时代的维纳斯、我国古代女性陶塑裸体像等，皆强调的是女性的胸部和臀部的肥大，这种审美出于利于女性的生儿育女的标准，欣赏的是女性能哺育、能生育的人体美。当然，用现代人的审美标准，这不是大众眼中的所谓线条与曲线美，这样的形象无疑会被当代女性认为是比例不协调，特别是过度臃肿肥胖被认为是一种罪过。今天的人们欣赏女性的“丰乳肥臀”是有条件的，那就是必须与身高和四围等因素成比例的，它不能多也不能少，多则肥，少则不性感。因此，女性身体美的文化特征在不同时代，不同的文化环境，其意义也就不同，特别是身体美的标准并不是一成不变的，因为解读它的视角不同，其内涵也就不同。因此，不同文化、不同时代，其对女性身体美的解读是不同的。不过，作为理想的追求应该体现女性身体美本质的东西。

（三）美是一种资本

自从进入男权社会以来，女性的身体作为同性之间的竞争筹码，其竞争筹码的大小由女性身体的美丽程度决定，而女性身体美的评价标准，主要是由男性主流意识所决定。通过制定女人的曲线准则和塑造女人体型的器具，使女人在这些标准的左右下而乐于其中。这些现象在现代社会中越来越凸显，部分女性在现代科技的辅助下，在“美丽是可以重塑的”召唤下，开始了生命不息、战斗不止，整容、瘦身、塑体的“美丽工程”。其目的是为了获得男性更多的关注和青睐，给自己的生活和工作带来更多的便利和支持。这种锲而不舍的美丽追求使得理想女性体形标准总是在变，而特定时期却只有一种主流模式，即男性主流文化认定的审美标准。这种单一的主流模式，在现实生活中被女性内化为自身的行动——没了自我，从而降低了女性的社会地位。而女性为了生存不得不依赖男性，因而促使更多的女性迎合男性，以漂亮的外表作为资本参与社会竞争。同时，也由于受传统思想的影响，女性的价值在于传宗接代、相夫教子。为此，即便是有些受过良好教育、文化层次较高、在社会中自己完全能独立自主的女性，为了家庭、丈夫和小孩，她们牺牲自我，承担起所有的家务劳动和教育子女的义务。也许这些女性在物质生活中要求不高，也能满足她们的需求，但无形中她们却成了男性主流文化下，社会分工的牺牲品。特别是男人们期待女性要有“女人味儿”，即是说女性应该是温和微笑的、谦卑谨慎的、老实服从的、甚至是无知的。而所谓的“女性特征”表现在女性身体上的总是同娇小精致的脸盘，凹凸有致的纤细身材，柔弱妩媚的气质相关。于是，女性在男性强势欲望化视角下，为迎合男性而变得“小”“弱”“细”“媚”起来。这些表现在日常生活中使女性也就助纣为虐地为苗条、性感、骨感的身体而不惜失去自我。原因是苗条、骨感的身体能给女性带来利益，是女性特有的性别资本。

然而，无论东方还是西方，男人不必理会女性对他们的任何眼光，更不需要通过损害他们的身体来取悦于女性。但女性的身体却不是自己能够把握的，她们总是受男性、竞争者的限制，主宰她们身体曲线的是男性的目光。

四、女性身体美的时代标准

对现代女性身体美的多角度透视，必然引出什么是现代女性身体美的问题，这不仅是女性期待发展的呼唤，更是向社会提出了重新认识女性的要求。特别是随着时代的发展、社会的进步，我们曾崇尚赞美的中国妇女的传统美与美德越来越表现出它的历史局限性，其中不少成分已成为束缚女性发展的因素，而对现代中国女性身体美的认知，也随着社会的变迁和人们现时代价值观的变化具有多元特征。

学者胡小明在研究人的身体美的内涵时认为：“身体美，是人类健康的身体所呈现的美；是一种由机体良好的生理和心理状态综合显示出的健康之美；是生命灌注之美”。“自然事物中发展到最高阶段的美是人类身体美”，它主要表现在人体外部匀称而协调的体态、形状方面。其主要要素是体型、骨骼、肌肉、皮肤、毛发、形体。身体美是有层次地贯通生机的整体，在活动过程中展现最充分、最丰富的充盈生命之美，是一种动态的美。

身体美最直观的表现就是形体美。形体美体现了人的身体健康。形体美与健康是不可分的，只有健康的身体才是美的。一个人即使长得五官端正，如果孱弱多病，脸色苍白，也不能算是美。身体美在一定程度上体现了人的精神面貌。美，从最根本的意义上说是同人体尤其是同女子的形体密切相关的。美丽的女人是一首诗、一幅画，是宇宙间灵秀之气的凝集，更是上帝的杰作。一切色彩，曲线，形象，韵律，凡能引发人们美感的事物，无不在美丽女性的身体风貌中体现出来。如果说身体美是世界上、自然界至高至美的体现，是自然界最佳的杰作的话，那么，女性身体美中最完美、最丰富和最具体的体态与风韵，展现了天地间最动人的视觉美、听觉美、嗅觉美和触觉美。在人们的日常审美中形容女人美丽似花，像花一样的美丽，像冰雪一样冰清玉洁，像杨柳一样婀娜多姿。全身上下都焕发着青青的活力、芬芳的气息和美妙的韵律。然而，女性身体美同健康是不可能分开的。意大利文艺复兴时代的人道主义者洛伦佐·巴拉就此强调说，“健康是一种宝贵的品质，是‘肉体的天赋’，是大自然的恩赐。很多健康的人并不美，但是却找不到一个美的人是不健康的”。

几千年来，人们在孜孜不倦地追求着女性理想的身体美模式，当代女性身体美也不可否认同生物种属的完善和“尺度”紧密相连。从学者胡小明对现代女性身体美的定性标准看，女性身体美应表现为骨骼发育正常，四肢长而直、腰细臀翘、肌肤圆润富有光泽、面孔红润鲜嫩、隆起而富有弹性的乳房、身体灵活而匀称、整体线条柔和以及同形体的恰当配合。无论古今，我国女性身体美特别强调女性身体的柔软是生命力的形式和完美的表现。女性身体美在人们心目中既具有大自然创造的和谐形式美，又要突出女性精神与内在美的价值。

对女性身体的审美，从对生殖和生命力之美的重视，过渡到合乎第二性征的形式美规律的欣赏，以及最后对人的内在精神美与外在形体美的和谐一致的强调，说明人们对身体的审美观念并非一经形成就亘古不变，而是因古今文化的差异表现出复杂多样的特性。不过，无论是哪方面的原因，首先应该肯定的是体现身体美的本质的东西。因此，如何确认女性在身体审美中的主体地位以及身体美在社会关系之中的意义，是当代女性必须思考和直面的问题。女性对自身身体美的追求，要有古希腊人的“健全的思想寓于健康的身体”的审美观，遵循人体生长发育的规律，以健康为核心，强调人体的精、气、神，在机体充满朝气与活力的前提下，通过塑身健体运动打造女性的优美形体。

第四节　女性身体美与自我认同

纵观世界文化中女性身体审美的演变史，那些施于女性身体的暴力美学比比皆是，美丽与残酷并存、热情与摧残同在，是女性身体审美的生动写照。在此背景下，人们特别是女性对身体审美陷入了彷徨、焦虑、盲目状态，女性身体美与自我认同问题成了人们关注的热点问题。

一、当代女性身体审美

人人都追求美，美是客观事物符合逻辑运动衍生的花朵。美代表理性的力量。

美是人理性的启蒙，又是人追逐的至高境界。真、善、道、义、仁、爱等皆是通向美之阶梯。美是具象中的精微，美是抽象中的流韵，美也是健康特质顾盼生出的辉晕。真正的大美，真正的天地人和之美在于健康美。健康美是事物诸美中最核心的美，是一切价值中的最高价值。健康者，不但有美的观念、美的言论，而且有美的实践、美的行动、美的体现。美丽的外延也很广，包括性格、修养、人品、学识等。一个人可以因为善解人意、包容宽恕而美丽；一个人可以因为学识渊博而美丽；一个人可以因为有健康强壮的体魄而美丽；一个人也可以因为窈窕妩媚而美丽。外在美是短暂的，会随着时间的流逝而逐渐消退；只有内在美才能感染众人，经久不衰。美无处不在，只要人们善于发掘。

然而，随着消费时代的到来美丽成了一些女性无数次的冒险和一生的坚持。女性的身体消费在当今时代正逐步变成许多人生活的理由，女性空前的关心自己身体的外表，至于内在是否真的健康和身材相比好像反倒不那么重要了，特别是对女性身体的审美在新的时代产生了新的理解、新的认同，身体的外表前所未有地成为虚假的美丽修饰，身体策略成为刺激生命原始欲望的方式。女性只要想到努力拥有配合理想标准的躯体，就会有幸福的生活。“维护一个人的美丽就是维护健康、延长生命”。这些促使女性在自我与身体审美上出现认同危机，表现为女性个体与社会认同的不一致，因为不一致的价值标准很容易在认同上出现相互背离。为此，在女性身体审美时出现自我价值失落、归属迷离也就难以避免了。

二、女性身体美的自我认同形式

身体美与否是女性自我规划的重要内容，是一种典型的寻求自我认同的行为。因为女性很难放下“美丽”情结。美丽几乎是一个女人在社会安身立命的一种天赋特权。一个女人的美或不美将决定女人一生的命运。为此，身体美成为一种女性建构自我认同的重要方式，并且是一种多元的认同方式。

（一）职业形象的认同

职业女性形象是一种力量，也是一种竞争资本，要想在职场的波峰浪尖上不被淘汰并立于不败之地，树立良好的职业形象是关键。这不仅关系到女性自我价值的体现和个人与他人、社会之间的关系，同时也是创造能力、艺术眼光以及是否具有一些职业素质的反映。形象不仅关系到别人如何看待你，而且也同样重要地反映了你如何看自己。如果一个人具有非凡的魅力，她就会更加自信、更加看重自己的价值，同时也会赢得别人更多的尊重。个人形象可以影响他人对一个人的看法，就像每个人都会受别人形象的影响一样。只有具有良好的个人形象，才会有吸引人的个人魅力。所以说形象是一个人、一个部门的品牌，要生活在自信和快乐中就必须要重视自己的形象。同样，女性职业形象的另一个关键方面是职业女性的能力形象，在竞争和挑战如此激烈的当今社会，职业女性没有驾驭工作的能力，就没有立足职场的资本，这在我们设置访谈问题“您认为作为职业女性的外形美与工作能力哪个更重要?”的调研中，从职业男性对职业女性的认同上就能说明两者的重要性。

当然职业形象认同也是现代女性自我认同的重要维度，特别是在分工日趋细密的情形下，不同职业的形象与素养也很有讲究，表现在女性对身体的审美上，所形成的职业女性形象认同差异是不同的。因此，不同职业的女性有着不同身体美的消费选择，这同职业对女性形象的要求有很大关系。当然职业环境与职业文化的影响，也会迫使女性不得不做出一些调整，使自己的身体形象融入职业文化中。这时候的女性身体就成为可以被重新塑造的对象，灵活地加以改造以符合时下的风尚与文化价值。特别是在市场经济条件下的现代社会，当代文化理念和消费文化把身体视为自我表达的工具，更是强化了身体的表现力，女性的职业形象认同也就这样不断地通过对身体美的消费而实现。

（二）年龄认同

年龄对于女性来说是一个敏感的话题，因为在注重美、追求美的现代社会，时光是美貌的盗贼。人的身体到一定的年龄后，“漂亮的脸蛋”和“性感的身材”也就由鼎盛走向衰退。然而，在女性中年轻总会受到推崇和赞美，而年老色衰则会成为可怕的结局。女性的价值总是同青青活力与年轻漂亮联系在一起，而对男性则没有此要求，男人的价值只是同他的智慧、财力、地位等联系在一起，男性却随着年龄的增长而更富有竞争实力，同男人的外貌没有相关性。特别是在现代社会，男人随着年龄的增大、其社会地位的增高、财富的增多、权利的增大，其人生价值也就不断攀升。对于女性却正好相反，随着年龄的增大，青青不在、容颜尽失，女性的价值也就随着降低，甚至毫无价值可言。本来，在一个相对稳定的社会中，个人的年龄是不存在秘密的，且年龄的增长是一种自然的社会现象，并不会带来太多的不安和焦虑，因而年龄的认同并不是一个问题。然而，当进入现代竞争社会后，各种不同的资源都可以用来作为竞争的资本，都存在着竞争的空间，都有竞争的机会，于是，同年龄相关的各种竞争便在女性中展开。如女性的年轻貌美在婚姻之外依然充满价值，年轻貌美带来的便利和价值在现实生活中无处不见，从而也加剧了女性对年轻的渴望、对年老的焦虑。目前现代女性对年龄的认同已发展成为一个社会问题，女性在生活与工作中总是想回避自身的生理年龄，并为此而焦虑着、忙碌着，为了使自己保持年轻、显得年轻、永远年轻，大有生命不息、战斗不止的决心和勇气，不断地折腾和折磨自己，目的只有一个，那就是超越自然，长生不老。然而，到了一定的年龄，操心的事又特别多，和年轻的时候无忧无虑对比当然会老得快点儿，这更加剧了女性的烦恼。在采访者中两位 38 岁的被访者表现出严重的恐老心理。这是因为社会审美文化对女性价值的认定，促使女性不得不把自己的价值同年轻漂亮相联系，似乎只有年轻就是美，只有年轻才能有升值空间。如年华逝去和衰老来临，在这个激烈竞争的社会就不再有竞争的实力，因此而感到恐慌。同时，大多数人认为对于女性来说闪光的年龄特别短，要么年轻，要么衰老，为了使自己看起来年轻，总是想方设法留住青春，花费不少的心机。其实女性的一生要经历许多重要的阶段，身体和相貌变化是自然规律，而且在不同的阶段都有她独特的美感。但现实永远只有一个青春美少女的评价标准，给女性带来极大的压力，使许多女性在进入中年阶段后，产生自卑、自怨、自怜的愁苦心结，不惜花重金期盼用化学物品或者物理器械来抚平岁月的皱纹，以修复心灵的创伤。

然而，女性身体的美应该是多元的、个性化的，东方和西方，不同的种族，不同的肤色，女性身体的美应像大自然的景色一样，千姿百态，融化在人的内在美和外在美之中，体现的是最高境界的人性之美。2002 年有报道称："美国开展了一项'重新创造女性美'的活动，一位女雕塑家和两位女医师，在志愿者中选了 13 位年龄跨度在 2 岁到 75 岁的妇女，以她们为裸体模特，做出青铜雕像，在多个城市展览……"，其目的是想告诉所有女人，女人的每一个阶段都是她人生中最美好的时刻，每一个女人的身体都是美的，女人们应该在自己每一个阶段中尽情展示自己的身体美并且给它应有的尊重。

（三）性别认同

女性的性别认同是指在性别秩序之中，对"什么应是女性的特点"的看法和观点。在传统的性别秩序下，女性性别认同的维度是单一的，是完全依照男人们的意愿和审美标准，让女人变成供人欣赏和泄欲的工具。如女性以三寸金莲为美的源头可追溯到中国的阴阳学说。阴阳说首先表现的是男为阳、女为阴，刚为阳、柔为阴，强为阳、弱为阴，动为阳、静为阴等。反映在对女性美的问题上，就是要女性体现出她们"阴柔""柔弱""娇小""娴静"的一面。因此，杨柳细腰、三寸金莲等都是女性美的特征。这些审美观一直延续了几千年，到目前为止，中国女性不也一直追求这千古不变的阴柔美吗？现在当男人把目光停留在女性的胸部，于是乎，电视以广告的形式，用一种诱人的声调告诉观众："做女人，挺好！"在这种美丽的诱惑下，那些具备了一定经济实力的职业女性，就把精力和资金投入到"挺好的运动"中去。特别是许多东方女性盲目羡慕西方女性的丰满乳房，为此有不少的女性走上手术台，用自己微薄的或丰厚的收入来达成这个让自己也让男人们赏心悦目的目的。然而，隆胸成了"脓胸"的美少妇伤痕累累地走下手术台，"挺好"的女人过着"挺惨"的生活。这种认同标准，随着社会的发展、性别分工的变化、女性从家庭走入社会，女性性别认同也变得更加多元丰富，传统的女性认同如温柔、优雅、体贴等元素在一定程度上得到认可，而新的一些元素如理性、干练等也在被接受。

三、竞技体育中女性身体与性别认同的发展

女性在竞技体育中获得性别认同的历史历程，无论是在东方文明形态还是在西方文明形态，长期以来女性在竞技体育中的性别不能得到认同。

（一）女性在竞技体育中的性别应当得到认同

体育话语建构以男性为基础，女性不允许参加竞技比赛，甚至剥夺了女性观看比赛的权利。同时代的东方社会，多数体育活动是不允许女性参与的。中世纪在经院哲学和禁欲主义的盛行下，精神枷锁的奴役，致使竞技体育倒退，女性社会地位低下，受种种原因影响，女性依旧被排斥在竞技体育之外。而在以穆斯林文化、儒

家文化、佛教文化为传统的东方国家，女性更备受支配和压迫，性别歧视严重，没有权利参加体育运动。维多利亚时期所形成的体育运动是通过男性视角体现出来的。明清时期的东方文明，竞技体育形态没落，女性更难有权利参加。19 世纪中叶以来，现代竞技体育开始建构，不过，这一过程是在男性视角下，以父权思想为根基建立的。在男性知识话语下竞技体育形成规则，规训身体，形成一套社会化的语言和表现，女性始终被排斥在外，并没有参与到体育运动中。

与男性参与体育运动历史相反，长期以来由于远离并被孤立，女性不得不为参与体育运动的合法性进行斗争。体育运动参与只是女性权力斗争的一个缩影。理查德·吉廉诺提（Richard Giulianotti）认为，在体育运动中，女性体育运动的进步往往按照控制和规范男性主义来削弱父权制。自 19 世纪中叶以来现代竞技体育男性主义话语建构产生，20 世纪初逐渐形成了体系。竞技规则的形成、体育俱乐部的建立、国际体育组织的成立，其参与者几乎都是男性，女性依旧无法得到身份认同。现代奥林匹克运动史亦是一部女性争取性别认同的斗争史。第 1 届希腊奥运会上，没有设置女性体育项目；第 2 届巴黎奥运会上，有 11 名女性冲破禁令，出现在运动场上，但国际奥委会并不认可这种行为。对女性是否可以参加奥运会，大多数的国际奥委会委员持反对意见。经过数次争论以及长期斗争，国际奥委会终于在 1924 年第 22 次会议上，正式通过允许女子参加奥林匹克运动会的决议。不过这个决议在实施过程中不尽人意，因为并不是全部的运动项目都准许女性参加。在一些项目中，女性依旧被排斥在奥林匹克运动之外，如女子马拉松运动。一直以来，医学家和心理学家认为，女性不适合参加马拉松比赛，女性的持久力是不能够完成比赛的。直到 1984 年的奥运会，女子马拉松运动才进入奥运会比赛项目。在竞技体育中，女性寻求身份认同实质上是与男性话语建构下的父权制社会进行斗争。

随着社会发展、科技进步，女性身体观随之发生变化。从生物学角度而言，对于女性身体的形态结构、生理机能的认识更加科学；从社会学角度而言，女性身体的社会功能不断拓展，女性从事的工作不断增加，进入了原本属于男性的领域，男、女两性的差异越来越小。女性逐渐进入竞技体育的核心权力机构，国际奥委会开始接纳女性进入管理层，扩大了女性在竞技体育中的话语权。女性形成了自己的竞技体育运动项目。女性强烈的身体展现意识，最终冲破男性话语下的竞技体育建构，形成了自我身体表现运动，花样游泳、艺术体操等女性独有的竞技体育，充分展现了女性身体的密码。现代奥林匹克运动发展至今，女性已经能够参与绝大多数的运动项目，甚至形成了以女性主义身体建构的体育项目。

（二）竞技体育中女性性别认同建构分析

1. 男性话语下女性体育的身体建构

竞技体育依靠身体为载体，身体是微观领域内权力的体现，在父权制社会体系中，女性无法获得身体认同。女性在竞技体育中的性别认同，其身体建构依旧建立在男性话语之上。一般认为体育作为男性主义的身体练习，其话语定位为女性带来“性别困扰”。比如，女性意识到竞技体育的参与，特别是挑衅身体接触的运动参与，如橄榄球，能够导致性别特征隐性化。女性参与竞技体育容易产生性别偏差，随后女性受强制异性化的控制和性别偏差产生担忧。例如，在竞技中，一些女性试图避免公开展示自我参与体育运动迹象，屈服男性话语并退出参与。不过，也有一些女性运动员，成功解决了女性身体建构和男性主义话语之间的矛盾。这表现在两个方面：一方面是女性完全依照男性主义话语参与竞技，比如，现代女子足球运动的规则是男性话语规则，女性在训练和比赛中所展现的是力量、速度、激烈的身体对抗等男性身体特征，女性身体越来越趋向于男性化；另一方面，摆脱男性话语桎梏，选择在男性话语边缘地带建立以女性话语为根基的竞技运动，如花样游泳，这会走入另一种话语建构，即以女性主义为根基建构新的体育运动。不过，女性话语建构竞技体育并没有突破男性话语权力的主导地位。女性在竞技体育参与中依然是被动的，特别是女性运动员身体男性化表征成为一种趋向。现代竞技体育实际上使运动员失去了对自我身体的控制权力，而真正拥有权力的是制定竞技体育规则的人或机构。所谓科学训练模式实际上是现代医学、生理学、心理学等实施其话语权的场所，其目的是为了对身体进行控制。在女性生物身体认同和社会身体认同方面，以男性主义视角建立的知识话语影响颇深。虽然，现代竞技体育发展过程中女性参与体育运动从排斥到允许，女性体育地位逐渐提高，但是，参与的基础是不平等的，是建立在男性话语之上的，竞技体育规则反映了男性主义话语，身体控制的权力依然在男性主义影响之下。因此，女性体育的何去何从，依然是值得思索的一个问题。

2. 体育运动中女性性别认同建构的权力表现

竞技体育过程中包含权力关系转移点，即话语—身体—权力。竞技体育作为一种制度已形成内在的权力关系，个体参与运动、观看比赛、生产体育商品相互交织在一起。这是一个不断斗争和对抗的过程，这一过程改造或加强了现有的体育运动话语建构，这意味着个体总是操作权力关系。一些人策略性地推进了权力关系目标，一些人限制了权力关系目标。分析竞技体育身体话语建构，可以看到多重的、无所不在的权力。性别在体育运动中的构建，是通过体现男性特征的运动，如足球运动。运动员参与性别话语建构是通过体育运动实践，成功越过多重性的话语去理解自我身份和异性参与竞技体育的价值。在竞技体育中身份不是一种话语，而是建立在形成体育的实践和体育化的身体话语之上的。竞技体育的话语表现反映在运动领域里的知识结构上，体现了微观身体领域的权力，话语建构在男性主义之上。因此，在竞技体育中，权力牢牢地把握在男性主义手中，科层制的建立、身体规则的形成是以男性为中心的。现代主流竞技体育几乎都是以男性主义话语建构的。女性参与体育运动，或形成女性主义话语建构下的体育运动、展现女性身份特征，或被动接受男性话语建构下的体育运动、呈现女性运动男性化趋向。女性试图努力寻求在跟随主流话语与反对窒息的、压迫的身体练习之间的平衡，这实际上展现了一个矛盾的过程，即女性在身体规训的状态下，又想反抗这种规训。

第二章　美学角度下女性身体美及健身行为的历史演进

第一节　女性身体美的演进形式

当时光进入到21世纪时，整个世界出现了一种颇值得解读的现象——身体成了最流行的话语。人们开始从谈论灵魂到谈论身体，从谈论身体到谈论肉体，从谈论超越性的思想到谈论人的欲望。由此可见“身体”的不一般，迷人而深奥。纵观古今，对于女性身体美，众说纷纭，其标准的界定也因时代、民族、文化的不同而各有差异，由此而形成了女性身体美的演变史。

我们每个人都拥有一个身体，并且天天都目睹他人的身体，但是这不表明我们对身体有充分认识。在母系氏族社会，女性身体的美与人类的生产和生殖紧密相连；父权制社会，女性身体美则成了男性审美活动的产物；在近代由于中国女性意识进一步觉醒，女性对自身身体的审美有了突破；新中国成立后，女性在自身身体审美活动中的主体性、能动性得以彰显；在社会急剧现代化的今天，女性身体审美呈现出了强烈的时代气息。这一系列的审美崇尚，构建了女性身体美的历史。

一、不同历史时期女性身体美的崇尚

回溯女性身体审美的历史，在不同时期有不同女性身体美的观念与标准，每一时期的审美崇尚有其固有的审美特征，大致概括可分为如下八个方面。

（一）女娲补天时期的生殖崇拜

中国史前时代流传下来的最重要、最古老的女性神话人物——女娲与她的伙伴们的神话业绩，反映着整个史前时代两性关系的变迁和女性形象。而能略显其貌的是近年来出土和发现的一些史前雕塑和壁画，如辽宁喀左县东山嘴红山文化建筑群出土的红陶女裸像，体态丰腴、曲线优美，但过分夸张的丰乳肥臀可以说明其还是生殖崇拜的产物；新疆呼图壁县康家石门子发现的原始生殖崇拜大型岩画，也可以推断出史前女性形体美的特征是丰乳肥臀、健壮、高大。

（二）文明社会初期的健壮和自然

在从史前向文明社会过渡的过程中，社会关系从平等到不平等的变革并没有以全体女性的沦陷为前提。此外，中国奴隶社会的不成熟和以农为本的黄色文明的初步形成使该时期的女性进一步清新、大胆、自然地显露了女人之所以为女人的美好

所在，在形体上的突出特征为健壮和自然。如对形体美的整体刻画有“硕人其硕”“硕大且卷”的描述。

（三）春秋的素朴与战国的修饰

春秋时期，儒家认为礼比色重，理想女性的标准是道德才干方面的“善”“真”及仪容“美”三者的和谐统一；主张素朴之美，反对过度修饰。即便修饰也必须在素朴之质具备以后才能进行。素朴的意识贯穿于男女两性的审美观念之中。战国时期“礼崩乐坏”，女性的特殊职业也应运而生，“刺绣文不如倚市门，以歌舞声色取悦于人为业”，这种职业要求女子修饰仪容以招徕顾客。因而素朴的修饰美转化为重姿色的修饰美。重脂粉搽面、描眉束腰，乃至到了修饰伤害身体、压倒自然之美的地步。

（四）汉至唐的重修饰兼顾才貌

汉至唐，自皇族、贵族阶层起男女两性交往的环境相对宽松，交往中重才情甚至能坦诚相向，这给女性和对女性形体的欣赏无疑刻上了深深的烙印。就是在对劳动大众的写照中，居然也是“头上楼堕髻，耳中明月珠，湘绮为下裙，紫绮为上袄……”，修饰之美令人忘情变痴。魏晋时期，士族阶层娱情山水、遁形声色、推崇唯美主义标准，对女性的审视表现为美色至上，客观上迫使女性以修饰为事。唐代更是装饰极盛的时代，盛唐气象在女性形体方面打下的重要印记是丰硕之美，贵妃杨玉环就是典型代表，但高雅的文士也能用同情和比较平等的眼光来审视和对待女性，其时女性也将才华、美貌、风度发挥到了封建社会的顶峰。

（五）宋至清的阴柔病态之美

宋代是中国封建社会由盛至衰的转折点，表现在社会风气上是一种萎靡、哀怨、缠绵之气，在女性美的观念上，往往笼罩着病态、瘦削的气韵情态，健康自然顿失为阴柔，开阔的胸怀代之以哀婉幽怨的柔肠。因此，在审美崇尚上更看重女性的孱弱纤细的清癯之美。发展到明清时代，女性不仅要长得弱不禁风，做出病愁之态，而且要用毁坏身体的办法令男性生怜出爱，从而满足男人的优越与强势感，其中最摧残女性的首推缠足。

（六）民国至建国初期的形体趋于健康之美

20 世纪初是女性自我意识进一步觉醒，实现自身价值的时期。首先表现在对形体压迫的反抗上，从传统服饰向西式服饰的演变，表明在审美意识上女性开始摈弃传统的胸、肩、臂完全平直状态的造型，开始突出形体之美。这就打破了以往的审美意识，开始追求一种健康、积极的审美趣味，表现为反缠足、反束胸、反对封建的节烈观等，特别是建国初期共和国年轻而充满朝气的景象使那时的女性形象充满了明朗、欢快和自信的色彩。她们那齐耳短发、白上衣、黑长裙、白袜黑鞋，出水芙蓉般的清新形象成为不绝于世的回响。

（七）文革时期女性身体美的缺失

文革时期是女性审美的压抑期、迷失期。由于追求片面的“男女平等”，即抹杀性别差异，提倡“铁姑娘”和“不爱红装爱武装”等，讽刺女性化的一些行为为小资情调，追求男性化，短发、皮肤黝黑、结实而强壮。仅从外形上讲，足以体现那个年代女性男性化成为时代发展的主流，同时也由于建国初期中国妇女自身素质较低，为求男女平等，一切为了向男性看齐，不惜抛弃女性化的特征，“爱武”成为女性装扮的一个基本要素，以至于出现女性特征单一化的局面，造成女性美的缺失。其影响一直延续到1976年前后。

（八）改革开放以来健康多元的美

改革开放后，思想的解放带来人性的解放，文化热和审美热的奉行推动审美的回归。生活中的女性着装进一步大胆，形体也朝健康、健美的方向发展；与此同时，蓬勃发展起来的还有健美操、韵律操、服装表演、裸体艺术、人体行为艺术等。特别是经济的独立、观念的开放、情感的自主、生活方式的多元化，为中国女性带来了自信而有活力的外表，多元化成为时代女性形象的主流。然而，随着市场化的深入、追求美的环境日趋宽松的同时，人体审美商业色彩或物化倾向也愈演愈烈。如越瘦越美、追求骨感苗条渐渐流行，尤其是整容业的发展使越来越多的人相信美丽是可以争取的。美丽产业的发展有加速前行的趋势。

二、女性身体审美演变的缘由

随着社会的发展女性不断追求美，有不同的审美观念与崇尚标准本无可厚非，但在社会性别视角审视下的女性身体通过男性中心文化，单一向度地告诉人们女性身体的美应该是什么样子，这种性别逻辑通常是为男性利益服务的，表现在对女性身体美审视的时候，男人只要借助于眼睛对女性身体的塑造，就可以完成一个内在的驯化过程，使身体具有男人眼中的“性别特征”成为女性自觉的选择。其中缘由主要如下：

（一）女性希望通过身体塑造迎合主流文化

纵观各个时期女性身体审美崇尚，到今天女性理想体重与现实的平均体重的差距越来越大。理想的女性身体越来越脱离现实中女性的平均生理指标，整体身材日趋消瘦，且这种趋势在众多年轻女性中表现更为明显。现实生活中的女性为达到瘦身目的而采用的种种手段，如参加各种塑体运动、对于一切与瘦身相关的商品趋之若鹜，造就了当代文化中别具一格的身体文化。女性身体塑造背后所反映的是当代女性的现实生活与主流文化之间的种种关系，以及女性生存价值与生命的意义。特别是当流行文化将身体与个性联系在一起时，有缺点的身体成为有缺陷的个性标志。因此，文化体现在对女性身体外形的要求上，同时与个人的性格、道德发生了不容忽视的联系。为了迎合这种文化，女性认可了“对身体的塑造实质上是对自我的塑造”，并希望通过塑造身体，能够重新认同自我，从而减轻她们对于不符合文化要求的身体需要承担的个人责任。于是在某种程度下，这些文化陈规已经内化为女性的行动，使女性对既存的不公平的两性秩序缺乏丝毫的批判能力，而且在客观上还起到维护和保护作用。

（二）性别意识强化了女性身体的异化和分裂

“成为一个女人是一种需要很大勇气的冒险……”（法拉奇，意大利小说家）。确实，在主流文化左右下，男性对女性身体的控制是女性难言的隐痛。女性的身体作为善、恶、道德区分的载体，从西方夏娃的“原罪”开始到东方的“红颜祸水”的泛滥，无不说明男权主流文化对女性身体的控制。男性因其自己对女性身体的种种欲望，而制定花样百出的条规用以禁锢压制女性的身体并伴随女性一生……正是在这种长期的歧视和压抑中使得女性难以成为有肉体、灵魂和精神的完人，难以接受带有被压抑的愿望、情欲和梦幻的身体。也正是由于女性的身体在以往的文化传统中被视为与人的精神、灵魂相对立的东西——是欲望的化身、万恶之源，是应遭受贬抑和放逐的“洪水猛兽”，故人们不能正视和认同女性身体的美。这种长期以来形成的对女性身体美的偏见，不仅造成人们对女性身体的敌视和贬低，也造成女性自己对自我身体的自轻、自贱、自卑心理。尤其当女性面对的是来自亲密男性的伤害时，更容易造成女性自我认同的障碍，其突出的表现之一就是造成女性自我和身体的分裂。

（三）女性在审美文化中主体地位的缺失

英国学者蔼理斯曾说，“当女性失去地位需要哀求男人时，开始打扮自己”。回溯我国传统女性身体审美产生的历史及其演变过程，印证了蔼理斯所说的话。在原始社会，女性作为审美主体，其生育之美、创造之美和奉献之美成为人们讴歌的对象。但随着阶级社会的产生，父权制的确立，女性经济地位的丧失，女性身体的审美也由主体向客体转化。这是因为男性拥有的权力和经济地位决定了男性的主宰地位，可以随意按照自己的主观意志制定符合自己意愿的审美标准。女性在审美过程中被异化为男性的单纯审美客体。特别是随着周礼的出现，“礼教”妇德更是成为扭曲女性身体美的精神枷锁。主流文化塑造的逆来顺受、委曲求全而又弱不禁风的女性形象，使女性精神与身体都在向“弱化”的方向发展。女性在对自身的审美失去主体地位的同时也失去了对男性审视的主动权，在强势男权的左右下，女性按照男性的审美情趣开始自我包装、自我美化，以此获取男性的认可。女性的身体作为审美客体在被塑造、被欣赏、被交换的同时，还要遭受一些不公正的非议与歧视，承担着“败家祸国”的罪名。历史上的一些美女如西施、褒姒、貂蝉、杨玉环、赵飞燕等的悲剧命运，无一不说明在男性主流文化中女性被随意把玩和边缘化的地位。女性的生命和身体在男性强权的不断渲染中沉浮起落，完全迷失自我而任人评说。

（四）社会性别建构了审美取向

“社会性别”是指社会对两性及两性关系的期待、要求和评价。在现实生活中，社会性别的差异主要指两性的行为规范和社会角色的性别不平等。其实，男女两性之间的这种不平等的性别关系并不完全由与生俱来的生理差异所决定，主要是由社会意识形态中的男权主义所建构的。从社会发展历史可知，当男人成为生产资料的私有主时，随着女性经济地位的缺失便沦为男子的附属物。女性身体美不美基本上可以决定女性价值的大小，而女性身体美的标准又是男性说了算。另外是否拥有美女也成为男人社会地位与标志之一，拥有美女是男性值得夸耀的私有财产。因此，美女与摇钱树、斗争的工具、和平的使者、战争的诱因、获取功名利禄的动机等息息相关。这种被建构出来的包括物质、文化和政治等各方面的性别秩序，充斥于大众生活的各个方面，形成一种最基本的和最持久的社会制度。男性主宰、女性从属的意识形态已凸显男女性别差异，以至于在我们现在的日常生活中无处不在——风起云涌的选美大赛、层出不穷的人造美女以及常可听到的话语“干得好不如长得好”等，这些都在潜移默化地强化着旧有的社会性别逻辑。女性作为被观赏的对象而从属于男性，同时媒体舆论导向也在不断地强化着这种逻辑，其直接导致的结果就是女性为了符合男性的审美标准而不择手段地把自己变成美女。

（五）社会进步彰显女性生命自主

随着社会的发展女性社会地位提高和经济的独立，女性在对自身生命健康价值、幸福指数、生活质量的认识上，较前各社会发展时期有了更理智的判断。表现为女性身体美的实现不仅有赖于女性自身的觉醒，也有赖于社会的进步。特别是女性作为社会积极的推动力量，在重塑着女性的个体人格，女性身体美重视女性生命意识的强化，特别是其核心——“生命自主”。这种自主意识被强调使女性在关于自己的身体、生命问题上，使身体美必须重新赋予多元意义，要从多角度透视现代女性自身身体的美，这不仅是女性期待发展的呼唤，更是向社会提出了重新认识女性的要求。同时也认识到，对于在身体美方面的过度张扬和追求，很容易被异化为刻板的意识。尤其是在追求男女平等时女性往往刻意保持与男性的平等，甚至希望超出男性，不仅失去了女性应有的性别特征，而且出现了新的性别不平等。为此，女性越来越重视凸显维护生命的正义、健康的价值、幸福感受与生命质量等，女人希望依赖个人经验而非外来力量使自己觉得美丽。其中，爱的关系、自我实现、自我照顾、有美好婚姻、保持外形良好等都相当重要。虽然对女性身体外貌的吸引力与美丽画上等号，但是也试图以多角度重新思考和体验女性身体的美丽。大部分的人同意外表吸引力指的是个人的外貌，然而美丽却包含更多“个人是谁”的内涵。女人认为美丽来自一系列的组合——内在美与外在美两者并重，甚至若干内在质地超越外在特性。快乐、仁慈、信心、尊严、幽默、才智都是排名在前的重要元素，除此再融合肤质、实体、面貌、体重、外形等形于外的“组装配备”。现代社会的职业女性，尤其是受过高等教育的女性，期望年轻一代的女性能够承继广义的女性美概念，并由此建立一个女性之生命意义、价值和尊严得到充分实现的多元女性的美丽形象。

第二节　女性身体再造的历史轨迹

自古迄今，从某种程度上来说社会还是一个男权社会。从著名学者福柯的理论模式来看，女性对自己的身体进行改造，在一开始这种压力来自男人，这是一种外因。外因通过内因起作用，到后来女性也开始自己逼迫自己，即“自我管制、自我统治、自我遵从规范起来”。从现代人的生活理念可以看出：她们一方面在崇尚自由和自然，另一方面却在与自由和自然完全相背离的路径上越走越远。尤其是很多的女性在改造、控制自己身体的时候都是出于“自愿”的，并受到“先进科技”的指导，而且误信“你的身体你控制”。殊不知，各种传媒在那里争先恐后地告诉女性身体美的现代标准的同时，众多的女性已经跳进其盈利的圈套，身体再造之旅在布满陷阱的途径中险象环生。这种女性身体再造现象从古至今都有，其表现形式都反映了时代变迁的痕迹，也凸现了不同时代对女性身体不同程度的社会控制。

一、女性身体再造的表现形式

（一）束腰、束胸

在过去欧洲女性身体再造史上有鲸骨束腹和钢骨胸衣，即使用鲸骨和钢骨将女性的腹部和胸腔挤压变形。最早穿紧身胸衣的是两位女王，即法国的凯瑟琳女王和英国童贞女王伊丽莎白一世，这两位至尊无上的女王为什么也选择品尝痛苦呢？无非就是为了证明她们的女人本色，因为即便是女王也必须全部服从男性所定义的美。“服从”这个词本身充满代价。在民间对于女孩来说，开始将身体交给那些带子和钩子是多么令人喜悦，她们华丽挺拔的姿态来自严格的家教，是道德的表征。19世纪30——90年代，英国妇女时兴束绑限制腰围。当时，未受约束的身体逐渐被视为道德放荡的象征，即松弛的身体反映松弛的道德。与此同时，束腰也是休闲阶级的一种标志。因为束腰的妇女不能从事体力劳动。道德、经济、社会地位、时尚等诸多压力迫使或鼓励妇女为适应新的时尚苗条的规范而塑造自己的形体。

1883年，有人发明了所谓的“健康束腰”大量赚钱。美国的斯科特医生发明了“电子束腰”，据说这种“电子束腰”是“以科学的原理为依据制造的，它具有治疗作用，能神奇地治好神经衰弱、脊椎病、风湿病、瘫痪、消化不良、肝硬化、肾病、便秘，以及各种其他妇科病”。当时许多美国人都相信电磁力确实能产生这样的奇迹。然而，令人感到悲哀的是许多据称是被“电子束腰”治好的病，恰恰就是它造成的。20世纪的著名演员玛丽莲·梦露一向被封为“性感女神”，而她纤细的腰肢却是除去两根肋骨才塑成的。

中国古代《墨子》中有“楚王爱细腰，宫中多饿人”一说，满朝文武大臣们为了赢得楚灵王的欢心和宠信，便千方百计地实行减肥，拼命使自己的腰围变小。他们不约而同地注意节制饮食，强迫自己一天只吃一餐饭，为此经常饿得头昏眼花也在所不惜；后来演变成许多人渐渐失去了独立支撑身体的能力，往往需要扶住墙壁才能勉强站起来。

中世纪末期和文艺复兴时期，欧洲人欣赏小而结实的乳房，以大乳房为丑。为了避免乳房变得“巨大丑恶”，法国女人求助各式偏方，连续多日将偏方药研碎、掺水调成糊状后涂抹在乳房上，再用沾过水与醋的布条紧紧地裹住乳房；女人为了防止乳房变形，常雇用奶妈养育孩子；罗马人对完美乳房的描述是“不可超过一握”。

欧洲13世纪的妇女穿着短小的紧身胸衣来尽力压平她们的乳房；14世纪的妇女穿着笔直的管状紧身胸衣，使乳房被完全压平；西班牙甚至迫使年轻女子将一个铅盘紧紧地压在乳房上，使之又平又扁；15世纪时西班牙发明了“两片式胸衣”——形似盔甲、正面一片、背面一片，在身体两侧绑实。这种胸衣让紧身衣成为恐怖的东西，它不仅将乳房压成洗衣板一般平坦，还会让乳头下陷、肋骨断裂，严重的情况下会导致人死亡。20世纪下半叶，西方人更是通过残损自己的乳房以期达到更富于性挑逗力和装饰性目的——她们在乳头、肚脐和阴蒂上穿孔，佩戴链子、珠宝饰物等。

（二）隆胸

隆胸术在20世纪50年代西方颇为盛行。1992年食品药品监督管理局（Food and Drug Administration，FDA）限制将硅胶植入人体之前，每天有400名妇女在做这种手术。隆胸曾是性感明星的标志，而今它已成为女演员们的常规做法。进入20世纪90年代以来，在中国的大城市隆胸也是美容术最旺的项目。一位女心理学家宣称，隆胸是一种“地位表征”。就是说，女人可以用金钱买到完美的身体，就像“用钱买到其他东西一样”。今日的有关乳房的商品与服务，如胸罩、美胸霜、健身课程、手术隆乳与减胸，已形成庞大的国际企业。西方妇女在乳房上的花费每年高达数十亿美元，轻信美丽的乳房会增加性感和职业的筹码。为了不可能达成的女性形象，她们成为魔术胸罩、硅胶隆乳的活广告，热衷购买任何号称可以创造标准乳房的商品。一方面有许多女人为了“挺”好，不惜在乳房上动刀隆胸；另一方面还有女人因为乳房过于肥大而动刀，做乳房缩小术，包括切除过多的腺体组织以缩小乳房，获得对称性的具有美容效果的乳房外形。

（三）纤足

西方很多世纪以来人们崇尚的都是女人那种精致小巧的脚，特别是一些时髦女性为了能方便地将双脚塞进又尖又窄的鞋子里，她们不得不将小脚趾切除。近代欧洲人也是以小脚为美。英国诗人拜伦赞他爱人的小脚高贵；波兰钢琴大师肖邦认为小脚是文明人的特征。在他们看来，脚需要小巧均衡，太大的脚叫人感到粗俗。

在中国缠足是一种“国粹”。在北宋期间有一部分妇女开始缠足；到南宋时期，缠足风尚开始兴盛，小脚成为临安时髦妇女的一种象征，时称“杭州脚”；元朝缠足更盛，描写女子的足多以“三寸金莲”来赞美；明代把裹足与读书一同视为是进入上层社会的必要条件，因此，天下父母们就有了“娇男不娇学，娇女不娇脚”之说了；清代妇女缠足之风尤甚，到了无论任何人娶妻都以“妇人脚大为耻、脚小为荣”，通常女子以脚小为美，莫不全力裹紧双足，就无法达到世俗美人的标准。

裹足是很痛苦、很残酷的。其中因缠足而致死的十有一二，致伤的十有七八。缠足的目标就是使脚的前部和脚跟尽可能地靠在一起，将小脚缠成符合“瘦、小、尖、弯、香、软、正”这七个标准，其做法是逐渐把它们板压和缠裹到一起，像一副弓那样。缠足后，足部与地接触面积减少，以双脚站立，身体的重量向下，使站立变得困难，必须将腰挺起，才能尽量使身体稳定，走起路来更加不易，得重新学走步以平衡身体，方能行出一种柳腰款摆姿态，女性的这种身体的摇摆能引起男人性兴奋，小脚是中国男人对女人的完全征服。

（四）整容

在美容塑体成风的时代，就连女童也成了这种风气的俘虏。如目前有专门的儿童化妆用品专柜、儿童美容专营店等。而对于上了年纪的妇女，整容手术最多不过被看作是一种技术化了的化妆术。二三十岁的姑娘为了美丽而接受做双眼皮、隆胸、减肥抽脂、吃药打针、换肤漂色、电子塑体等美容手段。现在美容界的新宠居然是毒性很强的生化物，这种生化物如使用不当能损伤人体皮肤甚至危及生命。虽说没有经过权威机构的认证和许可，然而，在我国很多的美容院却普遍使用，其潜在的风险带给女性的结果是不堪设想的。这种整容风在韩国盛行，上班族、女大学生、家庭妇女视整容为非常普遍的美容，在韩国是一种潮流。由于韩国的整容整形技术高，伤口复原得快，不少爱美女性远道到韩进行各种项目的整容整形。

（五）瘦体

中国人喜欢瘦的审美心理古已有之。虽说曾有崇尚肥美的——唐朝的杨贵妃是倾国倾城的肥美人，但在中国传统文化中女性阴柔美的说法所持续的年代更长一些。这种崇尚阴柔美表现在很多方面，比如中国人在体形的审美上喜欢瘦就是一种体现。“竹竿”美人的崛起将女人之间的竞争推向新的高度，女人大多崇尚瘦体形，特别是无数的女孩受模特树立的女性形象的影响，追“瘦”而患上厌食症，最终危及生命。在她们看来，美的标准就是瘦和苗条，不但瘦就是美，而且瘦得到几乎没有肉，产生嶙峋的“骨感”，那才是绝对的美，是能上镜的美。胖则是“土”“丑”“不入时”的代名词。20 世纪 90 年代，减肥成为一种流行时尚。无论是看报看电视，还是逛商店，各类减肥用品、减肥食品、减肥药、减肥茶随时随处都充斥着人们的耳目，手术减肥、中医减肥、西医减肥、运动减肥、按摩减肥、气功减肥、针灸减肥、仪器减肥令人眼花缭乱，无所适从。减肥而招来的恶果也不少，如：脱发、胆结石、记忆力减退、月经紊乱、不孕、肌肉无力等，但这依然没有阻挡年轻女性们的减肥热情。

二、女性身体再造透视

（一）通过身体塑造认同自我

在强势的男性主流社会，女性更多的被当作审美对象。虽说女性身体美自然具有美的因子，但女性身体美不美不由女性自己说了算。这其中既有自然原因也有社会因素，而更大程度上是由于在男性为主体的社会女性是作为男性的审美对象——审美客体而存在的。代表男性主流意识的审美标准在很大程度上左右着女性的身体审美内容与价值取向，潜移默化地影响和控制着女性的思想观念与行为。在现实生活中，尤其强调年轻、美丽在女性身体审美中的重要性，女性内在的高素质和高社会地位相比于女性的价值没有身体美有分量。因此，女性恐惧衰老和不漂亮，对身体和外在的美更是注重和期待。只要是主流文化认可和强调的女性身体美的标准，无论是发肤、体型、体态、衣着等，女性都会追求和效仿。即便是在女性自主意识觉醒的今天，女性对身体的美有了自己的一些主见和思考，但还是由于主体意识的不稳定，无心恋战和坚持，通常也会快快活活地接受主流强势文化的审美意志，并乐得纷纷效仿。现代女性追求美的目的显示了女性迎合男性，并由此更易取得地位、获得利益与更多的资源时，女性更加依赖男性，更加积极主动地将男性主流社会的审美需求内化为自身身体美塑造的目标，以求获得更多的利益和认同感。

（二）时尚引导女性改造自己的身体

揭开韩国艺人光鲜亮丽的外表，私下那张漂亮的脸都曾“破碎”过。女性发现“美丽是可以自己争取的”，这就是在向世人宣称，每个人的躯体都是可以在美的工程帮助下获得自我改善或完善的，享受幸福的有闲生活已经不再是少数人的特权。女性只要通过“美丽工程”，获得青春、美丽、健康，不再是一个梦。而拥有这些就意味着拥有女性所向往的幸福生活。这样大多数女性认为做人的价值和生存的意义也不过如此，并由此而形成一种共识：那就是现实中的躯体越是接近美丽的躯体，交换的价值就越高。女性的这种青春、健康、苗条作为资本给女性带来的利益和社会地位的提升，在现实生活中随处可见。即使造物主没有给女性一副傲人之躯，但在科技高速发展的今天，在化妆品、节食、健身，甚至外科整形手术的帮助下女性仍能够听见幸福生活的召唤。于是，在当今时尚社会的引领下，女性可以近乎自恋般地关注自己的身体，为了更好地生存、追求幸福优越的生活，女性为改造和完善自己的身体而顽强奋斗。

（三）消费社会引导女性的身体消费

只要努力拥有理想标准的躯体，就能过上幸福的生活。这种观点通过媒体的渲染，得到很大一部分女性的共识。即便是明星、歌星与某些名流的生活哲学也证实了此理。与此同时，除了广告所暗示的躯体与优越生活的某种联系外，“维护一个人的美丽就是维护健康、延长生命”。这种新的躯体理念发展到今天，在消费社会里，通过媒体的大肆鼓吹和反复的强调化妆品、保健品、整形美容对女性身体保养的好处，以及对女性生活的影响，引导女性为之趋之若鹜。在20世纪早期的选美专家还将美与善联系到一起。只要是不符合审美标准的女性，不仅觉得自己没有魅力，不具备女性的娇柔，而且还将同懒惰、无能，缺乏内在的心灵美，缺少女人味等联系在一起。当然，衰老、皮肤松弛在消费文化中同样是失败、无能的表现。这样，女性对自我身体的关注就不再仅仅是出于审美的需要，而是生存的需要。它不仅唤起女性内心深处的某种神圣的情绪，某种强烈的感观上的快感，而且是一种精神的寄托和追求。例如至今在某些宗教中仍然存在的通过对肉体的磨砺来达到精神的完美说（斋戒就是其中的一种）。因此，在媒体的大肆鼓吹和消费文化的左右下，女性为了美丽、年轻、健康的躯体，在美丽工程的帮助下，对躯体的维护和改善，大有生命不息，战斗不止的趋势。

（四）对“生命”的认识缺乏致使女性身体美的异化

现代的职业女性，在目前社会竞争激烈的大环境下，一方面要忙于工作学习，另一方面又要肩负家庭责任的重担，因此大多数女性对体育运动、体育锻炼和体育教育是忽视的，科学健身的观念是淡薄的，健身活动几乎被她们忽略，因而她们中绝大部分人处于亚健康状态。上海体育学院博士生导师李建国教授在全民健身论坛上指出：“要实现从体育大国到体育强国的迈进，我们目前最大的短板就是群众体育”。由此可见大众的健身现状是不容乐观的。同时，当今女性在大众审美文化的左右下，追求身体人工之美的过激行为，在可能危及自身的尊严、价值甚至生命的同时，还可能会殃及他人和后代。现在，社会上流行的人造美女，让人们看到的不是身体审美自由的全面实现，而是金钱、健康、泪水和血的代价。“她们的身体”再一次背离了自然性（如丰胸整形、抽脂减肥等），而且异化的程度甚至更深。在生命与美的关系中，女性生命的价值与尊严被弃置。在一些女性看来：女性美的形象应该是娇弱柔美，语言上是轻声浅语，行动上是缓移莲步，强调的是一种病态娇柔的女性生命美学，这种对女性病态美的崇尚、强调，加之受多年的文化礼仪的影响，使中国女性的生命美学观，把“柔美”“病美”列为首选，而通过健身锻炼的“刚”“强”之美则不为女性所欣赏，同时男性赞赏和认可的女性美也是纤细与柔美。为此，有些女性对强健之美是排斥的，当然也就不会参与或很少参与体育及其健身活动。从另一角度也体现女性追求美的功利性思想严重，急于通过手术等对身体不健康的手段快速达到世俗美的标准而忽视身体健康。然而，女性这种病弱之美，是以女性健康作代价的，又怎能担负孕育强壮、健康后代的重任呢？

第三节　古代妇女体育与现代女性健身体育

一、古代妇女体育

从众多学者的研究（邱小慧，2002）以及查看史料图案了解到，西方古代妇女体育在其发展过程中都受到了当时的社会文化传统、男女性别意识和等级制度等功利性因素的影响，她们要么是为了忠于宗教，要么就是为了达到帝王统治的目的。如希腊的妇女必须接受严格的体育训练，因为希腊人认为唯有刚强的母亲才能养育勇敢的战士。因此，在斯巴达青年女子结婚前必须练习格斗、赛跑、投铁环和掷标枪，使以后能生育健康、结实的婴儿。虽然在不同的时间和地点，妇女参与体育的程度不尽相同，但在总体上还是要屈从于男子体育，屈从于整个社会。古代妇女体育的这种被动地位为中世纪及其以后的妇女体育加速发展打下了基础。爱琴时期妇女体育是非常发达的，然而，公元前 12 世纪左右，灿烂的爱琴文明被湮没了；西方历史学家称荷马时期为黑暗时代，因迄今未发现文字资料，因而考察荷马时期的妇女体育史只能依据考古和神话了。优美的神话为我们了解这一时期的妇女体育提供了佐证，由资料使我们得知，荷马时期妇女体育还是比较繁荣的。在更早时期的妇女，是比较自由和受到尊敬的。妇女地位较高，妇女体育发展较快，到希腊达到其鼎盛时期。然而就妇女体育而言，则表现出泾渭分明的两种类型：斯巴达的姑娘们从 6 岁开始直至成年均像男孩子一样，由国家负责对她们进行身体训练，她们学习跑步、摔跤、掷标枪等；然而在雅典，“丈夫从事竞技和公共事业，而妻子不许参加”，男子进行身体训练的体育馆，严禁妇女迈入；古奥林匹克竞技明文规定不许妇女进入比赛圣地，违者要被处以极刑。历经几百年沧桑后的奥林匹克竞技仍坚持排斥妇女，但希腊其他地区的竞技会则接纳妇女。通过史料可以论证这一时期妇女体育并说明罗马时期妇女体育较之希腊城邦时期有所发展。当横跨欧、亚、非三大洲的罗马帝国建立以后，为维系这一庞大帝国的统治，当权者有意扩大体育中的娱乐效用，以刺激更多的人沉湎于娱乐、消遣之中，以此淡化人们对政治的不满情绪。

在中国，“几千年的封建文化积淀所形成的要求妇女行动规矩、严守礼教妇德，女性作为男人的附属品而存在，因而也就限制了妇女参加体育运动的可能性”。尤其是畸形审美观下的妇女缠足现象的存在，迫使女性不能参加任何体育活动。可见，在这些社会准则的影响下，女性性别的定性观念促使女性参与体育运动遭到压制，体育运动成了男人的专利，女性连观看的权利也没有，更为过分的是还特别针对妇女设置各种禁令，如有违背就认为是亵渎神灵，将受到严惩。

由此不难看出，中国妇女体育一直在逆境中前行，如代父从军的花木兰、流传于民间的女侠等。早在公元前的春秋时期就有关于妇女从事体育的记载；三国时期有了女子相扑；宋代女子相扑成为民间艺人借此谋生的手段；商代妇女体育活动表现在狂热的祭祀中。然而，随着宗周礼教的确立，妇女体育又开始了漫长的封建之旅。但女子蹴鞠在唐宋盛极一时，到明代由于女子裹足才开始衰落，由此说明，在封建社会的伦理道德及文化左右下的古代妇女是很难参与体育活动的。

从中国古代文学发展的角度反映古代妇女体育的作品随处可见，而且诗、词、曲、赋各种文体均有佳作。如荡秋千、走马射猎、打马球、登山、踏青、下棋等，多姿多彩，美不胜收。古代妇女体育之所以得以发展，其原因是多方面的：一是古代民间节日的促进；二是封建帝王后妃的有意组织；三是达官贵人的娱乐需要；四是妇女自发活动的结果。

中国古代妇女体育不是以力量取胜，而是带有很强的表演性和游戏性，女性给人以柔弱之美，然而有些体育项目非弱女子所能完成，比如顶竿、马术、绳伎，因此宫廷中就盛行女子蹴鞠、用来给皇帝祝寿的组字舞等。古代妇女的体育活动与表演往往带有惊心动魄的艺术性，是古代妇女不多的能够充分展示生命活力和聪明才智的机会。学者汪伟信在对中国古代女子体育的文化特征的研究时认为：由于古代传统文化与妇女文化特征使然，使古代女子体育更多具有自娱自乐、小型多样的色彩，而少的却是公正、竞争、理性等现代体育精神。这种文化以其历史惯性的形式影响到现代女性一些体育运动的开展和提高。而西方体育文化的主要特征则是强调以人为中心——以个人为社会本位，这种特征发展了古希腊独有的人体审美意识、娱乐意识，即从个人原则和人格意识出发形成的体育风尚，构建了以个性发展、个体生命能力弘扬为主体的体育文化精神，并在西方社会世代传承和传播。（杨好等人对中西方体育文化的比较研究）

二、现代女性健身体育

在我国对女子健身体育、健康及休闲的研究方面，主要注重的是健身运动对女子自然之躯作用方面的研究，这些研究对我国女子体育的实践有导向作用。对充实、丰富女子竞技、健康、休闲等理论有较大的参考价值。如对女性参与健身的比例、人数、项目等；在体育活动场所的选择方面，去公共体育场所的人最多，去收费体育场所活动的人最少。有消费的女性体育消费动机主要有瘦身塑形、消遣娱乐和兴趣爱好，其中瑜伽、动感单车、普拉提是女性经常消费的项目。另外陈红霞等人的研究表明：19～30 岁的女性为商业性健身房的主流消费群，且收入在 3000 元以下的普通职员到商业性健身房健身的人群越来越多；从毛伟民等学者们的研究我们了解到："我国女子大众体育发展相对滞后，主要是受到了我国女性体育意识淡薄、女性双重角色、女性经济地位与消费方式、参与体育活动的时间和场地、大众传媒的导向偏失等因素的影响"。同时不同职业、文化背景的女职工对体育态度和认识呈多元化趋势，高文化群体的女职工除重视体育的健身价值外，还倚重体育对树立自信心、自强、竞争等意识和精神的锻炼价值。但是我国体育教育与群众体育的脱节，使部分女职工在离开学校后就中断了体育生涯（减超美，1998）。潘丽霞却以纵向和横向两条主线对"妇女社会体育参与中性别平等与差异"进行研究表明：封建时期，男权社会通过权利从经济和文化上排斥女性社会体育的参与，女性社会体育参与处于一种显性的边缘状态；计划经济时期却表现为一种不以生理差异和人的自由自主选择为基础的性别不平等；社会转型期，女性群体在当代社会体育领域参与的第二性地位，使其不能平等地享受社会进步与体育发展带来的实惠。虽说从黎莎的《比较近代中日女子体育之兴起》研究可以肯定，随着社会发展女性健身体育参与越来越多，特别是女性思想解放促进了女性健身体育的发展；但从孟亚南、曹继红的《角色冲突对职业妇女参与体育的影响》以及陈红燕、李龙梅在研究职业女性角色意识时认为，职业女性的角色冲突在很大程度上影响其健身参与，导致她们很少参与体育锻炼。

特别是随着休闲时代的到来，休闲体育成为人们健身娱乐的热点。在加拿大，"健身加拿大（Fitness Canada）"提出了"积极生活（Active Living）"的理论与实践活动，就是说身体健康与健美的实现依赖于体育活动在自身整体系统中发挥作用。其他一些国家的女子体育、健康及休闲研究一方面是将运动、休闲作为改善女子身体的手段，另一方面从女性参与体育、运动、休闲的视角，了解女性在社会中的地位与角色的变化过程。因为"从历史上看，女性在社会中的地位可以作为该社会所达到的文明程度最突出的一个指标"。（卡拉·亨德森，美国）

休闲体育在我国兴起的时间并不长，对于它的研究也未完全展开。前些年学者俞继英著有《休闲与健身》（1996）、周兵等著有《休闲体育》（2000）等。这些书籍主要是介绍休闲体育项目，对于大众休闲体育活动的开展具有一定的指导意义。其他相关的学术研究还有：魏薇、张少伟等分析了《休闲体育与生活质量的关系》，通过参与休闲体育能够防止“现代文明病”；李德明从社会化、空间扩大化及社会渗透性视角分析了休闲体育对大众生活质量的影响。其次是国外休闲体育的开展情况与我国的对比研究：杨学军就中美两国部分青少年学生的休闲体育活动进行了对比研究；周莹就中、日、韩三国居民的休闲体育活动进行了对比研究；学者王晓莹通过对国外体育休闲俱乐部组织结构、管理方式及不同类型等的分析研究，提出我国现有俱乐部管理的改革对策。第三是休闲体育在学校层面的开展情况研究。《休闲体育在学校的开展现状》（陈小蓉）；大学生休闲体育的锻炼频度、形式、时间、特点，总结出大学生七种休闲类型（邹师）。最后就是休闲文化研究。于涛分析了休闲体育兴起的社会文化背景，认为体育与人的关系之所以疏远的原因是，片面发展的理性精神造成了体育的异化。20 世纪 90 年代以后，中国对休闲运动的研究出现了一个高潮，发表相关文章百余篇，但对女性休闲运动的研究并不多见。目前，我国学者对女性休闲的研究有：沈玉梅等人的《首都女青年的闲暇文化生活状况》、张建萍的《我国女性休闲生活的历史变迁及其当代形态》《中国古代女性休闲方式及其特点分析》、孙琼如的《休闲文化对女性发展的价值分析》、夏怡然的《女性闲暇生活状况》等，另还有学者欧平、张象、从辛利、金育强等也涉及了相关研究，但大多数是从休闲文化、休闲时间等领域进行研究，真正涉及女性休闲体育研究的却很少。

由此我们得知：这类研究虽面广但重复研究多，多数注重的是研究的全面性和表象的描述，忽略了对问题的深入分析，缺乏理论的梳理和系统的分类研究。特别是对女性在休闲健身行为、休闲健身产业、休闲健身文化方面的互动研究，以及女性消费群体的个体心理与社会性别等方面的研究甚少，也就难较好地把握女性健身与身体审美的全貌。

第三章　美学角度下女性健身行为产生的原因

第一节　女性身体审美文化的发展成熟

身体人类学认为，身体是生物的，对身体的处理却是文化的。身体作为一种话语符号和隐喻，是在历史、社会、文化中被建构起来的。为此，我们在探讨女性身体美再造时除了考究其生理性的肉体与心理性的情感、意识外，其社会环境与传统文化也是不容忽视的重要因素。特别是日常生活审美化倾向越演越烈的今天，大众传媒所建构的大众传媒文化正在不断地塑造着女性的身体审美，身体成为大众传媒文化的绝对主角，尤其是当前城市女性的身体。女性身体审美消费几乎可以实现在任何地方，任何事物几乎都可以成为美的消费品。

美从来就是观念的东西，是由特定的社会环境塑造的，不同的文化背景有不同的审美观。“审美文化”这一概念最早产生于西方，由德国美学家席勒在他的《美育书简》中首次提出。他认为，“在审美文化中，人以美的形象为感受对象，并以自由想象的方式与之游戏，从而使人摆脱了对自然物的实在需要，也摆脱了道德或政治原则的强制性，进入想象力对形式的自由游戏状态中”。

对女性身体审美文化的建构也正是主流社会以女性身体美的形象为感受对象，直接将审美的态度引进现实生活，而这些往往是由社会的当权者来完成的。千百年来，男权文化一直主宰着人们的头脑和生活，女性处于“他者”的位置和边缘状态。中国几千年的封建社会更是一个男性霸权社会，女性被彻底排斥在社会之外，作为男性的附庸品而存在家庭之中。从流传至今的习俗与文化中，我们可以看到对女性的忽视、排斥、歧视和压抑，对女性的禁锢和限制，对男性则宽松了很多。回顾中国的历史是男权的历史，文化主要由男性营造，为男性服务。

一、男权文化的霸权地位

纵观人类的历史，自原始共产主义社会瓦解、以父权制为中心的私有制社会建立以来，女性的地位便随着母权制社会的沦丧而沦丧，恩格斯认为这是“女性的具有历史意义的失败”。在这历史性的失败中，社会建立了一套完整的男权文化，它犹如一张大网，笼罩在语言、文字、教育及日常生活的方方面面。

语言文字是人类用来交流思想、传递信息的符号系统。在这一系统中，男权文化的威力不容小觑，它在人类创造语言文字之初就已潜入其间，发挥它超强的禁锢力。甲骨文中的“女”字就像一个跪着的人，“妇”字则是一个长跪的女子与持扫帚的形象。《白虎通·嫁娶》中记载，“女者，如也，从如人也”，“如人”的意思即听命于人（男人），表明其依附于人（男人）的身份与地位。许慎的《说文解字》中描述，“妇，服也，从女持帚扫也”。“妇”所“服”的对象无疑是其“夫”。造字者与解字者的潜意识里，女人就不是一个“人”，而是奴仆，生来就应该跪伏于地，听命于男性，操持家务、服侍夫君。如此看来，女性的本质属性——人或女人的属性是无从寻觅的。不仅文字记载如此，语言表达也是这样。自《周易》以来，中国的哲学便体现了“天尊地卑，阳主阴次，男贵女贱”的思想体系，在这一思想体系下，凡是不怎么光明正大的事物或行为总是与“阴”或女性捆绑在一起：阴谋、阴毒、阴险……丈夫对妻子的称谓是“贱内”“内人”“拙荆”“屋里的”，然而，妻子对丈夫的称谓则是“夫君”“先生”“官人”“当家的”，由此尊卑贵贱一目了然！女性的本质属性被“贱”“内”“阴”“拙”这样的字眼所固化，严重影响着女性的自我认同。

教育是通过教化塑造人类灵魂的方式。纵观几千年来封建妇女所受的教育，从西汉董仲舒的“三纲”到东汉班昭的《女诫》，再到宋代朱熹的“理学”思想、唐代《女儿经》《女论语》、明代《闺范》、清代《女学》……男权文化的旗帜随处可见。这种教化，使女性被框置于“未嫁从父、既嫁从夫、夫死从子”及“妇德、妇言、妇容、妇功”这“三从四德”的纲常伦理中塑造着，无数的教条形成的男权文化网，无不是对女性卑微身份的强调与确认。这就造就了一种难以抗拒的强大的文化心理定势，不仅使男性们认为男权是天经地义的，女性也不自觉地把这种教化内化吸收，成为男权文化的同谋者。无怪乎班昭会在《女诫》中记载，“夫者，天也”“事夫如事天”“男以强为贵，女以弱为美”。也无怪乎宋若莘会在《女论语》中记载，“夫若发怒，不可生嗔，退身相让，忍气低声”。一代一代的教化，使女性完全丧失了主体性而成为历史的“他者”与“次性”。

随着历史脚步的迈进，至晚清时，女性问题被梁启超、康有为、金天翮等有识之士所重视。他们认识到妇女关系到强种保国与民族存亡。在与西方女子的比较之后，他们认为中国女子身体瘦弱且无学识，无法生养聪慧的后代，“当今举国征兵之世，与万国竟，而流此弱种，犹可忧危矣”。基于此，他们强调废缠足，兴女学，反对男智女愚的观念，虽然这些充满现代性的话语在客观上开启了中国妇女解放的契机，但是他们并没有真正意识到女性自身的价值与发展的需求，只因女子放足与上学之后“上可相夫，下可教子，近可宜家，远可善种”。虽然梁、康、金等晚清知识分子反对压迫妇女，提倡男女平等，声张女权，但从他们的许多论著中，“女”依然作为表征落后、衰微的符码，依旧是亟待改造“次性”。如梁启超在《新民说·七论进取冒险》中就强调中国人不要“鬼脉阴阴、病质奄奄，女性纤纤，暮色沉沉”，可见男权文化的影响并没有在他们那儿匿迹。

在“五四”新文化运动中，娜拉的“我是与你（男人）一样的人”这句话成了女性解放语境中倡导女权的最具权威的名言，娜拉形象也成为反叛男权文化的经典。

女性有能力反抗男权，这是社会也是女性的一大进步，但往深层思考一下，便可感知娜拉的话并没有自觉的性别意识，而只是以男性为标准。这种一切以男子为标准的妇女解放理念恰恰成了男权文化无处不在的一个鲜明的注脚。周作人曾说，“现代的大谬误是一切以男子为标准”，真可谓一语中的。

新中国成立后，虽然男女平等的思想已被大多数人所认同，但男权文化仍在现实生活中无孔不入地显现，影响着女性对自身性别的认同。对“妇女能顶半边天”“男同志能干的事女同志也能干”的误导导致无视性别差异的“女子汉”“铁姑娘”的产生，而女性的“雄化”又恰恰意味着社会女性意识的不健全。当下中国，媒体喜欢在赞扬一心扑在工作上、事业有成的男性精英的智慧能力的同时，把他们因担负社会责任而无法承担家庭责任也作为美德之一加以褒扬，男主外的男权文化在此也可见一斑。中国当下的大多男性无法接受“主外”的“女强人”，而“爱妻型”洗衣机、“好太太”晾衣架，及无数的具有媚男倾向的增白、抗皱、丰胸等商品广告却又不断强化着“女主内”、“女为悦己者容”的角色定位。尽管当代许多女性用自己的聪明才智已经在社会上颠覆了传统的柔弱的女性形象，塑造了大写之“人”，但实际上男女平权的设想并没有真正实现，男权文化仍无处不在地显示着它禁锢女性的力量。

二、女性自我意识的唤醒与身体的解放

无论中外，在封建秩序建立之前的时期都是崇尚平等的，从遗留的文化资源中可以看出，在这种平等视角下的美学思想是健美的，是具有强大力量的身体美。例如，在西方古希腊时期的人们就普遍认为，“健全的精神属于健康的身体”，健康并健美的身体是一切社会活动开展的基础；而在中国，看那些新石器时代的女性裸体塑像，皆是体态健壮而肥硕，充满了健美气息。

然而，随着封建社会的形成和发展产生了较为明显的变化。男权成为绝对权威，他们使用礼教对女性的精神和肉体进行摧残，处于社会最底层的女性远离政治、经济、文化等现实社会活动，根本没有参与社会活动的权利，只能退缩到家庭内部。因此，女性的身体就成了男性的所有物，对于女性身体的审美倾向也开始随男人的喜好而定。西方的束胸、束腰文化，东方的裹脚文化，无不是这种扭曲的女性身体压抑现象的表现。

随着20世纪初期新文化运动的出现，进入彻底颠覆了封建礼教时代，由进步男性倡导的妇人运动突破了以往资产阶级上层妇女活动的小圈子，成为以劳动妇女为主体的解放运动。通过一声“我是我自己”的严肃宣布，妇女冲出了家庭，开始了她们从物体、客体、非主体走向主体的成长过程。这种确立“我”与“自己”的关系，意味着重新确立女性的身体与女性的意志的关系，重新确立女性物质精神存在与女性符号称谓的关系，重新确立女性的存在与男性的关系。经过20世纪大刀阔斧的妇女解放运动，现在的女性和男性一样，开始有意识地自己决定自己的生活和命运。她们中大多数人开始接受较高的文化教育，有自己的思想见解；在经济上努力

不依靠其他人，她们懂得坚实的经济基础是维护自我尊严的必要条件；她们享受着事业中获得成就带来的满足感，越来越多的女性开始进入传统意义上一直为男性所占领的领域；在高等教育中，女大学生的人数与男性基本持平；在社会生活领域，女性的事业正不断蓬勃发展，追求职位和事业上的成功已成为女性理所当然的生活目标。她们中不乏有勇气、有胆识，按自己喜欢的方式生活工作的现代女性，在适应社会、适应生活的同时，不失去自我，依然保持一种率直的态度。无论面对的是工作的喜悦还是暗淡与失落，都保持一种健康的心态。她们在多重角色面前成熟而平和，既不为过去的挫折伤感、追悔，也不被未来的幻想而迷惑、冲动行事。她们确信人所能享有即在当下。她们学会了自我调节，并以自我支持来取代环境支持，面对困难不怨天尤人，而是挖掘潜能，把握当下，实现自主。这是因为她们对自己的潜在欲望比上一代的女性有更深刻的反省，并且她们能意识到自己的存在价值。特别是在现代丰富多彩的生活中，女性有更多的选择权利和回旋的余地。

21 世纪的女性已经深刻地体会到，女性解放的目的是为了寻求自由、独立和幸福，而不是为了把男性贬为“第二性”，更不是为了给自己套上一个虽闪烁着光芒却是枷锁的“女权主义”的笼头。她们追求的是一个没有成见，没有歧视，更为公正，更富有人性的理想社会，建立起更为和谐、健康的两性关系，开创一个更适合女性发展的社会环境，争取建设一个平等的、体现人道主义的新世界。过去曾流传着“男人征服世界，女人征服男人”的说法，已被“女人既要征服世界，又要征服男人”的信条所取代。当然，现代女性并不是要真正征服男人，而是让男人知道女人的力量和价值，不要忽略女人的力量。女性更愿意和男人一起进行各种有意义的合作，共同开创人类美好的事业。美国未来学家宣称“21 世纪是女性的世纪，是人类的‘她世纪’时代”。因为人类前行的历史证明，在女性的灵魂与精神文化里，潜存着更多的人类良性基因——博爱与智慧。这种大爱文明的新观念，是实现人类两性平等与世界和平的根本基础。对全球化的现代文明而言，有更强的生命力和普适性。其实，倡导女性解放与性别平等，并不仅仅是为女性争权利，而是把“人类从男女失衡的畸形扭曲状态中解救出来，重新恢复人类的完整、健康和文明”，这才是女性解放的终极目标。

然而，现代女性目前的现实处境是辛苦劳碌，顾此失彼。现代女性群体对于家庭和职业，两副担子都责无旁贷。生活中她们力求在任何一件事上都做到完美无缺——工作出色，家庭出色，子女出色，自己是成功的女性，称职的母亲，贤惠的妻子，孝顺的女儿。然而，在这许多角色的转换中，她们渐渐感到力不从心，筋疲力尽。因为像怀孕、性、抚育孩子、家务劳动等这样的实际事务与女性角色的关系，有一个相对主流的社会观，那就是女性理所应当的责任，它制约了女性对自由的向往和对束缚的摆脱。正因为社会主流文化对女性角色的认知，使女性解放也仅仅只是一种口号。特别是现代女性虽说同历史上其他女性有重大差别，但在两性的教育、就业、从政等重大问题上的不平等并没有消除，即便是成功的女性，社会对她们颇有微词，一般来说，女性在工作上稍有成就或花在工作上的时间多于在家庭中的时间，就容易被周围人称为“女强人”。男人们往往对“女强人”敬而远之，似乎她们是一群失去女性魅力的无性人。因此，有成就的女性一旦有了这一“美称”，便很容易被剔除出女性群体，成为游离于男性与女性之间的边缘人。这是因为好女人的标准与成功社会人士的标准是不同的，女性面对的是双重标准的困惑与选择，难怪现代女性还存在一种对“成功的恐惧”。这同时也说明，女性一方面在与传统文化和习俗做斗争，积极思考人生的真正意义，寻找自己为社会做贡献的最佳位置，另一方面她们却在她们从事的工作和生活中经常遇到男女不平等的现象，隐性的性别歧视随处可见。

三、传统文化的延续与女性身体审美的异化

女性身体健康审美的实现，有赖于女性自身自我意识的觉醒，也有赖于时代的进步。然而中国女性在普遍觉醒的同时，分化为两种类型。一部分女性朝着自强与独立的方向发展着，另一部分女性却仍旧眷恋着家庭，依靠、依附着男性。在女儿、妻子、母亲、伴侣等多重角色的转换中，女人与女人之间拉开了距离。这种依附左右着女性生活的方方面面，使之从属于男性，更加凸显女性脆弱的、被动的传统形象。因为在中国几千年的传统文化的影响下，女性在她们的潜意识中仍然存在着依附男性的心理，她们对于美的追求和选择始终受着男性的暗示。受当前男权社会影响的电视、网络、报纸杂志等媒体所展现出来的男性审美，更多表现为追求女性视觉美的效果，使女性刻意在外表上标新立异，以引起男子的注意。如果说在古时候男性要求女性表现的是一种含蓄美，使男性有充分想象的空间和余地的话，今日的男性则要求女性表现的是性感。这种男性对女性的身体审美由隐性走向显性，其中有一个不变的主题——那就是女性仍然是被男性欣赏的对象。女人为了美容整形修饰不再被认为是卖弄风骚，相反成了一种礼貌，一种有关自尊心和自信心，甚至是有关廉耻的行为，一种责任，即女性对自己的容貌负责。特别是当部分依附男性的女性，她们发现自己的身体资源，可以换取美好生活与享受的资源时，女性便把如何打造身体的美丽，当成自己的事业去经营，当作一种社会责任去坚守。如果女性对自己的身体疏于护理与打造而放任自由时，谴责或惩罚就有可能随之而来。因此，体现在女性有关的文化模式中的女性身体外形的崇拜，也就随处可见。从古到今，女性的身体发生了戏剧性的变化。一方面，女性的身体从古老的性、生育和繁育的束缚中解放出来；另一方面，她们的身体又屈从于更规范、更具有强制性、更令人担忧的美学观点的束缚，美容外科和健美教练的出现就是这种观念的现实表现。女性对于苗条化、年轻化的美的追求既反映了经济独立的女性的自主和自立，又体现了女性在追求完美的过程中产生的负效应——审美异化。美的牢笼代替了家的牢笼，同时再次将女性置于从属的位置上。现代女性从传统的家庭禁锢中解脱出来，又陷入了自恋的审美旋涡中。

在日常生活中，我们不难看出女性这种自恋式的身体审美：消费时代的广告传媒中，美女形象起着一个示范和榜样作用，女性在不知不觉中被培养、被调教成为

一个追求美丽时尚的女人，实现女性身体的美被诱导成为生活的目标和时尚的象征。尽管有越来越多的女性在工作中有野心和抱负，但女性对个人美的重视仍不断被加强，对她们的生活产生更大的影响，她们更注重个人生活领域的成功而不是社会领域的成功；她们对异性的重视仍大于与男性的竞争，女性在对美的追求中也陷入了美的陷阱。但是，直到今天人们好像还没有意识到问题的严重性。特别是在“事业失败会令男人失去魅力，事业成功却使女人失去女性魅力”的男权社会，社会舆论和男性群体对女性的轻视，更助长了男性对女性身体的控制，女性也因对自身美缺乏清晰的认识，甚至因盲目追求时尚而误入病态畸形的误区。这种病态的女性身体审美的背后，实际还包含着一种对女性进行精神摧残的行为，因为达不到理想的美，会使女性自轻、自残、自责，压抑郁闷、困惑迷惘，从而导致女性走入无我的困境。对女性身体的控制，已涉及到女性生活的方方面面，为了更好地生存，身体已是女性生活的筹码。

第二节　社会变迁对女性审美与塑造的影响

在人类社会漫长的发展历程中，由于经济、制度、文化等诸多因素的影响，对女性身体的审美与塑造反映出不同历史时期对女性不同的角色期待。循着历史发展的轨迹，我们看到在母权制解体后，对女性身体的审美并不是始终遵从传统的社会规范，而是在社会的转型中不断解构与重塑。同时也因为女性其性别长期以来处于不公正的角色成长环境，制约了女性身体的审美与塑造，也制约着整个社会的发展进程和文明程度。当代社会由于社会分工不同、其占有的资源不同、文化资本不一样，社会各阶层对女性身体审美特性是有区别的。学者陆学艺以职业分类为基础，以组织资源、经济资源和文化资源的占有为标准将当代中国社会阶层分为十大社会阶层和五大社会等级。在当代中国社会中，这三种资源的拥有状况决定着社会各群体在阶层结构中的位置以及个人的社会经济地位。其中，不同的社会阶层，无论在经济上还是文化上都具有一定的审美能力和审美需求，只是由于他们所生存的社会背景和拥有的社会资源的不同，审美欲望的强烈程度和审美特性不同而已，其独特的审美心理和表现方式形成了社会各阶层不同的审美文化心态和审美文化行为，对女性身体的审美带来不同程度的影响。

一、社会变迁对女性身体审美与塑造的积极影响

（一）远古生活实践需要女性审美崇尚自然、追求中和、兼修内外

从远古起人类就是按照美的规律，用自己的聪明智慧和灵巧的双手来创造美好的世界，同时不断地改造着人类自身。这种改造活动既包括了人类在社会实践活动中使自己的精神世界更加丰富，体魄更加强健，形体更为健美。从掌握的史料可以看出，人们原本是出于生存需要而遮蔽身体的树叶、兽皮，在经过它的装饰后令人精神抖擞、容光焕发。于是，通过不断地装扮与美化实践，便形成了具有中国古老

文化特色的女性审美文化。其特点为一是崇尚自然。古代我国以农业生产作为基本的生存方式，农业生产跟大自然的种种变化联系在一起，无不体现古代中国人崇尚自然、追求“天人合一”的生存观念。表现在对女性审美追求上有一显著的特点，即重视女性的性别特征美——身体的曲线与性格的温柔。二是重含蓄。重含蓄体现在审美文化中就是要根据各种条件，掌握一个合理的“尺度”，使得美化形体的行为获得最佳的效果而不是其反面。这正是孔子“乐而不淫，哀而不伤”的中和之美。在这种追求中和之美思想的影响下，古代中国女性在美容活动中逐渐形成了一种“夸而有节”的准则，把身体的人工美化掌握在一个适当的尺度上，不主张尽情渲染、大肆铺张，而是点到为止的境界。三是内外兼修。我们回顾中国古代女性审美文化的历史，可以发现女性审美的历史有两条平行发展的轨迹；一条是对外在美不断追求的发展历史，另一条是在追求外在美的同时，更注重内在美——人格、精神、道德的美，它是中国女性审美文化中深层的、特定的内容。

对女性身体美的评价看重的是德、言、容、工相统一的内外皆美，而对外貌虽艳丽，但心地不善、品行不轨的女性，往往给予强烈的否定与厌恶。中国古代女性身体审美文化的形成与发展成为华夏民族文化的重要组成部分，并在人们的生活中发挥重要作用，并已形成一定的社会共识。

（二）女性解放运动推进女性身体审美表现为多元化特征

随着女性解放运动的推进，女性自己在社会转型中自觉不自觉地调整角色意识，以跟上时代前行的步伐。特别是外在世界的扩展，同时也丰富了女性内心世界，提高了能力，培养了综合素质，女性的自主意识、使命意识、进取意识、自审意识等主体意识正逐步在部分女性头脑中形成，因此对传统女性身体审美也相应地产生了与时俱进、潜移默化的影响，使女性身体审美出现了明显的变化。表现在形象设计上，女性既走出了传统的以“柔弱”为美的误区，也摈弃了“文革”中以“雄化”为美的审美标准。她们刻意追求的是独立人格下的表现女性风韵的健康之美。媒体中多元化的女性形象对现实社会中女性审美文化的塑造产生了深远的影响，同时女性形象多样化也丰富了现实的生活世界。

另外女性也开始意识到自己身体美的实现有赖于自身自我意识的觉醒，也有赖于时代的进步。同时，也清醒地认识到男女两性在生理上的差别是无论如何也抹杀不掉的。女性的解放是多层面的，身体的解放是女性解放过程的一个阶段，而身体的解放必然要求从男性的观望中脱离，从技术的加工中脱离，女性能够展示真正的自我而不是由男性来主导。女性身体的美首先应是女性自我个性与自身主体意识的自由表达，不是任由男性审定——一个模子雕刻出来。它应该是既强调内在的塑造又注重女性外在性征的表现与美化；在女性身体美的标准上强调男性的参照作用更强调女性的自为，既强调共同特征又凸现个性，女性身体的美既具有整体性，又有互补性与可塑性。当我们对女性身体的美做整体关照时，女性身体美是多元的，它由女性的各种外在美、内在美组成，视角不同，其呈现的美就不同。但具体到某一女性而言身体审美很难十全十美，也许她身材体型好，但线条不理想；也许她容貌五官美但气质韵味差；她可能身材、相貌方面有某些缺点，但她才华出众……身材、相貌方面的不足还可通过服饰、化妆等方式扬长避短。而气质、风度的美可以后天培养，姿态的美可以雕塑，服饰的美可以创造。即便是天生的女性形体、相貌方面的缺陷也可以通过现代科学的整容、美容手段进行改变。总之，女性身体审美的多元化，是现代女性身体审美的基础和内核，是社会变迁而引发的不容忽视的变化，它正符合着社会的期待，一步步将女性身体审美调整到正确健康状态。

（三）社会转型后独特的生命之美昭示女性本真

“人类在其发展过程中，始终伴随着性和美的意义的演变。在任何时候，身体性感和美感的内容及其表现形式，都伴随着社会文化的变迁而发生变化。不同的历史发展阶段，人类有不同的身体性感和美感观，也就有不同的文化内容和形式。”

与以往社会相比，市场经济时期，作为人类精神生活重要组成部分的审美活动，也呈现出了多姿多彩的面貌。对女性身体的审美已是十分的开明和包容，女性得以在各种场合充分展示自身的魅力，电影、电视、广告、T 型台、各种大型文艺晚会以及各种运动竞赛活动，一个个青春靓丽、矫健优美的身体形象不断展现在人们面前，不同的民族、不同的服饰、不同的气质，无论是高雅庄重还是激情奔放，无论是古典风格还是现代时尚，它们都在展示着同一样东西，那就是女性的美。这是一个开放的时代，也是一个个性张扬的时代，女性的各种形式的美在这个时代都能找到它较好的舞台。人体美，尤其是女性身体的曲线之美，是人类多年来形成的共同的审美情结。那流转起伏的曲线，也是女性身体美追求的理想境界。女性身体的美在现代社会中通过现实物质为媒介，适度而文明地结合中华民族的文化特色，张扬着女性自然的美，并由此而丰富女性身体审美文化的内涵。如通过纹身、人体彩绘，点缀修饰女性身体，既可以欣赏女性多元美，又可以感受到挑战传统观念的勇气。特别是通过一些女性人体艺术，我们不但能感觉到女性所焕发出的那种生命之美，而且可感受到艺术之美。在现实之中，身体的裸露也会让女性对于自己的躯体和身体条件多一种美感的意味和健康的心态，以增强女性自我审视和喜爱的成分。

因此，对女性身体的审美是一个涉及潜意识、感性、理性等丰富层面的特殊审美体验活动，因而对最集中体现永恒生命魅力的人体的审美需求与审美观照，是作为主体的人的本性使然。社会变迁所带来的对女性身体审美的积极作用：一方面是女性向往现代文明，追求丰富个性，渴望全面展示自己在社会生活中的主体性；另一方面是呼吁社会注重两性平等交流、互为参照、相携而进的平等氛围，反对一切异化因素和行为，从而为全新的女性身体美的创造与展示提供一个良好的社会环境。

二、社会变迁对女性身体审美与塑造的消极影响

（一）第一次社会大分工后的女性被塑造、被交换、被审视

在社会生活中，外部条件发生变化以后，人们的风俗习惯与人们的思维、人们的世界观等一道都要相应地发生变化。在母系社会由于女性强壮的身体与男性没有

很大差别，母性崇拜盛行，女性形象被看成是神圣的。随着生产力的发展，人类社会第一次大分工后，男性就占据了支配地位，女性失去了与男性平等的经济地位，女性被禁锢在家庭内，其生活的全部内容除取悦男性之外，剩下的只有服从与忍耐。男性支配着女性的审美活动，女性原有的审美主动性、创造性遭到剥夺。因此，在对女性身体的审美活动中，在身体层面上强调女性必须表现出柔弱的特点，以弱为美。为此，古代女性为了生存自觉地按照这种文化标准来压抑自己、塑造自己，我国的“国粹”——女性缠足是典型的男性强加在女性身体上的畸形美。虽然在不同的时期对女性的审美标准会有所改变，女性在身体上以柔弱为美的标准一直延续下来。特别是在精神层面上，“男尊女卑”“女子无才便是德”交织成一张束缚女性发展的精神之网，全方位地塑造女性形象，控制了女性的精神世界，使女性完全按照父权统治的要求塑造自己，成为一种附属品存在着。从此，女性失去了作为“人”的价值，逐渐沦为被塑造、被审视甚至被交换的“物”。

（二）计划经济体制下女性身体审美的失落

在“男女都一样”“妇女能撑半边天”的背后，虽然对妇女几千年的性别歧视进行了颠覆，但同时也掩盖了男女两性之间的一些特殊问题，特别是女性特有的自然生命体验和感受被遮蔽，女性的发展进入新的误区。最值得关注的是，因为这是中国历史上具有深远历史意义的社会变革重要的转型期，伴随着建立高度集中的计划经济体制，新中国逐渐形成了一种集体主义社会。为了巩固新政权，要求每个社会个体都必须形成适应这一社会政治环境的政治思想，把各种不同的价值观统一调整到一种单一的意识形态之下，形成统一的政治信念、准则、价值观。因此，20 世纪初突破各种禁锢逐步建立起来的女性自主意识彻底消失，在这样一个人性失落的年代，女性具有失落感在所难免。表现在女性的身体审美上，由于片面追求“男女平等”，即抹杀性别差异（包括生理和社会的差异），追求男女绝对的一样，女性以“铁姑娘”和“不爱红装爱武装”的形象出现。“女性化”的一些行为被批为小资情调，提倡女性男性化——短发、皮肤黝黑、结实而强壮。为了向男性看齐，以求男女平等，女性不惜抛弃女性化的特征，以至于出现女性特征单一化的局面，女性对自我形象的塑造出现了迷失，造成女性身体美的缺失。其影响一直延续到 1976 年前后。

（三）市场经济体制下女性身体审美的异化

现代生活带来了新的消费观念，人们在满足了基本的温饱需求之后，逐渐从单一的价值导向消费转向关注起消费中的附加价值。由女性身体审美而引发的“美女经济”作为市场经济发展的产物，宣扬人皆有之的“爱美之心”，增加社会公众美丽的注意力和吸引力。特别是人们对于美的追求永无止境，社会越进步，经济越发展，越是加剧了对女性身体美的崇拜。究其原因，正如恩格斯所认为的，“一切社会变迁和政治变革的终极原因，……应当在有关的时代的经济学中去寻找”。在我国推行的市场经济体制下，市场主体为迎合人类对美的永恒追求，把美女作为美丽的载体，根据市场需要进行资源配置并纳入生产要素之中。于是乎，美女作为一种稀有资源，在市场的运作中成为商家争相开发、利用的资源。同时市场经济又遵循等价交换原则，美女作为资源参与市场运转、为商家赚取利润，会获得丰厚的回报，这引诱了一些女性纷纷以美貌去换取财富。在市场经济中，商家与美女在利益上达成了互惠共赢的局面。然而，这种利用女性的特性去获取经济回报，不但将原有的社会不公平状况进一步扩大了，而且对于广大非美女大众来说是一种极不公平的待遇，特别是严重扩大了社会的就业歧视。台湾学者李敖曾说，"'美女经济'对社会是消极影响甚过积极影响，是人类精神文明的倒退"。这种对女性身体美的极度追求和炒作，对女性身体的审美异化起到了推波助澜的作用，其表现为：一是使女性身体审美客体化。这从当时众多的广告宣传和娱乐选美活动中，可以得到一个公认的信息——女性塑造优美体形和漂亮的外表是供人欣赏，以取悦他人为目的的。在男权还是占主导地位的社会中，我们不得不承认，女性身体美的展示离不开男性的评价与欣赏，女性的客体角色也就在所难免。二是女性身体美的异化。市场经济是竞争经济，激烈的市场竞争引发对美女的深度开发，并且诸多的现象和经验告诉大众，美女是可以打造的。于是乎，打造虚假美女的行业正逐步走向繁荣，虚假美女正从影视明星走向普通大众。这种打造美女的手段无奇不有，正如一个减肥杂志所展示的苗条的好处：苗条不仅可以获得更多崇拜的眼光而且能使人感到更加自信地走出去，更加能吸引男性眼球。消费社会使得女性的身体被异化，而以男性为主导的审美观念逐步将女性的身体性化，同时传媒也不失时机地引导和营造着女性审美文化的走向，不断宣传和引导女性如何提升自己的魅力。女性的身体成了她们自身对立的、需要重新塑形的存在物，通过美女化改造，女性与她们的自然身体相疏远并分裂，在迎合男权文化的审美欲望时，没有了自我。三是女性身体工具化。当时经济文化的交流是频繁而又广泛的，通过美女效应创造出来的丰厚经济效益也是相当可观的。如通过美女介绍产品、选美比赛、车模、形象代言人等多种形式来提高产品的知名度和市场占有率，从而刺激消费、引导消费。女性在这个过程中被商家作为获得利益的赚钱工具消费着。作为人的"美女"却成为经济的附庸，丧失了人之为人的内在价值，丧失了人的尊严，被割裂为日渐远离自身精神性的客观物而存在，在商家赚取巨额经济利益的过程中被工具化。

第三节　社会的发展推动了女性健身消费市场的繁荣

在"以消费为乐"的21世纪，整个世界的消费欲望都在迅速增长，女性消费在消费文化中被激活、滋长。特别是随着物质生活水平的提高，女性的审美视野不断扩展，审美活动的范围不断拓展，审美动机不断得以强化。女性消费在消费市场中愈加彰显，"享受生活，追求时尚"是现代女性日常消费中最显著的特点。健身消费活动作为现代文明生活中的时尚运动项目，已成为相当一部分职业女性生活的内容。这是因为健康向上的健身运动不仅有利于身心健康，而且有利于人的精神面貌及整体素质的提高，有利于提升生活品质。然而，通过调查表明，城市职业女性整体健身消费热情不高，在被调查的城市职业女性中，有39％的职业女性没有健身消费，在50元以下的只占了16.1％，这不仅说明职业女性的健身消费水平不高，同时其健身消费的热情也不高。与此同时调查还表明：个人收入在中等偏上的女性的健身消费反而少，特别是收入高的一些女性几乎没有健身消费，收入低健身消费的比例相对高，收入高健身消费的比例低，如果要是相对于她们花在其他的美丽消费上而言，更是少了很多。为什么作为一项能够获得身心健康、塑造优美体形、丰富日常生活、缓解心理压抑的当前流行的各种时尚健身运动不能引起职业女性的重视和青睐？这不能不令人费解，但只要我们再深层次地分析和考究女性健身消费的背景，就不难得知商品繁荣的消费社会，在大众媒体强烈攻势下，审美文化与社会分层等方面的制约，影响了职业女性的健身消费，其情形是复杂而又不容乐观的。

一、消费社会的商品繁荣

20世纪70年代我国第三次科技革命后，因生产力的发展和生产方式的改变，人们生活水平不断提高，不再为物质短缺而烦恼。购物广场中，商品极其丰富，令人眼花缭乱，休闲中心、纷繁复杂的多彩广告、新颖时尚的文化生活等，整个社会呈现一派欣欣向荣的消费景观。尤其是八小时工作制和周末休息制度的实施，使整个社会呈现出“普遍有闲的社会”（于光远语）景象。作为当代的职业女性，因此也获得了更多的休闲时间。在时间和经济允许的情况下，开始捕捉时尚，追求时尚，进而融入时尚的潮流。为此，女性迷上塑体瘦身、疯狂购物、爱上了隆胸垫鼻、恋上了在各种娱乐场所释放自己。在魅力无穷的欲望磁场中职业女性不由自主地随着时尚的潮流跌宕起伏，为的是努力使自己的脚步踏准时尚的节拍，第一时间把握流行方向，体现一种与众不同的自我，凸显生命的张力和独特的魅力。综上所述，在促使中国发生翻天覆地变化的消费革命中，当职业女性努力地追求生活真谛的时候，女性对于商品的价值不再停留在对自己的基本需求的满足，而在于对于欲望的满足。在消费文化中，身体被认为是快乐的载体，肉体之美成为被礼赞的主题。女性把对身体的保养和美化作为人生追求的目标和快乐的源泉，美丽是可以争取的。于是乎，在如雨后春笋般蓬勃发展的快速整形美容产业的帮助下，不断制造和复制“超真实”的完美身体形象。这说明一个事实：身体改造后的身份是可变的，身体成为现代人个人认同的核心。虽说其价格不菲，但比金钱更珍贵的是自己漂亮的容颜，最得意的是自己迷人又美的身体受到男士们的夸奖、尊重和疼爱，这些更多的不是关于虚荣，而是关于身份认同和实用性。一方面，她们为了在竞争激烈的就业市场中获得有利的身体资本，也可能是为在情感和婚姻生活——“女为悦己者容”；另一方面，她们认为美丽的身体形象是中产阶级身份的象征，为了逾越“土气”和“洋气”的身体文化的屏障，把整形当作是一种“现代的”生活方式和消费模式的表达。在这些有差异的目的之中，既有对美貌神话和男性凝视的顺从，也有在有限资源内利用自己的身体赢取更多身体资本的抗争。在消费社会的大众文化时代的女性身体美学有着无穷的吸引力，使女性在追求完美的理想躯体的征途中生命不息、战斗不止，至于机体的健康在虚幻美的表象下已不再那么重要，或难以兼顾，女性在功利思想的左右下已不再理智。因此，对于影响职业女性的健身消费而言，经济因素不是第一位的原因了，收入高的职业女性群体，健身消费比例却很低。她们更多的是被当今消费社会品种繁多的速效的身体消费方式所吸引，对于要求持久、耗时耗钱又不易看到效果的健身运动，已提不起她们的兴趣或者说没有精力去坚持了。如果说有比健身活动更好，也可以达到美的效果的方法，她们是不会吝惜金钱的。因为她们清楚地认识到：快速有效的塑身美体，在某种程度上也是为了更好地发展进行的投资。

二、大众媒体的全面渗透

美，对于人类而言是一个永恒的话题，女性爱美是天性。但当今社会对女性身体美的重视程度到了令人吃惊的地步，以至于求美、保美成为一些女性一生的坚持。这与无处不在的大众媒体的宣传有很大关系。最为常见的是传媒广告几乎被美女形象所覆盖，为了达到时代美女的标准而不断打造和雕塑自然身体是现实生活中越来越多的女性的共同追求。报纸、时尚杂志为了获得最大的经济利益，几乎都离不开出售如何使女性变得更加美丽的内容，以此吸引女性的注意力；在商业广告中，“广告＝商品＋女人”几乎成了所有人心照不宣的秘密；许多的电视广告特别注重和强调的是女性优美曲线、细嫩肌肤、挺好胸部、诱人大腿的包装等，这些无不在强调，女人的美是可以塑造的；影视作品中女性如瓷一般的质感、银一般光泽的颈和臂无限袒露，亭亭玉立或漫步于各种娱乐和宴会场所，这些性感、优雅的女人是大部分男性心目中的完美女神和欲望的化身；“女人”或“女性”在任何一家综合性网站的主页，都有其席位，其中都离不开服饰、化妆品、健身美体、宠物等。

大众传媒反复表述的意图如下。

一是强调女性的传统定位，即角色定位。具体表现为男主女从、男刚女柔、男优女劣、男挣女花。这实质上强调和暗示的是女性是被领导者、被保护者、被欣赏者、被嘉许者和享受者，而男性则是领导者、保护者、欣赏者、解决问题者。即便是体育频道的主网页，其中也有“花边”的三大版块，如“全球最性感十大女性”“体育宝贝享三席”“体育世家出美女”等新闻，完全将女性定义为花瓶，成为男性的观赏对象。

二是制造“美丽神话”误导价值观。通过传媒传递这样一种信息：“男性生存的价值与生命的意义可以通过金钱、权势、地位、生存力来反映；女性则只能依赖自身身体美，进入男性世界而存在”。女性身体的美在传媒中被强调是女性特有的性别资源，并认为可以帮助女人实现全方位的人生价值时，谁又能抗拒这种诱惑呢？

三是以女性身体作为商品以劝服爱美女性。无论是电视广告还是平面媒体广告，其主角绝大多数都是女性，那充满魅惑之感的女性身体充斥着荧屏或报纸、杂志版面。女性的身体——大腿、腰部、胸部、脸部，无处不是商品广告的载体，而所有这些对女性身体的充分运用，其唯一目的就是激发女性对于虚幻的完美身体的渴求和对自我身体的不满，从而唤起女性们疯狂的购买欲望。以湖南卫视播放的超级女声为例，2005 年超级女声的广告价格为每 15 秒 7.5 万元，而年度总决赛的广告每 15 秒 11.25 万元，超过了央视 1 套黄金时段的电视剧贴片广告为每 15 秒 11 万元的广告价格。10 期节目制作后，湖南卫视的收益就达 2500 万元。这还不包括数百万元的短信提成。由此可以得知，男性主流阶层通过大众传媒，以其强大的力量控制女性归顺男性。而这种控制并不需要强制，就可以达到对女性内在和深层次的控制。

为什么这种审美控制只对女性情有独钟呢？并在某种程度上渗透到女性生活的方方面面呢？这主要是女性对两性秩序的不公平现实缺乏批判能力，感觉钝化，同时在某种程度上还起了维护和保护作用。媒体对女性身体形象的规化定型已渗透到女性健身领域：一方面女性健身的目的更多的是为了美丽而减肥；另一个方面健身减肥后很难立竿见影、达不到媒体所演示的完美状态而放弃，另走捷径。女性的健身与健身消费因此在媒体的影响下受到制约。

三、日常生活的审美泛化

20 世纪 90 年代我国社会审美风尚发生转变，由先前的崇高为主形态的审美道德教化文化向审丑的、享乐的消费文化转化。这种变化制约了中国社会审美风尚的发展，并且就大众审美文化而言，正日益显现其负面的效益：就女性而言，随着泛政治化、革命化的隐退，女性及其身体不再把道德理念和政治诉求放在较高的位置，而是把目光投向日常生活。她们对日常生活的关注导致了向私人化生活的关注，其中最为突出的是对女性身体的审美与消费。有不少的女性在日常生活中，自我的感性体验是由身体来实现的，是生命和生命表现力的载体。对于她们而言，对成功的认可反映在身体的美和信心上。女性身体的审美在当下被纳入日常生活审美的视野中，在日常生活审美化的重染下，在新的“文化移入”的条件下，审美主体对女性身体的观照也发生了历史性的变化，并在现代市场的新时尚、新体验的鼓舞下，将现实以审美的形式呈现出来。于是，女性身体审美陌生化的问题也就逐渐凸显，并成为当今社会对女性身体的一种反传统规则的审美化趋向。特别是在媒体的干预下，女性身体的审美标准的“一致性”程度令人瞠目结舌。

于是乎，形形色色的人造美女、整形塑体纷纷登场，表现出对女性身体狂欢的趋势，在极端地表现人对美的追求的同时也表现出极欲突破现实境遇的心理。媒体不止一次报道，一些女大学毕业生为了谋得一份稳定的工作，不惜整容自救的事实，也多次反映由于整容整形失败而导致官司重重，但还是有不少的女性为了“美”战斗不止。这样的舆论导向侧面地反映了现代都市女性的审美情结和心理症结。对个人和个人生活审美狂欢化呈现的要求无不暗含着改变现实生活的理想化的期待。然而，女性的这种违反身体的生理规律和生命本然的不理智行为，其本身就是对女性身体的生理规律和传统美学标准极大的挑战和反叛，已违背了人们追求美好生活的初衷，体现出日常生活的负面价值取向。由此可见，在日常生活审美中，女性身体的审美消费在某种程度上使女性的身体成了美的消费品。

当前女性身体消费热度的攀升，很清楚地说明女性身体审美难以摆脱商业社会、消费社会“物化”的阴影，其追求的“感性解放”，实质上是“享乐的解放”。女性身体消费所体现的不仅仅是经济地位和物质生活水平的提高，其中身体观念、身体文化与身体工业也有不容忽视的影响。女性身体消费热空前高涨使身体的优先性原则到了前所未有的高度。这种背景下的女性身体消费对女性身体自然生态的影响令人担忧。这些品种繁多的身体消费让我们看到的不是身体审美自由的全面实现，而是金钱、健康、泪水甚至是血的代价。也正是由于现代高科技的强力渗透与审美泛化的市场介入，使女性对自身身体的生态环境的营造和健康生活没有正确的认识，盲目追求身体审美的表面化与异化，而导致女性在对自身身体的审美问题上丧失理智。

四、社会分层的文化转向

生活在社会中的大多数人都会有自己的社会分层观念。这些观念主要得自于他们自身的生活体验，得自于对周围环境的观察分析。马克斯·韦伯则主张综合财富、权力和威望三个标准确立不同的社会分层。这些社会分层观念反映出每个人对于社会结构、社会秩序的想象和理解，基于这些理解与想象，他们给自己和他人在结构中定位。然而由于区域发展的不平衡，我国在社会结构和形态上并非单一，而是多层次的。如沿海城市与经济欠发达城市的比较：一些经济欠发达的地区还处于前现代社会，而有些沿海发达城市则已经跃入后现代消费时代。虽说面对当今社会结构和文化的复杂性，我们用一个明确区分的参照系来描述是很难的，然而可以确定的是当今中国社会已经部分地凸现出后现代消费社会的一些特征，已经较为明显地表现出消费主义的倾向。即社会分层已向文化因素转化，如从传统的个人身份、地位向消费方式、生活风格、文化品位等文化资本转化。其中最为明显的感觉是物质主义的过度消费并不能给人带来精神的享受和乐趣，相反，在消费者阶层中精神上的空虚和心理上的紧张却是一个普遍存在的问题。因此，能否拥有较为充实的精神生活是消费水平高低的决定性因素，是判断一个人是否富有，是否能得到全面发展的关键因素。于是乎，人们的消费理念随着时代的脉搏发生动态性变化。消费已不再是一种工具性的活动，而更像是一种文化符号性的活动。特别是在大众文化汹涌大潮的冲击下，人们重视的是消费品的“时尚价值”，“时尚即美”已经成为消费社会的一种美学精神和伦理精神。无论是网络上数不胜数的“美眉”、电视屏幕上的“超级女声”“花儿朵朵开”，到杂志的封面女郎，令人眼花缭乱，加之那无处不在的广告，以无孔不入的态势挤入女性生活的空间，直接影响女性生活的日常思维和行为选择，构建一个新的以欲望驱动为主导的消费攻势，作为女性其主动参与的热情和创造力让人感到匪夷所思。女性把追求现代品牌生活方式演绎得淋漓尽致。因为她们清醒地认识到消费文化左右的现代社会，幸福的标志就是要有优雅的仪态、高雅的生活，而勤俭、简单是下层社会和女性失宠的象征。女性借由消费，试图表达自己与社会的关系并非一成不变，她们想通过追逐时尚来成为社会上层或异于不如自己阶层的人。这些也说明“经符号权力合法化后的人为建构区分标准，具有类似于意识形态的效果”。

因此，如果女性要想改变身份、地位甚至人生轨迹就会寄希望于消费。因为她们坚信但凡成功的女性，都是新时代的时尚美女。消费是女性身份、地位的最好诠释。美丽是生活的一道门，可以为女人打开理想的人生。美丽，没有什么不可以！不美丽，什么都不可以！于是，追求灵动、年轻、苗条成了女性终身的目标，那些肥胖、臃肿、衰老的女性终日惶惶恐恐、焦虑万分。正是这消费与社会分层之间千丝万缕的联系，造成了女性对自己的身体出现了非常态的关注，继而成为盲目追求“美丽”“高贵身份”的牺牲品。

五、健身消费的价值取向

（一）美丽消费渐成主流

在美学范畴里，美是非功利的。黑格尔认为“美是理念的感性显现”。而在现代消费社会，“美”已经变成一种稀缺资源，“美”对人们的生产生活产生了巨大的影响，尤其是女性的美最具兑换力，它可以用来换取社会地位、换取金钱，甚至换取爱情。于是，女性对身体的关注尤其是对身体外观的重视比以往任何时代都反应强烈，特别是在媒体的推波助澜下，女性对青春、健康、柔软优雅的身体与美貌迷恋近乎极致。

体育健身活动本身可以给女性带来美的感觉，只要按照人体美的规律去实践，可以增进人体美，也可以充分领略到健身造就出的人体造型美、肌肉的线条美，健身活动以它独特的魅力吸引女性参与，满足女性对人体美的需要。于是追求形体美成为越来越多的女性加入体育消费者行列的动力和理由。从我们的调查结果看，女性参与健身的目的更多的是为了美丽而减肥塑身，特别是20～40岁年龄段的职业女性，健身的目的排在第一位的不是健康，而是塑身美体。虽说从整体上看，有39%的职业女性没有健身消费，在50元以下的仅占了16.1%，职业女性的健身消费热情不高，特别是相对于她们花在其他的美丽消费而言，更是少了很多。但是，从有健身消费的人群考察的结果反映出：有54.8%的女性对自己的身体体形不满意，特别是在访谈女性当中，有高达百分之八十的人希望自己变得更瘦一些，她们或者是对自己的臀部、大腿、腹部、背部、腰部等或多或少感到不满意，评价的标准没有统一标准，只是凭个人的感觉和媒体所宣传的完美女性形象作比较。为了达到理想的身体状态，她们寄希望于健身运动。于是，茶余饭后女性谈论最多的话题是减肥扮靓，健身房里咨询最多的问题是如何塑体，最得意的事情是自己迷人的身材受到男士们的夸奖、尊重和痛爱。虽然健身过程有不少的苦与痛，但比塑身美体的苦痛更为珍贵的是自己姣好迷人的身体。经营者们抓住了女性心理特征，在俱乐部开设的众多健身项目里有针对性的为女性设计了多种塑身美体项目。同时一些健身俱乐部的宣传册上更是抓住了女性爱美的心理，将“减肥”“塑身”作为主要字眼以吸引女性消费者。女性就这样被身体美学的“磁场”深深吸引着，永不停息地奋斗在追求完美理想身体的征途中。

（二）时尚健身消费日益凸显

我们生活的时代，时尚气息在社会的每一个角落洋溢。女性在引导时尚，时尚品牌、时尚观念、时尚行为、时尚生活方式常常是女性在传播、克隆、制造；她们第一时间把握时尚的潮流，努力使自己的脚步踏准时尚的节拍，因为她们坚信处于时尚潮流中的自己可以充满着生命的张力和独特的魅力，表现出一种与众不同的风采。作为健身美体的俱乐部，那种融合着星级酒店般的环境、热情洋溢的服务、功能齐全的器械、动感时尚的音乐，以及汇集了多种时尚元素的健身场所，着实受到了追求时尚健身一族的青睐，是职业女性时尚活动的一部分。

在调研中，长沙有一位在健身俱乐部买过年卡的女性解释为什么在健身俱乐部里女性比男性多的原因是，“女性比男性更喜欢时尚”。确实，因为在某个阶段，进健身房参与一些流行的健身项目是一种时尚，自然能吸引很多女性。这些职业女性在与时尚的健身元素亲密接触的过程中寻找到了生活的乐趣和人生的价值，同时也在这种新的物质生活方式和精神生活的实践中感受时尚文化的刺激。当流行风尚从活力四射的动感健美操转向均衡调和、身心兼修的瑜伽健身运动时，女性纷纷投入到瑜伽疗法中，城市中以瑜伽单项健身开设的瑜伽馆迅速增加；当拥有个人的私人教练成为小资的时尚生活时，虽然其价格不菲，但她们还是在乎身心的感觉，享受“被”服务的过程，更看重自我的生活质量。

（三）舒适享受型的被动健身受到青睐

消费是价值的确立。从女性美丽、健身等的消费意愿和消费方式看，已经很明确地展示出了她们的基本生活图景，而指导消费行为的标准则是她们对生活的判断和价值观。在对职业女性健身消费的访谈中，我们了解到“美”“舒适”“健康”，是她们最为珍视的价值观，越年轻，其对“美”这个标准越认同；40 岁以后的女性在注重美的同时也看重“健康”，而在经济条件允许的前提下，健身消费能达到美体效果的同时力求舒适的体验，是职业女性的共同选择。通过调查表现最为突出的是月收入越高的职业女性，参与健身俱乐部的健身消费越少。针对这种情况我们展开了深度访谈，结果表明：一方面，这部分收入高的职业女性因为工作的原因，即收入高，工作压力也大，工作之余为了提高自己的业务能力，要投资继续教育；另一方面，工作压力大，工作之余没有精力再去参加健身运动，只求有个缓解压力之处，以求调整、放松自己。于是美容美体中心是她们的最佳选择。在那里，不仅可以缓解精神和肢体上的疲劳，还可以缓解压力，同时通过美容师的推拿按摩和一些先进塑体设备的运用，可以矫正和治疗身体的不均衡和疲劳引起的肌肉酸痛，最吸引女性的是女性在享受服务的同时还可以塑体，可谓一举多得。因此综合来看，职业女性对消费行为的选择是从自身对生活和工作的体验及需要出发的，她们更看重自我生命的质量，在条件允许的情况下，追求最大限度的表达自我选择的权利。虽然，目前有些职业女性受经济条件和时间等多种因素的限制，但不可回避的是职业女性从内心的选择是更美丽和更舒适，至于“健康”要素，在没有病痛的情况下在她们心目中就不那么重要了，即处于被忽视的地位。

第四节　体育自身具有的身体美育功能特点

卢梭曾指出，“人最初的理解是一种感性的理解，正是有了这种感性的理解做基础，理智的理解才得以形成，所以说我们最初的哲学老师是我们的脚、我们的手和我们的眼睛”。正因为如此，为了要学会思想就需要锻炼我们的四肢、感觉和各种器官，因为它们就是我们的智慧工具；为了能更好地利用这些工具，就必须使提供这些工具的身体十分强健。所以，人类真正的理解力不但不是脱离身体而独立形成的，而且是有了良好的体格才能使人的思想敏锐和正确。锻炼身体的各个感官，并不仅仅是使用这些感官，而是要通过它们学会怎样去感受。因为我们只有经过学习之后，才懂得怎样摸、怎样看和怎样听。有一些运动看起来纯粹是自然和机械的，比如游泳、跑、跳、扔石头，但是它们仅仅锻炼两条腿和两只胳膊吗？所以“不但要锻炼体力，而且要锻炼所有一切指挥体力的感官；要使每一个感官都物尽其用，要用一个感官获得的印象去核实另一个感官获得的印象”。要学会测量、计算、称重和比较，只有对自己的一切动作都预先想一想它的效果，并且按自己的经验纠正错误，那么人活动的时间愈多，人的各个感官就得到愈多的锻炼，人就变得愈聪明。

这些主张一方面在将身体作为手段进行把握的同时，也指出体育领域中还包含着除了健康以外的任务。这些主张没有过时，在今天仍然具有十分重要的意义。当我们把身体理解为身体的（感性）活动与（感性）活动的身体时，身体就包含了三个方面的内容：一是被感觉的身体，如形体、容貌、气质、风度；二是作为感觉的身体，包括体外的，如视觉、听觉、触觉、肤觉，也包括对身体之内的感觉，如本体感知觉，包括肌肉收缩、心跳快慢、呼吸疾缓、冷热以及一些不可言说的感觉；三是作为感性活动的身体，包括食欲与性欲推动的身体活动，既包括衣食住行、人际交往，也包括艺术与体育领域内的身体表演。要想使人的身体健美，就必须在人类教育中实施美育。所谓美育就是直接与人的身心健康和审美能力相关的艺术教育，也就是从身体的本性出发进行与身体相关的审美活动，且必须是建立在需要身体高度参与的审美活动。更明确地说就是将传统、精英式的审美静观活动还原到一种身体习惯的艺术形式上，应该包括音乐、戏剧、神话故事、诗歌、绘画、舞蹈、雕塑、建筑、体育等艺术形式。

这些艺术形式不仅能够培养和展示人的形体美、语言美、声音美、情感美、形象美，还能够塑造各种美好的德行和人格。比如作为听觉器官游戏的对应对象——音乐，不仅可以丰富听觉感受，还可以培养人高雅的气质、陶冶人温和柔美的性情；作为中枢部游戏的对应对象——文学，运用的材料是表象，人们用文字符号把想象的内容表达出来，是人类内心世界进行交流的媒介，能使人内心千头万绪、千姿百态的情调得到滋养而成长；作为骨骼肌系统的对应对象——舞蹈、体操等，不仅是人类发泄自己精力、体力和表现自己内在情绪的最方便、最直接的手段，而且赋予人以优美的形体、美丽的身姿、青春的活力以及生命的激情。总之，身体的美育要想充分尊重身体感受的重要地位，就得直接参与与身体的感性活动及作为感性活动的身体相关的艺术教育。

而从体育运动的特性来看，体育运动对身体的美育功能不仅关注身体在运动中的外在形式或表现之美，而且关注身体的运动经验与身体机能的改善，从而致力于改善人们对运动状态和感受的意识，进而提供对人们短暂的情绪和持久的态度以更加重要的洞见。“除了增加我们自身快乐的可能性之外，这种改善了的身体功能和意识还可以在成就德行方面给我们更强的能力，因为所有的行动都依靠我们身体器官的效能”。改善对身体感受的感知，不仅给我们更多关于自身的知识，而且能令我们有更多的身体技巧、功能和更大活动范围，它们都可以为我们的感觉器官提供更大的空间以获得关于世界的知识。

作为身体实践活动之一的体育运动，溯古追今，我们可以看到一个明显的事实，即现代艺术的综合形式比古代要多得多，所达到的综合程度也比古代要高得多。比如体育舞蹈，就有自由体操、艺术体操、冰上舞蹈、水中芭蕾、即兴街舞等繁多的艺术形态，而且这些运动还综合了丰富的色彩、变化的音乐、曲折的情节，使运动者的各个系统维持更充分的活力、更全面的发展；而欣赏的人也可以在最经济的时空中得到更多的快感、美感的享受。当然，这些艺术形态在越来越综合发展的同时，各种艺术形态的分化也越来越精细。比如运动中精微准确的项目——射击，又可细分为好几个项目，如步枪、手枪、跑靶、抛靶、双向飞碟等；在步枪射击里根据射击姿势又可分为立势、跪势和卧势；手枪射击也可分为几个不同的项目，如自选手枪射击、手枪速射击、标准手枪射击、气手枪射击和运动手枪射击等。

体育运动的这种分化的进程被证明符合人类的审美需要，而且对人类身体的发展也起到了积极的作用。在这种分化的发展中，为更全面的身体美育提供了更好的素材与活动，并且这种调动身体各系统积极性的艺术手段还会越来越丰富。正如民主德国国家奥委会艺术导员霍尼所指出的“音乐、造型艺术、文学及其他美的艺术，都应与体育结合起来；在美感起特别作用的领域，像技巧、体操、花样滑冰、旱冰、艺术体操及学校体育活动方面，具备节奏和韵律力量的音乐在增强效果方面更是大有用武之地”。

体育运动艺术形态在越来越综合发展的同时，也越来越分化和精细，为身体感觉更好的全面发展提供更好的素材与活动。体育美学应致力于为身体的各种感觉，尤其是运动感觉在运动中得到充分滋养与发展提供美学依据。体育美学不仅要关注让个体充分体验肌肉系统的直接快感，体验和谐的运动形式带来的运动系统联想快感，还要努力提升个体进入运动世界与运动意义相融相忘的身心通感。唯有这样，才可能在体育的世界中滋养自己的身心，充分享受运动之快乐。

随着体育美学的发展，女性也开始自觉追求健身带来的美学体验，不单单是注重身体外表的美型效果，更注重体会通过运动健身带来的身心的愉快感受，促进自身的全面发展。现代社会生活水平和健康观念的提升，使得女性对自我身体的“包装”越来越少地受到社会权利与迎合他人目光等不平等观念的影响，越来越多的年轻女性选择放弃药物、手术等自我伤害的“塑身”方式，取而代之的是进入健身俱乐部或者踏足户外享受运动给身体带来的积极性的惊喜。

第四章 美学角度下女性身体美再造与健身的现状——以职业女性为例

第一节 女性身体美再造及消费概述

一、职业女性对身体的自我评价

众多专家研究过女性身体美，他们认为女性的身体之美蕴藏在曲线之中。曲线之所以给人以美感和愉悦感，是因为曲线美有它的多样性，有强烈的动态感。首先身体美强调的是身材整体比例和谐，凹凸有致，如柔软的细腰是女性形体美的一大特点，就像亭亭玉立的女孩总能给人无限遐想。其次是饱满挺拔的胸部，在对美越来越苛刻的今天显得非常重要；再次是强调女性的曲线和性感魅力的臀部，由于其性感特点突出而占有重要地位；最后玉腿的美则是无论在着装的情况下还是在裸露的情况下都会对异性产生很大的诱惑力，并对女性的动态风度与气质有很大影响。基于这些对女性身体审美的认同，现实生活中的职业女性对自身的身体又是怎么评价的呢?

(一) 对体形满意度的评价

体形似乎是一件很重要的事。在生活中，我们可以发现越来越多的人因为自己的体形而情绪低落。走在大街上，随处可见美容、瘦身、健身的招牌，以及巨幅俊男美女的广告，这一切似乎都在暗示着我们的身体是有缺陷的。在对女性自己身体的满意度的调查中了解到：苗条为现代女性所偏好，有54.8%的女性对自己的身体体形不满意，其中30～40岁年龄段的女性对自己身体体形不满度最高，达57.5%；对于不同文化层次的职业女性——处于高中与中专学历的女性群体不满度最高，为59%。特别是在访谈女性当中有高达80%的人希望自己变得更瘦一些，这些女性绝大部分从其身高与体重的比例来看都属于正常或比平均值要低，但她们仍然觉得自己太胖，认为自己与目标体重有一定的差距。为此，现代职业女性为了改变自己的身材来迎合时代的潮流，可以说采用的方法无奇不有，如控制饮食、穿着紧身贴体的衣物，甚至忍受美容手术的痛苦等。

在对准职业女性——女大学生对自己身体体形满意度的调查中显示：有50%的人对自己的体形不满意，有接近40%的人认为自己胖需要减肥，这与职业女性调查的结果相近。在某种程度上可以说明，女性对自己体形无论在哪个年龄段的要求都是一致的，希望更苗条一些，更瘦一些。这跟大众的审美标准有关。

（二）对胸部满意度的评价

网络或报纸杂志中对女性胸部的描述版本不一，一会儿说“波霸时代再度来临”，一会儿又宣称小巧让人雌雄莫辨的胸部成为时尚。当你打开电视、随手翻阅一本女性杂志、看场电影或在街上闲逛等，保证你会被四处充斥的肉弹弄得眼花缭乱。尺寸影响深远，却也无关紧要。它之所以复杂，是因为它在许多方面与女性的自我定位息息相关。从我们的调查了解到：有50.3%的职业女性对自己的胸部不自信、不满意，认为过小或过大。其中认为自己的胸部不够大的占36.7%，这在某种程度上也可折射出为什么现在隆胸女性多的原因，因为对自己胸部不满意的人太多了；在对准职业女性——女大学生对胸部满意度的调查中反映的结果是：有55.8%的女大学生对自己的胸部不满意。其实女性胸部的大小与形状到底是一个怎样的标准才是美？才让女性满意？绝大多数的女性是没有搞清楚的，如果说她们有个模糊的概念也只是从媒体的一些广告和宣传中了解的皮毛，而如何根据自己的体重、体形、身高等来判断什么样的胸部是美的，她们不是很清楚的。

（三）对腿部满意度的评价

腿是女人性感的支点，腿的曲线也能决定女人的优美程度，女人的腿对男人更像一扇神秘的门，让男人充满对未知领域的兴趣和欲望。特别是在20世纪80年代改革开放以后，女人开始穿短裙后，男人最喜欢从女人身后看女人的腿，从背后看女人凹凸有致的曲线，这些会让男人浮想联翩。男人受不了女人的胖腿，尤其是小腿粗壮，对其有厌烦感。胖的腿形不美，灵动感也不强，感觉笨拙，修长是腿优美的表现。为此，女性选美从之前的三围增加到四围就印证了这一点，腿围也就成了衡量女性美不美的一个重要因素。因此，越来越多的女性更加在意和关注自己的腿形。在调查中了解到：63.5%以上的职业女性对自己的腿都不够自信，认为腿过粗、过细或线条不好等。于是乎，什么保鲜膜、抽脂、搓盐按摩、瘦腿操等成了女性瘦腿的救世主，女性们希望这些方法可以给她们带来优美的双腿，以增加她们的自信。而在对准职业女性——女大学生的调查中更是表现为对自己大腿不满，人数占了被调查大学生的77%。为什么有这么高的比例呢？一方面是因为随着现在年轻人的着装流行时尚如铅笔裤等的流行，要求有很好的腿型才会穿着好看；另一方面年轻人的主要任务是学习，在校坐着的时间长，运动少，腿部不是堆积脂肪多就是腿部肌肉线条不好，因此影响了腿部的美观。

（四）对臀部满意度的评价

臀部是腰与腿的结合部，其骨架是由两根髋骨和骶骨组成的骨盆，外面附着有肥厚宽大的臀大肌、臀中肌和臀小肌以及相对体积较小的梨状肌。我们知道圆是最完美的曲线，比如古代的太极图就是圆的，因此我们把最满意的结果称作“圆满”臀部的形状要以浑圆为美。臀部形成的一对弧形半球状，半圆、稍上翘，富有弹性，被认为是最美和最富有吸引力的。臀部在女性人体美当中由于其性感特点突出而占有重要地位，圆翘丰满的臀部不仅能使女性的形体更富魅力，而且可以留下美丽的倩影。最先认识到女性臀部曲线美的是古希腊人，其审美的焦点之一就是女性丰满而浑圆的臀部。毋庸置疑，在臀部的审美上我们现在是深深的受到了西方的影响。眼下国人最普遍的观点是西方女性浑圆上翘的臀部才是美的，亚洲式的扁平臀不美。在我们的调研中，有 70.6％的职业女性对自己的臀部不满意，其中认为自己的臀部大，有些难看的占了被调查人数的 57.4％，相对而言，31～50 岁年龄段的职业女性对自己臀部的不满度高一些，这跟女性生儿育女后缺少运动，体形变化而使臀部变形有一定的关系。因此，女性期盼通过各种各样的手段来获得并保持臀部的优美曲线。如有很多人想方设法通过服装、修饰或是手术来塑造本来并不美的臀部，更有甚者表现为保持好的体形而不生育。在对准职业女性的调查中了解到：有 77％的女大学生对自己的臀部不满意，因为现时代是一个崇尚瘦的时代，被调查的女大学生认为自己臀部大有些难看的人数就占了 57％。对臀部的不满意度远远超过了职业女性对身体的整体满意度，这一方面说明女性对臀部的重视程度，另一方面也可折射出女性对臀部不满意度高，当然也与女性的生活方式有关。

（五）对腰部满意度的评价

腰部曲线是女性身体曲线美的关键，细软的腰身往往能恰到好处地展现女人味。即使胸不够丰满、臀不够翘，细腰在视觉上仍能给人曲线玲珑、峰峦起伏的美感。反之，就会显得粗笨。因此，女人美与不美在很大程度上取决于她是否有一个完美的腰，即便是你有天使般的面庞，而你的腰却是虎背熊腰，试问又岂能言之曰美呢？“纤细腰身”成了人们眼中女性最美的身体部位。目前，吸脂瘦腰整形项目已与隆胸、改脸型一起，跻身于大型整形项目的前三名。虽然大多数女性对于何种腰部最美没有统一的尺度概念，但纤细、合比例、有线条等标准几乎是她们公认的。正因为有如此苛刻的审美观，致使众多的女性在腰部满意度的调查中对自己的腰部不满意，其比例达到了 68.4％。相对其他年龄段的人而言，31～40 岁年龄段的女性对自己腰部不满意率最高。准职业女性的腰部满意度比例只有 28.9％，即有 70％的女大学生不满意自己的腰部。如果说 30～60 岁的职业女性对自己的腰部线条不满意还有原因可查，是因为生育或随年龄的增大、肌肉松弛造成，然而女大学生对腰部的不满意度却更高，这不得不反思现阶段女性的生活方式与评价标准。

（六）对背部满意度的评价

女人的背，是一幅美妙的诗画，是男人心中的一个烟梦。女人的型（或形）取决于女人的背，女人的背决定了女人的风韵、风情、风度、风姿和风味。女人的背却由自己塑造，是女人气质的显现。一张脸长得普通的女人，如果注重塑造自己的型，有可能成为众人注目的大美人。故此，现如今的女性都希望成为美背魔女，无论是在全球各地的秀场上，还是好莱坞女星的闪亮登场，曲线玲珑的美背香肩都好似一股清新的风吹过。于是乎，女性的美背制造又成为女性身体审美的又一追求，对自己美背的标准又有了新的理解和认识。从我们对职业女性的调查中了解到：认为自己的背很难看和不太挺拔的女性占被调查者的75.8%；对自己背部认为是正常和挺拔的女性占被调查者的24.2%。从以上数据可以看出，越来越多的职业女性不仅仅只看重自己的脸和胸，同时也很在意自己背部的线条和美感，因为她们知道女人的气质和型是由背决定。因此，女性约束自己的条件也就增加了一条，并随着对女性审美的高度统一标准，女性对自己的不满意度会越来越高。准职业女性的状况与职业女性的情况差不多，对背部的不满意度为76.7%。造成背部不太挺拔的原因是多方面的，但有一点是被女性忽视的也是最为重要的，即在我们的学习、生活和工作中，正确的坐姿与行走姿势没有被强调。特别是年轻的女性在生长发育阶段，没有形成良好的正确坐姿、站姿，会影响女性一生的形体美感。

（七）对脸型满意度的评价

现今社会对美女脸型的要求越来越苛刻，除了标准的瓜子脸、巴掌脸，其他稍微有点儿肉的脸都被划分到大脸的行列。在我们的日常生活中经常会听到一些女人嚷嚷着要磨骨、要削腮，特别是在竞争日益激烈的娱乐圈，光有漂亮的五官已经不够用了，还需有一张非常上镜的巴掌脸，甚至巴掌脸都已经不能满足苛刻镜头的要求，一张像锥子一样尖且无棱角的脸蛋，已成为越来越多女明星们的追逐目标。将大腮帮子磨磨小，小腮帮子磨磨掉，是很正常的事情。如果你还执着地相信那是减肥的功劳，或是单凭粉底腮红就可实现的妆效，那就真的太天真了。调查的职业女性群体，对自己脸型不满意者就有51.2%。单就认为自己脸型有点儿大的就占了被调查人数的34.8%。其中社会服务人员这个职业女性群体不满意自己脸型的比例最大，占被调查的社会服务人员的78.7%。也许是一方面社会服务人群在社会上接触面大，各方面的信息影响她们的审美观，另一方面，她们职业的岗位要求需把美的一面展现给大众，美的容貌、美的气质、美的体形、好的服务、好的形象等。为此，相对于其他职业女性她们更注重对女性美的追求，对自身不完善的地方更在意一些。而在准职业女性——女大学生对脸型的调查结果反映出：女大学生对自己脸型不满意率高于职业女性，有64%的女大学生对自己的脸型不满意，这跟当今媒体宣传与审美标准单一不无关系。为此，当有女儿的家庭在小孩高考后，被家长带去美容院整容的现象就不显得奇怪了。

（八）对自身的身体感觉与认识

追求美是一种生活态度，爱美是女人的天性，女人爱美，欣赏美，也愿意被别人欣赏。这是一种天性的流露，是一种潜意识里就有的追求。女性的爱美行为与意识在我们对职业女性的外表、着装、身体胖瘦、打扮、化妆、保持好的体形、对健康的认可等自身身体感觉和认识的调查中得到证实，且并不因为年龄的不同而有所差别。同时有大多数的女性认同，女性的美丽可以后天塑造，女性美丽的形象是自己树立的，只有适合自己的才是美的。于是，对于影响女性形象美的每个环节，多数女性是十分在意的。如“在公共场合会注重自己的外表”的女性就占了被调查对象的97.4%；对着装的选择“使自己穿起来最好看”的人占94.2%；“如果打扮不合意，会不自在”的占 89.7%；“对不满身体很在意并试图改变的”女性占 92%；在“外出前通常花很多时间打扮整理仪表”的女性占被调查者的 89.7%；有 77.2%的女性希望“通常用多种化妆品提高自信和形象魅力”；有 92.6%的女性认为“保持体形对于女性生活和工作都很重要”；为了坚守美丽，有 89.1%的女性“一直担心自己太胖或可能会变胖”；有 88%的女性对“体重即使只有很小的变化，都会特别注意”；为此有 79.6%的女性“正在进行减肥或曾尝试减肥”；有 90.2%的女性通常认为“让自己一直保持好看是重要的”；为了使自己能持久保持美，有 73.4%的女性“经常使用保健品”等。这些表明女性爱美体现在生活的各个方面。导致这些行为的产生有 87.3%的女性主要是为“得到社会认可”。当然，现代女性也清楚健康于女性是第一位的，只有有了健康的身体，一个人才能美得淋漓尽致、无拘无束。因此，调查中有 88.6%的职业女性认为“健康的女人最美丽”；90.7%的女性认为“与自然保持和谐是最美的”；认为“真正的美不需要华丽服饰与外表化妆”的女性占 85.4%。

在对准职业女性——女大学生对自身的身体感觉与认识水平的调查中，所表现出来的结果整体来说，大部分的认同度与职业女性是一致的。如：“在公共场合会注重自己的外表”“会谨慎选择衣服使自己穿起来最好看”“一直担心自己太胖或可能会变胖”“与自然保持和谐是最美的”“真正的美不需要华丽服饰与外表化妆”“健康的女人最美丽”等，但在“经常使用保健品”“通常用多种化妆品提高自信和形象魅力”方面的认同度是有较大差别的，这可以从女大学生目前的状况去分析。一方面，因为年轻还不要借助保健品，也不要靠化妆品去太多修饰自己；另一方面，女大学生目前还不属于消费阶层，没有过多的经济来源用于奢侈的修饰消费。其他方面的认同基本一致，也说明无论是职业女性还是准职业女性，她们生活在同一个社会大环境中，她们的审美和生活理念受社会环境和文化的熏陶是一样的。

二、职业女性关于身体美的意愿与态度

古往今来，爱美是女人的自然天性，特别是在当今社会，也是许多女性倾注了极大热情的一个领域。无论是天生丽质的女人，还是容颜先天不足的女性，对美的追求都孜孜不倦、锲而不舍，而且还不惜巨大的物质代价，花费许多时间和精力在自身的美容美体上。这在某种程度上说明，美丽存在有形和无形的价值。无形的价值是指美丽没有一定的标准，许多人对美丽有不同的看法，因此，对美丽的认可价值也就不同，自然也形成了对美丽的评估价值不同，所以说在许多情形下，美丽的价值是无形的；美丽的价值是有形的指美丽是实实在在的，即可以用物质和价格的形式体现出来的，即可以明码标价，这说明美丽的价值在大众中的普遍认同，这种价值观念深深植入人们的理念中。如美丽的女性总是容易获得男性的青睐，在婚姻、择业、情感的选择上总是占有很大优势和主动性等。美丽的有形价值理念左右着众多的女性，特别是在时尚的推崇下，女性对自己身体美的要求越来越高，条件也越来越苛刻，不理想的身体状况也就越来越多。这种由于对自己身体外形的不满意而

造成心理和生活上的压力也就越来越大、越感到焦虑，而追求自己理想的女性身体美的热情又无止境，以至于女性把自己身体当中的每个部位都严格物化，使整体的身体感觉被打破，使自己与身体产生疏离。为此，我们通过多方面的调查，了解到女性在身体改造中的一些潜在心态和影响女性价值理念及行为方式的因素，为我们更好地剖析女性身体再造提供了现实依据。

（一）对不同女性身体美类型的崇尚

人的身体美意识既是自然的，也是文化的。也就是说，身体美的观念是在人类生活中、在人类文化中，不断得到审视和塑造的。由此，女性的身体审美是不断生成的，其不但有文化差异而且有个体差异；不仅不同文化的审美趣味不同，不同个体的审美趣味也不同。生活条件、生活方式、伦理道德、文化传统观念、时尚价值观念、种族、民族、年龄、性别等都会影响女性的审美观。随着消费社会的到来，媒介对女性身体美的不断渲染和强化，持续影响和刺激着女性，女性逐渐消解自身的审美标准和价值判断，潜移默化地接受并自觉迎合媒介的话语暴力，形成与媒介一致的审美价值判断，特别是受T台文化的影响，纤瘦与骨感成为女性时尚身体美的标准。从调查了解到：在被调查的职业女性群体有38.6%的人崇尚纤瘦与骨感美，其中31～40岁这个年龄段的女性比例最高，在文化层次方面是大学专科层面的职业女性崇尚纤瘦与骨感的比例最高。在不同职业的女性中，社会服务人员的比例最高。其实，应正确的判断女性身体的美，在现实生活中，纤瘦和骨感在某种程度上也是营养缺乏的表现，于人体的健康不利，但由于受T台模特和电视广告的影响，女性审美与审美价值的偏移，病态的美正逐渐成为女性追求的目标。特别是职业女性的从众心理比较普遍，而过分、盲目的从众心理是不理智与不健康的。许多心理研究显示，在看了时尚杂志后，特别是那些骨感美人照、明星照，给大多数职业女性带来很大压力，产生沮丧、愧疚和羞耻感，导致现实生活中几乎有50%的妇女在按“统一的标准”挨饿减肥。事实上，模特、明星提供的只是一种审美价值判断，理想的身材在现实生活中少得可怜，正因为如此才会有选秀这些商业活动的市场。从人的正常发育来看，那些标准与女性的生长发育规律是对立的，无论是青春少女还是中青年女性，盲目跟风对身心健康极为不利。许多专家认为，千人一面的双眼皮和骨感美女其实与封建社会对三寸金莲的推崇一样都是病态文化强加给女人的精神枷锁。每个人的身材和长相都是生命的本然，只要不是缺陷和特殊工作需要最好是顺其自然。在对准职业女性——女大学生的调查的结果表现更为突出：女大学生崇尚纤瘦和骨感美的人占了被调查人数的56.6%，将近60%，而崇尚强壮美的人数仅占3.44%。这种理念和认同在祖国未来建设的主力军——女大学生的思想上得到体现，不利于她们身体素质的提高和健康素质的保证，是全社会应该引起关注的严重问题。

（二）对“骨感”的追求

随着时代的变化，纤瘦已经成为美丽的典范，那些给人深刻印象的广告都在不停地向人们传达这样一个信息——纤瘦代表着美丽、成功和快乐。作家毕飞宇也在小说中写过“减肥”，但他是用讽刺的口气说的：“女人对腹部和臀部的焦虑等值于政治家对国家与人民的忧心忡忡”。他还说，“古人云，修身齐家治国平天下，修身是什么？我看就是减肥。别的解释全是胡说”。这在我们的调查中就有具体的反映。在接受访谈的职业女性当中，有高达70%的女性希望自己变得更瘦一些，这些女性绝大部分从其身高与体重的比例来看都属于正常或比平均值要低些，但她们仍然觉得自己过胖。在对职业女性的问卷中反馈的信息了解到希望变得更瘦的原因是：18.6%为“更漂亮”，“帮助自己建立自信”和“更健康”者各占22.2%和22.9%，还有25.5%的人将“可以吸引他人目光”排在第一位。而根据不同年龄段来看，选择变得更瘦是为了更漂亮排在第一位的是20～30岁的女性；将可以吸引他人目光排在第一位的人是31～40岁的女性。从数据显示，女性希望瘦身的最重要原因不是为了健康，而是为了吸引他人的目光，为了看起来更漂亮，同时也可以发现女性越来越多地以他人的标准来衡量自己的体形，并把“瘦”这个指标与自信心和魅力联系起来。于是乎在那些被称为完美身材的背后，是残酷的节食、疯狂的运动或者非正常的生活，健康完全被抛弃在一边。在对准职业女性的调查中，表现为“帮助自己建立自信”的人占了被调查女大学生的43.0%；为“更漂亮”的占了30.2%。由此可以看出，大学生认为变瘦可以显得更美一些，继而就更有自信，有了自信更利于自己的发展，而不是变瘦了会“更健康”。选择变瘦的比例在女大学生中这么高，只能说“瘦”是美的在女性的心理已形成共识，并左右着女性的多种行为方式和思想意识。

（三）受他人对自己身体评价的影响

“云想衣裳花想容”，美丽不是错误，爱美是每个人的权利。时至今日的现代女性，对美的追求已达到空前绝后的地步，各种整形美体手段的运用，似乎要将自己的身体进行寸土不让的美化并乐此不疲。女性为什么要这样呢？其具体动机不外乎为以下几点：一是相对单纯的审美冲动——美貌能吸引公众的注意力，使自己有较高的回头率；二是审美愿望与功利动机兼而有之——美貌作为女性特有的资本，可利用美貌提升社会地位、改善生存状况。如美貌可给女性的工作带来便利，或迈入豪门、在演艺界和娱乐圈自由通行等。下面的调查数据和访谈结果就可以说明这个问题。当我们对职业女性就自己在身体美的调查中最在意谁对她的看法时，有55.2%的女性最在意其丈夫对自己身体的看法，此结论在整个调查人群中排第一位；结论是非常明确的男性群体占了62.5%。而表现最不可思议的是，在意医生对女性身体的看法的人竟然没有，这也说明女性身体的健康美在这个时候被忽略了，女性身体的美只要丈夫或男性认可，其他人的看法似乎无关紧要。在对准职业女性的调查结果表明：她们最在意的是男性朋友对自己身体的看法，其次是女性朋友，医生的看法被大学生认为是最不在意的人群。因此，也说明了大学生对自己身体的看法也只是在乎别人粗略的主观目测，不重视较为科学的医学测试和医生的诊断。

（四）对身体不满的改造

“身体发肤，受之父母，不敢毁焉，孝之始也”。古训昭然，但是人类追求美的冲动从未泯灭过，而且越来越强烈。特别在时尚流行的今天，身体早已脱离了其原有的意义，成为人们追求变化、追求美的一个突破口。身体的外观、大小、形体都是可以依据身体拥有者的意志改变的，成为现代人自我认同的核心。只要是不满意的身体，就可以改造，并以苛刻的条件，按自己的意愿把身体视为艺术加工的对象来“塑”。在调查中了解到不满意自己身体的女性占了被调查人数的54.8%；在访谈中有80%的职业女性希望自己更瘦一点儿。对自己身材不满意的女性的态度和常采用的方法：有42.1%的女性选择饮食控制；26.4%的女性选择药物和器械整形。在选择药物和器械整形的职业女性中，20～30岁的女性占的比例最高，排在第一位，占了此年龄段被调查女性的33.6%。从调查的数据和访谈的结果我们可发现，虽然职业女性在对待身材不满意方面的做法非理性，但在转化为具体行动的过程中，价格仍会成为其行为的绊脚石，即多数情况下价格仍是影响其采用药物和器械整形的重要因素——经济问题影响了女性的整容整形消费。而对准职业女性的调查显示：为了改善自己对身材的不满意，她们首选的方法是控制饮食，占了被调查大学生的44.6%，其次是采用体育锻炼43.0%。这也说明“控制饮食”与“体育锻炼”相对于其他方法更容易一些。同时，女大学生的经济条件有限，不可能选择高消费的整容整形项目，如要改善不满意的身材首选不花钱的项目。

（五）对整形美体的担忧

在女性的个人消费中，“美丽消费”已成系列，美容美发、保健调养、整形塑体等，构成了以女性美为中心的“保美”“变美”的美丽产业和服务。而美丽消费的安全问题也凸显出来，成了大众关注的焦点。在我们的调查中就可以看出：对女性的整形美体的安全问题表示担忧的人占被调查人数的72%；有15.2%的人表示没感觉，这跟一部分人没有整形美体经历有关。由此可以说明，大众对整形美体的安全问题是非常关注的。一方面，整形美体的不安全消费，不仅没有美化女性外形，而且还会危害女性的健康和生命；另一方面，在许多看似高科技的整形美体的消费中，经常出现女性因为整形美容而毁坏身体和面容的例子，造成其财产和身体受到极大的损失，这是因为女性在整形美体过程中经常处于被动的、不知情状态，而消费的不安全问题则无孔不入，无处不在，令女性惶恐不安。为此，整治整形美体行业，加大对女性不安全消费的防治和防范力度是有关部门要特别关注的问题。在对待整形美体的安全与健康问题上，准职业女性的态度与职业女性的态度是一致的，这也在某种程度上说明社会上的不安全消费已到了让人们感觉很不安的程度。有事实证明，不安全问题已涉及整形美体行业。另外，打着“高科技”或利用“高科技”造成的整形美体的不安全问题，已引起了人们的警觉。

三、职业女性身体美再造与消费解读

一般来说大众所认可的“美女”，其美应分为形美与神美两部分。形美是父母优势基因的遗传，是优生优育的硕果；神美包括个人修养和个人魅力，与思想品德和文化艺术的长期积淀密不可分，都是后天教育与个人努力的结果。然而，随着社会的发展和科技的进步，美女的形美已经不仅仅依赖父母的遗传了，已大踏步朝着"人工打造"的方向发展。现代女性总是按着她们独有的方式选择自己的生活，她们现在一个重要话题便是容颜的漂亮和身材的纤美。好像她们对自己总是不太满意，女人对自身完美的追求使她们总是想方设法把自己的不够大的地方整大，或是把过大的地方改小。于是，各种各样美容美体产品也就应运而生并几乎成为她们相伴终生的消费品。女子医院、女子会所、美容院等；瘦身、祛斑、整形、排毒、美体、SPA 水疗等，新名词、新产业不断涌现令人目不暇接。

做自己身体的主人、做个美丽健康的女人，这便是现代女性的完美选择。因此，研究职业女性对身体美的消费行为、消费方式和消费意愿对于了解职业女性身体美消费市场的整体情况有着特殊的意义。尤其是当今的职业女性的社会地位、经济实力以及在家庭中的消费权正日益加强，对她们消费状况和生活方式的了解，将有助于把握职业女性的时尚消费乃至于整体消费的未来发展趋势。从这次对职业女性和准职业女性对身体美的追求与美丽消费的调查情况看，主要表现为如下几个方面的特点。

（一）美的现代标准下女性对身体不满意度加剧

爱美是人的天性，每一个时代都有对女性美的评价标准，但从来没有像当今社会这样——各种传媒都在那里争先恐后地告诉女性美的现代标准；也从来没有如此多的行业，让越来越多的女性为了美丽是可以争取的，而不顾一切地跳进他们赢利的圈套，踏上求美之旅……出现这种不正常现象的原因，除了以男性为中心病态文化的引导和延续以及社会各方面给女人带来的生存压力外，女性也有自身的盲点。在对女性自己身体的满意度的调查中了解到：苗条为现代女性所偏好，有 54.8%的女性对自己的身体体形不满意，特别是在访谈女性当中，有高达 80%的人希望自己变得更瘦一些，这些女性，绝大部分从其身高与体重的比例来看都属于正常或比平均值要低，但她们仍然觉得自己过胖，认为自己与目标体重有一定的差距。有 50.3%的职业女性对自己的胸部不自信、不满意，认为过小或过大；有 63.5%以上的职业女性对自己的腿部不够满意，认为腿过粗、过细或线条不好等；有 70.6%的职业女性对自己的臀部不满意，其中认为自己的臀部大，有些难看的占了被调查职业女性的 57.4%，相对而言，31～50 岁年龄段的职业女性对自己臀部的不满度高一些；众多的女性在腰部满意度的调查中对自己的腰部不满意，其比例达到了 68.4%，相对其他年龄段的人而言，31～40 岁年龄段的女性对自己腰部不满意率最高。准职业女性的腰部满意度只有 28.9%，即有 70%的女大学生不满意自己的腰部；认为自己的背很难看和不太挺拔的女性占被调查者的 75.8%；对自己脸型不满意者就有 51.2%，单就认为自己脸型有点儿大的就占了被调查人数的 34.8%。在社会服务人员这个职业女性群体中不满意自己脸型的比例最大，占被调查的社会服务人员的 78.7%，在对准职业女性——女大学生脸型的调查反映出：女大学生对自己脸型不满意率高于职业女性，有64%的女大学生对自己的脸型不满意。为什么职业女性对自己的身体越来越不满？为什么仅对外形美的追求使女性趋之若鹜？归根到底还是社会文化在起作用。

（二）美丽消费成为职业女性个人消费中的首选项目

当今的消费社会，女性更加关注自己的身体，对自己的身体提出了“苗条”“骨感”“曲线”“弹性”“活力”等多种要求，大多数的商品消费都成了身体消费的延伸物。如职业女性身体美消费就是追求以某种美为目标，围绕个人身体全部或局部所进行的美容美体、瘦身健体、保健调养等“保美”“变美”的消费活动。从调查的结果看职业女性的身体消费主要在服装、化妆品、保健品、健身、整容等美丽消费上，而饮食费用的基本消费是较低的，如低于每月600元饮食费的职业女性就占了调查总人数的90%。其中职业女性为追求所谓的外在的形象美，参与各种形式整形美体消费的女性占了被调查者的近70%，表现最为突出的是31～40岁年龄段的女性。而在文化层次方面看整形美体行为，表现最为突出的是中专与本科层次的女性群体，占了被调查总人数的76%。但是职业女性表现在健身方面的消费意识是较差的，从调查结果表明，有38.5%的女性没有健身消费，50～200元的健身消费占整个被调查者的50.5%，相对于90%的女性每月饮食费用在600元以下的必要开支，职业女性的美丽消费成了她们最多的个人支出。因此，在对女性美丽消费的引导和规划上，如能进一步的在产品和服务上延展和规范的话，可望形成让女性更美丽的“美丽产业”。

（三）“美女”行业走进大众生活

随着社会的发展和科技的进步，女性的外在美已不再是“自然天成”，已经大踏步地朝着“人工打造”的方向发展。特别是在今天千千万万的女人投身于减肥大军的行列，被认为是消费主义旗号下的美学行为和伦理要求。有人高呼——“消费是一种美德，减肥是美德中的美德”。在我们的调研中表明，被调查的职业女性群体有38.6%的人崇尚纤瘦与骨感美，其中31～40岁这个年龄段的女性比例最高；在文化层次方面是大学专科层面的职业女性崇尚纤瘦与骨感的比例最高。对女大学生调查的结果表现更为突出：女大学生崇尚纤瘦和骨感美的占了被调查人数的56.6%，将近60%。因此，肥胖尤其是女人肥胖已经成为很难让人原谅的事情——肥胖是可耻的，甚至比色情更可耻。它不仅反映一个人外形的丑陋，同时也说明女性的懒惰与松散。最使女性无法承受其“体重”的还是在这笨重的身体后面有男人的目光。男人借助眼睛完成对女性身体的塑造。“活得拼命，死的年轻，留下一具漂亮尸体”。不知从什么时候起，这句话成了明星圈子里流行的座右铭。减肥需要决心和毅力。但当决心和毅力超过了身体所能承受的范围，成为终身追求的目标，上升到“自虐”“自残”，甚至是“慢性自杀”的程度，减肥就变成了一件相当可怕的事情。于是乎，在时尚流行的今天，身体早已脱离了其原有的意义，成为人们追求变化、追求美的一个突破口。身体的外观——大小、形体都是可以依据身体拥有者的意志改变的，已成为现代人自我认同的核心。只要是不满意的身体，就可以改造，并以苛刻的条件，按自己的意愿把身体视为艺术加工的对象来“塑”。在调查中了解到不满意自己身体的女性占了被调查人数的54.8%，在访谈中有80%的职业女性希望自己更瘦一点儿。至于对自己身材不满意的女性的态度和常采用的方法：有42.1%的女性选择控制饮食，有26.4%的女性选择药物和器械整形。在选择药物和器械整形的职业女性中，20～30岁年龄段的女性占的比例最高，排在第一位，占了此年龄段被调查女性的33.6%。前些年仅仅是在影视及歌坛中的美女明星才有的“人工塑造”痕迹，到如今已走进了普通大众的生活，被视为一种个人选择。女性的身体也就越来越成为现代女性自我认同的核心，如今的女性身体既可是一种审美产物，也可是一种审美消费。

（四）美丽消费使女性痛并焦虑着

美丽消费中“安全”是职业女性最为关注的问题。如今社会居多女性为了实现美丽的愿望，面对的却是残酷的现实；因整容而毁容的悲剧不断重演，使不少女性在为了所谓的完美而前仆后继的同时，意识到美丽是需要付出代价的，而且这种代价已经早已超出了其身体本身所能承受的后果。加之女性消费者对在美丽消费中是处于被动不知情的地位，消费不安全的问题则无孔不入、无处不在，加上媒体报道的和自己生活周边活生生的美丽消费的残酷现实，经常令女性消费者惶恐不安。在调查中就可以看出，对女性整形美体的安全问题表示担忧的占被调查人数的72%，还有15.2%的人表示没感觉，这跟还有部分人没有整形美体经历有关。因此，职业女性一方面爱美、强烈地追求美，另一方面则由于多种原因有可能引发更惨的结果。如整容医师的技术、整容手术的危险系数、药品的质量等，特别是如今打着“高科技”或利用“高科技”造成的消费不安全问题，一是利用“高科技”的名声，打着“高科技”的旗号，坑害女性；二是利用“高科技”的手段骗取钱财。这些不安全的美丽消费因素，以及众多原因去苛求外貌，在把女性逼上整容整形危途的同时，又给职业女性造成了新的心理压力，真可谓是令女性痛并焦虑着。

第二节　现代女性健身消费状况分析

随着经济的发展、人们闲暇时间的增多以及女性对健康、对美、对生活质量追求的不断提升，城市职业女性体育健身需求也在加强，本节通过对职业女性的体育健身消费的调查，以及对其健身消费现状进行分析，探讨职业女性体育健身的发展趋势和健身消费的特征，以及在新形势下影响职业女性健身美体的主要因素。

一、健身消费情况

人的消费源于人的需要。在大众体育蓬勃发展和全民健身运动的开展下，女性对健康与美丽的关注，必然使不少女性希望通过健身美体运动来达到健与美的目的。在实现这一目的的过程中，对于职业女性而言，伴随而来的肯定会产生健身消费行为，与此同时也是职业女性通过这种生活方式来展现自我生存的价值。

（一）不同年龄与文化层次的健身消费

调查结果表明：在被调查的职业女性中，有39%的职业女性没有健身消费，有较多职业女性的健身消费水平也不高，特别是相对于她们花在其他的美丽消费而言更是少了很多。从有健身消费的年龄层次看，四个年龄层次（20～30岁、31～40岁、41～50岁、51～60岁）有健身消费的比例相差不大，它们分别为26%、26.7%、24.9%、22.4%。从文化层次看，大学专科和大学本科有健身消费的比例最高占了被调查人数的76%，占比最小的是初中及以下层次的，只占11.9%，影响这个文化层次的人健身消费的原因可能有收入的问题，也可能是理念的问题，两者都不排除。

（二）个人健身消费与收入比较

在对职业女性的月收入与健身消费的对比中，我们可以看出：个人收入在1000～2000元，以及2001～3000元的职业女性健身消费的比例较高，分别为43.5%和26.8%，排在第三位的是个人月收入只有1000元以下的女性；而个人收入在中等偏上的女性的健身消费反而少，特别是收入高的一些女性几乎没有健身消费，这种不正常的现象说明什么问题呢？难道收入高的人群健康意识差？难道她们没有认识到女性美的重要性？也许这正是当今社会的真实写照。收入高的人，一方面，工作岗位和工作性质导致她们的工作压力要大一些，为了能更好地工作和干出成绩，她们不得不更努力一些，花更多的时间在工作上。为此，也就忽略了她们的健康和美丽。另一个方面是，收入高的人群更注重被动运动的消费，如美体按摩、SPA等；收入低的人群，在现代社会中由于其工资低，为了生存，一方面不能病也病不起，另一方面工作也相对轻松一些，余暇时间相对也多一点儿；同时为了给自己更大的生存空间，必须加强自身素养的培养和发展。因而，健身消费意识强，行动更积极些。准职业女性——女大学生的健身消费状况相对职业女性而言就差一些，没有健身消费的人占了被调查人数的68.3%，50元以下月消费的人数占92.5%。这跟大学生在校学习，学校有免费的健身场所和设施有很大关系，也跟学生自己无经济收入制约了她们的健身消费有关。

（三）经营性健身场馆的健身消费情况

随着生活水平的提高，女性选择经营性健身场馆健身是从自身对生活的体验出发的，即为了更美丽和更舒适。从我们的调查反映出：职业女性有将近50%的人从来不去经营性健身场所，偶尔去的只占被调查人数的47%，经常去的有3.7%。其中41～50岁年龄段从来不去的人占的比例在各年龄段中最高。为什么职业女性健身消费行为显示为不活跃呢？我们分析其原因包括：一是，收入低的人群去经营性场馆消费不起，收入高的人由于工作压力大、休闲时间少，就算有时间由于经常为了工作而充电愿选择休息；二是，很多女性去健身场馆积极健身的目的不一定是为了健康而是为了美丽和减肥，由于多种原因，当在短期内难看到效果时，没有毅力坚持，也就不去了。三是，有一部分职业女性对科学健身不是很在意，也没有真正理解科学健身，因而也就不会在科学健身方面寻求专业的健身指导，自然不会到健身场所去消费了。女大学生到经营性健身场馆的情况不是很多，经常去的人仅占3.7％，偶尔去的占37.6％，从来不去的占58.7％。大学生的情况与职业女性的情况相差不大，只是从来不去的人比例稍高，这跟她们无经济来源有一定的关系。

二、健身消费的认知与认同

认知与认同在社会生活中是非常重要的。在我们的现代生活中，由于多种生活方式和消费方式并存，女性选择哪种生活与消费方式，主要是由女性的认同所决定的。"……消费总是对认同的消费"，人类学家弗里德曼如是说。健身消费正是女性自我认同的最直接体现，为此，通过职业女性对健身消费的认知与认同的关注程度来说明女性对身体外在表现正通过健身消费来建构自我认同。在此调查中，通过运用五级量表的赋值方法（其中完全同意为5分；比较同意为4分；不确定为3分；不太同意为2分；不同意为1分）对被调查者体育健身消费的认同度求取结果表明：职业女性对在健身消费时健身项目的趣味性的在意度最高，为3.95分；而对在健身消费中的广告宣传不是很在意，其在意度为3.29分，其为女性健身消费因素中最低的在意度。而在调查女大学生对健身消费的认同度时发现，女大学生对在健身消费时健身教练的文明修养的在意度最高，为4.18分，其次是健身项目消费的趣味性和实效性，而对在健身消费中的广告宣传不是很在意，其在意度为2.85分，为女大学生健身消费因素中最低的在意度。相比职业女性的情况，对健身消费的认知与认同是稍有差异的。

三、影响女性健身消费的因素

社会的发展，职业女性随着受教育程度的进一步提高，双休日、节假日时间的增加，以及已婚女性家庭负担的逐渐减少，参加健身消费的机会应该更多。但从我们的调研中了解到，职业女性有健身消费的人仅占50％，且都是低价位的消费，没有一分钱消费的人将近40％，其原因何在呢？调查结果表明："家庭经济收入"是影响职业女性健身消费的第一位的因素，有26.2％的人认为家庭经济收入是影响女性健身消费的主要原因。一方面，对于职业女性的低收入人群，本身收入就不高，而我国目前的物价上涨又快（相对工资上涨），因此抑制了女性健身消费的欲望；另一方面，女性的收入在目前的社会环境中又要积累投入到对家庭来说大的建设中去，如买房等，有相当多的家庭还在贷款消费，经济的压力使职业女性生活的不确定因素增加，不得不放弃个人的高层次需求；排在第二位的是"个人兴趣"，这表明职业女性对健身认识不够，对参与健身消费仍有一定偏见，这在某种程度上制约了城市职业女性的健身消费。排在第三位的是"余暇时间"，有13.6％的人认为自己没有时间参加健身消费；当然一定的余暇时间是女性健身消费的保证，但目前有双休日和节假日，应该相对来说比以前好多了，应该为女性健身消费提供了条件，也许由于职业的不同、单位性质的不同会影响职业女性的余暇时间；排在第四的是"体育市场价格”，有10%的人根据自身的收入情况认为不能承受健身的消费价格。当然“消费环境”“健身设施”“社会环境”“体质情况”等也是影响女性健身消费的主要因素，是不容忽视的。影响女大学生健身消费的因素与职业女性相比，基本是一致的，排在第一、二位的都是“家庭经济收入”“个人兴趣”，仅因为职业女性由于工作、家庭等原因“余暇时间”成了制约职业女性健身消费的第三大因素，而大学生相对职业女性来说，余暇时间肯定要多一些，因此校园的健身氛围是影响她们健身消费的第三大因素。由此也可看出，要培育健身产业，做强健身产业，首先必须有一定的经济基础，人们的生活水平提高了，自然就会在生活质量上动脑筋；其次个人意识与生活环境的塑造是不容忽视的大问题，这些在我国根据目前的情况看，还有很大的运作空间和可挖掘的潜力。

四、对城市职业女性健身消费的解读

（一）城市职业女性健身消费的特点

通过对城市职业女性健身消费状况的调查，就内容和结果而言，有以下几个方面的特点。

1. 整体健身消费热情不高

在被调查的城市职业女性中，有39%的职业女性没有健身消费，在50元以下极低消费的女性只占了16.1%，这表明职业女性的健身消费水平不高，健身消费的热情也不高，特别是相对于她们花在其他方面的美丽消费而言，更是少了很多。这种现象的出现，其原因应该是多方面的，包括科学健身理念、健身消费观念、经济收入状况、余暇时间、现行的健身设施与条件等，但对于同一个职业女性，为什么她投入其他美丽消费的支出比健身消费要高呢？这在很大程度上应归功于个人认识层面的问题，当然，社会文化、社会舆论的引导与氛围的营造，以及公共福利条件的改善也是非常重要的。

2. 健身消费多少与收入高低并非成正比

调查表明：个人收入在1000～2000元、2001～3000元的职业女性健身消费的比例较高，分别为43.5%和26.8%，排在第三位的是个人月收入只有1000元以下的女性；而个人收入在中等偏上的女性的健身消费反而少，特别是收入高的女性几乎没有健身消费。收入低健身消费的比例相对高，收入高健身消费的比例低，这一不正常现象说明什么问题呢？难道收入高的人群健康意识差？然而这正是当今现实的真实写照。收入高的人，因工作岗位和工作性质导致她们的工作压力大，在这竞争激烈的当前环境，为了能更好地工作和干出成绩，她们不得不更努力一些，花更多的时间在工作上，为此，也就忽略了自身的健康和美丽。另一个重要的原因是，收入高的人群因为平时工作辛苦、压力大，有时间也不想再去健身了，只是想利用有限的时间去放松精神、放松机体以缓解压力，因此更注重被动运动的消费，如美体按摩、SPA等；而收入低的人群，在现代社会中工资低，为了生存一方面不能病也病不起，另一方面她们的工作也相对轻松一些，余暇时间相对也多一点儿，同时为了给自己更大的生存空间，必然特别重视自身的健康以保持发展。因而，健身消费意识和执行力相对强些。

3. 健身消费注重趣味性与实效性

经过调查与分析城市职业女性在健身消费中对健身消费项目的趣味性、实效性、时尚性、价格、健身环境、健身指导、健身管理等的认同表明，职业女性群体对健身消费有选择性，她们最在意的是健身消费项目的趣味性和实效性。这跟职业女性健身消费动机是一致的，职业女性是一个压力较大的群体，工作、家庭都要兼顾，复杂的人际关系要用心经营，因此，她们希望通过一种途径去缓解压力、调节精神状态。严谨、单一、枯燥的项目不能达到此目的，只有在一种轻松愉快的氛围中，参与趣味性强的活动才能激发职业女性参与健身消费的兴趣。另一种消费动机是希望通过健身消费投资自我，更看重自我的生命质量，追求最大限度地表达自我选择的权利。因此，她们健身消费注重自身的体验——为了更美丽和舒适。在我们的访谈中了解到，大多数的职业女性到健身俱乐部消费的目的是为了美丽和减肥。然而，要看到这种效果需要一个较长的过程，且要多方面的配合，当在短期内效果不是很明显的话，一些女性就坚持不下去了，这样就影响了女性健身消费的积极性。

（二）对城市职业女性健身消费的影响因素

1. 经济收入

从消费者的角度看，健身消费的产生需要三个条件：一是要有为健康投资的消费观念；二是要有实际的支付能力；三是要有比较充裕的余暇时间。从我们的调研中了解到，职业女性有健身消费的人仅占50%，且都是低价位的消费，没有一分钱消费的人将近40%，其原因何在呢？调查结果表明“家庭经济收入”是影响职业女性健身消费的第一位的因素，有26.2%的人认为家庭经济收入是影响女性健身消费的主要原因。第一个方面是，对于职业女性的低收入群，本身收入就不高，而我国目前的物价上涨又快（相对工资上涨），因此抑制了女性健身消费的欲望。第二个方面是，女性的收入在目前的社会环境中又要积累投入到对家庭来说大的建设中去，如买房等，有相当多的家庭还在贷款消费，经济压力使职业女性生活的不确定因素增加，不得不放弃个人的高层次需求；第三个方面是，部分职业女性在收入高的岗位工作，其工作要求高、压力大、竞争也更激烈，为了能有好的发展，只有不断地努力工作，不断地充实自己，从而放弃自己的休闲娱乐时间，全身心投入工作，因而影响了她们的健身消费。

2. 个人兴趣

在我们的调研中存在一个反常现象，那就是经济条件好的职业女性群体参与健身消费的比例却很低，她们不是没有为健康投资的愿望，也不是没有余暇时间，但就不愿选择健身项目进行健身消费，为了美丽、健康、舒适，她们更愿意选择被动运动——推拿按摩、SPA等。因此，个人的兴趣也是影响职业女性健身消费的一个不可忽视的因素，而且，随着职业女性收入的增高，有更多人选择被动运动的趋势。在美容美体中心的专访中我们就相对而言有较高收入的职业女性群体为什么更多选择被动美体的情况做了调查，主要原因是这部分职业女性的工作压力更大，希望通过被动美体达到多个目的——缓解压力、塑造职业形象、健康需求等，更重要的是当代部分职业女性在参与健身中美体的需求很难实现，为此希望另辟蹊径，达到多重目的。目前，在现实生活中随着美容美体中心的出现，似乎引起了广大职业女性更大的兴趣，越来越多的人为了舒适和美，放弃参与健身活动而走进美容美体中心。

第三节　现代女性健身行为参与程度分析

城市化进程带给中国的不仅是经济的发展、文化的繁荣，而且也影响了人们的生活方式和观念的改变。虽说体育健身作为一种生活方式已随国家推行的全民健身运动进入职业女性的生活中，但真正对职业女性的影响如何，我们特对职业女性健身现状从健身认知、健身参与情况、投入时间、主要组织形式、场地设施、影响健身的内外因素等多方面进行了调研，具体情况如下。

一、健身价值认知

运用五级量表的赋值方法对被调查者对体育健身的认同度求取结果表明：第一，职业女性对健身运动可以提高机体的免疫力的认可度最高，赞同此观点的人占了被调查女性的88.6％，接近90％；第二，是能“调节心理状态，放松精神”和“锻炼身体，增进健康”；第三，对健身运动能“改善人际关系，促进人际交往”的认同度在被调查的女性中的认同度最低，整体水平接近于不确定状态；第四，是“健身运动可以培养良好的性格”和“增强自信”两项认可度较低，一方面说明职业女性对健身运动在培养良好性格和增强自信上，认识不够或处于不确定状态，另一方面也说明健身运动在这些方面的外在作用不明显，不是很直观。从被调查的职业女性整体对健身运动的认知看，大部分职业女性对健身运动的功能还是清晰的，这对健身运动在职业女性中开展是非常有利的，是一个良好的基础，同时也说明健身运动的宣传工作有了一定的效果，今后的发展是我们如何在此基础上更好的实践，并取得实效。

从准职业女性对健身价值的认可度调查统计的情况看，女大学生群体对通过健身活动“可以调节心理状态，放松精神”的认可度最高；其次是“可以锻炼身体，增进健康”与“可以让人精力更加充沛”；最低的认可度是“可改善人际关系，促进交往”。从整体情况比较，职业女性与女大学生对健身价值的认知相差不大，女大学生对健身的价值更认可一些。

二、健身喜爱度调查

（一）职业女性对体育健身的喜爱度

随着人们生活水平的提高，生活质量大幅改善。女性对健身的认识和喜好程度如何呢？调查结果表明，不同的文化层次对体育健身的态度是不同的。从整体职业女性来看，喜欢体育健身的职业女性占被调查人数的37.8%，无所谓喜欢与不喜欢的女性占51.7%，不喜欢和反感的女性占10.5%。该调查数据在一定程度上反映了目前职业女性对体育健身的态度。对体育健身的态度和认识肯定会影响她们参与健身消费的情况。基本上，文化层次高的女性群体喜欢健身的比例高，但不容乐观的是，女性整体对健身还是认识不足，这会直接影响女性群体的整体素质，不利于她们生活质量的提高。特别是年轻的职业女性目前所持的健身态度，将会影响她们的职业生涯。相对职业女性而言，女大学生对体育健身的喜欢程度稍高一些，非常喜欢与喜欢体育健身的大学生占被调查人数的52.6%，但也不乐观，无所谓和不喜欢的人数也接近50%。为此，要提高职业女性的整体健康水平，女性健身理念与意识的加强、健身习惯的培养需兼顾，可谓任务艰巨。

（二）影响健身态度形成的首要因素

女性健身行为与其健身习惯的养成与其自身的生活环境有密不可分的联系。通常人们认为学校教育会对人的行为习惯起重要作用。然而，从我们的调查结果看来，一个人生活的家庭环境恐怕是影响女性健身态度形成的首要因素。这从社会心理学的角度和社会认同等理论中可以找到依据。女性行为与角色的形成离不开社会环境的影响，更会受生活环境中重要人物的影响。家庭环境是职业女性的生活中所处时间最长的环境，家人的行为习惯对职业女性的熏陶会左右其思维方式、行为方式和生活方式。这在我们的调研中能明显反映出来，认为影响职业女性健身态度形成的首要因素是家庭环境，占被调查者的47.5%，将近50%的人将其排在第一位；其次是大众传媒排在第二位，占19.0%；而学校体育教育却排在最后，仅占4.0%。综合上述情况考虑，早期的学校教育对女性健身行为的影响不是很大，因此，大众的生活环境与各种媒体的宣传对职业女性的健康生活方式的建构，应引起关注。影响女大学生健身态度形成的首要因素是个人的“兴趣”，其排在第一位（占37.5%）；其次是大众传媒（占16.4%）；再次是身体健康状况（占14.4%），这种情形也反映了现代大学生的个性特点——自我意识强，特别是在如今丰富多彩的文化生活氛围中，健身项目的趣味性和娱乐性不能吸引她们的注意力及引起她们的兴趣，很有可能在大学生的活动中消失。为此，健身项目的开发与设计在趣味性与娱乐性方面应引起足够的重视。

三、参与健身状态

（一）项目选择

1. 健身项目

从调查的结果看，职业女性选择的健身项目是多样的，且为易于开展的项目。从选择多少排序依次为：散步、乒乓球及羽毛球、跑步、跳绳、太极拳、太极剑及木兰拳、地掷球、门球、舞蹈、游泳、旅游、篮球、排球及足球、健身操、台球及保龄球、网球等。女性选择的项目有将近80%的人是集中在散步、乒乓球及羽毛球和跑步项目上，其中散步占被调查女性的35.6%；打乒乓球及打羽毛球占25.3%；跑步者占17.0%，由此说明职业女性参与健身的项目还是较少的，虽说这些项目都易开展，但在趣味性上可能枯燥一些。特别是相对20～30岁年龄段的年轻女性来说，她们选择这些项目主要是为了追求苗条而减肥。因此，当在短时间内难达到想要的效果的话，很容易放弃健身运动。因此，如何研制一些针对职业女性便于开展，易接受又有效且娱乐性强的健身项目是一个应该引起重视的问题。

而相对准职业女性来说，选择较多的健身项目依次为：散步、乒乓球及羽毛球、跑步、跳绳、篮球、排球、足球、太极拳、太极剑及木兰拳、健身操、游泳、网球、旅游、舞蹈等，从项目选择中可以看出，女大学生相对喜欢运动节奏稍快与技巧性稍强的项目，但整体看还是趋向于简单易于开展的项目，而这些项目的趣味性和娱乐性不是很理想。

2. 时尚健身项目

有关研究表明“有品位”已经成为大多数中国女性眼中的时尚标准，品位、个性、舒适、自然成为时尚的主要要素。从调查的数据看：被调查的职业女性中对时尚健身方式的选择，更加注重身、心、灵的和谐，在众多的流行健身项目中，职业女性认为最时尚的健身方式是瑜伽，排在第一位；其次是羽毛球、拉丁舞、钢管舞、网球等。对准职业女性——女大学生的调查表明，有53.4%的女大学生认为最时尚的健身方式是瑜伽，排在当前时尚健身方式的第一位，其次是拉丁舞、跆拳道、钢管舞、网球等，而羽毛球则排在最后，这说明女大学生更追求当前流行的元素和更能体现其青春活力和魅力的健身项目。

（二）参与频次

调查表明，总体来说职业女性参与健身的频次是不高的。每周参与健身3次或以上的女性仅占被调查女性群体的15.1%；每月1～3次或没有规律与不健身的占被调查女性的59.6%，将近被调查女性的60%。很大一部分女性有较多的余暇时间，但从不参加健身活动。例如，有相当一部分女性选择在麻将桌上度过她们的余暇时间。从年龄段上看，20～30岁的职业女性没有规律健身或不健身的占了此年龄段的51.2%；31～40岁之间的职业女性没有规律或不健身的占了此年龄段的42.4%；41～50岁年龄段的职业女性没有规律或不健身的占了39.7%；51～60岁年龄段的职业女性没有规律或不参加健身的占48%；从文化层次看，初中及以下层次的职业女性在没有规律或不健身上占的比例最高，为48.9%；本科及以上者最低为43%。虽说是随着文化层次的升高，没有规律健身的女性占比在逐渐降低，但幅度不大。而从不同职业看没有规律或不参加健身的比率最高的是社会服务人员（占50%）。由此可以看出，职业女性在健身活动的参与上，形势不容乐观，且很严峻。相对职业女性而言，女大学生参与健身的整体情况略好于职业女性，但也不容乐观。在被调查的准职业女性中仍存在37.8%的人对健身没有规律或不健身，她们的这种生活方式的养成不利于其健康体质的加强，最终会影响她们将来的工作与生活。

（三）时间投入

调查表明，职业女性整体健身时间的投入情况不是很理想，从有健身参与的职业女性中能做到每次健身时间为30～60分钟的仅占被调查女性的41.7%；每次30分钟以下或没健身时间的占了整个女性人数的50%，并且调查发现，没有规律和不健身的比例占了被调查女性的45.3%。由此，我们可以了解到，职业女性在她们的余暇时间有健身意识而且又为了健康而坚持健身的比例太低。这种现象反映出：一方面，职业女性为求健康的意识不强，并且即便是在坚持参加健身活动，也更多的是为了减肥而进行。其实，在我们的调研中得知，女性的余暇时间相对来说是比较充足的，有将近90%的职业女性每天有1个小时以上的余暇时间，有53.5%的职业女性每天有2个小时以上的余暇时间。但是，中国城市的职业女性由于受中国传统文化的影响，目前为止，绝大多数家庭的家务活主要还是由女性完成，这从我们的调研中可以反映出：职业女性每天用于家务1小时以上的就占了被调查女性的55.2%；同时，因女性的多重角色，在有子女的家庭，女性还要承担辅导小孩学习的任务，在调查中，小孩学习任务由夫妻共同承担和妻子一人承担的，占了被调查女性的71.6%。因此，职业女性在紧张繁忙的工作之余，全身心地投入到健身中来，确实不是一件容易的事。而且，现代家庭对子女教育的经费投入、居住条件的改善等不断提高，在目前的中国家庭，这些经济开支通常也有一部分需要女性来承担，由此我们也理解为什么调查中有很多职业女性月收入高、参与健身的人却很少了。当然，在调研中也存在如学历越高，余暇时间越多，学历低，相对余暇时间少一些的现象，那是因为她们的收入低一些，为了生存可能要多花一些时间去工作。另一方面，健身运动的功效在职业女性中没有得到认可。因此，她们中的大部分人认为健身对她们来说，想动就动一下，不动也无所谓，更不会特意花时间去系统地进行科学的、有计划的健身。

准职业女性——女大学生的健身时间投入情况比职业女性稍好，但如果要达到一定的健身效果，每次健身时间最好在30分钟以上，这样只有57.2%的女大学生符合要求。然而，女大学生相对职业女性而言，其休闲时间明显多于职业女性，调查表明，女大学生有50%的人每天有3个小时以上的休闲时间。由此可以看出，对于准职业女性参与健身，时间不是问题，关键是理念和认识。

（四）时段分布

调查结果表明：职业女性参与健身的时段最多的还是在清晨和晚饭后，这跟人们传统习惯有关，当然在这两个时间段也跟我国的工作作息时间相关，毕竟在我国自由职业者在中女性还是极少数，即便这样，不确定的人员所占比例也不小，占了22.0%，这不确定的比例很可能是那些健不健身都无所谓的人群。在上午、中午和下午时段健身的人群，很可能跟她的职业有关，有些职业可能上午9点或10点才上班，有些职业可能下午2点就下班了。在双休日健身的人也占了一定的比例，这对那些工作压力大，时间紧张，健身次数不多的女性来说，利用双休日调整一下、减减压，确实是个好办法。

（五）主要组织形式

调查结果表明：职业女性参加健身活动多以家人一起的群体活动方式为主，这在调查的多种组织形式中，与家人一起活动排在第一位，占了被调查女性的38.6%，排在第二位的是“个人独自锻炼”，占被调查女性的34.16%，虽说整体来看“个人独自锻炼”排在第二位，但在20～30岁年龄段的职业女性中，个人独自锻炼却是排在第一位的，它占了20～30岁年龄段的35.3%。这跟20～30岁年龄段的职业女性追求时尚，崇尚自由，喜好有个性的年龄段的特征有关。而职业女性成家后，受中国传统思想的影响，相夫教子，喜欢在自己生活的小圈子里和家人一起享受生活带来的乐趣，不论是在远古还是现在，家庭是女性除工作以外最重要的部分，同时在家庭的每一个环节中都离不开女性的参与和服务。因此，在我们的调查中表明，30～60岁的职业女性选择的健身活动的组织形式最多的还是与家人一起锻炼。当然，现代女性由于工作的原因，加上交流和沟通的需要，选择与朋友同事一起锻炼的女性也不少，排在第三位。而参加健身俱乐部的职业女性在被调查人群中，比例不是很高，由此也说明，职业女性对健身消费的热情不是很高，这可能有多方面的原因，但事实的存在不利于女性健身运动的开展，值得社会关注。女大学生参加健身的主要组织形式首选“与朋友、同学一起锻炼”，占被调查人数的51.6%；其次是“参加学校组织的体育活动”（占24.4%）；再次是“个人独自锻炼”（占12.4%），最后是“其他形式”（11%）。由此看来，在学校形成良好的健身氛围，加强宣传引导，对当今沉迷于网络虚拟世界的大学生来说，与同学一起参与健身活动是一个改善人际关系，加强交流学习，提高健康素质的最好方式。

（六）健身场所与设施

调查结果表明：职业女性选择健身的场所是多样化的，不同的人群、不同的职业、不同的爱好，女性选择的健身场所是不同的。选择最多的还是职业女性生活的小区和小区附近，占了被调查女性的40.6%，其中小区附近是所有场所中选择最多的健身场所，排在第一位的。排在第二位的是在家里健身占20%；第三位是选择小区占17%；第四位是单位的健身场所占10.7%。从健身场所选择的整体情况看，免费健身场所和公园也是职业女性选择较多的地方，收费场所同样是职业女性较少选择的地方。这样的情形出现，一方面说明我国的健身产业还有很大的开发空间；另一方面也说明职业女性的健身消费意识和消费能力都不理想。针对目前职业女性健身场所的选择集中在小区及其附近、家里、公园等免费场所，为提高女性的健康水平，在国家层面，整体规划公共设施和空间是今后必须关注的大问题。特别是通过运用五级量表的赋值方法对被调查者对小区健身设施的认同度求取结果表明：认同度为2.59分。说明职业女性对自己生活的小区的健身设施是不太满意的，而她们在这不满意的地方健身的次数最多，由此而影响她们的健身积极性和情绪，至于健身的效果是可想而知的。准职业女性健身场所的首选是“宿舍附近”，占了被调查人数的40.5%；其次是免费的体育场所（占35.9%）；去收费场所的人很少。这跟学生身份是相符的，一是学校大部分有免费的公共健身场所；二是学生经济来源毕竟有限，很少有人消费得起。但还是有少数学生去收费场所健身，原因是多方面的，有的学校健身场所不够好、健身项目不齐全、趣味娱乐性欠缺等，这从我们对学校及附近健身场所设施的满意度调查结果就可以看出来，满意与较满意的总人数仅占被调查人数的15.5%。

（七）获得健身方法与手段的主要途径

随着社会的发展与现代科技的进步，电视与网络进入千家万户，在大众生活中扮演了非常重要的角色，成为人们日常生活不可缺少的一部分。在我们的调查中显示，职业女性获得体育知识、健身的方法和手段的主要途径就是电视和互联网，有57.3%的职业女性的健身方法是通过电视和互联网上获得的，排在所有获取途径的第一位；排在第二位的是从朋友和家人处获得；第三位获取途径是书籍报刊；而学校教育仅排在第四位，占14.5%。这从一个侧面说明，在社会日新月异、飞速发展的今天，知识的更新促使人们在健身方法和手段的采用上也要考虑紧跟形势、紧跟时尚，才能激发女性参与健身的热情。因此，提高女性健身的积极性和效果，媒体的宣传是一个不容忽视的环节。

根据调查结果显示，准职业女性——女大学生健身方法的获得居然主要不是学校教育，她们首选的却是电视与互联网，其次是书籍报刊，两者总和占被调查人数的55%，“学校教育”仅占19.7%。这在某种程度上说明，学校的体育教育对现代女性的影响力不够，势必会制约职业女性终身体育意识的培养，同时也说明当今媒体对职业女性生活方式的影响是不容忽视的，在如何充分利用媒体的功能，构建职业女性健康的生活方式上应引起足够的重视。

四、参与健身的影响因素

随着社会文明进程的推进，适度的健身成为现代人文明生活的一个重要标志。城市中参与健身、健美的女性正以其喜爱的方式投入其中，以充实自己闲暇生活。然而不可否认的是，职业女性的健身也受到来自各方面的制约，这些制约因素严重影响了职业女性的健身效果和身心健康。为此，准确掌握目前职业女性的真正需求，以及影响和制约女性参与健身的主要因素，有利于我们对症下药，调节、改善和改革女性健身活动中存在的问题，促进女性健身活动的开展，以提高女性的生活质量。

（一）积极健身与否的内在原因

1. 积极参与的主要原因

经过调查，有21.4%的职业女性认为促使她们积极参与健身的主要原因是“调整情绪，散心解闷”，其排在所有原因中的第一位。这在某种程度上反映出当今社会的现实——是一个快节奏、高效率的社会，社会生产方式和城市生活模式使人与人之间的空间距离缩短，但心理距离却越来越远，人与人之间的关系也随着疏远了，特别是对于一些压力较大的职业女性，由于缺少交流和沟通，倍感精神上的孤独和无助，致使她们经常处于一种紧张的情绪中，久而久之，影响女性的身体健康和工作效率。因此，迫切希望通过健身活动来缓解压力、消除不良情绪。

排在第二位的是希望通过健身运动来“塑造形体”，占被调查女性的17.8%。这从我们调查的多种情况看，流行文化、时尚元素的影响恐怕是影响职业女性积极参与健身的一个重要因素。因为很大一部分职业女性积极健身的目的不一定是为了健康，更多的是为了美丽或减肥，为了把自己塑造成满意的理想体形，以适应社会的审美标准。在我们设置的访谈问题“什么时候开始健身塑体的，为何有这种念头?”的调研中，90%以上的职业女性回答是在感觉自己体形有变化、不美观后开始的，其理由是多种多样的。

排在第三位的是“消遣娱乐”，占被调查女性的15.1%，职业女性希望通过多种多样的健身活动，更好地体验和享受生活，并通过健身活动这个载体，体验生活的乐趣。从整体看职业女性积极参与健身的主要原因是多元的，但不同年龄段、不同文化层次、不同职业、不同爱好的女性，其参与健身的目的是不同的。在20～30岁年龄段的职业女性积极参与健身的缓解压力，塑造形体与娱乐，而在41～60岁年龄段的职业女性健身的主要目的却是缓解压力、塑造形体和强身健体。由此可以知道随着年龄的增大、体能的衰退，女性的健康也是她们关注的焦点。

在被调查的准职业女性中，积极参与健身的主要原因排在前三位者跟职业女性是一致的，分别是“调整情绪，散心解闷”“塑造形体”“消遣娱乐”，但接下来的是“运动不足”，这也符合大学生的实际，由于学业的原因其运动少，最重要的一个原因还与网络有关，当代大学生对网络的沉迷已成为一个热点的社会问题。因此，通过参与健身来调节、缓解不健康的生活习惯与方式是大学生目前较好的选择。

2. 不积极参与的主要原因

总的来说，职业女性不愿意参加健身的主要原因依次是没时间、没兴趣、工作负担重、没人指导、惰性、健身地方远不方便等。而排在第一位的是因为没有时间，占了被调查女性的23.3%。这是因为年轻的职业女性走上工作岗位不久，社会竞争又激烈，而工作又必须有熟练过程，需要有更多的时间来掌握职业技巧，同时还必须不断吸收新的知识，以备工作之需，这时的她们对于暂时不影响她们生存的健身活动就只能舍弃了。而对于成家的女性而言，除了要面对自己的工作外，还有大量的家务活要干，为了工作和家庭两不误，也就只能牺牲职业女性的余暇时间，因此，对于成家的职业女性想要有时间来全身心地投入健身也只是一种美好的愿望了。职业女性不愿意参与健身排在第二位的原因是没兴趣，占了被调查女性的17.2%，这不是一个小数目，这代表有将近20%的职业女性对健身没兴趣，也就是说这部分职业女性对利用健身手段强身健体，提高身体健康水平没有清醒的认识，一方面凭借自己年轻，身体很是健康不需要健身；另一方面，从前期的自我健身或别人的健身效果中，看不到有明显的区别而失去信心，因而不感兴趣。排在第三位的原因是“工作负担重”。确实，现代职业女性在生活中需要扮演多重角色，任务重、压力大，当把一天的工作做完，已经筋疲力尽了，还有什么心情去健身呢？另一个重要原因是女性自身的惰性也占了一定的比例，造成这种结果的原因当然是多方面的，但关键是健身活动本身的吸引力不够，激发不了女性的健身激情，也就是健身的重要性在部分女性看来也就那么回事、无所谓。特别是在健身中，女性要承受一定的运动负荷，消耗部分体力和能量，健身后会产生肌肉酸痛、肌体无力、有些疲劳等现象，更使辛苦了一天的职业女性感觉不好，因而就引发其惰性，不想锻炼，殊不知惰性给自己的健康带来了不可估量的隐患，同时也可能会使自己的工作变得被动。

从对准职业女性的调查中显示，她们不参加健身的主要原因排第一位的居然是没时间，这样的结果不得不使我们深思，是什么样的状况让女大学生感到时间不足？如果说是学业的原因，那么是高校的人才培养方案有问题；如果说是在校期间要兼职，据了解目前在外兼职的大学生比例不高，是极少数，不至于有这么大比例的学生没时间健身（占 52%）；有可能是科技发展的今天，学生的业余生活已丰富多彩，特别是网络世界更是有无穷的吸引力，有较多的学生已不由自主地陷入其中，不能自拔。女大学生不参与健身的主要原因排在第二位的是没兴趣，与职业女性的调查结果是一致的，由此也说明了一个实质性的问题：在学校期间对体育健身的认知是会影响将来女性的思想行为、生活方式与处事理念的。除此之外，生活在目前物质比较丰富的现代女大学生，对环境和设施会有更高的要求。因此，健身设施与场地不完善，会影响她们健身的积极性。当然，大学生因为年轻，健康状态相对较好，如要参与娱乐性不够同时又有点儿累的健身活动，肯定不会感兴趣，也不愿意，这是惰性使然。

（二）参与健身的外在原因

为了全面了解职业女性的健身情况，促使女性参与健身的外在因素也是不可忽视的。为此，设计了一些有关外界对女性健身影响的因素，通过运用五级量表的赋值方法对促使被调查女性健身的外在原因的认同度求取结果表明：职业女性对受“同事或朋友影响”促使她们参与健身的认同度为 3.66 分，其中因为同事或朋友影响是促使其参与健身的外在原因“完全同意”的占 19%；“比较同意”的占 39%；“不确定”的占 32%；“不太同意”和“不同意”的占 10%。从职业女性因外界因素对自身参与健身的影响的整体情况看，认同度是最高的；其次是全民健身运动的舆论影响。排在第三位的是受体育相关传媒的影响；认同度最低的是受体育明星或名人的影响；由此我们可以得出的结论是，社会的整体健身氛围和相关传媒对职业女性的健身参与的推动作用不容忽视，因为职业女性的很大一部分对健身的认知是受外界的宣传、报道以及周围同事朋友的实例影响的，对不正确认知的矫正也是通过生活中的事实加以强调的。

用调查职业女性的方法，考察促使准职业女性参与健身活动的外在原因，认同度都不是很高。相对而言受学校体育课的影响较大，排在第一位；其次是受同学和朋友的影响，第三是受全面健身运动的社会舆论影响；“体育明星、名人的影响”认同度最低，影响最小。

（三）制约参与健身的主要因素

调查结果表明：被调查的职业女性有28％的人认为阻碍她们参与健身的主要因素是“休闲时间不足”。然而，目前我国，双休日和节假日的应该使女性的余暇时间多了很多，为什么调研中休闲时间不足还是排在第一位的影响职业女性参与健身的原因呢？如果说休闲时间不足，确实会影响女性参与活动，有时间才是女性参与健身的前提。

为此，我们对职业女性每天的休闲时间、休闲活动以及女性每天承担家务所需要的时间做了问卷调查，结果表明：12.5％的职业女性每天有1小时以下的休闲时间；有1～2小时休闲时间的占被调查女性的33.9％；有2～3小时休闲时间的占被调查女性的26.1％；有3小时以上休闲时间的占被调查女性的27.4％。这说明被调查的职业女性大部分人还是有休闲时间的，至少每天用半小时健身还是可以的，只要有健身的意识和愿望，不会影响健身活动的参与。那么职业女性的休闲时间到底花在哪些方面了呢？经调查和访谈我们了解到：职业女性的闲暇活动排在第一位的居然是家务劳动，其次是辅导子女学习，两者占了被调查女性的43.6％，将近50％，这表明职业女性在承担社会工作的同时，还要承担繁重的家务劳动，再去健身已筋疲力尽了。特别是当家庭中有上学子女要辅导功课，又离不开女性，这时候要腾出时间健身的难度就大了。

影响职业女性健身排在第二位的主要因素是“经济条件”，占了被调查女性的27.2％。职业女性个人与家庭的经济收入直接影响她们健身活动的选择与参与，一些需要消费的健身项目是要有一定的经济条件为基础的。特别是在目前我国大众健身的公共设施的投入还不是很理想的情况下。城市女性对传统的健身方式不感兴趣，希望有更多的机会为了自己的美丽、健康、舒适去体验有个性的健身方式，没有一定的经济条件是无法实现的。从我们的调查得知：个人月收入在3000元以下的女性居多，作为女性或一个家庭要消费的项目太多，一个月要拿出几百元用于健身消费，可能有难度。

排在第三位影响女性健身的主要因素是健身意识不够，其次依次为缺乏健身氛围、体育设施不足、服务质量、消费环境等。职业女性的健身意识一方面会受自身的性格、爱好、观念、个人经历、性别角色与个人的技能等因素的影响，另一方面会受生活的环境、文化、风尚等因素影响，跟健身氛围、消费环境等是相互影响，相互制约的。但社会发展到今天，女性健身意识还是影响职业女性健身的主要因素，肯定要引起我们的反思，是什么左右了职业女性的视线和行为呢？在健康为第一要素的今天，女性生活的重心在哪里？值得关注。

准职业女性的调查结果显示，影响其健身的主要因素是“缺乏健身氛围”，作为在大学学习与生活的女大学生认为高校缺乏健身氛围，这就值得高校管理层深思；也许正因为氛围不够，使得她们的健身意识也就不强，其排在影响因素的第三位。至于排在第二位的“经济条件”，跟女大学生不满意学校的健身设施而想到外参与健身却又受自己经济条件的影响有很大关系。从女大学生闲暇活动的主要分布情况看，在闲暇时间进行健身活动的女大学生的比例是相当小的，她们的闲暇活动主要是“文化娱乐活动”“看书刊杂志”“专业学习”“社交活动”等，这跟大学生对健身的认知不足有很大关联。

五、促进健身活动开展的主要途径

根据目前职业女性的现状，职业女性群体自身和社会对于女性健康的关注度远远不足。因此，如何促进职业女性群体，及除此之外的年轻、中老年群体的健身活动的开展，是一个需要值得特别关注的问题。通过我们的调查，促进职业女性健身活动开展的众多因素中，排在第一位的是“购置安全多样的健身器材并提供舒适的运动场地”。只有这样才能吸引女性参与健身，同时安全多样的健身器材，可以避免因为健身手段的单一枯燥而影响健身的效果，继而坚持不下去。特别是随着人们生活水平的提高，女性在追求美丽健康的同时还要舒适体验，因此，舒适的健身环境是不可缺少的。排在第二位的是“自娱自乐的健身活动”。这也就是说在当今竞争激烈的社会中，工作的打拼、家庭的重担已使职业女性压力重重，她们希望通过自娱自乐的健身形式释放压力，放松情绪，体验生活中真正的乐趣，看重自我的生命质量，这是促进女性积极参与健身的动力所在。排在第三位的是“有专人指导健身”。要促进女性健身活动的开展，必须明确它的作用，让参与健身有实效。如果说本是为了健康与美丽而为，却由于方法和手段不科学而造成损伤，就得不偿失了。科学的健身就必须有专人指导，才能较好地达到理想的效果。排在第四位与第五位的分别是“加大对女性健身的宣传力度”和“提高领导对女职工健身的重视程度”。根据目前职业女性健身的参与情况看，大部分职业女性对健身问题没有引起足够的重视，当然这有多方面的原因，但社会心理学和社会认同等理论表明，女性对自我的看法及女性行为，受生活环境中重要因素的影响。因此，对于女性的生活环境，通过舆论、媒体、领导、同事等努力营造健身氛围，对促进职业女性健身将会有很大的推动作用。当然经常性地组织一些健身表演活动，以引导女性健身；开展健康与美的知识讲座，指导女性健身等都是一些促进女性健身的好举措，在实践中应多探索、多创新，并能根据具体的情况，有针对性地实施。

六、职业女性健身解读

（一）健身特征

体育健身作为一种生活方式已随国家推行的全民健身运动进入了职业女性的生活中，特别是以塑造健美与性感体型为目的的时尚健身项目的开展，促进了职业女性健身的积极性。然而，由于一些客观与主观的因素，制约和限制了职业女性参与健身的深度和广度，以及她们对体育健身的真正意义与价值的认知。体育健身融入职业女性的生活中，为女性健康充当保护神，真是任重而道远。

1. 健身价值的认可度较高，但参与度较低

文明社会的人类需要娱乐，如同原始社会的人需要饮水和食物一样，以身体活动为主要媒介的健身活动较其他娱乐方式具有双重性，既健了身又娱乐了心情，可调节由于工作与生活带来的压力导致的不健康情绪和心理等，这些健身价值的认知和认同，在我们对职业女性的调查中能得到非常肯定地回答。对健身运动可以提高机体免疫力的认可度最高，赞同此观点的占了被调查女性的88.6%，接近99%，其次是能“调节心理状态，放松精神”和“锻炼身体，增进健康”，虽说对健身运动能“改善人际关系，促进人际交往”的认可度在被调查的因素中的认可度最低，整体水平接近于不确定状态，但还是有大部分的职业女性认同这一说法，当然也说明健身运动在这些方面的作用不明显，不是很直接。从被调查的职业女性整体对健身运动的认知看，大部分职业女性对健身运动的功能与价值的认知还是非常清晰的，但是职业女性的健身参与情况不理想。我们从健身频数、健身时间的投入与拥有休闲时间的多少、健身时段选择等方面进行的调查表明：职业女性参与健身的频次是不高的，每周参与健身3次或以上的女性仅占被调查女性群体的15.1%；每月1～3次或没有规律的占被调查女性的59.6%，将近被调查女性的60%。在我们的访谈中还了解到，很大一部分女性有较多的余暇时间，但从不参加健身活动，她们基本上是在麻将桌上耗尽她们的余暇时间，从年龄层次上看，20～30岁的职业女性没有规律健身或不健身的占了此年龄段的51.2%，是健身状况最不好的群体。虽说受传统文化的影响，职业女性的多重身份限制了她们的参与健身，如教育子女、承担家务、工作之余的“充电”等，但根据目前社会的状况看，职业女性每天抽出1小时用来健身，是完全可以的，为什么做不到呢？归根到底是思想认识问题及价值观念问题。

2. 较多选择传统项目，较少考虑时尚项目

调查结果表明：职业女性选择的健身项目有将近80%是集中在散步、乒乓球及羽毛球和跑步项目上，其中散步占被调查女性的35.6%、乒乓球及羽毛球占25.3%、跑步占17.0%，说明职业女性参与健身的项目还是较单调的，虽说这些项目因为不受场地等因素的影响，易于开展，特别是散步与跑步，因为单调而枯燥，当健身者在短期内看不到明显效果时难以坚持。特别是相对20～30岁年龄段的年轻女性来说，她们选择这些项目主要是为了追求苗条而减肥，因此，当在短时间内难达到自己的要求，很容易放弃健身运动。时尚的健身项目如瑜伽、拉丁舞、跆拳道、钢管舞等，虽说得到了职业女性的认可，但却没有被绝大多数职业女性所采用，其原因被我们的访谈结果进一步证明，时尚健身项目在很大程度上是有偿消费，同时需要技术上的指导，而且还受场地设备的限制等，不易开展。因此，只有那些紧跟时尚的且经济状况较好的年轻女性积极参与，她们的目的不一定是为了健康，更多的是为了美丽或减肥。更多的职业女性即便是喜欢和乐意参与时尚项目的健身，也会因条件不允许而放弃。

3. 健身组织形式偏重与家人、朋友一起，较少选择俱乐部的群体健身

在我们对职业女性多种健身组织形式的调研中，有接近80%的被调查女性在健身时选择与家人一起活动，之所以绝大多数的职业女性有相同的选择，是因为随着城市经济的发展，并受计划生育政策的影响，中国家庭结构仍呈现出以核心家庭为主、直系家庭居次、单人家庭作为补充的格局。在城市，与晚婚相伴随，青年晚育现象使核心家庭比重上升。这在客观上使夫妇在中年阶段即从养育子女之累和繁重的家庭事务中解脱出来，她们有更多的余暇时间参与健身。但职业女性成家后，受中国传统思想的影响——相夫教子，喜欢生活在自己的小圈子里，和家人一起享受生活带来的乐趣，不论是在远古还是现在，家庭是女性除工作以外最重要的部分，同时在家庭中每一个环节都离不开女性的参与和服务。因此，在我们的调查中表明，30～60岁的职业女性选择健身活动的组织形式最多的还是与家人一起锻炼，其次是个人独自健身。

4. 健身场地更多选择免费的小区，收费场所少有光顾

占了60%的职业女性选择的健身场所主要是小区与小区附近、家里，收费场所是职业女性较少选择的地方。这样的情形出现，一方面说明我国的健身产业还有很大的发展空间，另一方面也说明职业女性的健身消费意识和消费能力都不理想。当然，小区与小区附近之所以是职业女性选择的主要场所，一方面是就近，另一方面可以节省开支。然而，小区与小区附近的健身场所和健身设施是不理想的，女性对其是不认可的。但为什么职业女性还是更多地选择它呢？调查的结果表明，健身的理念与健身的科学性没有引起职业女性足够的重视、女性更容易选择就近方便的地方参与健身活动。同时反映出更多女性经济条件有限。因此，在国家与社会层面，要提高女性的健康意识，发动和鼓励女性积极参与健身，公共服务设施的改善与女性经济地位和条件的提高，刻不容缓。

5. 健身知识的获得更多来源于媒体的宣传，学校教育不再为主要平台

人类的身心发展有赖于社会的进步和环境的改变。随着科技的进步，电视与网络进入千家万户，在大众生活中扮演了非常重要的角色，成为人们日常生活不可缺少的一部分。在我们的调查中显示，职业女性获得体育知识、健身的方法和手段的主要途径主要是电视和互联网，有近60%的职业女性的健身方法是通过电视和互联网获得的。我们不可否认，大众传媒正以其独特的优势和特点，在人们获取健身信息和对待健身态度上，起到越来越重要的作用。因此，更多关注媒体在对职业女性的健康意识的培养、健身知识的获取与健身行为等方面的影响，是促进全民健身活动真正深入社会，深入家庭的关键一环。

（二）职业女性健身认知与现状透析

职业女性由于“母亲”的角色意味着要生儿育女；“妻子”的角色意味着要服侍丈夫，操持家务。传统的观念认为妇女要以家庭为主，而现代社会又要求女子在社会中能独当一面，多重角色的拖累，使其体力、精力消耗过多，心理压力越来越大，各种可怕的身心疾病正向她们逼近，特别是在当今激烈竞争的环境下，职业女性在充满青春活力的背后，危机重重。如何直面困境，自我拯救？于是，积极健身者认为“健身是身心减压阀”；健身缺乏者认为“健身是生活的点缀，可有可无”。为什么同样为职业女性对同样的生活方式与行为有两种截然不同的态度呢？因为每位职业女性其生活工作的环境和各方面的条件均不同，影响她们健身参与的态度也就不同。

1. 职业女性对健身运动的认知

健身运动是繁忙、枯燥、单调生活与工作的一种特殊的缓冲剂，是现代社会的健康生活方式，这种健康的生活方式正被越来越多的职业女性所看重。在我们的调查中表明，有21.4%的职业女性认为促使她们积极参与健身的主要原因是能“调整情绪，散心解闷”，因为在这样一个快节奏、高效率的社会，社会生产方式和城市生活模式使人与人之间的空间距离缩短，但心理距离却越来越远，人与人之间的关系也随着疏远了，特别是对于一些压力较大的职业女性，由于缺少与人的交流和沟通，倍感精神上的孤独和无助，致使她们经常处于一种紧张的情绪中，久而久之会影响女性的身体健康和工作效率。因此，她们迫切希望通过健身活动来缓解压力，消除不良情绪。同时也希望通过健身运动来塑造形体，塑造优雅气质，增加自信，以期在工作和生活中增加成功筹码。特别是健身运动又是一项“消遣娱乐”活动，职业女性希望通过多种多样的健身活动，更好地体验和享受生活，并通过健身活动这个载体体验生活中的乐趣。

2. 职业女性的健身态度

我国历史悠久，文明灿烂，千百年来的风俗习惯造就了人们根深蒂固的传统文明。传统文明既有它积极向上的一面，也有它牢固的封建思想的劣根性。职业女性虽然比一般妇女有着较高的文化积淀和受生活方式及习惯的影响，但仍不能完全从传统文化的角色中走出来。调查结果表明：第一个原因，被调查女性中有23.3%的人认为没有时间健身。但我们调查职业女性的余暇时间的结果表明，职业女性每天抽1小时空余时间健身是没问题的，主要原因还是其思想不重视，参与健身对她们来说，可以放在其他任何事情的后面，可有可无；当然也有些年轻职业女性刚走上工作岗位不久，社会竞争又激烈，而工作又必须有熟练过程，需要有更多的时间来掌握职业技能，同时还必须不断吸收新的知识，以备工作之需；当然也有一些年轻的职业女性因为居住条件的不允许（离工作地方远），很多时间都耽误在路上。由于这些原因，她们对于暂时不影响她们生存的健身活动就只能舍弃了。而对于成家的女性而言，除了要承担自己的工作外，还有大量的家务活要干，为了工作和家庭两不误，也就只能牺牲职业女性的余暇时间。第二个原因，不积极参与健身是没兴趣，其占了被调查女性的17.2%，这不是一个小数目，这代表有将近两成的职业女性对健身没兴趣，也就是说这部分职业女性对利用健身手段强身健体，提高身体健康素质没有清醒的认识。一方面凭借自己年轻，身体很是健康，不需要健身；另一方面，因为从自己前期或别人的健身中，看不到有明显的效果而失去信心，因而不感兴趣。第三个原因，“工作负担重”与“惰性”，此原因是多方面因素引起的，但关键是健身活动本身的吸引力不够，激发不了女性的健身激情，也就是健身的重要性在部分女性看来也就那么回事，无所谓。情绪好就动一下，不好就懒得动。因此职业女性虽然有一定的健身意识，但她们仍对健身认识不足，从而限制了一些职业女性加入到健身的行列中。从职业女性整体看，喜欢体育健身的职业女性占被调查人数的37.8%，无所谓喜欢与不喜欢的占51.7%，不喜欢和反感的占10.5%。虽说文化层次高的职业女性群体喜欢健身的相对于其他文化层次低的女性群体比例高，但不容乐观的是，女性整体对健身还是认识不足的。认识决定态度，决定一个人的价值观，而价值观是支配一个人主动参与健身消费的基础和精神支柱，是人在一定的环境中的动机、目的、需求、情感的综合体现，它直接影响职业女性参与健身消费的兴趣与追求，继而直接影响职业女性群体的整体素质，不利于她们生活质量的提高。特别是年轻的职业女性，目前这种健身态度与健身认识，将会影响她们的职业生涯。

3. 家庭环境因素

调查结果表明：有将近50%的被调查的职业女性认为，家庭环境是影响女性健身态度形成的首要因素，这从社会心理学的角色和社会认同等理论中可以找到依据。女性行为与角色的形成离不开社会环境的影响，更会受生活环境中重要因素的影响。家庭是社会构成中最基本的细胞，是家庭成员生活方式的主要载体，是由婚姻关系、血缘关系或其他亲属关系所组成的社会的最基本单位。家庭环境是职业女性生活中所处时间最长的环境，家人的行为习惯对职业女性的熏陶会左右女性的思维方式、行为方式和生活方式。特别是作为职业女性因受传统文化的影响，通常肯定要顾及整个家庭成员之间的关系，时间的分配、家庭开支与消费的再分配等，如能较好地处理与协调好家庭方方面面的影响因素，才有精力和财力去思考个人与家庭的生活质量问题。

4. 余暇时间因素

随着生活水平与职业女性社会地位的提高，女性参与社会活动不断增多，职业女性摆脱了过去那种不抛头露面的观念，积极参与到全日制的工作中去，这使女性余暇时间减少了不少；与此同时，由于受传统文化的影响，以职业女性为主承担家务劳动与子女教育的格局没有太大的改变，因而从事健身的时间和精力相对缺乏。我们的调研表明：被调查的职业女性有28%的人认为影响她们参与健身的主要因素是“休闲时间不足”，其排在所列因素之首位。然而，在目前我国的双休日和节假日相对而言应该使职业女性的余暇时间多了很多，为什么调研中休闲时间不足还会排在首位呢？进一步的调查反映出，职业女性的闲暇活动排在第一位的居然是家务劳动，其次是辅导子女学习，两者占了被调查女性的43.6%，将近一半的人数。这表明职业女性在承担社会工作的同时，还要承担繁重的家务劳动，再去健身，已筋疲力尽了。特别是当家中有子女上学需要辅导而又离不开女性时，想要腾出时间去健身难度就大了。

5. 经济条件因素

缺乏经济收入是职业女性从事健身活动的又一障碍。调查表明，影响职业女性参与健身排在第二位的主要因素是“经济条件”，占了被调查女性的27.2%。作为职业女性有一定的经济来源，但由于房贷、子女教育、医疗、日常消费的增高，特别是在目前竞争激烈的社会中，职业女性由于上有老，下有小，无论精力与财力都无法过多考虑健康投资。加之目前我国大众健身的公共设施的投入不太理想的情况下，城市女性对传统的健身方式不感兴趣，希望有更多的机会为了自己的美丽去体验有个性的健身方式，没有一定的经济条件是无法实现的，因而制约了职业女性的健身参与。

6. 健身硬件设施

虽说随着全民健身运动的开展，公共健身设施得到了一些改善，但真正用于女性健身的场地设施还很不够，当她们想从事某项健身运动而周围无场地设施，到健身房去又需要花费太多的时间和费用时只好打消去健身的想法。另一方面，室外设施的单调，使职业女性健身形式简单枯燥，没有了健身的兴趣和积极性，这也影响了职业女性的健身参与。

7. 参与健身的组织形式

从职业女性因外界因素对其自身参与健身的影响的整体情况看，认同度最高的还是同事、朋友和家人对自身健身的影响最大，占外界影响因素的第一位。这说明第一，职业女性从事健身运动受同事、朋友的影响。这是因为女性总是和朋友、同事保持更为亲近的关系，喜欢和重视人与人之间交往和友谊，并在这种友谊中参与各种各样的健身运动。也会因为同伴不喜欢，或同伴没参加而不参加或取消健身活动。特别是女性有较大的依赖性，如果是一个人参加有可能中途放弃，但如果有同伴鼓励或相互监督能坚持下去。第二，家人对职业女性的健身影响也是很大的。如夫妻两人的组合，丈夫健身意识强的妻子参与健身的积极性也高。否则，妻子的参与度不高。

8. 舆论媒体的积极干预

外界因素影响职业女性参与健身的认同度排在第二第三位的是全民健身运动的舆论与体育的相关传媒的影响。由此可以看出，社会整体健身氛围和相关传媒对职业女性的健身参与的推动作用不容忽视，因为职业女性的很大一部分对健身的认知是受外界的宣传、报道以及周围同事朋友的实例影响的，对不正确认知的矫正也是通过生活中的事实加以强调的。因此，加大对女性健身的宣传和教育是解决影响女性参与健身活动的内因的重要手段。各级政府部门应通过社会舆论和各种传媒导向进行宣传，强化男女平等观念、使女性打消角色顾虑，积极地参与和享受各种健身活动。

9. 健身载体的改善

职业女性不能充分地参与健身活动的主要原因是健身载体的不完善。我们的调研结果表明，要促进职业女性积极参与健身主要的办法：第一是，“购置安全多样的健身器材，提供舒适的运动场地”。只有这样，才能吸引女性参与健身。同时安全多样的健身器材，可以避免因为健身手段的单一枯燥而影响健身的效果，继而坚持不下去。特别是随着人们生活水平的提高，女性在追求美丽健康的同时还要求舒适，因此舒适的健身环境是不可缺少的。第二是“自娱自乐的健身活动”。也就是说健身项目的多元化与特色化。一方面加强女性特色项目的研发和创新，另一方面大力发展适合男女及家庭共同参与的健身娱乐活动。因为职业女性在当今竞争激烈的社会中，工作的打拼、家庭的重担已使她们压力重重，希望通过自娱自乐的健身形式释放压力，放松情绪，体验生活真正乐趣，看重自我的生命质量，这是促进女性积极参与健身的动力所在。第三是“有专人指导健身”。健身是一门科学，只有科学健身，才能收到好的效果。通过专业技术人员的指导，可以避免运动过程的盲目性，加强针对性，有效健身。

第四节 现代女性自我健康管理现状分析

一、自我健康管理调查

自我健康管理是指自己对自己的身体的健康信息和健康危险因素进行分析、预测和预防的全过程。女性通过随时监控自己的身体状况，调动自己的积极性，有效地利用资源，有目的、主动地，采取行动来达到最大化的健康效果。对女性的身体健康自我管理调查应分为三个维度，即生理的健康、心理的健康、社会适应的完满状态，这是在1948年世界卫生组织的《组织法》中提出来的。其实除了这三个维度的健康观，还有一些专家也陆陆续续提出了一些其他想法，不仅包括三维的——生理的、心理的、社会的，甚至还包括心灵的、文化的、道德的，所以我们对健康的认识，逐渐由单一的到多维的，这是一个认识过程。本节介于调查的困难，对城市职业女性健康状况的调研的指标结构仅分为两个维度：一是内容方面，从生理健康和心理健康两个层面进行的；二是测量方面，分为被调查女性对自身健康状况的主观评价和对职业女性影响身心健康状况的客观行为方式两种。

（一）对身体健康的调查

1. 整体感觉

调查结果表明，城市职业女性对自身的身体健康状况进行评价时，有24%的职业女性认为自己的身体健康状况很好；42.6%的职业女性认为自身的健康状况较好；28.3%的职业女性认为自身的健康状况一般；5.1%的职业女性认为自己的健康状况较差和差。从年龄层次看，20～30年龄段的职业女性的自我健康感觉比其他年龄段的女性好；从文化层次看职业女性的身体健康的自我评价，相对而言，在中专和大专文化程度的职业女性的身体健康状况稍差一些，从整体被调查的城市职业女性的自我健康感觉看，大多数的职业女性对自己的健康状态是满意的。在对准职业女性身体健康状态整体感觉的调查了解到：有将近70%的女大学生对自己健康状况是满意的，但还是有5%的学生感觉自己的健身状况差，这应引起重视。作为国家未来的建设者，没有健康的体魄，将无法开展工作，无法施展才能。

2. 睡眠质量

睡眠质量是衡量身体健康状况的重要指标。被调查的职业女性有17.3%的人认为自己的睡眠质量好；38.2%的女性认为自己的睡眠质量较好；39.4%的职业女性认为自己的睡眠质量仅一般；有5.1%的女性认为自己的睡眠质量较差和差。从职业女性睡眠质量的整体情况看，各年龄组均有40%的女性睡眠质量不理想，受睡眠问题的干扰。

3. 就餐按时

调查结果表明：31%的被调查女性能按时用餐，51.6%的被调查女性“大部分时间能够”按时用餐，17.4%的被调查女性“基本上不能”按时用餐；本次调查特从个人收入上去考察收入水平能否对按时就餐存在影响，结果表明不同的收入水平其比例不同：在基本不能按时就餐的被调查女性中，收入在4001～4500元的职业女性“基本上不能”按时就餐的比例最高达到24%，其次是收入在2001～3000元的女性达到22%，排在第三的是收入在1000元以下的女性达到20%。而根据不同年龄段来考察按时就餐情况，“基本不能按时”就餐的比例最高的是41～50岁年龄段的人群达到19.2%，其次是20～30岁年龄段的职业女性达到18%，排在第三位的是31～40岁年龄段的职业女性达到16.2%。

4. 体检认同

在这次调查中反映出，被调查的职业女性中有9.9%的人能每半年体检一次，有52%的职业女性能坚持每年体检一次，但也有13.9%的职业女性要三年以上才做一次体检；在不同年龄段的职业女性中，三年以上体检一次的比例最高的是20～30岁年龄阶段的人占15.6%，是最不重视体检的人群，其次是51～60岁年龄段的职业女性占13.8%。除了受年龄因素的影响外，对体检的重视度还受收入的影响，跟个人受教育的程度有关但没有规律可寻；在调研中发现，文化层次最高的职业女性群体对体检的不重视度最高，三年以上才有一次体检的占了18.2%，排在第二位的是初中及以下文化层次的职业女性占了16.3%；而跟个人的收入水平也有很大的相关性，但结果却不是我们通常认为的情况，收入水平高的职业女性应该相对收入低的女性更重视健康体检，然而调查结果表明，收入水平高的三年以上体检的女性比例分别是4501～5000元月收入的职业女性要三年以上才体检的占了33.3%，其次是月收入是5000元以上的占了20%，第三位的是月收入在4001～4500元，占17.2%，这样的结果一方面，可能跟收入高的人群被调查人数少有关，另一方面，与收入高、工作压力大，从而忽视了体检有关。

从准职业女性对体检的重视程度调查的统计情况看，其现状不容乐观。相对职业女性而言，女大学生较忽视身体体检，三年一次或以上的人占被调查人数的24.6%。虽说女大学生的身体健康状况相对好一些，但一年一次体检或两年一次体检是非常必要的，这样能更好地指导和监控大学生的体质健康状况，养成良好的健康生活习惯，保持健康的身体状态。

5. 心理健康的自我评价

追求成功是所有现代女性的目标，然而现实生活中女性成功的范例却远远少于男性。心理学家发现，问题取决于个人心态。专家对成功女性的分析证明，成功最重要的因素取决于心理素质，取决于拥有一个健康的心理。调查结果表明：大多数的职业女性自我评价心理健康状况较好，占被调查的职业女性的76.6%，仅有2.5%的职业女性认为自己的心理健康状况较差。在对年龄、职业、文化层次、收入与心理健康的自我评价中，发现它们对女性的心理健康的影响不明显，相关性不大。女大学生对心理健康状况的自我评价整体来说是比较好的，但仍有3.1%的大学生认为自己的心理健康状态不佳，认为心理健康状态一般的女大学生也占了被调查人数的20%，这是一个不小的比例，加强和改善女大学生的心理健康状态刻不容缓。

6. 焦虑情况及原因

在本调研中，我们使用“焦虑感”测量城市职业女性的心理健康状况。结果表明，70.6%的被调查女性认为自己“偶尔会有焦虑感”，12.6%的被调查女性表示“经常有焦虑感”，几乎没有焦虑感的女性比例仅占15.9%。从不同的年龄阶段看，“经常焦虑的”与“焦虑”的比例最高的人群是41～50岁年龄段的职业女性占13.1%，其次是20～30岁年龄段的女性占12.2%，排在第三位的是31～40岁年龄段的职业女性占11.6%。从受教育程度看，“经常焦虑”和“焦虑”的人群是初中及以下的职业女性的比例最高，占被调查者的17.8%，其次是大学专科层次的职业女性占12.8%，排在第三位的是本科及以上层次的职业女性占10.9%。职业女性对工作和生活的焦虑现状，不利于女性事业的发展，据北京妇幼保健医院前几年的一项调查研究显示，在100例子宫肌瘤的女性朋友中，近一两年心情不好压力过大的人占了80%左右。许多女性在家庭生活以及工作中已经承受了太多的压力，还要承担来自病态文化带来的心理重负，若不学会改变认知和自我调整，就会引起血流不畅，内分泌紊乱，久而久之就会淤积成瘤，内分泌紊乱导致面色无华，皱纹和斑出现，会使你的心情更糟，百病丛生。为此，缓解焦虑，专家们倡导职业女性加强保健，就是希望所有女性走出审美误区，砸开精神枷锁，早日从病态文化和自我禁锢中突围，做一个身心健康的完美女人。

对准职业女性在学习与生活中的焦虑情况的调查表明：有焦虑感的比例比职业女性要大，占了被调查人数的92%，几乎没有或没有的人仅占8%。这么大比例的女大学生焦虑现象，一方面与女大学生的社会就业形势严峻有关，另一方面受个人家庭经济条件、学习压力、个人情感等方面的影响。由此，针对女大学生的焦虑状况，作为高校应高度关注和加强对女大学生焦虑现象的疏导与缓解工作，使她们用健康的心态去面对学习与生活的困惑。

职业女性之所以焦虑的主要原因有：“人际关系”占29.3%、“工作压力”占22.1%、“子女教育”占12.7%、“婚姻恋爱”占11.7%、“收入不稳”占10.1%等。“人际关系”在不同年龄段都是引起职业女性焦虑排第一位的主要原因，说明当今社会职业女性在复杂的生活与工作环境中，受人为因素的影响较大，已上升到可以干扰女性工作与生活并必须引起较大关注的问题。针对不同文化层次的职业女性来说，本科及以上职业女性群体焦虑的主要原因是“工作压力”排在第一位，而初中及以下职业女性群体的“子女教育”是引起她们焦虑的第二位的原因，这跟她们本身文化程度低，自己很难辅导子女的学习有关。

准职业女性焦虑的原因调查表明，有40%的人是因为“学习压力”而产生焦虑的，排在了第一位；其次是如何处理好“人际关系”28.5%，也成了女大学生焦虑的主要原因；再次是个人情感“恋爱”问题9.1%。从女大学生整体看，她们的主要任务是学习，因此，困扰她们最多的肯定是学习方面的事情。因为学习成绩的好坏、能力的大小会直接影响大学生一生的前途，人生的幸福，越是在意，越容易引起紧张，也就越焦虑。

7. 最关注的事情

在对城市职业女性目前最关注的事情的调查中反映出，从整体看，有26.5%的女性认为是“健康、美丽”，排在第一位，其次依次是“就业保障”占21.6%、“事业发展”占18%、“工资待遇”占17.6%、“子女就业”占8.6%、“居住环境”占4.9%等。但不同的年龄段所关心的事情有所不同，20～30岁年龄段的职业女性最关心的事情排在第一位的是“工资待遇”，随着年龄的增大，职业女性普遍把“健康、美丽”列在第一位。而从不同的文化层次看，低学历的职业女性最关心的还是“就业保障”和“事业发展”，这跟她们所受教育的程度有一定的关系，因为随着社会的飞速发展，她们再就业的能力和机会相对高学历的职业女性而言肯定是要少一些，因此，她们把“就业保障”和“事业发展”摆在第一位是可以理解的，也确实是她们面临的最大问题。在我们访谈设置的问题——“在最近5年你最希望你的生活有哪些变化?”的调研中，“健康、美丽”是职业女性最为关注的问题，其次是生活条件的改善等变化。

作为准职业女性目前最关心的事情是“能力的提高”，占被调查人数的33.6%，第二是“学业”，第三是“就业”，这三件事情在某种程度上说是有很大关联的，能力强，将来有好的发展；学业好，利于自己的发展；学业好与能力强，最终是为能谋到一个好的职位，有好的就业前景。与职业女性相比，女大学生可能因为年轻，因此，“健康”问题被她们列为第四位的事情，不像职业女性列为首要问题。

（二）影响女性自身健康的因素

在对职业女性的健康影响因素的调查中，有些要素与引起职业女性焦虑的原因是一致的，但还是有一些区别。调查表明：在人们的温饱问题都已解决，城市职业女性的营养不足不是影响职业女性健康的前提下，“工作压力”是当今影响职业女性健康的主要因素，占了被调查女性的41.7%，排在第一位。这正反映了中国的职业女性当前的状态，职业女性在不同环境所要扮演多个角色的处境，在家庭扮演贤妻良母，在职场又要全力以赴才能搞好工作，然而现实的残酷，竞争的激烈，带给女性的是无穷的压力，继而影响职业女性的健康。排在第二位的主要因素也与职业女性的角色有很大关联，因为受能力、精力等多方面原因的影响，职业女性的理想得不到实现而产生忧虑，继而影响职业女性的健康，占了被调查女性的26.1%。第三位的主要因素是“收入太低”占10.3%，需要消费的情况又多，如子女教育、购房购车等，迫使女性为了适应现实生活而倍感焦虑，从而影响健康。在调研中发现：对影响职业女性健康的主要因素而言，无论是哪个年龄段，哪种文化程度，或哪个职业群体，都没有什么区别，“工作压力”“理想等得不到实现”和“收入太低”都是排在前三位的影响职业女性健康的主要因素。

在对影响准职业女性健康的主要因素的调查中了解到："理想得不到实现""学习压力大""生活平淡"是排在前三位影响女大学生健康的三个主要因素。从目前的社会环境和发展看，大众化的高等教育形式，使目前大学生群体不再以"社会精英"自居，机遇与挑战并存，成功的人毕竟是少数。为此，当年满怀的豪情被残酷的现实打破时，随着忧虑、困惑、不得志等不良情绪的出现，肯定影响人们的健康，这是女性必须直面的现实问题。

（三）健康应对方式

在考察城市职业女性关注健康与应对健康问题时，主要从职业女性主体认知上进行的，因此，本研究的调查仅从职业女性获取健康信息的渠道、缓解焦虑、增进和维护健康的方式，以及职业女性最为关注的事情和认为最为休闲的方式等方面，去了解和分析女性应对健康问题的情况。

1. 缓解焦虑的主要办法

调查结果表明：城市职业女性缓解焦虑的主要方式依次是"逛街购物"占30.0％、"听音乐"占22.4％、"倾诉"占19.7％、"闷在心里"占12.8％、"睡觉"占2.9％、"吃东西"占2.9％等，而我们常认为的"心理咨询"却排在最后，不被职业女性看好为缓解焦虑的主要方式，很少有女性利用它来缓解焦虑。而对于不同年龄段的职业女性选择缓解焦虑的方式有一点儿区别，20～30岁的女性群体"听音乐"是她们缓解焦虑的主要方式，而51～60岁女性群体却认为"倾诉"和"逛街"是缓解焦虑的主要方式。针对不同文化层次的职业女性群体，她们缓解焦虑方法的选择也有所不同，虽说"逛街购物"是全体职业女性共同选择第一种的缓解焦虑的主要方法，但其他却是不同的，文化层次低的职业女性选择"倾诉"作为第二种缓解焦虑的方法，而其他文化层次稍高的人却选择"听音乐"作为第二种缓解焦虑的方法。社会发展到今天，还是有较多的职业女性选择"闷在心里"而不去选择做"心理咨询"，这跟我国的文化传统与生活习惯是有很大关联的，女性的含蓄、内敛、内向的性格导致职业女性不敢用开放的方式释放压力和缓解焦虑。

与职业女性不同的是准职业女性——女大学生缓解焦虑的主要方式是"倾诉"，占被调查人数的38.5％，排第一位；排在第二位的是"听音乐"占33.5％；第三位的是"逛街购物"占18％，选择"闷在心里"的占了10％。之所以有这种结果，跟女大学生生活的环境有很大关系。集体的生活方式有利于大学生在有焦虑情绪的情况下，找玩得好的同学、尊敬的老师倾诉，疏导以缓解焦虑，释放不良情绪。但在目前开放的社会，还有15.2％的大学生选择闷在心里，这跟我国的传统文化影响女性的行为方式有很大关联，含蓄、内敛的典型传统女性性格，左右着女性不敢释放和发泄压力，这样不利于女性身体的健康发展。

2. 获得健康信息的主要途径

研究表明：大众传媒和人的思想意识是影响女性行为的主要因素。因此，职业女性关注的电视节目、报纸杂志、网络内容会对职业女性产生潜移默化的影响，从而促使她们产生认同心理。从我们调查的城市职业女性获得健康信息的渠道看，电视、报纸杂志、互联网、广播等媒体的影响就占了被调查女性的61%，并且排在第一位的还是电视占35%。对于诊断是否健康，权威应该是看医生，而相当多的职业女性却选择了媒体，看医生的人仅占32.2%。这种现象无论是哪个年龄段的职业女性还是哪种文化层次和哪种职业的女性在获得健康信息的渠道上基本上没什么区别，“看医生”仍排在第二位，媒体还是职业女性获得健康信息的主渠道。为此，关注和加强媒体对职业女性正确的健康观念的引导十分重要。

3. 维护和增进健康的主要方法

健康的生活方式能够维护和增进女性的自身健康。影响健康的因素有成千上万种，但归纳起来主要有如下四类：行为和生活方式因素、环境因素、生物学因素、健康服务因素。要想获得健康，不能仅仅依赖医生、药物，还可以通过坚持健康的生活方式，维护和增进自身健康，提高生活质量。研究结果表明：被调查的城市职业女性维护和增进健康的主要方式依次是“参加健身活动”，排在第一位占44.0%、“保证睡眠”占36.5%、“有规律的生活”占34.0%、“注意饮食”占28.8%、“补充营养”占12.6%。在不同的年龄段维护和增进健康的主要方式稍有区别，如20～30岁与51～60岁的职业女性认为“有规律的生活”比“保证睡眠”更重要，而31～50岁的职业女性认为“保证睡眠”比“有规律生活”重要一些。同样本科及以上学历的职业女性群体认为“有规律的生活”比“保证睡眠”更重要，细微的不同，并不影响职业女性对维护和增进健康的正确方式的选择。整体来说，大部分城市职业女性在维护和增进健康的方式认知上是正确的，但也有5.6%的职业女性对自己的健康状态不重视，可能是因为时间和工作压力等原因而无暇顾及自己的健康，这是非常危险的，应引起重视。

与职业女性维护健康方式不同的是准职业女性维护健康的方式，首选“注意饮食”，其次是“保证睡眠”，第三是“有规律的生活”，第四位才是“参加健身活动”。虽说这些都是维护和增进健康的有益方式，但对参与健身来维护女性的健康问题，准职业女性群体没有城市职业女性群体认识深刻，也许因为她们年轻，身体状况相对较好一些。因此，在运动健身的选择上也就不太重视。

4. 时尚休闲的主要形式

休闲被视为工作和其他义务之外的自由决定行为，它通过选择有意义的具体活动所提供的益处积极影响身体、心理和精神健康，影响生活安乐。休闲作为一种生活方式，能使人们的生活同自然达到一种和谐，从而克服由于人的生活方式的改变而引起的人与自然的冲突。正因为认识到了休闲的积极作用，职业女性在选择休闲方式时对趣味性、愉悦性的休闲是持肯定态度的。调查结果表明：城市职业女性认为最时尚、最乐意参与的休闲活动是插花，排在第一位，其次是旅游，再次是茶道。运动型休闲对身体健康的益处已得到大众的认同，因此健身、摄影、逛街、体验农家劳动，也成了职业女性休闲的主要方式。从整体看职业女性对休闲方式的选择更偏重于愉悦性和趣味性，希望通过它来应对和减少工作和生活对于自己精神和身体的负面影响。

准职业女性对时尚的休闲方式的选择表现为：重视运动量大的运动方式的选择，如："旅游""健身""摄影"，而职业女性却表现为重视运动量小的比较静的项目，如："插花""茶道"等；女大学生年轻，充满活力，喜欢在动中求美与乐，而职业女性整体来说，相对成熟，在工作之余，为了放松，释放压力，调节情绪，更愿意在静中体验生活的美好并愉悦其中。

二、对健康状况的思考

健康问题之所以成为中国乃至世界普遍存在的社会问题是与现代性的出现分不开的。其中，身体运动的缺乏是"现代性"的后果之一。然而，由于身体运动的缺乏所带来的一系列负面效应，为人类的健康敲响了警钟。如各种"现代文明病"就是最突出的例子。这是因为第一，产业结构的变化导致身体运动的减少。以第二产业甚至第三产业的发展为主的产业结构减少了人的体力劳动，并且日益机械化、自动化的作业程序使人成为机器中固定的"小螺丝"；第二，发达的交通与通信设施以及一系列自动化的工作程序，人们在快速、省时的便利生活与工作中，享受"即时"满足，同时也由于消费社会的到来，高收费的健身活动制约了女性的健身参与；第三，市场经济下的激烈竞争，使人忙于工作，穷于运动。诸多原因，促使女性健康状况面临新的问题。本次调查特从职业女性对"自身身体健康的评价""睡眠质量""体检""心理健康评价""影响健康的主要因素"等方面，对城市职业女性的健康状况作一了解。

（一）职业女性健康状态需更多关注

在我们的调查与访谈中了解到：职业女性群体的健康状况表现在无论是在她们自身还是社会、家庭都是关注不足的，特别是在不同的年龄段、不同的收入水平、不同的职业、不同的文化层次的职业女性如何有针对性的普及女性健康观念与知识，培养健康的生活方式是一个刻不容缓的问题。

1. 被调查的职业女性对自身健康状况的评价与客观指标所反映的情况存在矛盾

如有66.6％的职业女性认为自己的身体健康状况很好或较好，但是，在被调查的职业女性中仅有不到三分之一，即31％的职业女性能够按时用餐；只有一半的女性的睡眠质量好或较好，即55.5％；仅有15.1％的被调查女性能够每周坚持三次健身。这些表明，被调查的职业女性对于自身的健康关注不足，有可能高估自身的健康状况。

2. 被调查的职业女性对进行体检的状况令人担忧

被调查的职业女性中仅有9.9％的人能每半年体检一次，有52％的职业女性能坚持每一年体检一次，但也有13.9％的职业女性要三年以上才做一次体检。特别是20～30岁年龄段的人有15.6％，是最不重视体检的人群；文化层次最高的职业女性群体对体检的不重视度最高，三年以上才有一次体检的占了18.2％，同时也跟个人的收入水平也有很大的相关性，但结果却不是我们通常认为的情况，收入水平高的职业女性应该相对收入低的女性更重视健康体检，然而，调查结果表明，收入水平高的三年以上体检的女性分别是：4501～5000元月收入的职业女性要三年以上才体检的占了33.3%；其次是收入是5000元以上的占了20%；第三位的是收入在4001～4500元，占17.2%。这样的结果一方面可能跟收入高的人群被调查人数少有关，另一方面与收入高、工作压力大，从而忽视了体检有关。

3. 城市职业女性普遍存在焦虑感

被调查者在进行心理健康状态的自我评价时，有76.6%的职业女性认为自己的心理健康状况较好，仅有2.5%的职业女性认为自己的心理健康状况较差，但在对其是否有焦虑感的调查中却有70.6%的被调查女性认为自己“偶尔会有焦虑感”，9.6%的被调查女性表示“经常有焦虑感”，几乎没有焦虑感的比例仅占15.9%。这种情况表明：一方面城市职业女性群体感受到自身承受着巨大的心理压力；另一方面什么算作心理健康，如何才能心理健康，这对她们来说是一个新的话题。

4. 职业女性对于工作、生活和情感问题以及子女教育带来的种种压力，应对方法和排遣方式与渠道非常有限

在本调查中，“逛街”成了职业女性排遣压力的主要方法，排在第一位，而“倾诉”“听音乐”分别排在第二、第三位，这在某种程度上也反映了现今社会人与人的交流越来越少，职业女性缓解焦虑只能首选“逛街”，同时也反映出相应的社会服务支持系统的不足，职业女性难以获得有效便利的心理咨询等服务。

（二）对健康的认知影响了女性的生活质量

调查结果表明：健康的身体与心理是现代职业女性所追求的，女性对自身的健康是非常关注的。然而因为多种因素的干扰，左右了女性对健康的认知，同时也左右了女性的生活方式，影响了女性的生活质量。

从引起职业女性焦虑的原因和影响职业女性健康的因素看，都离不开“工作压力”“人际关系”“子女教育”“收入情况”等，而“人际关系”和“工作压力”分别为引起职业女性焦虑和影响职业女性健康的首要因素。但从职业女性缓解焦虑和压力、维护自身健康的方式看却没有较强的针对性，这表现在一是了解健康信息的渠道有些盲目性，大多数职业女性的主要是受电视、报纸杂志、互联网、广播等媒体的影响占61%，并且排在第一位的还是电视占35%，有些盲从，因为每个个体有不同的健康状况，对于诊断是否健康，权威应该是看医生，根据医院的相关指标测定进行分析确定是否是健康状况，而相当多的职业女性却选择了媒体，看医生的人仅占32.2%；二是虽然在调查中职业女性认为维护和增进健康的主要是“参加健身活动”占44.0%、“保证睡眠”占36.5%、“有规律地生活”占34.0%、“注意饮食”占28.8%、“补充营养”占12.6%）。整体来说，认知上是正确的，但也有5.6%的职业女性对自己的健康状态不重视，也许是因为时间和工作压力等原因而无暇顾及自己的健康。更有甚者，还有相当多的职业女性自己有正确的健康认知，然而在行动上却是反其道而行之，她们中有45.3%的人健身没规律，甚至不参加健身活动，即便是参与健身，其目的不一定是为了健康，更多的还是为了美丽和减肥；三是从职业女性缓解焦虑和时尚休闲方式的选择上，缓解焦虑的主要方式依次是“逛街购物”占30.0%、“听音乐”占22.4%、“倾诉”占19.7%、“闷在心里”占12.8%、“睡觉”占2.9%、“吃东西”占2.9%等；最时尚的休闲方式和最乐意参与的休闲活动是“插花”，排在第一位，其次是“旅游”，再次是“茶道”。可以看出，身体的健康对现代的职业女性而言，不是第一位的，她们集中选择的是自身的体验，为了更美丽或更舒适，而对更有利于健康的运动性休闲与健康的生活方式却体验不多，认识不够。这些可能受制于流行文化的影响，受制于媒体的宣传鼓动，更多受制于职业女性自身对健康的认知。

（三）多种因素制约了城市职业女性的健康美

1. 缺乏正确的健康认知

调查从对合理的饮食、睡眠习惯的了解、体检的重视程度、焦虑缓解方式的采用、休闲方式的选择、各项身体消费的比较、考察城市职业女性的女性健康认知与行为方式，结果表明，职业女性虽然关注自身的健康，但当遇到多种不健康因素的干扰时，缺乏正确的健康认知，从而选择不健康的生活与行为方式，影响了女性的健康。

2. 较少采取积极行动

调查通过对城市职业女性关于缓解焦虑方式的选择、女性身体美的塑造、最关注的事情等健康促进行为的认知与行动进行了调研，数据表明，相对于对健康的重视态度，城市女性在行为上相当滞后。

3. 健康产品和服务不能充分满足职业女性健康美的需求

调查结果表明，城市职业女性是整形美容的主要消费人群，但有72%的职业女性对整形美容消费存有疑虑和担忧，仅有15.2%的人表示没感觉，这跟还有部分人没有整形美容经历有关。由此可以说明，大众对整形美容的安全问题是非常关注的。一方面，整形美容的不安全消费，不仅不能美化女性外形，而且还会危害女性的健康和生命；另一方面，在许多看似高科技的整形美容的消费中，经常出现女性因为整形美容而毁坏身体和面容的例子，这也说明职业女性在追求身体美的过程中，能达到使女性身体美又健康的服务与产品还有待开发。

第五章　美学角度下女性参与健身行为的缺失

第一节　当下女性参与体育健身的现状

现代消费社会是一个痴迷青春，诉诸肉体、外表与形象的社会。特别是各种充斥着大量女性形象的媒体活动，使现代人不可抗拒地被置放于充满视觉幻象的环境之中，不得不听取有关形象、外表的各种劝导，女性的身体开始占据了社会生活的中心位置，被认为是快乐和表现自我必需的载体。于是，女性不择手段地追求"理想"的身材和容貌。在此过程中，科学、理性的健身方法和手段作为女性健康的身体美的塑造载体，它扮演什么样的角色呢？通过对职业女性身体美的塑造方法与健身体育的参与情况，以职业女性为实证，对她们进行了实地问卷调查和深度访谈，特别是针对"身体是否可以再造？对身体再造的看法（从节食、使用瘦身器材到动手术）？""当今有不少职业女性为能达到理想的苗条状态，不择手段，甚至以牺牲自己的健康为代价，针对这种状态，你怎么看？""现实生活中女性更多的青睐于美容院里舒适被动的美体塑身按摩，对健身项目的参与不太有兴趣，这样是否可以说被动的美体塑身将取代主动的健身运动？""您对通过健身塑造女性身体美与通过其他手段快速达到某些身体指标，两者如何看？""科学的健身同样可以塑造女性身体美，为什么有些女性却愿意选择有损健康的药物、手术等去打造呢？"等问题同职业女性、职业男性、退休职业女性、健身美体工作人员等不同群体代表进行一对一的访谈，访谈的结果从几个方面反映出健身体育在女性身体美塑造中的现实情况，同时更深层次地反映出城市职业女性身体审美的价值取向始终未能走出男性审美对象的范畴，她们的审美更多地停留在身体的表面上，表现为审美自尊不足，缺乏身体管理意识，忽视健康的审美内涵。

一、职业女性的健身参与情况不理想

在对职业女性参与健身的频次、健身时间的投入与拥有休闲时间的多少、健身时段选择等方面进行调查表明，职业女性参与健身的频次是不高的，每周参与健身3次或以上的女性仅占被调查女性群体的15.1%，每月1～3次或没有规律的人占被调查女性的59.6%，将近六成。在我们的访谈中还了解到，很大一部分女性有较多的余暇时间，但从不参加健身活动，她们基本上是在麻将桌上耗尽她们的余暇时间，从年龄层次上看，20～30岁的职业女性没有规律健身或不健身的占了此年龄段的

51.2%，是健身状况最不好的群体。虽说受传统文化的影响，职业女性的多重身份限制了她们的健身参与，如教育子女、承担家务、工作之余的“充电”等，使许多已婚职业女性认为自己首先应以家庭为主，因此即便是健身也要兼顾家庭其他成员，选择家人都能参与的活动方式，自己的健身兴趣被忽略。其次是女性参与健身经常被打扰（主要是为满足孩子与老人的需要），导致健身参与的间断，这种健身的间断让她们产生匆忙感和受时间限制，从而降低了健身效果与质量，也阻碍健身兴趣的持久性。当然，女性健身参与的价值取向也是一个很重要的原因。如在人们的观念中存在根深蒂固的认识，那就是剧烈的体育运动对于女性的健康是有害的；社会道德观念对于肌肉发达的女性形象的抵制也影响了女性对健身体育的参与。从目前我们调研的情况看来这些导致女性对健身体育的参与程度低的社会和文化原因仍然广泛存在。另外女性特有的性格特征也是影响其参与健身的主要因素之一。女性有害羞、敏感的特性、特别关注自己的形象可导致其对健身运动缺乏兴趣，如对健身项目的技术不熟练、担心做动作不协调等，及周边人群的意见和健身氛围，都会不同程度地影响女性的参与情况。

二、针对身体美塑造的专门健身项目和器材严重缺失

调查表明，职业女性从事健身运动，主要以健美形体和减肥为目的。目前，大众文化与传媒控制下的各种类型的“身体时尚”引导着女性，苗条的身体是资本和权利的象征，女性的身体美更多地与个人幸福、社会成功和社会认可度等有密切联系。然而，现实生活中的健身运动效果却不是那么理想。一方面，在职业女性中能够经常参与又便利的项目少之又少，调研情况表明：职业女性选择的项目有将近八成是集中在散步、打乒乓球及羽毛球和跑步项目上，其中散步占被调查女性的35.6%、打乒乓球及羽毛球占25.3%、跑步占17.0%，说明职业女性参与健身的项目还是较单调的，虽说这些项目都容易开展，但在趣味性上可能枯燥一些。特别是相对20～30岁年龄段的年轻女性来说，她们选择这些项目主要是为了追求苗条而减肥，因此，当在短时间内难达到自己的效果的话，很容易放弃健身运动；另一方面，针对不同年龄群体的生理、心理与特殊体形的职业女性的健身、塑身塑体来看，科学打造理想形体的专门设施非常缺少，即便是有一些改善女性形体的设备，也必须到专门的健身俱乐部才有，这样不利于女性经常性的参与塑身塑体，而通过健身运动来塑造美的形体是一个长期的过程，稍有间断，就会前功尽弃，而且易反弹。这些现象在许多参加过健身锻炼的女性身上常有发生，在不同程度上打击了女性坚持健身、塑身、塑体的积极性，从而使越来越多的女性远离了健身运动。同时调查也发现，女性参与健身体育的环境总体并不理想，有一些经济条件好的女性希望到一些环境优美、通风设施与设备齐全、有专业指导且价格合理、服务周到、气氛活跃的消费环境中去健身，但往往很难实现。究其原因是这些健身场所的经营者的经营理念与现实相差太远，他们为了尽快收回成本、规避经营风险，通常采用高档次、高规格、高消费的商业运营模式，因而健身消费的水平不切大多数职业女性群体的

实际，使得很多消费能力一般的职业女性望而却步。同时，美容美体项目的开发也使经营性的健身产业受到冲击，在我们的调研中发现，部分高收入的职业女性健身消费低的原因是她们选择了同样可以给她们带来美体效果的被动推拿按摩项目，以此代替健身的参与。

三、社区与单位缺少必要的组织，健身氛围不佳

虽说女性对自己身体美倍加关注，并积极创造条件以弥补先天不足，以适应时代审美的需求，以符合某种社会需求，为此，在“运动是生命之源”诸如此类的观念的影响下，借助这些观念和意识形态，促使人们不断地反思自己的生活是否做到足够的积极向上。于是，选择健身减肥方式好像“更得人心”。然而，由于她们的体育健身知识的贫乏，社区和单位对女性参加健身活动缺乏必要的组织，虽然热爱健身锻炼，但她们缺乏健身锻炼的基本知识及锻炼的方法和手段，健身活动主要是凭感觉处于被动状态。这在一定程度上限制了女性进行健身锻炼的积极性和效果，从而打击了女性参加健身活动的积极性。特别是在我们的访谈中了解到：在职业女性生活的社区和单位很少组织她们参与健身的活动，一是社区没有相关的经费，即便是一年少有的一两次，也是靠私人赞助或是单位工会活动。因此，在她们生活和工作的单位，健身的氛围不浓，有假期也是几个人或家庭一起打打牌，去农家乐消遣一下，健身、塑身、塑体在被调查的女性生活圈中似乎可有可无。这从我们对长株潭参与健身的城市职业女性的调查情况看，与家人一起活动排在第一位，占了被调查女性的38.6%，排在第二位的是“个人独自锻炼”，占被调查女性的34.16%。职业女性生活工作区域的健身氛围差，健身作为改善女性健康与形体的手段没有得到一致认同，因为如果认可健身活动的话，女性是喜欢与同伴一起参与的，这是女人的天性，但现实反映的是对健身的认同程度不一。当然，社会期待的不公也压抑了女性健身的激情，是影响女性健身参与的另一因素，这是因为随着女性活动空间的逐渐增大，绝大多数女性清楚地认识到自己有权利享受自己喜爱的健身活动，但女性在成长过程中，因受传统文化的影响，都曾经被要求按照社会对女性的期待模式去生活，文静、含蓄、柔美的女性对充满活力、激情、奔放的健身项目的参与是不太协调的表现，至此，阻碍了女性的健身参与。

第二节　女性参与体育健身行为不理想的原因

无论是古代还是现代，男性形象与美貌无关，而两性对于女性美的渴望，在不断创造出美女的同时，还使两性为此付出不同的代价。现代社会的女性，一方面，刚从性压抑和生育的苦恼中解放出来；另一方面，女性的身体更屈从于具有强制性的美的诉求之下，在塑造了一批批永不会过时的追求身体“美”的文化之中，如名目繁多的减肥药、充满风险的各种整容术以及以减肥为主的各种魔鬼式塑身塑体俱乐部，令其无所适从。为什么健康、理性的女性身体美文化和状态在现实生活中却

被女性边缘化呢？反思女性生活现状，健身缺失肯定有其存在的缘由。

一、人本理念缺失，人文体育疏离

人本理念是以人为本位的理性认识和思维观念，它是关于人的存在地位、人的目的性、人的价值等问题的观念集合，揭示谁为本位、何为本位的问题，它的核心内容就是对人的主体地位的肯定。对于人的身体与人的发展问题，在人类历史早期，人们就已意识到自身的存在与身体息息相关，主宰人类生存的是身体。然而，在社会发展过程中，追求理性的思想家们和神学家们认为，感性的身体是卑贱与丑陋的，通向真理的唯一道路是理性的心灵。为此，身体在人类的活动中被排斥在真理、道德和审美之外。这种观念一直延续到19世纪，被尼采点破，其实只有身体才真正是人存在的标志。身体比意识更丰富、更清晰，身体才是人类文明的原动力。于是，在他的大声呼吁下，以及德勒兹、福柯等人身体力行地推动下，人类身体的自我意识开始复苏，身体中开始受到更多的关注。在我国，正如梁漱溟所说，“在中国没有个人观念，中国人好像不为自己而存在。……在西洋恰是自己本位，或自我中心”。

这种社会本位的价值观反映的是重视社会，压抑个人，其结果使人在社会大环境中没有尊严可讲、价值可言，个人的命运由社会把握，这在我国古代、近代直到现代的体育发展过程无不清晰地显现出这一脉络。

首先，表现在一方面妇女由于受其生儿育女、操持家务、剧烈体育活动有损妇女身体健康的传统观念，以及男女不同的社会规范的限制，通常自我关在或被关在体育大门外，或只能从事一些“适合女性”的优雅的体育活动，体育运动的参与被当作男人的特权。如果女性参加体育活动被认为是不贞、不洁，甚至是不守妇道；部分女性运动项目开始是被限制的，因为女性总是被认为是最弱的，所以一些与女性身体、心理等因素有关的运动项目像中长跑、举重、摔跤等也拒绝妇女参加，旧中国由于受2000多年封建传统思想的影响，女性参与到体育运动中的时间仍然较西方其他国家落后，即便是在经济发展的今天，虽然女性从各方面得到了解放，女性在工作中和男性有平等的地位，女性参加健身运动也受各种因素的限制。如女性除了工作之外还要承担更繁重的家务劳动和教育子女的责任，休闲健身时间不足，持久规律性的健身很难保证。有研究表明在职业女性中的体育人口数明显少于男性，健身体育在维护女性身体健康与美，发挥其功效方面收效甚微。另一方面，尤其是前些年我国在体育的发展策略上，把体育作为培养社会工具的手段，注重对人的生物学改造。人体作为体育活动改造的对象，体育活动的效果落实在生物性指标的改进上，特别是女性健身运动目前反映出的价值是为增进健康，更多的女性是为减肥、塑造形体，而对健身运动的文化品性和育人功能、与人文科学的融合、其文化内涵充分挖掘以及提高健身运动的文化品性方面存在严重不足，忽视了体育的本质和特点，使人在体育活动中失去了主体性，成为“物化的人”。与此同时，体育的其他特征如科学性与技术性被忽略。表现在女性健身上，忽略了女性主体的存在，女性参与健身的功利性强，过去是方式方法枯燥的健身项目单调乏味，现在是消费经济左右，媒体大势参与下，为达到所谓的理想标准，女性健身体育在很大程度上被女性作为塑身美体的工具和手段。

其次，虽说古希腊体育是以身体为生命之本，把它当成是人的灵魂通往纯净世界的桥梁，但当它传入中国时，正值西方体育由于战争和殖民扩张而被扭曲为政治工具的一个特殊历史时期。因此，它成了军事体育，成了绝对服从和近似机械化的身体操练，无论是目的还是过程，人文性欠缺；20 世纪初，体育在内容的人性化方面有所改观，但带有人文精神的体育在中国并未成为主流。体育又转进了“战时体育”的旋涡之中。随着 20 世纪 80 年代整个国民经济的复苏，我国体育也开始了新一轮的改革与探索，并在器物、制度层面上取得了较大进展，但在实际中仍然存在诸多问题。如：女性大众体育项目少、运动器材稀缺、运动场地不足、场馆设施供不应求、开放率偏低、社会体育指导力度小、体育改革是为了使我国成为体育强国、体育改革是为了提高国力振兴中华、体育就是竞技、体育就是达标、体育就是表演等现象。我们还可以发现女性健身体育始终处于人文失落的困境之中，未能摆脱工具价值的束缚，产生了一系列的迷茫与困惑。因而也就谈不上把个人、家庭、社区体育文化引向深入，开发喜闻乐见、大众易于接受的且有一定功效的健身项目。特别是在媒体介入的今天，女性健壮的运动形象难以寻找到持续的支持与鼓励，她们的运动参与在某种程度上受到了限制，因为有些媒介为了其商业目的推出的女性美形象是“柔弱美”而不是“强健美”。

再次，女性体育意识的异化。“我们的意识形态没有跟上一直进化着的社会发展步伐，特别是体育”。当代传媒误构了大众体育意识形成的社会标准和目标体系，女性体育的主要内容似乎在媒体中无语。传媒关注的是女性体育是否具有欣赏性、娱乐性，参与运动的女性身体是否性感、苗条，脸蛋是否秀美等。这种强化直接影响了女性对自身活动的规范与评价，同时也左右着女性日常生活的价值取向和活动形式。特别是传媒利用先进的技术工具，塑造的符合主流审美标准的“女性形象”，更是对女性的思想观念、行为举止及生活方式等的影响越来越大。在一项针对青少年自我意识的调查中，女中学生评价自己理想体重的因素相对男性而言，集中于“社会审美标准”和“媒体导向”，有过半的女中学生自我理想体重指向比较轻的体重。她们参加体育运动也是期望能获得一个适中或纤瘦的体形。女性的这种纤瘦形象主要受传媒和社会审美标准的影响，正被男权主流文化背景下的社会所异化。其结果将不利于人的全面可持续发展，与人文体育宗旨相疏离。

二、受病态美学误导，女性自我迷失

现代社会，愈来愈多的职业女性将“事业和家庭两不误”的完美角色作为自己的追求目标，因而平添了许多沉重的压力。这种追求不但倾尽全力也难以达成，还使女性心力交瘁，而进一步导致自责内疚，可见女性的身心健康在这一问题上受到了极大伤害。另一方面，在她们看来，女性美的形象首先应有“女人味”，而“女人味”应是娇柔弱小，语言上都是轻声浅语，行动上都是缓移莲步，强调的是一种病态的娇柔的女性生命美学，这种对女性病态美的崇尚和强调，加之受多年的文化礼仪影响，使中国女性的生命美学观，把“柔”美、“病”美列为首选，而通过健身锻炼的“刚”“强”之美则不为女性所欣赏，同时男性赞赏和认可的女性美也是纤细与柔美。为此，有些女性对强健之美是排斥的，当然也就不会参与或很少参与造成强健之美的主要因素——体育及其健身活动。

从另一角度也看出女性追求美的功利思想严重，那就是通过手术等对身体不健康的手段快速达到世俗美的标准而忽视身体的健康。然而，女性这种病弱之美，是以女性生命的健康作代价，又怎能担负孕育强壮健康后代的重任呢？

更为重要的是，由于受这种病态的审美价值观的影响，促使女性在审美文化中主体地位的丧失。英国学者蔼理斯曾说，“两性中谁去打扮，表明谁处下风”。我国女性身体美的历史，印证了蔼理斯之说。尤其是传统的“礼教”——妇德，更使女性身体审美异化，成为女性发展的精神枷锁，至今仍影响着两性关系的和谐与发展。在中国传统的男性主流文化中，男性的审美观实际上主导着整个社会的审美标准，并随男性的主观意志而转移，成为女性上行下效的社会规范，左右女性的价值取向。女性在遵从男性制造的一系列的美的标准的同时，还被男性作为商品进行交换、馈赠和出卖。女性在被塑造、被欣赏的同时，没有了自我。

从男性视角通过对女性身体的赞美，反复向女性灌输身体美的意识，使女性对身体感到深刻的焦虑，深切地感到身体的不合格，而忽略了做人的广泛而深刻的意义，使女性身体逐渐边缘化。男性将女性视为一种被感知的存在的象征客体，身体的“女人味”是其中的重要方面。其结果是女性按照男性所期待的“女人味”、按照别人的目光来构造自身，包括外表、行为方式和展示身体等，这样“由于不断处于男性目光注视之下，她们被迫经常体验被缚其中的真实身体和她们不懈努力试图接近的理想身体之间的差别”。这种审美观的变化，使理想的女性身体越来越脱离现实女性中的平均生理指标乃至最低限度。而这些好像与体育活动很难挂上钩，也不可能得到她们所需要的效果。所以，女性花费许多时间、金钱和精力，疯狂地追捧美容治疗，使得美容外科已发展成为一个庞大的产业。这种对女性身体美的极致追求，实质是把女性存在的意义引向身体，使其走向身体的边缘。女人对于何时、何地、用何种方式、由谁来使用她的身体，很少有发言权。女人不停地在自己身体上进行加工，使她的身体变成了男人或自己的对象。可见，对女性身体的赞美，是男性压迫妇女的表征之一，其结果是把女性引向身体审美的边缘，导致女性身体发展的异化。

三、媒体导向偏失，科学认识缺位

美丽的容貌和性感的身材的确能给人带来美的享受，可是为什么媒体只对女性的审美情有独钟呢？为什么总有那么多的“美女神话”在各种各样的媒体出现？究竟是什么力量驱使大众传媒对女性形象做出角色定型描述？这是因为在当今社会，大众传媒既是一种商业，也是一种社会文化，无论从哪一方面来说，它都不可能脱离性别的传统成见而存在。因此，虽说媒体基本上能够表现出女性多样化的性格、观念和生活模式，也能反映我国妇女参与社会发展的成就和贡献，但是女性形象在媒介中所体现的成见却不少见，如传媒普遍复制着传统的性别角色；强调、强化女性外貌与体形曲线美；特别是在一些广告中有意诱导女性身体美在生活中的“价值”等。于是，女性身体的美作为资本具有了特殊地位，也能决定女性的存在价值。尤其是广告不断地在暗示躯体与上层生活的某种联系，同时也在渲染“维护一个人的美丽就是维护健康、延长生命”。于是化妆品、保健品等对于身体保养的好处，被大众传媒不断地强化。那些不符合主流社会审美标准的女性，不仅觉得自己没有魅力，对于男性没有吸引力，同时也是无能的表现。这样，从女性自身角度来说，为了减轻她们对于不符合文化要求的身体需要承担的个人责任，求美成了女性生活的主旋律。特别是现代社会把女性包装成消费的“形象代表”，女性对自我身体的关注就不再仅仅是出于审美的需要，或者仅仅是唤起其内心深处的某种神圣的情绪，或某种强烈的感观上的快感，或精神修行的一部分。美丽、年轻、健康的躯体成为女性幸福快乐的载体。身为女性，无法不关注自己的形象。这或许是社会给女性的一种压力。这种压力通过大众媒介传播，强有力地渗透了女性的生活，影响着全社会的审美观。一个最典型的例子是广告。南方一家杂志广告告诉人们，“如果你太胖，你将找不到工作”；另一家发行量极大的妇女杂志上有一则广告说，“你需要丰乳，否则，“挺不起胸，怎能抬得起头”。商业广告从来都告诉女性其胸部不够丰满。而丰满的胸部对女性的人生是非常重要的，不仅能带来“甜蜜的爱情”，也能带来“成功的事业”。所以，为了获得自信，女性需要丰乳，甚至需要整形。在商业广告的影响下，一些男人和女人都崇尚“大乳房”，并认为这是自己丈夫（或妻子）的天然要求，也是全社会的要求。于是，对女性而言，在现代产业的帮衬下，毅然地与皱纹、肌肉松弛、脱发等伴随老年化出现的现象进行斗争。即使造物主没有给女性美丽诱人之躯，但在高科技发展的今天，借助外界多因素的帮助，仍能够听见幸福生活的召唤。受这种现象潜移默化的影响，不少女性的价值观念、文化观念发生了很大变化。其实，女性的身体美本来应该存在很多标准，但主流文化通过各种传媒手段，将女性身体美的统一化标准强化给大众，并得到大多数人的认同，特别是绝大多数男人的认同。

总之，大众传媒对女性身体审美的表述、女性角色的定位以及女性的社会地位的承认等方面，仍存在着或隐或显的误区，传媒所表达的女性形象多数被歪曲甚至被亵渎。这种偏离或准偏离的行为状态潜在或显现地对女性的审美标准、价值取向、消费观念、婚姻观、行为标准等产生影响，进而使女性发生了偏离文化传统或社会规范的行为。

四、健身硬件缺乏，健身效果甚微

改革开放以来，随着经济的持续快速发展，人民生活水平的不断提高，人们对健康与体育有了新的认识和需求，很多人把参与健身作为一种生活方式享受体育运动带来的健康与愉悦。然而，由于各方面的原因，相对女性而言，在女性健身与休闲领域却不尽如人意，推广和普及面不理想。整个女性健身运动参与率不高，社会与大众对女性体育运动的支持难以体现，传媒对于女性体育运动的误导与忽视已是公认的事实。在我们的调研中反映出：女性在休闲运动领域的消费明显低于男性，如高尔夫、保龄球、台球等一些较高档次的休闲娱乐场所几乎是男人们的专利，女性健身的目的是塑身、塑体、减肥。因此，她们最多只是在一些健身俱乐部、美体中心等进行一些有助于改善形体的有氧运动。一方面由于职业女性受家庭、社会、单位所承担的多重角色的影响，及时间、精力、经济条件等的限制，参与休闲与健身的机会相对男性要少；另一方面，与女性的性格特点有一定的关系，女性进行活动往往需要和同伴一起，这是女人的天性，而社会和单位对女性参加健身休闲活动缺乏必要的组织，从而影响了女性参加活动的积极性。特别是女性参与健身活动的硬件更是制约其积极性的关键因素，如健身场地、健身器材、新颖适宜的健身方法与手段，尤其是体育场地设施不足集中反映在四个方面：一是存量不足；二是增量跟不上需求；三是配置、使用和经营、管理不合理；四是非公共场馆，尤其是学校、单位场馆的社会开放程度低。尽管这几年城市体育场地建设发展较快，但现阶段我国居民体育活动的主要场所还是庭院、路边、空闲场地等非正规体育场所，仍远远不能满足大众需求，因此女性健身活动开展贫乏也是情理之中的事情。这些主要表现在四个方面：第一，健身活动空间和内容方面，女性受到限制。现在我们经常可以看到的是在室外体育场地，男性运动者占绝大部分，女性寥寥无几。即便有些女性参与健身的积极性高，也是因为很大一部分人不具备媒体中传播的“诱惑的身材”，不得不与人造的自然环境和冰冷的器械相伴。同时当代流行的健身俱乐部也特别针对女性的这种需求而安排了可以达到塑身、减肥目标的塑身项目。而另一部分有健身热情的职业女性也因参与健身不方便或健身内容枯燥而放弃。第二，女性参与健身活动有明确的目的性。当部分女性对照自己的身体，其身材与传媒话语权下的标准身材大相径庭时，希望利用健身运动这个工具，达到消脂减肥的目的。但要像男人一样大汗淋漓的运动，似乎不现实，因为这也不是件容易的事。第三，由于在健身中贫乏健身知识，健身手段不科学，健身缺乏恒心与毅力，很难看到健身的效果。特别是那些为塑身美体的女性，长时间看不到明显效果或短时间内有效果但稍有放松又回到了从前或更糟、更肥，使她们失去坚持锻炼的信心。第四，商品经济下的时尚引导，女性健身物品发展的边缘化。商业化社会的体育物品在制造商的操作下，紧跟潮流与时尚。于是乎接连不断进入大众视线并被电视广告中的女性在家里和办公室都可以使用的健身器械所充斥，而其主要功能是减肥与塑身。这在某种程度上表明，女性健身器材功能的高度集中，同时也可反映出女性健身活动也向以减肥和塑身为目的的边缘漂移，健身活动的其他功能如娱乐、调节心理失衡、缓解压力、融洽人际关系等都被忽略了，很少有女性能从自身的兴趣、爱好来进行运动健身。因此，对于在体育方面的一些观赏性和参与性消费，很多女性认为是男人们的事，好像与自己无关，作为女性就应该在服装、美容塑身塑体、购物等领域进行消费。这种专针对女性美体塑身设计的器材限制了女性参与其他丰富多彩的健身活动，严重阻碍了健身运动在女性中的开展。我们针对职业女性的健身情况展开深度访谈，对象有职业女性、职业男性、专家等，包括“您周边职业女性健身的氛围如何？健身的环境如何？对营造职业女性科学健身有何建议？”“您认为在对待女性身体美的问题上，作为男性应持何态度才有利于社会的和谐发展？国家、政府、社会在弘扬健康文化上应做哪些努力？”“从社会和谐发展的角度，您认为应如何引导和支持女性健身？”等问题，其结果表明，在大众的生活方式发生巨大变化的今天、健康理念深入人心的情况下，为满足女性健身的多元化需求，加强健身硬件建设刻不容缓。

五、健身价值重构，健身消费欠缺

随着城市职业女性人均可支配收入的节节攀升、生活质量的普遍提高，大多数女性的消费水平已经发生了很大的变化，即从传统的家庭生活必需品的消费迈向较高层次的消费，目前付费健身正以“非社交、非公款、非强制、非必须”的消费特点吸引广泛社会阶层的关注。大众文化的转型和健身商业的崛起昭示着中国正步入一个全新的文明时代。特别是自 1995 年实施《全民健身计划纲要》以来，大众的体育健身热潮越来越高，同时也越来越接受“花钱买健康”的观念，同时随着我国的现代化建设进程的加快，职业女性更加重视自身身体素质的提高，重视身体的保健。因此，针对职业女性而言，参与健身不仅是健康的问题，而且是想把自己的身体变革成展示人体美的工具。然而，在现实生活与实践中，健身运动所赋予的真正内涵和功能——增进人体美、唤起心境美、促进群体美（合作、友爱、和谐），并没有完全被女性所理解和利用，健身运动的价值没有充分体现出来。因此，职业女性参与健身的积极性也就不是很理想，这从我们对长株潭城市职业女性参与健身消费情况的考察，就可以明了当前职业女性的健身心态与价值理念。同时也反映了后现代社会，女性价值观的变化。因此，我们只有透过女性身体塑造与健身及消费等具体现象的表象，从道德观、审美观、消费观、价值观等方面深层次地挖掘其成因，以其进一步了解女性参与健身消费的原动力，促进女性健身体育的健康发展。

（一）道德观念的改良

中国妇女的道德观有着漫长的历史演变过程，经过不同的历史阶段和文化背景，构成了不同价值取向和道德标准。远古时期中国古代妇女的道德观是以偏见和束缚为特征的。妇女在一生中必须做到“为女孝，为妻贤，为母良”，同时还要“无才”。女性在男权社会中只要绝对服从男性，以男性为中心，无须知识、才干和自我意识，也不得与外界交往，更不能参与政治。男性主流文化通过苛刻的道德标准和审美要求对女性进行各种思想和行为规范，且这种约束力和控制力具有相当大的威慑力，女性在这种约定俗成的文化中，自觉自愿地遵守和维护。

随着社会发展，在孙中山妇女观影响下的中国女性，希望走出家庭、走向社会，发出了追求独立人格的口号，这是妇女道德观念发展中的进步。特别是随着妇女解放运动的发展，经济地位的提高，过去的所谓节烈贞操等观念彻底崩溃，推动了女性自我意识的觉醒，也带来了女性道德观的根本性变化。女性冲破了传统道德观的束缚，在社会主义建设中发挥“半边天”的作用。然而，毕竟起点较低，女性自主意识不够强，特别是受多种思潮的影响与体制变革中的困惑，道德观呈现出多元化的倾向。

一方面，男权社会下的传统道德观一直在影响着部分女性的世界观。“男强女弱”的性别逻辑仍然左右着女性的价值判断，如为追求媒体所宣传的完美“美女”标准，很多女性对自己的身体进行整形，这种对女性身体的不道德的暴力手段，同先前的女子缠足如出一辙，但在男性欲望被隐藏于对“美”的夸张的宣扬中，女性“局部”的消费却几乎愈演愈烈，如女性的面部、颈部、胸部、腰部、腿部、脚、手、眼睛、鼻子、头发等能够修理的部位，都不惜代价，旧貌换新颜。虽说整容失败的现象常有发生，但仍没能阻止女性加入减肥整容和丰乳纤腰的行列。这种为了“美”铤而走险的事实说明，“男尊女卑”“男强女弱”思想仍在左右女性的价值观和道德观，显然是不利于女性全面健康发展的。

另一方面，随着我国经济的发展和国际交流活动的广泛开展，妇女原有的道德观受外来文化的影响与冲击，从而出现部分现代女性道德观多元化发展的情况。这主要是因为长期的束缚和捆绑使女性更加急于摆脱。同时经济的快速发展，女性有了更多的参与机会、参与内容、参与的途径，其见识和经验在实践中不断得到丰富和积累，有了自己的判断与理解，因而，也就会摒弃过去那些不理性的道德观。因此，传统道德观在她们身上的改良现象就表现得更为明显。如对待婚姻不再受传统道德观的影响，当两人感情破裂时，不再从一而终，不再有“生是男家的人，死是婆家的鬼”的传统保守思想，而是通过积极参与社会实践工作，自尊、自爱、自立、自强，做时代的主人。

（二）社会演进的变化

每个民族都有其文化系统，而每个民族的文化系统都有最能代表其文化精神的核心价值体系。中华民族的价值观成形于先秦以来的传统社会结构中，它以道德价值实现为轴心，并具体展开为“天人合一”（真）、“知行合一”（善）、“情景合一”（美）的价值追求历程，其终极目标是真、善、美统一的理想人生境界。

正是因为有几千年的文明创造了丰富的修身养性的学说，尤其是儒家的教化思想的深远影响以及传统文化中的许多精华，如道德人格理想——修齐治平，社会责任感——先忧后乐，处世之道——心诚意善、持严交慎等，一直激励人们积极进取，并促进社会与经济的和谐发展。然而，随着社会的转型，社会分化的加快，造成了个体本位与社会本位的价值观冲突，尤其是计划经济与市场经济之间的价值观的冲突。计划经济条件下强调政治忽视经济、强调精神忽视物质、强调集体忽视个体等为基本特征的价值观，与市场经济下的竞争、效益、开放、自主等为主要内容的价值观明显有较大的差异，因而冲突也就在所难免。这些表现在人们对体育价值的总体认识上，体现为不同的社会发展阶段，人们的体育价值取向不同。在我国建国初期的体育在人的生物改造和社会政治方面发挥积极的作用，于是乎，工厂、学校、机关等都在做同一套广播操，竞技运动表现为多拿金牌，为国增光；当我国进入现代化进程，学习化社会使体育作为一种健康生活方式伴随人一生发展的理想变成现实，也逐渐改变了人们对体育的原有认识。体育不仅仅作为改造人体机能、增强人类体质的手段，而且作为载体在人与自然、社会、人的身与心和谐发展中起着重要的促进作用。同时也导致了人们的体育价值观从强调科学性、实用性向注重科学与人文相融合、强调价值理性、以目的论为特点的人文体育观方向演进。于是职业女性关注个体健康，注重自身形体美的塑造，追求健康与美丽的和谐统一。不难发现，城市职业女性中越来越多的人选择了走进健身房，成为健身运动的追随者。健身能带来的好处有很多，除了看得见的变化，比如瘦身、塑型，还有健康、自信、美丽和那份闲适的好心情等。

（三）消费观念的转型

随着改革开放的日趋深入，全面建设小康社会的到来，人们的消费需求和消费方式由传统的“量入为出”转变为多元化、个性化、高档化、国际化的消费模式。人们的需求由物质到精神、由商品到服务、由有形到无形，多元化消费更多地体现在消费需求和消费选择上。在大工业时期，女性在消费方面由于她们经济的独立，不再依赖男性而可以享受购物的快乐，有了自由轻松的独立购物空间，但由于经济条件的限制，禁欲主义思想的熏陶，女性理性地选择所需的生活用品，珍惜财富，勤俭节约。到以信息技术为特征的后现代社会，大批的职业女性拥有固定的收入、开放的思想、敏锐的洞察力，她们追求时尚的生活，享受精彩的人生。于是，她们为了在时尚的潮流中体现一个与众不同的自我，“价廉”已不再是职业女性的首选，她们更倾向于“物美”的时尚高品质商品。在媒体的推波助澜下，越来越多的国际品牌和一线品牌，都在吹嘘和宣扬其对职业女性的独特性与重要性，是女性个人身份和社会地位的象征。

然而，社会的高速发展给女性的现实生活也带来了无尽的烦恼和无奈。一方面社会的竞争，激发女性积极参与竞争，获得更高收入；另一方面却迫使那些社会资源较少的弱势群体的妇女，在漫天飞舞的商品世界迷失了自我。表现为一些女性为了达到多挣钱的目的，采取不当手段，不惜任何代价获取丰厚社会资源。比如下岗女职工、大学刚毕业的女生等女性群体的社会资源是缺乏的。在社会和科技迅猛发展的今天，她们很难快速致富。为此，她们中有些人为了达到某种目的，有不惜出卖自己身体的、有争做二奶的、有靠自己的姿色或“人工制造”姿色换取自己前程的等。因此，一个疯狂迷恋青春、健康、身体之美的时代使女性在参与健身运动时，更多地注重塑造身体的美丽，当在一定的时间内看不到效果时，马上投入到“人造美女”行列，在追求完美理想躯体的美丽梦境中遨游。

（四）审美观念的变迁

女性身体的审美在不同时代有不同的标准。它一方面直接反映出女性在社会中的地位，另一方面也反映人类不同的民族、种族、时代、阶级、个人的审美观念或显著或细微的差异。随着健壮美、丰腴美、柔弱美、消瘦美等标准的出现，说明女性身体作为被观照的美的对象，这既有自然原因也有社会因素。女性身体的曲线自然具有美的因子，而这更多的是由于在男性为主体的社会，女性失去了人身自由，异化为男性的审美对象。尤其值得引起关注的是，在消费主义盛行的大众文化时代，女性的身体审美得到了片面地强调，随处可见的大众传媒几乎都被美女形象所充斥，在大众话语里，女性总是同美丽、漂亮、优雅联系在一起，每一个女性都有"美丽"情结，同时也是女性的一种性别特权。

在当今社会，健康且美丽的女性易受到男性欣赏、赞美乃至重用，更容易获得上岗机会，也更易保住职位；外貌娇好的女性有较高的择偶标准和较宽泛的择偶范围。正如波德里亚所说，"美丽之所以成为一个如此绝对的命令，只因为它是资本的一种形式"。"美"作为资本具有的特殊地位决定了女性的价值是取决于其相貌长相的，当"美"可以帮助女人实现全方位的人生价值时，谁又能抗拒这种诱惑呢?

然而，大众文化时代的女性审美在女性主体意识觉醒的同时又发生了新的变化。女性的个性化之美与崇尚自然之美成为一种新的风潮，随着女性自主意识的增强而日益凸显。为此，女性对美的表现形式在着装、妆容、形体雕塑等方面体现着个性的张扬。同时在一些职业女性、知识女性的追求时尚生活，享受精彩人生的生活理念引导下，女性身体美的追求不再单纯为了迎合和取悦异性，她们为了让自己拥有一个充满活力的精神状态和良好的精神面貌，开始向内在保养转移，青睐和选择健身，以此提高自信与魅力指数。由此可见，职业女性在对美的定义和理解上也更加全面和深化。特别是在构建和谐社会的今天，女性对自身的美有更清晰的认识：一个人的美应该体现在内在美与外在美的有机统一，女性只有在外在形式和内在本质达到高度统一和谐时才能显示出女性整体最高层次的美。

第三节　女性身体美参与的制约因素

在目前中国剧烈的社会变革和思想变革中，职业女性除在承担家庭责任之外，更多地承担了工作的责任和社会的责任，从而带动了职业女性的家庭地位和社会地位的提高。女性同男性一样，在现代化建设的今天，整体文化素质普遍提高，对健康内涵的理解也更为深刻，对积极参与健身，提高生活质量的认识也更为透彻，同时也反映出，健身体育的功能在某种程度上得到了职业女性的认同。这些在一定的程度上应该归于女性体育价值观的积极转变。

然而，通过调查了解到，喜欢体育健身的职业女性仅占被调查人数的37.8%，无所谓喜欢与不喜欢的占51.7%，不喜欢和反感的占10.5%。该调查数据在一定程度上反映了目前职业女性对体育健身的态度不容乐观。在我们的访谈中更是很清晰地反映了当前职业女性参与健身的真实状况：一方面，很多人还是意识到了健康塑身、美体的重要性，她们也在自己的实际行动中体会到了无限地快乐。但还存在很大的误区，觉得塑身就是使自己变得骨感，为快速达到目的而尝试其他减肥手段。另一方面，一部分女性不怎么参加健身，只要有空余时间整天就是打麻将，说是参加健身活动要到退休以后，现在身体还很好不需要健身。健身不怎么流行，反倒是进美容院的人比较多。

至于为健康投资消费的问题，不同年龄阶段其取舍不同：青年职业女性由于自身具有年轻的优势，加之学习、美容、娱乐方面投资比例相对较大，对健康的投资意识较为薄弱，即便是参与健身，很大一部分女性更多的是为了美丽。而中年职业女性身负事业、家庭两大重任，无论是精力与财力都无法过多考虑健康投资。反而是离退休的老年女性，由于可支配的自由时间大大增加及年龄所带来的各种疾病，使她们强烈感到健康的重要性，因此参与健身的意识比年轻人强。由此可见，城市女性对体育价值的认识是比较片面的，这跟职业女性个体主观因素有关，同时也与她们的生存环境、文化传统、受教育程度、风俗习惯等息息相关，也正是由于多种因素的影响和制约，职业女性体育价值观呈现出不容乐观的局面，制约职业女性正确的体育价值观形成的原因是多方面的，为此，需要付出较大的努力和较长的时间。

一、自身素质

价值观不是先天遗传，而是后天培养的。人们必须通过前辈的传授、他人的影响或自己的经历来形成各种价值观和信念。没有人生来就对自己有清晰的认识。人们是在家庭、学校、社会的影响下，建立起自己的价值观的。因此，教育作为人社会化过程的一种手段，它是人获得文化、科学、技能及各种社会生活知识的重要途径，是人发展的基础条件。女性受教育的程度如何，肯定会影响她对美的认识、对健身运动的内涵理解以及在现实生活中的体验，这些直接影响和制约女性体育价值观的形成。在我们的调研中也有反馈：从整体的情况看，文化程度高的在校的准职业女性对健身价值的认可度比职业女性高，因而，她们积极参与健身的主动性相对较强。特别是随着知识经济时代的到来、文明的推进，女性所肩负的各方面的责任更重，要实现女性能力的发展，更重要的是女性精神世界的解放。而女性精神世界的解放，首先必须具备较好的文化素养，才能在错综复杂的问题上有健康良好的心态进行理性分析和取舍。如在对待女性身体美的问题上，能够充分认识到“不仅要有自然形式美，如身材、相貌、五官、体态的美，还要有理性的社会内容美，包括与女性的经历、修养、性格、情感世界密切相关的风度气质美及以意志理想美、道德情操美和智慧才能美为主要表现的心灵美”。只有具备这种理性的辨别能力，才不会被现在社会上流行的“病态美”观念所左右，也不会有那种非常功利的思想，为达到那种表面虚假的“美”而放弃塑造健康美的健身运动。

二、家庭环境

对每个人来说，家庭是个体出生后接受社会化的第一个社会环境，家庭的教育和影响对个人早期价值观念的形成具有重要意义，家庭环境因素对个人的观念、心理、行为习惯会产生潜移默化的影响。父母作为孩子最早的教师，他们对体育的认识与理解、参与情况、体育价值观念等对子女体育价值观念的形成有重要的影响作用。在调查结果中可以看出，影响城市职业女性健身态度形成的首要因素是家庭环境，占被调查者的47.5%。家庭环境是职业女性的生活中所处时间最长的环境，家庭既包含女性的父母为中心的家庭，也包括女性成家立业后新组成的家庭。来自老一辈的略带拘谨的性别教育，以及来自自己的配偶的思想影响，会左右女性的思维方式、行为方式和生活方式。因此，良好的家庭健身氛围和健康理念，是家庭成员正确的体育价值观形成的重要因素。

三、大众传媒

大众传媒因其具有强大的力量而被主流权利阶层视为维持原有社会文化秩序的手段，而且这种手段对人的影响并非强制的、表层的和外在的，而是非强制的、内在的和深层次的。大众传媒正是凭借自身所制造的导向作用，引导和参与大众的日常生活，使大众接受、并去模仿那些可复制的大众传播的女性形象。因为大众传媒的不断强化以及对大众日常生活发展的现实操控力量是强大的，可以直接影响人对自身活动的规范和评价以及价值取向。因此，当大众传媒以它强有力的攻势，以生动、形象的各种信息，来制造一些“美女神话”时，就会有更多的女性为自己的不够完美而飞蛾扑火般地加入到减肥、美体、塑身的行列。这种为“美丽神话”生命不息、战斗不止的行为已经内化为女性的自觉行动，也正是大众传媒对人的行为方式的深层次的影响，为我们倡导健康生活方式、正确的体育价值观提供了有利的条件和媒介，但如果媒体的舆论导向过于片面地强调传统女性的柔弱美而不是健壮的健康美时，就会误导女性，通过偷换健康概念，从而营造苗条暴政。因此，媒介应当作为一支独立的力量，承担起改变女性病态的审美观的主要责任，并通过女性树立正确的体育价值观，逐步促进女性审美观念的改变。

四、角色定位

传统文化对男女性的角色定位是“男主女从”“男优女劣”“男刚女柔”“男挣女花”“男性存在的价值是金钱、权势、地位，女性则因自己身体的美进入男性的世界而存在”。正因如此，受传统文化的影响，女性地位和生存状态虽说有一定程度的改观，但仍然表现为在政治经济领域只是参与，而不是主角。女性的价值观更多地体现在了对于家庭的贡献上，而非事业，没有男性会喜欢一个风风火火，成天不顾家，玩命工作的女人。而男人希望女人能够“上得了厅堂，下得了厨房”，做老公的可以比老婆有本事，如果老婆比老公有本事，别人又会怎么看？所以在价值观的取向上，现代女性依然觉得，丈夫的成功也就是自己的成功，所以甘愿做些“幕后工作”。但是，当某一天男人不再爱她的时候，女人又何去何从呢？因此，为了保持家庭、社会需求和自我心态的平衡，职业女性只有将“妻子角色”“女儿角色”“母亲角色”“职业角色”一肩挑。

现在，愈来愈多的职业女性将“事业和家庭两不误”的完美角色作为自己的追求目标，希望“两全其美”。然而任何一种“完美”的追求都意味着更多的付出，对女性尤其如此。女性在多重角色的困扰下，自身的健康已被忽略，生活的质量无暇顾及。根据有关的研究得知，职业女性亚健康状态比例较高。从我们的调研也可以表明，因为工作、家务、子女教育、经济等原因而影响职业女性健身参与的比例不低，特别是在我们的深度访谈中得知，一些职业女性为实现个人价值，提高竞争实力，在工作之余要充电还要处理家庭内外琐事，当她们一天下来，终于完成要做的事情时，已是筋疲力尽，根本不想再参与健身了。健康的理念和价值观在现实面前只是一个美好的概念。

五、生活方式

随着经济的发展和社会的变迁，人们生活水平的提高，越来越多的女性开始关注自己的健康，也有了一定的经济条件来追求健康，她们希望享受健康的人生。然而，由于文化、历史和商品经济等多种原因，许多人不懂得如何正确地追求健康，有时候还有许多女性追求健康的美好愿望被误导，甚至被邪教和迷信所利用。这主要是因为社会结构变迁中，女性价值观发生了变化：一方面，由于社会的发展，为职业女性提供了广阔的社会实践空间，女性普遍获得了更多的工作机会，生活、工作的条件得到改善，生活质量得到提高；另一方面，男权社会中作为弱势群体的女性，在激烈竞争的环境中为了获得更多的社会资源，不惜采取任何手段。这种不良的心态和手段，直接影响女性的身心健康，同时也阻碍了女性的健康发展。另外，部分职业女性已经意识到了身体的重要性，但也只是把身体是“本钱”仅仅停留在表面上、口头上，其心理的健康、社会适应能力和思想意识还完全没有进入社会生存状态。然而在当前现代化进程中，女性的生活和工作的背景又要求她们，必须具有强壮的身体、健康的心态、良好的社会适应能力，才能立足社会。因此，社会的发展，唤醒职业女性必须有积极的行动、多样化的生活方式、健康的心态、正确的价值观，同时也必须清楚地认识健身体育在人们追求健康、幸福生活中的效能，并以“健康的生活方式”和“终身健身”的理念和行为指导引领她们的现实生活，才能解决好生存和发展问题。

第四节　发展适应女性健身的体育文化产业的必要性、迫切性及其创新

一、发展适应女性健身的体育文化产业的必要性

清末民初，中华民族的有识之士为了强国强种提倡女性参与体育活动，直到今天还有非常重要的现实意义。但是，随着人类社会的发展和进步，女性的健康越来越受到世人的重视，无论从社会的发展还是女性对自身健康的要求，女性的健康都

有着非常重要的意义。今天，女性的健康不仅仅是身体健康、没有疾病，还包括其精神的健康状态。女性健康的重要性在于，女性的健康不仅关系到女性自身的生存、发展和平等，而且也“影响到子孙后代及整个社会和家庭的总体健康水平”。女性的健康状况不仅受其生理因素的影响，还由其生活的社会、政治和经济环境所决定。女性的健康状况与她们生活的社会、文化和生存环境有着非常重要的关系，从女性的健康状况反映出该社会的进步程度和文明程度，更反映了女性的社会地位。综上所述，女性的健康不仅关系到女性自身的生存与发展，更重要的关系到国家和民族的存在与发展。

由于每个社会发展阶段的经济水平不同，女性健康问题的表现也不同。今天，随着医疗条件和水平的不断提高，医学卫生常识的普及，一些常见病多发病能够得到较好的预防和治疗，女性的健康水平也在不断地提高。但是，我们现在处于社会的转型期，尽管2010年中国的经济总量超过了日本，排到了世界的第二位，但是我们的平均数与发达国家相比还有这10多倍的差距，而且中国地区发展还存在着很大的不平衡，我国的社会保障体系需要进一步完善，经济、社会和文化的发展还远远满足不了人民的需要。每个人无论在工作、学习和生活方面都面临比较大的压力，这影响到了民众的身心健康，特别是负有多重责任的女性身心健康不容乐观。通过调查的数据显示，在被调查的723名女性当中，有722人就“您现在的身体状况”这个问题进行了回答，有2.1%答是“有疾病”；20.9%答是“亚健康”；34.9%答“一般”，答“良好”的是42.1%（不到一半）。

资料显示2008年全国就业人口中女性已经超过45.4%，几乎占到了一半，也就是说女性与男性一样在中国的社会生活中承担着重要的角色。2000年中国第二期中国妇女社会地位抽样调查数据显示，城镇在职女性每天家务劳动的平均时间为2.9小时，比男性多1.6小时。从多方调查的数据当中可以看出，城市的职业女性在职业和家庭的双重重担的挤压之下，严重地影响了她们休闲娱乐。“休闲是指人们在完成了工作及生理需要等必要活动之外的剩余时间，在尽到职业、家庭与社会职责后，通过自愿选择来享受生活”。女性参与体育健身是其休闲娱乐主要内容之一，是女性放松心情、改善身心状态的良好手段，而且被越来越多的女性所认识和提倡。因此，非常有必要发展适合女性的体育文化产业。

二、发展适应女性健身的体育文化产业的迫切性

改革开放30年来，中国的经济高速发展。但是，在经济高速发展的同时，我们也付出了沉重的代价，那就是对自然环境的破坏和对自然资源的过度利用。为了经济的可持续发展，转变经济增长方式，进行产业结构调整势在必行。如像北京这样的城市，是一个受资源和环境约束十分突出的城市，如水资源短缺、生态环境不佳、城市的承载力有限，不适合发展大型工业项目，首钢从北京的迁出就是最好的例证。一个城市的发展应当以城市的自然环境和人文环境为基础，北京作为文明古都，有着丰富的文化资源，发展文化产业有着得天独厚的条件。新中国成立以后，北京政

治和文化中心的地位得到了进一步的确立，因此经常举行一些大型的国际国内体育赛事，逐渐积累了丰富的体育资源，北京的体育场馆到2010年底已经达到6151个，为体育健身业的发展提供了良好的硬件环境。建设资源节约型环境友好型社会，应当大力发展第三产业。“十二五”期间，面对多年积累的结构性矛盾和转型发展的压力，党中央、国务院把调结构转方式放在更加突出的位置，在发展中促转型，在转型中谋发展，经济结构调整不断迈出新步伐，经济发展的后劲和内生动力明显增强。“十二五”期间，随着我国经济发展水平的提高，对生产性和生活性服务的需求不断扩大，服务业在国民经济中的地位上升。2012年，我国第三产业现价增加值占国内生产总值的比重上升到45.5%，首次超过第二产业成为国民经济第一大产业。2014年，第三产业比重上升到48.1%，比2010年提高3.9个百分点，2015年上半年进一步上升到49.5%。

一些地方政府靠出让土地、靠房地产业拉动GTP，这种“预支”的增长，也就是GTP的“泡沫”，随着国家对房地产的不断调控，变得越来越难以实现；靠过度的消耗自然资源和破坏自然环境换取GTP的增长，我们已经付出了沉重的代价。为了经济的可持续发展，为子孙后代留下生存的空间，转变经济增长的方式，进行产业结构的调整迫在眉睫。而体育文化产业是一个复合型产业，“体育产业中除部分体育用品属第二产业的制造业外，相当一部分属于第三产业”。体育文化产业与其他产业相比，消耗能源少，基本上不会对环境造成污染；体育文化产业当中的服务业，需要不同层次的服务人员，可以提供比较多的就业机会；政府针对体育文化产业投资融资、税收减免、用工用地的优惠政策，可以吸引流动资金投资体育文化产业，从某种程度上缓解流动资金的过剩；体育文化产业可以鼓励居民消费，拉动内需，随着国民收入的增加，人们生活的提高，人们的健康价值观念在不断地变化，通过体育健身提高和改变身心的健康状况，得到了共识，而且从发达国家的经验看，体育消费增加，医疗消费就减少，国外的研究资料显示，“将医疗经费的十分之一用于体育消费，就可以得到同样的社会健康效果”；我们现在处于社会的转型期，人们工作、学习和生活压力的都非常大，很多人处于亚健康状态，精神疾病处于上升的趋势，而体育健身娱乐是治疗亚健康状态下各种身心疾病最有效、最积极和最廉价的手段。因此，发展体育文化产业，既符合转变国民经济的增长方式，又为社会提供了健康消费。所以，大力发展体育文化产业对国民经济的可持续发展和国民身心健康具有非常重要的现实意义和深远的历史意义。

三、女性健身的体育文化产业的创新

健身地点的合理分布、良好的健身设备、合理的价格、良好的服务，以及符合女性生理和心理的健身娱乐项目，是发展女性体育文化产业的基础。针对当前女性健身娱乐业发展现状，为吸引更多的女性参与体育健身，应当大力发展社区体育文化产业、女子健身俱乐部和为在公园健身的女性群体提供专业的体育健身服务。

（一）发展社区体育文化产业

在改革开放之前，人们以自己的工作单位为工作、学习和生活的中心，现在随着人们生活方式特别是居住方式的改变，社区逐渐成为人们生活的中心，过去的“大院文化”逐渐被“社区文化”所取代。人们工作和生活的界限越来越清晰，工作之余人们应当享受个人或家庭生活。体育健身作为人们生活的一部分，越来越受到现代人的重视。对于纯商业性健身娱乐场所的选择，健身者主要以健身的项目、地点和设备为主要的选项。其次是价格要合理。在选择健身地点时，离自己居住环境近，是人们的首选，特别是作为女性面对工作和家庭的双重压力，她们的余暇时间非常有限，健身地点太远，势必在路途上花费时间，而且我国很多城市交通拥堵的现象非常严重，这是人们在选择健身地点必须考虑的一个非常重要的因素。当女性在面对家务和健身发生冲突时，她们往往选择放弃健身。同时，随着居民收入的增加，健身意识的增强，人们不满足于在街头巷尾、立交桥下、楼宇之间进行健身，在自己居住的社区建设具备专业健身场所，是每个人的愿望。因此，发展社区体育文化产业对于增加女性参与健身的人数，有着非常重要的作用，同时有可能带动家人一起参与健身。

社区体育文化产业的发展，首先要有专业的体育健身场所。这就需要在房地产开发时国家的法律法规有明确的要求，根据小区的居住面积，预留相应的体育场所建筑面积，同时开发商要进行体育场所的建设，建成后或由开发商经营或委托他人经营。还有一种补救的方法，这在发达国家已有成功的案例，20 世纪的 60 年代，联邦德国奥委会公布了发展大众体育的“黄金计划”，决定在 15 年花费 63.15 亿德国马克，在全国的居民区兴建体育设施，但是实际投资 174 亿马克，建设了一系列的儿童运动场、体育场馆、室内和露天游泳池。接着在 1975 年和 1990 年开始实施了第二期和第三期“黄金计划”，“黄金计划”对体育建筑设施的人均面积和建筑的质量都有详细的规定。我国应当针对现有的居民小区，进行详尽的调查，出台相应的政策，对没有体育健身场所的小区，根据小区现有空地面积，建设相应的体育建筑设施，建成后采用招标的形式进行连锁经营，在经营的初期国家在税收上可采取相应的优惠措施。

发展社区体育文化产业以方便女性健身，同时能够带动更多的人参与体育健身，这是体育健身娱乐业一个很大的市场。

（二）发展女子健身俱乐部

由于国外经济发展水平较高，尤其是欧美国家，不管是人们的经济收入、健身意识，还是商业性健身俱乐部的配套设施和经营，都具备了较高的水平和规模，健身消费已成为人们日常所需，随着我国居民收入的增加，这也是我国大众健身娱乐消费的方向。女性无论从生理和心理都有着自身的特点，所以发展女子健身俱乐部，势必是体育文化产业发展到一定程度的必然。“北京规模很大的一家连锁型健身中心曾经做过统计，女性会员占 54%，男性会员占 46%。其他地区的情况也差不多”。

传统的健身中心，通常把男女作为同时服务的对象，健身器材和服务设施男女基本无差别，不能满足女性个性化的需要。随着女性自我意识的增强，应发展专为女子服务的健身俱乐部。在20世纪的90年代初，一对美国夫妇创办了针对女性的健身俱乐部，该俱乐设计了针对女性的健身方法和非常人性化的服务，深受女性的欢迎，其在全世界发展了10000多家连锁店。1999年在德国女性健身俱乐部开始出现，到2004年开始快速发展，到2009年“德国女士健身中心占健身俱乐部总数的11.3%”。国外的这些女性健身俱乐部把器械塑身、各种舞蹈课程、健康评估、营养搭配、美容美体和私人健康顾问融为一体，是专为女性提供综合性服务的场所。在我国经济比较发达的城市，可以借鉴欧美发达国家发展女子健身俱乐部的成功经验，同时把中国的传统医学——中医中药的养生、美容美体的方法融入其中，会取得更好的健身效果，吸引更多的女性参与体育健身。

（三）利用公园这个良好的健身场所发展体育文化产业

不同年龄、职业、学历和经济收入的女性都把公园作为自己主要健身地点之一。人们之所以会选择公园作为体育健身的场所，首先，一些城市的公园免费向市民开放（一些城市还兴建了很多街心公园）；其次，公园有大量的绿地，种植了很多树木花草，公园内环境优美，空气清新，在公园健身，特别是进行有氧运动会达到很好的健身效果；最后，在公园健身非常容易寻找到健身的伙伴，在健身的同时，又可以结交朋友，互相之间可以交流健身的心得等，对人的心理健康非常有益。

由于城市规划、人口增加等原因，城市的健身空间有限。把公园作为发展女性体育文化产业的场所，不失为一种非常好的选择。据实地调查显示，现在公园健身的女性多为自发性的，健身的指导也多半是互助型的。她们需要的是具有专业水平的健身指导员，这为体育文化产业中健身娱乐业的健身指导员的培训、私人健身教练和健康咨询机构的发展提供了一个很大的市场。

首先，体育健身娱乐技能的培训、辅导和咨询机构，对各大公园健身人群的服务需求进行调查。然后根据市场的需求，与公园的管理机构联合，为健身人群提供体育健身有关方面的服务。

（四）女性体育文化产业创新的概括与总结

综上所述，鉴于当代女性的健康状况、健身需求和女性体育文化产业发展的状况，第一，全社会要关注女性的生存状况，重视女性的健康水平，因为女性的健康关系到全民族的身体健康素质。第二，体育健身娱乐是改变女性身心健康状况的一个良好手段，女性是体育文化产业中健身娱乐业的消费主力。因此要大力发展符合女性个性化要求的健身娱乐业，促进女性的健康消费，提高女性的身心健康水平，同时带动体育文化产业当中其他业态的发展。第三，鉴于女性，特别是已婚女性有限的余暇时间，应大力发展社区体育文化产业，政府在税收上给予一定优惠政策，形成社区体育健身娱乐业的连锁或加盟经营模式。第四，根据女性的生理和心理特点，将器械塑身、各种舞蹈课程、健康评估、营养搭配、美容美体和私人健康顾问融为一体，同时把中国的传统医学——中医中药的养生、美容美体的方法融入其中，建设专为女性提供综合性服务的女子健身俱乐部。第五，利用公园这个良好的健身场所发展体育文化产业，发现公园健身群体对体育健身娱乐业服务的需求，注重这一市场的开发。

第六章　美学角度下女性健身行为的理论构建

第一节　女性健身健美体育

一、女性健身健美体育的提出

女性身体美是人类所特有的，是劳动创造了人类，劳动同时也创造了女性的美。人的身体在劳动与各种活动中不断被改善，从爬行到直立，从制造工具到逐渐改善身体的比例关系，人类始终有目的和意识地用各种手段改变和塑造着人类的身体。特别是现代意义的女性身体美，还不同于一般意义上的人体美，它是在健康基础上人体美的更高境界，是指健康的身体，它不单单是身体的外形，还包括体格、体能、生命力和精神。因此，身体美源于后天的锻炼，源于运用美的规律自觉塑造身体的过程中。

人类创造美的活动千千万，健身运动就像人类其他创造美的活动一样创造着生命的美。

第一，创造形体美。人体是美的主体，健身运动在创造美时将这种美以力度、节奏、均衡表现出常人表现不出来但又潜藏着这些能力的姿态、造型、线条、韵律，通过健身活动来构建，这种健身运动不仅仅是健体而且也要强调美体。人类早在古希腊时期，就通过参加身体锻炼而使身体更强健、更有力度、更完美。如人体美的大理石雕经典佳作——“掷铁饼者”。但到现代社会，现代科技带来的负面效应，脑力劳动的增加，体力劳动的减少所造成的四肢退化、体态的畸形、脂肪堆积等，更需要通过参加健身美体活动去改善它，特别是持之以恒地通过科学有效的美体运动，矫正畸形，塑造完美体格。

第二，创造活力美。在健身美体运动中，身体美是有层次地贯通着活力的整体，是动态的人体美。它通过力的样式构成了身体美的内在结构，在动态的运动中，身体所表现的美是力的冲突与撞击，爆发与凝聚，配合与协调，技巧与灵活的美感，是充盈着旺盛生命力的美。

第三，创造技巧美。通过各种不同的运动形式、方法与运动技术的演练，来展现美的技巧和美的技术组合，是健身美体运动另一个显著标志。

身体的美是人类健康的身体所呈现出的美。它是一种由机体良好的生理状态综合显示出的健康之美，是充满活力的感觉。在医学概念上，健康是指能够准确描绘和测量的身体生理和心理状态。它除了包括人体表面的形态因素，还包括骨骼、肌肉、皮肤、毛发等，表现在进行生命活动的有机体在现实生活中的协调与活力状态，要求严格符合解剖学特点和新陈代谢的生理规律。在医学的范畴，健康状况“良好”，是说被检测者的身体和心理对来自工作、生活、社会的各种负担和压力是能够承受的。而“健康”在健身运动中则是指运动者的一种身体和心理感觉，没有严格的医学测量和检验标准。同时，心理的健康也直接关系到身体的健康。从理论上讲，健身运动对身体的健康状态是有好处的，一方面健身运动能给予人健康向上的心态，矫正对人体有害的心态，另一方面适宜运动负荷的健身对人体能产生良好的影响。否则，损害身体或没有作用。

现代职业女性对健康与美丽的追求，反映了社会职业女性作为自然界的一员朝气蓬勃的自我意识与自觉要求，是在健康基础上的女性人体美的最高境界。作为创造这种女性身体美的健身美体运动，就其实质来说，特点还在于它是“健美”；就形式来说，在于它是身体美和动作美的统一，是健康与美的统一，它不仅健美身体的本身，还包括精神层面以及运动的形式——动作美。这些因素在健身运动中是不可分的、统一的。人的身体是运动的承担者，同时又是运动的成果。作为承担者，动作美中就包含和表现着身体美。一个美的动作，就意味着做这个动作的身体是美的。而作为成果，身体美又凝结和体现着动作美，因为协调、平衡、灵巧等的动作，才可能展示出美的身体。尤其是在女性的健身参与中，美的要素与美的分量更为突出，美的期盼更为强烈。故此，在健身运动的参与中更强调通过美的动作，在创造健康身体的同时创造出美的体形、美的线条、美的肌肤、美的气质与风度，这种具有健身健美功能的运动才是女性身体美塑造的最佳方法。

二、女性健身健美体育的要义

女性的健康与美丽是文明的呼唤，是时代的企盼，是女性身体美的魂。女性身体的美通过健身健美运动来打造，其塑造的完美形象和良好个性是通过身体的运动而形成的健康美。虽然，不一定任何健康的身体都是美的，但从广义上讲，一切美的都应该是健康的。健康是一种美的要素。“健身健美”不仅仅能对人的生物属性进行塑造，还能塑造人的精神属性与社会属性，并通过形式美来揭示人的精神风貌，使人的外在美与内在美达到和谐统一。这种以身体练习作为基本手段，强调在身体的重塑与维护中体现个人和社会风貌，是人真正主体性的展现，所构筑的是真正的和谐。它是在一种理念支配下的身体运动，是一种有益于身心健康和完美生命的体育活动。

健身健美体育活动是以特殊的方式与人的身体发生联系的，即与具有生理功能的身体、社会产物的身体、能够表达、体验和想象的身体发生联系。当“健”与“身”合在一起时，一方面强化身体的生物属性；在适度的情况下，维持身体的生物属性的平衡；另一方面在强化身体生物属性的同时又要强化精神属性；使两者和谐，并处于平衡状态等。当“健”与“美”合在一起时，就是生命活动的有机体通过运用美的规律为追求完美，自觉塑造理想身体，不断发展和完善身体，由此获得身体上、精神上的美的享受，达到美的境界。

从“健身”“健美”的词意来说是很好理解的，“健身”一词作为现代词汇，是随西方体育传入而产生的，用于描述身体状况时，表示强健的、健康的意思；如把两字合起来就既有保持强健、维护健康的意思；“健美”的词意就是“健康”与“美丽”。然而，由于观念、时代背景和文化氛围的不同，健身健美体育的内涵与外延也有明显的不同，并且随着人们的健康和审美观念的更新，健身健美体育的内涵和外延也在发生变化。为此，很有必要对现代背景下的健身健美体育所含的要义予以探析。

（一）健身健美体育的概念

学者张先松指出，“健身是指为促进人体健康，达到理想的生活质量的一种行为方式。健身包括智力、肌体及社会的行为，这种行为结果使身体健康状况得到明显改善，而不仅仅是一种摆脱疾病的状态”。

“健身”一词，在我国传统文化中有“养生”之意，也含有其他各国的“增强体质”“发展身体”“完善人体”的意思。学者徐本力教授在《论现代体育健身观》中认为，“健身锻炼是指以健身、健美、医疗矫正、娱乐休闲为目的，以促使身体健壮、全面发展体能和提高有机体适应能力为主要任务而进行的身体活动。身体活动又是通过各种具体的健身锻炼手段来实现的”。而这些手段包括一般身体练习手段，自然力手段，辅助练习手段等，其中“身体练习手段”为最基本、最主要的手段。学者王敬浩认为，“‘健身’作为现代词汇，其内涵远远超越了传统养生观念与现代西方健康观念，它不仅对改造人的生物属性起作用，同时还包含精神属性与社会属性的创造，是两者的整合与创建。健身主要是通过各种方式的体育锻炼，达到提高内脏器官，尤其是心血管系统的机能平衡，最终达到增强体质的目的”。

“健美”通俗地说，是指健与美的结合，是在增强体质的基础上对人体的发展有更高的要求，它应该是叫人眼睛为之一亮的青春与活力，是娇好的容貌、完美无瑕的皮肤和匀称动人的体态。当然健美首先是要健康，因为健康本身就是一种美，它显示了旺盛的精力，具有劳动能力，对外界环境有较强的适应能力。朴素的观念认为“不生病就是健康”，是不全面的。世界卫生组织在 1978 年国际卫生保健大会上所发表的《阿拉木图宣言》中重申，“健康不仅是没有疾病或不虚弱，且是身体的、精神的健康和社会适应良好的总称”。现代医学模式对健康从身体健康、心理健康、社会适应良好和道德健康四个方面来评价，认为这四个方面都健全才算完全健康的人。健美既包括了心灵与身体健康方面的内容，也包含了一般美的要求，是健与美两方面的完美结合，说明人的美是与其身体和心灵健康密不可分的。如果没有健康的身体，美就失去了根本的载体，健康使人充满生机与活力，让皮肤光洁、圆润、结实而有弹性；因此我们追求美就是包括身体、精神及姿态、气质修养等方面的健与美。健康的美是事物诸美中最核心的美，最具美质的美。健康具正向美、和谐美、旋律美、力量美、灵动美、神韵美、大气美、幸福美、自信美，健康是一切价值中的最高价值。健康者，不但有美的观念、美的言论，而且有美的实践、美的行动。健康者即美的体现，即宇宙之天籁。

从历史的演进来看，健身运动孕育了“健”与“美”两要素，“健”侧重健康身体，健康体格；“美”侧重雕塑形体、美化线条、提升气质。参与健身健美是人对身体美的追求，而这种美以力度、节奏、均衡表现出常人表现不出来但又潜藏着这些能力的姿态、造型、线条、韵律等。并由此而获得身体和精神上的愉悦和快乐，即健心。因此，不论男女老幼，既要进行健身锻炼，也应进行健美锻炼，使我们的身体既健康又健美，达到健康身体和健美形体的和谐统一。因此，也有认为健身体育主要是指为达到一定的健身、健心、健美目的所采用的身体锻炼的具体活动内容和方式。但在实践当中美的要素体现得不理想，而容易被忽略。

根据以上分析，本章健身健美体育的提出，主要为了强调健身运动的美体功能。“美”是健身运动中两大要素之一，只有充分挖掘其潜能，才能彰显健身运动在女性全面发展中的作用。因此，特将健身美体运动统称为健身健美体育，其要义概括为：以身体实践为手段，通过徒手和各种器械，运用专门的动作方式和方法，遵从一定的规范，有秩序、有目的地进行身体锻炼，以发达身体各部位肌肉、增长体力、改善体形和陶冶情操为目的的运动项目。它作为强健身体、雕塑体型、愉悦心情的有效手段，能促使人在社会交往与道德规范中不断完善自我的同时，体现的是个人和社会的共同意志，是一种有益于身心健康和完美生命的体育活动。

（二）健身健美体育的三大要义

1. 健、力、美、乐的多元艺术性

“健康、活力、美丽、快乐”是人类有史以来所追求的身体状况的最高境地。古希腊哲学家、教育家柏拉图和亚里士多德在他们的著作中反复强调体美结合，达到“身心既美且善”。第一，不仅能强化身体的生物属性，而且可以塑造精神意识。既追求体格健壮，体形的优美，同时又可以使人精神饱满、心情愉悦，是人的身心完善和人格发展的最好载体。第二，健身健美突出的是实效性与长效性的结合。通过健身健美不断发展和完善身体，全面发展身体，优化体质，提高生活质量，使身体持久充满活力。如果只有实效性的健身，而不能使身体健康长寿，则健身行为难以维持。第三，健身健美是一种健康促进手段，通过健身健美运动可以使人的生理、心理、社会与道德等方面达到一种相互和谐的完美状态。即整体能有效地发挥自我调节、自我修复、自我延续等功能，促进个体的良好适应与发展。使身体整体与部分、部分与部分之间，以及个体与自然生态整体达到一种动态的平衡。同时在人的可持续性发展与“人——自然——社会”复合生态系统整体的可持续性发展上达到辩证统一。也只有这种具有创造力、全面发展的身体，才称为健康的身体。第四，健身健美作为一项运动无不处处体现出“美”的艺术特征，它不仅能美化身体外形，改善身体姿势，保持人体肌肉的力量，充分显示身体和各部分由内而外的力度、强度和人体的美，还可以使练习者无形中表现出优雅的举止和良好的气质。既能满足运动休闲、愉悦身心的健康需求，又能满足在平凡运动中实现美的体验。第五，参

与健身，愉悦身心。人们不仅在健身活动中企望达到解除疲劳、锻炼身体，同时也试图在健身活动中享受到人生的乐趣。随着人们生活水平和质量的提高，生活理念也随着改变，参与健身活动不再仅仅是改善体质、强身健体，同时生活的质量和乐趣也成了大众关键性的需求。因此在健身健美活动中，注重身体练习的愉悦性是十分重要的，因为只有当把参与健身作为一种享受，才不至于使我们的身体活动乏味。

2. “身心合一”的客观唯物性

“身心关系”在西方曾以“灵肉关系”的形式出现，在中国古代则被称为“形神关系”。“身心关系”中的“身”，指的是人的感性肉体，而“心”则指的是人的精神、意识等。人的健康是一种“身心合一”的完美状态，或者说一个人要生活在躯体健康、心理健康、良好社会适应和道德健康四方面都健全的状态。要达到这种健康状态，人的身心和谐是根本。虽说健康与多种因素有关，如遗传、生长、生活环境、营养状况、社会环境、运动等，但在现代社会中，对身体健康影响最大的还是体育运动。毛泽东曾说过，“体育一道配德育与智育，而德智皆寄于体，无体是无德智也”。因为健身健美体育是人类创造的有利于人类自身发展的一种全新的生活方式，是人类自我的一种回归途径，是一种人生境界、一种生活状态，也是人类自我回归与完善。在健身健美体育中人类可以找回自我，可以面对自我、体验自我、享受自我，并最终达到塑造自我、完善自我，这也是健身健美体育在今天兴起的最重要的原因之一。科学研究与实践证明，健身健美运动一方面不仅能在躯体生理层面提高大脑皮层的兴奋性，使兴奋与抑制达到高度平衡，还能提高心脏功能、改善和调节呼吸系统，使之强壮有力，还可以促使骨骼、肌肉的生长与发育，强健身体肌肉与骨骼，提高人体的免疫功能。特别是针对现代女性崇尚形体曲线美的健身要求，可以根据需要选择合适的动作、训练方法，有目的地改善和塑造体型、体态。这也是健身健美运动的一个主要效能。另一方面在心理效能层面能调节人的情绪、改善人的心情、磨炼意志、培养良好的意志品质，同时还有助于提高身体的自我价值、自信心以及良好的社会适应能力。健身健美运动在塑造外在美的同时，还能充分发掘和完善你的内在美，使人保持乐观、自信的心态，善于与他人沟通，也能被社会接纳，陶冶和改善人的心灵和性情，使人的情绪愉快而稳定，身心得到全面、协调和健康的发展。尤其是在竞争激烈的现代社会中，健康的心态，是一个人的健康之本。是否具备良好的心理素质和道德修养，已被现代医学视为是否健康的重要标志。因此，“身心合一”的健康观是善待生命，让生命快乐的唯一办法，是带动社会步入一个健康、和谐的发展轨道，促进人与人、人与社会之间的和谐发展的根本。

3. “人本精神”与“和谐文化”的辩证统一性

随着社会的发展与人们生活水平的不断提高，健身健美体育的发展从关注物化环境的改善到关注作为社会主体的人的发展，重视生活质量、追求人的身心健康发展已经成为现代社会不可逆转的发展趋势。当代健身健美体育的价值取向定位为促进人的全面发展，“体育为人人，健康为人人”的观念渗透到体育发展的方方面面。这种体育思想的根本性转变不仅把体育健身与提高生活质量结合起来，而且把体育与人的生命历程和人的基本权利联系起来，使体育越来越向生活化、终身化和大众化方向发展。大众把参与健身健美作为自身的根本需要，彻底改变了我国先前运动价值是从群体的政治需要出发的状况，使人们对参与体育的社会强制性功利需求转向了个体健康幸福生活的主动需求。这种以人为本、大众健康需求第一的思想，其根本目的是为了尊重人的自由、平等，发展人的个性、促进人的全面协调进步，确立以人为核心的价值理念和意识形态，其实质内涵就是人本精神在健身健美运动中的体现。

健身健美运动为人的身心完善和人格发展提供了最好的机会。它是以身体实践为手段，遵从一定的规范，有秩序、有目的的活动，这是文明社会的表现，人的社会化正需要这种人格品质。健身健美运动不光是“育体”，更重要的是它能直接影响到人的精神和思想意识。而人本精神在某种意义上是基于灵魂与肉体和谐的思想，我们的灵魂从来没有试图要超越肉体，而是尽量地与肉体和谐共处。因此养生之道、追求长寿成为一种意识流，“福如东海长流水，寿比南山不老松”是一种和谐的人生图景。而和为贵的思想也成为人本精神的一个重要的方面，这也基于人与人之间的一种追求和谐存在的思想。人本精神追求的是一种内敛的或者平静的和谐，这种价值取向正是我们和谐社会的和谐文化所倡导的，其核心问题就是要解决人体自身的和谐，包括躯体、心理、智力与道德之间的和谐。健身健美运动恰恰蕴藏了这种人本精神，是一种追求身心合一的和谐文化。因为在整个的运动过程中，练习者可以用欢乐的运动节奏来超越法则的束缚，娱乐身心、缓解压力，她们参与运动时矫健的身姿、优美的肢体语言所带来的欢快情绪为社会的平稳、生活的安详抹上了一道绚丽的彩虹。在健身健美运动中，人们的身心得以愉悦，感情得以宣泄。因此，健身健美运动不仅仅是一种时尚运动，更是一种和谐的文化，它对于造就人的生物改造、个体社会化和心理品质的发展是不可缺少的内容和过程。形成了鲜明的和谐体育文化特色，是人本精神与和谐文化的辩证统一。

三、女性健身健美体育的分类

根据形式逻辑规定，分类的规则有三条：第一，分类划分的各个子项应当互不相容；第二，各子项之和必须穷尽母项；第三，每次分类划分必须按统一标准进行。健身健美体育的外延分类有很多标准，凡是具备健身健美体育属性的都可以作为分类划分标准。目前，从运动的形式看，健身健美体育可分为竞技项目和非竞技项目；如根据运动强度与持续时间，可分为有氧运动项目和无氧运动项目；从方法上可分为器械项目与徒手项目；从其运动的场所，分为室内和室外两种。然而，体育作为一种人类所特有的身体文化活动，身体既是体育的实在载体，还是体育意义的根源，更是体育丰富内涵、丰富形态的原点。健身健美体育作为体育的外延概念也是如此。因此，身体——人的身体是体育行为的主体，从现实健身健美活动看，人们从事健身健美活动都有着鲜明的目的性，或者是为了锻炼身体，或是娱乐，或者是为了美而塑体，其次才是根据各自目的的不同，选择进行健身健美活动的场所，健身健美的方法手段与内容。而从健身健美的方式方法和手段上分，它大致可归纳为三大类：运动健身健美类、饮食健身健美类和保健健身健美类。这三大类所含的各种动、静、养的健身健美形式，均属健身学讨论的范畴。

因此，以目的作为第一次分类划分的标准是有其根据和必要性的，所以在上述体育概念——“体育是以身体练习为基本手段的人体活动”的前提下，按人们从事健身健美活动的目的，健身健美体育可以划分为强体健身健美、休闲健身健美、娱乐健身健美、美体健身健美和康复健身健美。

（一）强体健身健美

强体健身健美是指维持健康，增强体质的身体练习。众多的研究都已证明，健身健美运动具有强健身体的作用。即人们通过科学的健身活动，获得一个健壮、挺拔、功能健全并处于最佳状态，有很强的运动能力和适应能力的身体，这是人们日常生活中最重要的，是人们努力塑造自身并使自己更好地“成为人”的活动。

生命在于科学运动，人类有机体的进化在于运动。“流水不腐，户枢不蠹”，人体各器官系统“动则兴，不动则退”，通过健身锻炼能使个体的运动器官及辅助运动器官以及其他器官得到发展，这完全符合生物学中“用进废退的原则”。这是因为人体是一个可塑性很强的有机体，在不超出其限度的情况下，对环境变化的适应能力极强。健身锻炼通过改变环境，加大对人体刺激的负荷，适应这种刺激，机体的功能就得到改善，于是健康状况也得到改善。特别是随着社会物质生活条件的不断改善，社会观念的不断更新，人们对身体的健康状态已不再仅满足生存需要，而是向享受和发展的需求上迈进。而健康的身体往往是良好的心理和精神状态的基础。为此，科学的健身锻炼能促使头脑清醒，思维敏捷，能改善中枢神经系统，能促进血液循环，提高心脏功能，能使呼吸肌强壮有力，可以促使骨骼、肌肉结实有力，提高机体的免疫能力，使身体充满生机与活力。然而，目前我国女性由于缺乏健身锻炼，心理障碍，社会适应性差等原因，有不少比例的女性处于亚健康状态，这是一种介于健康与疾病之间的“第三状态”。因此，女性健身健美体育必须正视我国女性的亚健康状态，不能按一般对健康的理解，误认为没病就是健康，远离亚健康状态也是女性投身事业、家庭和自我发展必须面对的不可忽视的大问题。而这一切，可以通过健身健美运动去实现。

（二）休闲健身健美

休闲健身健美是指达到休闲为目的的健身健美活动。不管什么样的健身健美运动项目，只要把它作为一种休闲运动，从而使参与者得到休闲，缓解压力、消除疲劳、愉悦身心；同时从手段上来看，是通过健身健美活动而不是其他活动使参与者得到休闲，我们就称之为休闲健身健美。其主要基调是“轻松”“快乐”“刺激”。

不追求功利性，参与就是一种快乐和享受。学者朱大修认为休闲体育的特点是个体选择性、竞赛性不强、有氧运动为主。休闲健身主要是说“休闲”这一活动所需要的情趣与健身运动是相适应的，是休闲情趣与生活方式在这类身体活动中得到体现。用周爱光教授的话指，“休闲是人们在自由时间内，通过具有善性、自发性的活动所获得的一种愉悦体验。这种内心体验表现为一种精神享受、人生境界和生活方式”。休闲健身健美就是人们在自由的时间内，通过自发性的参与健身健美活动所获得的使机体充满生机与活力，精神愉悦的一种体验。是人们给自己的心情“放假”，是给自己紧张的精神以彻底放松，使精神得到保健修养。它强调的是人们希望通过休闲健身达到缓解压力、消除疲劳、愉悦身心、美化心灵的目的。如在绿树掩映的小路、草坪、河畔，或遛狗，或跑步，或垂钓，或林荫漫步；也有在节假日亲近大海、亲近原野，自由自在地驾着小艇与海浪嬉戏，或穿着泳衣在沙滩上尽情享受日光的抚慰；或安营扎寨，或爬山，或打猎，或采野果、野菜等。

（三）娱乐健身健美

娱乐健身健美是指在身体练习的过程中，使人获得愉悦情感的娱乐形式，它强调的是心理的愉悦感受。卢锋认为它是指在相对闲散的时间里进行的自由、自愿、令人身心愉悦的活动。国外的研究认为其是指为了娱乐和恢复精神所参与的活动；伦普金（Lumpkin）认为是从疲劳中得到恢复和更新。总之，娱乐健身健美即是一种健身方式，又和娱乐密不可分，一般是在娱乐场所、健身场馆甚至一些休闲广场，由于其有着很强的娱乐性，参与的人格外多，是一种体验式的娱乐健身健美活动，即使人获得愉悦情感的身体练习。如戴上“感应帽”拿起“电子球拍”，就可以和屏幕中球台后的计算机中的人物切磋球技。经过与计算机对手你来我往的对决，人们在运动体验和享受其中的乐趣，是一种耳目一新的健身健美方式，这种虚拟健身健美的方式，寓健于乐，乐中练、乐中健，正成为健身健美产业的新时尚，在喜欢上网的朋友中尤其受欢迎，不仅运动量和普通健身类别的运动量相差无几，而且这种健身健美方式可以一个人进行，有点儿类似于网络游戏，但这种游戏是运动的、可以流汗的游戏。真正做到了娱乐健身两不误；又如跳舞毯是一种经济高效的现代健身方式，只要家里有计算机，花几百元钱买个跳舞毯就可以在家随时运动了，不但十分方便，还可以选择自己喜欢的音乐来进行运动，使人身心都得到满足，是增强人机互动的娱乐健身健美的新选择。另外，养花也不愧为娱乐健身健美的好方式，养花不仅可以供人欣赏、美化环境、令人赏心悦目，花的香气还能起到灭菌、净化空气的作用，而且在养花的过程中也运动了四肢、骨骼和肌肉，同时鲜花释放的芳香，通过人的嗅觉神经传入大脑后，令人气顺意畅、血脉调和、怡然自得，产生沁人心脾的快感。

（四）美体健身健美

美体健身健美是指通过身体练习的手段达到美化身体外形，矫正畸形，改善身体姿势，保持人体肌肉的力量，充分显示身体和各部分由内而外的力度、强调提升人体的美与气质的健身活动。其主要目的是为了追求身体外部形态和身体姿态的完美。现代化的生活方式给人们特别是女性带来的肥胖问题日益困扰着她们，成了一个社会问题。行动不便、身材不美、心血管疾病大幅度增加等，人类的身体在退化，给人们的生活带来了不安，甚至是危机。为此，为了按照社会的需要，按照人类的意愿，按照“美的规律”来塑造自己的身体，女性可以通过健身健美运动而实现。在多少次反反复复的实践中，事实也告诉人们，能塑造优美体态，健美身体的最积极、最有效的手段是健身健美运动。达·芬奇说过，“美感完全建立在各部分之间神圣的比例关系上”。女性“曲线美”要求的是均衡、丰满而不肥胖，以显示出健康美；匀称、苗条而不瘦弱，以显示出精干之美。只有这样才能真正显现出女性的形体美，这也就是维纳斯塑像美之所在。健身健美运动是一项肌肉的活动，通过肌肉的变化能够塑造优美的体形。一方面，经过健身运动的刺激，可以是肌纤维增粗，使瘦人体形变得健壮；另一方面，通过有氧的健身运动，可以消除多余的脂肪，即通过增加一些负重练习，既可以促进全身脂肪的消耗，又有利于局部的脂肪减少，从而达到塑体的目的。当然，在整个塑体健身的过程中，体内各器官系统的功能也得到了锻炼，机体充满活力，人们展示的是一种健康的美，是在增强体质的基础上对人的发展的最高层次的要求。这种最高层次的要求就是追求身体外部形态和身体姿态的完美与气质的优雅。如普拉提既强调肌肉的伸张训练，又讲究身体的平衡和身心的结合，用节奏把呼吸、冥想、柔韧、平衡有机地结合在一起。不必抛弃钟爱的美食，也不必进行剧烈的运动，选择适宜普拉提就会让你拥有芭蕾舞演员般窈窕、美丽的身材。另舍宾、瑜伽、钢杆舞、器械训练等都是美体健身的时尚项目。

（五）康复健身健美

康复健身健美是指以预防疾病、恢复健康为目的的健身健美活动。它是根据练习者伤病的情况，采用机体功能练习的方法，达到伤病预防、治疗和康复目的的运动。健康、美丽、长寿是人类的美好愿望。随着社会的发展，人们更加认识到生命的可贵，重视追求生活质量。然而，由于现代生活环境中的致病因素的影响以及机体中某些必需的物质缺乏外，长期不活动，致使身体对心脏工作量的需要减少，导致心肌衰弱，心脏功能减退，血液循环变慢，从而引起高血压、动脉硬化等多种疾病。这与人体对外界环境的适应能力与抗病能力降低有关。而经常参加健身锻炼的人的发病率却相对低得多，这是因为健身健美运动有助于人体抗病因素的增强。因此，健身在提高人体体质的同时，提高了免疫力，自然可以抵抗病毒的袭击，发病的可能性也就大大降低了。有研究表明，经常锻炼的人无论是细胞免疫还是体液免疫功能均明显优于一般人。康复健身健美主要是用来改善心肺功能，增大心力储备，使心脏更加强壮。因此，有心脏疾病的患者和高血压病人在进行康复健身时，运动量宜小不宜大，以放松性质的运动为主；冠心病患者则以有氧耐力的康复健身为主，如步行、慢跑、打太极拳等。如健身气功的祛病康复功能，往往并不在意对病因是否做出明确诊断；它不用开刀，也无须用药；只是通过恰当的气功锻炼，就能够治病健身。而且，气功治病和康复还具有“广谱”的特点：当人们采用气功方法对某种疾病进行康复治疗时，往往一些次要的症候也能得到根除。气功作用的广谱性，也得到了大量临床研究的证实；气功锻炼能够广泛影响人体各个系统的功能，使自我调节功能加强，使免疫能力改善。显然，健身气功的这种整体健身健美效应与临床治疗有着根本的区别。目前应用健身气功祛病健身，不仅具有简、便、廉、有效的特点，还能使病患者完全摆脱临床治疗中的从属和被动感。患者可以根据自身的情况选择性的进行康复锻炼，可最大限度地发挥其主观能动性。气功健身注重环境因素对练功效果的影响，更重视练功者保持平稳的心态及和谐的人际和社会关系。这种将生理、心理、社会乃至环境因素结合在一起的健康理念，在康复健身运动中得到了很好的发挥。

第二节　对身体美的追求是女性的权利及社会对其的要求

女性身体审美的历史嬗变与根源，深刻反思了现代女性在病态审美文化的左右下女性边缘化以及女性健身体育在女性身体美的塑造中缺失的缘由，其目的就是希望女性树立正确的审美观和价值观，特别是作为现代城市职业女性更应该对健康的生活方式有清醒的认识，为拥有高质量的生活而选择正确的塑身美体方式。为此，对能塑造健康女性身体美的女性健身体育有正确的认识并提出理论构建，具有重要的理论价值和实践意义。

一、女性的权利之一——对身体美的追求，权利的张扬

情感需要是人类最本质的特性之一。即使是在实现了现代化的未来，人们的情感需求也不会减弱，相反只会日益增强。千姿百态的女性美的展示和追求，正是直接诉求与人类共同的情感，使大众产生一种“人同此心，心同此理”的凝聚力，通过对女性身体美的欣赏、追求、创造，产生一种赏心悦目、适情顺性、身心愉悦的最大众化的审美感受。它具有和谐性、协调性、享乐性等特点，给人宁静、舒适、柔和、喜悦的感觉。因为美，特别是女性身体的美，它具有极大的感染力、召唤力。正如19世纪俄国著名作家陀思妥耶夫斯基说的，“女性‘这样的美是一种力量’，她能振奋人的精神，开阔人的胸襟，陶冶人的情操，是巨大的精神能源，具有一种积极向上性”。也正是由于女性身体美具有如此高的审美价值与诱人的审美魅力，因此女性身体美一直是人们为之追求，为之向往，为之精心创造的一种美。女性身体美作为女性美的一种具体的表现形式，千百年来，无论哪一个年代，哪一个国度，哪一个群体，有女人的地方，就有对美的诉求。女性对美的追求似乎有些苛刻，从头发、容貌到体型，都不容错过，并在美丽的进化中，一直是人们共同关注和追求的对象，且永无止境。社会越进步，经济越发展，女性对身体美的需求也越来越强烈。

首先，作为女性爱美是女人的本性使然。对美的追逐热情只不过顺应了人的一种基本天性。如果忽视女性心智的这种显著的力量，那对女性精神世界的任何描述都是不完全的。女人天生就是爱美的动物，有着强烈的求美心理。在每个女性心中都有一个完美的自己，追求美丽是女人的权利，也是一种积极的生活态度。尤其是到了现代社会，大家都知道年轻美丽是有价值的，这更刺激了女性对个人价值的追求。特别是现代社会女性的社会交往确实比原来频繁了很多，以前的女性只是叫

“家庭妇女”，不太参加社会、政治、经济、文化等活动，女人与女人、女人与社会、女人与男人的交往不多，而现在由于工作和生活的需要，交往的圈子扩大后，女性对自己的仪表、面容、形体的美也就要求更高了，因为追求美的形象，可以提升自己的品位，愉悦心情，同时还可以产生一系列的增值效应。

其次，美丽也是一种责任。女人美丽，可以让丈夫更欣赏她，使他们之间更加恩爱。因为女人的美丽让他感到自豪，女人的美丽也可以帮他赢得良好的人际关系，从而帮助丈夫的事业走向巅峰；女人的美丽可以让男友更加爱护她，让她们的关系更加稳定，稳定的关系会带来稳定的心态，男友会为了维护和女人的关系，更加努力工作；女人的美丽可以让孩子更加自信地成长，因为孩子有一位美丽优雅的母亲，她们会为此而感到自豪和骄傲。女人的美丽还可以让她的父母更放心，这也是他们的期待，哪一个父母不希望自己的女儿比别人家的女儿漂亮，谁不希望自己的女儿在每一个年龄段的时候都是健康美丽的呢？由此可以看出，为了家庭的和谐，女人必须把美丽当作自己的责任，而且用美丽去传承一种文化，一种情感。女人的这种责任源于女人的伟大，同时用这种伟大颠覆着一种世俗，一种落寞。女人天生就承担着传播美丽的责任。

再次，对身体美的追求是女性的权利。在大千世界，人们所追求和倾慕的美的事物中，首先关注的是自身身体的美丽。身体是自然界赋予女性最初和唯一的美丽。雕塑大师罗丹说过，“自然中任何东西都比不上人体更有性格。人体由于它的力，或者由于它的美，可以唤起种种不同的意象”。女性之所以对自身身体美的渴望与追求，首先是由美的功能所决定的。美给人带来一种本然的愉悦，美可带来感官的愉悦或是使精神和心情感到豁然开朗、兴奋不已。女性身体美的观感具有巨大的力量，以至于人们都十分热衷与欣赏人的身体美，同时也对自己身体的美给予特别的关心，时时刻刻关注着自己的外在形象，甚至把这种追求与健康、幸福、成就感以及自信心等人类基本的价值观联系在一起，作为人生在世的一种基本态度，也被认为是一种生存的权利。

总之，女性对身体美的追求，是女性权利的张扬，是建立在女性对自身有了自觉意识特别是自身价值意识的基础上的人本理念观，是从本来意义上探索人的价值的价值观。正如大自然也产生与人和谐的结构和旋律一样，每一个爱美的女性，都在创造合目的产品，都在体验人本身的价值和意义，都是在创造美的事物、获得美的体验，这在某种意义上是女性自我意识的觉醒。在各种美好的事物中，女性的身体美是美中之至美，百美之典范，万美之荟萃。追求身体的美更多的是张扬着女性对外在物的征服力量，并通过愉悦身心，理性地强化这种力量，并以此来提升人的精神与人终极价值的追求。这一方面能不断强化女性主体意识和本质力量；另一方面在价值理念上更彰显女性定位和女性人的“类特性”——自由自觉的存在。

二、社会对女性身体美的要求——健身健美体育中健力美乐的关系

（一）女性身体美的现实写照——美丽新宣言

“美丽是无数次的冒险和一生的坚持”“爱美需要付出与勇气”“追求美丽是女人

的权利，也是一种积极的生活态度”等，随着社会发展到现代化的今天，世上没有女性能够完全不受美的诱惑。追求女性身体美是人们对于女性身体的普遍审美价值观，每一个年代的女性似乎都逃脱不了社会审美观笼罩下的命运。如在现代化的都市生活中，美容瘦身作为一种新兴的审美观已经成为新的时尚。为了美，女性不断地“修饰”自己的身体，且手段和方法也是五花八门，令人眼花缭乱。如果在过去，夫为妻纲，女子地位低下，被要求遵守三从四德。她们的生活以伺候丈夫、抚育儿女、服侍公婆为主，却偏偏没有自我，因此缺乏自信，人格不独立。描眉画目，乔装打扮，是为了博得他人的欢心。然而，在现如今，女性地位已经大大提升，“女为悦己者容”的观念也就备受争议。在我们对职业女性和男性的深度访谈中可了解到，职业女性的减肥塑体，美容修饰并非完全为了“他”。她们追求美丽的目的是多样的：有的是吸引目光、取悦他人；有的是为了增强自信；也有的是为了让自己有个好心情。其中有年轻的女性强调说，“她每天都要精心装饰自己，但这与男人无关”。因为一个清新的妆容会给自己带来好心情，让自己充满自信地去做事情，同时也不相信每个到美容院和健身房去的女方都是恋爱中人”。她们更关心的应该是自己的感受与心情。由此可见，现在更多的女性已经开始变被动为主动，自主和自我意识越来越强烈，为实现生活形式和精神层面的双重独立，不再迎合，而是更注重自己的感受。另外一个更重要的原因是当前体制的转变，是根据市场需要进行资源配置的。市场主体为迎合女性对美的需求，必然将美女纳入生产要素之中。美女作为一种稀有资源，商家争相开发、利用美女资源。同时，市场经济又遵循等价交换原则，美女作为资源参与市场运转、为商家赚取利润，会获得丰厚的回报，这诱引了女性们纷纷以美貌去换取财富、地位和社会声望。为什么人们的观念会发生如此大的变化？究其深层次的原因有以下三个。

一是由于现代职业女性的经济相对独立和社会地位的提升，她们不仅可以控制如何花自己的钱，还对家庭收入如何支出有重大决策权，78%的已婚女性负责为家庭日常开销和购买衣物做出决定，女性在家庭中也不再只是扮演贤妻良母的角色。报告显示即使她们的丈夫或家庭有足够的财力使她们不必工作，88%的中国城市女性仍会选择继续工作，正因为经济上的相对独立，女性思想观念的独立、地位的提高以及社会对她们看法的转变使女性的求美观有了质的变化。

二是职业女性在目前开放的社会大环境中自主意识增强，工作的需要，活动范围拓展，对美的追求更有自己的主见，更热衷于打造赏心悦目的自己。为此，更多倾向于在社会中以新的方式表现自己，不再局限于传统温柔贤淑的贤妻良母角色，而是呈现出百花齐放的女性美丽，性感风，休闲类，气质流，可爱派……百花齐放，各有特色。

三是社会、男权主义的影响和要求使全球女性近一半（47%）的人认为自己体重太重，年龄愈大愈是如此。这种不漂亮的感觉影响个人自尊心与快乐感。大众审美文化投射的美丽女性形象，普遍认为美丽与外表吸引力是社会与日俱增的要求，同时也具欣赏价值，有三分之二的受访者认为社会期望她们比母亲一代更具外貌吸引力，也更要懂得提升自我吸引力。甚至还有45%的人同意，外貌较为出色的女性在人生中享有更多的机会。男人在此中起了推波助澜的作用，多数女性感同身受。59%的受访者一致表示："外貌吸引人的女性较受男人珍爱"。特别是全球女性都重视婚姻与爱情关系，再加上其对快乐与个人自尊的连锁效应，使女性生活满意度与身心状态也受到此因素的负面影响较大。

因此，在现实生活中，每个女人的心灵深处都有着对美的渴望，一辈子都在追求美。谁不希望自己有姣好的容颜和迷人的外形，更何况是在自己欣赏或是欣赏自己的人面前呢？一个女人如果一直坚持、向往美，那么她的生活一定是充满活力的。特别是做一个热爱生活、有品位、有内涵、有深度的美丽女人，精心修饰自己，那是一种对生活的态度。女人不仅为了自己愉悦而装扮自己，也为他人，不是那种绝对的以自我为中心。相反，恰恰也是为更加尊重别人。试想，一个连自己都不在乎的人会在乎别人吗？如果一个女人只是一味地取悦别人，那她还有自我吗？女人有自己的位置，有自己的价值，不必再为了取悦别人而去刻意地装扮，而是在现实生活与工作中把自己修饰得漂亮优雅、美丽大方，使自己开心愉悦的同时，也是为了尊重身边的人。你想如果你邋遢无神，自己心情会好吗？别人看着会舒服吗？我相信美丽而精致的女人，是永远不会落伍的。不过女人的美丽和精致是来自心灵深处的，它不仅仅靠昂贵的服饰和浓妆重彩……女人要懂得爱惜自己，懂得内外兼修，懂得尊重自己，尊重他人，学会做一个热爱生活的人，那么她一定是光彩照人的。

然而，如果没有健康的身体，那种光彩照人的美就失去了根本的载体。车尔尼雪夫斯基曾说，"生命是美丽的，对人来说，美丽不可能与人体的健康分开"。人是美的，尤其是女性的身体，因为它符合美的规律，而其中最本质的东西是健康。

（二）女性身体美的时代要求——健、力、美、乐

我们从人类发展的历史可以得知，健康是人类生存发展的一个基本要素。健康是建立在对生活某种特定兴趣与目标基础上的个性表现。健康更是身体美的首要条件，或者说健康是人的外形美的基础。健康与美丽对女性而言是一个永恒的话题，女性对健康与美丽的追求也从未间断过。随着社会生活水平和健康理念的不断提高和完善，越来越多的女性已经认同了"1与0的关系，没有健康，美丽无从谈起"的全新观念——现代女性在追求身体美的热潮中，越来越认识到没有健康的身体，就不可能有女性之美。因此，在美丽的标准越来越个性化、多元化的今天，女性身体美的标准也越来越具体。那么这些健康美丽的标准是什么呢？

众所周知，人类的身体是有生命的活体，它能显示出自然结构的美，主要表现在人体外部匀称而协调的体态、形状方面，所以有时也将其狭义地理解为形体美。

古希腊哲学家德谟克利特（前460—370）曾说，"身体的美，若不与聪明才智相结合，是某种动物性的东西"。柏拉图也通过他老师苏格拉底之口说，"最美的境界……是心灵优美与身体优美和谐一致"。这种把聪明、才智、心灵、人体美结合起来论证的情况表明：身体美是和社会性具有密切联系的。表现为：身体美或多或少地总是打上了时代的、种族的、民族的、阶级的、地域的烙印。但是身体就其基本

属性来说，乃是自然的。女性身体美也是如此，具有生理学、遗传学、生物学、生态学上的特点。这是客观的不以人的意志为转移的自然物，是一种自然美。所谓“天生丽质难自弃”就是白居易描绘杨贵妃的自然美的名句。歌德曾说：“不断开采的自然美的最后创造物就是美丽的人”。法国雕塑家罗丹（1840—1917）曾说：“‘自然’中任何东西都比不上人体更有性格”。人体，由于它的“力”或者由于它的“美”，可以唤起种种不同的意象。这其中的力是指强有力，健康的机体使生命充满活力。人的健康涉及两个方面，即人的身体和情绪，要求身心俱泰。古希腊医学家盖仑认为，“健康的身体是由于体内各种因素的平衡”。法国哲学家笛卡尔也谈到，“健康在身体里愈不为人感觉到的时候，就愈达到最高度的圆满程度”。这说明健康也能反映出协调与舒适。在此基础上，现代女性形体美大致趋向是统一的。表现为：一是匀称、适度的骨骼美；二是富有弹性并显示出人体形态强健协调的肌肉美；三是红润而富有光泽的肤色美。

在我们的现实生活中，人们都喜欢漂亮的女人，在欣赏她们的仪态、容貌、气质、风度时，眼神里流露出一种掩饰不住的惊叹与喜悦。女性的这种美不仅仅只是外在的形态，它还包括性格修养和精神状态。我们经常可以看到，有些人虽然相貌不一定很漂亮，但身材匀称、曲线优美、举止潇洒、谈吐大方，与她们相处，使人如沐春风，如饮醇酒一般舒服，给人的感觉是充满活力的健康、青春美。但也有一些人，她们不乏身材高挑瘦削而显纤弱，即现在流行的骨感体形的女性，却给人一种精神不振的病态，更不要谈那些身体肥胖的人群很难予人美感了。究其原因，不难得出，人首先体现出来的那种气质、精神状态和风度，是成于中而形于外的东西，没有模式，就像彩蝶的飞翔没有固定的路线一样。各种各样的风度、气质有各种各样的美和优雅，而这种美和优雅主要是通过人形体的健美、身体的健康、姿态的优美、动作的协调、心情的舒畅表现出来的。而要拥有这些不是没有可能，完全可以通过健身运动来获得。

第三节　女性参与体育健身行为的特征

中国体育改革随着经济结构的变更，迅速地与世界体育发展的大势接轨，并在可持续发展理论的指导下，进行一次彻底的观念更新和重大的方向调整。表现为我国“全民健身计划”的颁布与实施，标志着我国体育的发展走上了当代社会体育的发展轨道。特别是现代社会体育的丰富多彩与蓬勃兴起，对整个社会生活的影响越来越大，在余暇生活时间中，越来越多的女性通过健身健美体育来满足自身健身、休闲、娱乐、教育的需要；通过健身健美体育来加强沟通交流、发展人际关系、促进体育社会化；通过健身健美体育来完善自身、促进自我发展。如今健身健美体育已成为女性生活方式的重要内容，主要表现为以下特征。

一、整体健康性

从世界卫生组织（Word Health Organization，WHO）最近提出的健康标准看体育对人的健康的影响可知：一个符合健康标准的人，确实是表现在躯体、心理和社会三个方面的，它对人体具有全面的、整体关联的作用，但每一项标准与躯体、心理和社会的关联程度是有差别的，不同的因素对不同的标准的影响也是有差别的，对于“精力充沛，对日常生活和繁重工作不感到十分紧张和疲劳”“体重适当，身体匀称，站立时头、肩、臀位协调”“肌肉丰满，皮肤有弹性，走路轻松”等健康标准，发挥主要作用的是体育；而对于“应变力强，适应外界环境的各种变化”“能抵抗一般性感冒和传染病”等健康标准，体育同样发挥着重要作用；对“乐观积极，乐于承担责任”“善于休息，睡眠好”“牙齿清洁，无龋齿，无痛感，牙龈颜色正常无出血”“眼睛明亮，反应敏锐，眼睑不发炎”“头发有光泽，无头屑”五项健康标准，健身健美体育也都有积极的作用。由此可见，健身健美体育对人的健康影响追求的是形态结构和生理机能的统一，身体和心灵的统一，生物性和社会性的统一。健身健美体育对人的改造，不但是一种生物学过程，而且还应充分重视人的心理因素、社会因素和环境因素，因为它们之间是一个相互关联的系统，缺一不可。

健康是人类永远追求的理想目标，同时也由于它的多维性，使人们对它的理解受多重因素的影响。当健康与健身健美体育结合时，表现的是健身健美体育的目的是为了促进和改善人的健康。因此，在健身健美的实践中，必然坚持外修其身，内养其心的运动系统性，注重个体的均衡、对称、协调发展，强调从全面的角度对健身健美进行综合评价，改变从单一角度和用外在表象去衡量一个人的身体素质与活动能力的传统习惯。

从健身健美体育的本质特点来看，它是身体活动，它对人的作用也是在人的生理技能变化上，当然可以肯定地说健身健美体育对人的心理影响也是很大的，能促进人的社会适应性，促进人的心理健康，但这不是健身健美体育的本质作用，其他的社会活动也同样能起到心理和社会适应的影响作用。不过，从可持续发展的角度看健身健美体育，它强调的是自然、和谐。因此，在人的整体健康涉及的生存和发展的环境——自然界，文化氛围、审美情趣、人际交往等方面的自然取向，人体自然生长、发育、发展的客观规律和新陈代谢、自我调整的生命活动等都是一个和谐一致的健康整体，健身健美体育对此都有促进作用。然而，这些在目前城市职业女性的健身健美实践中，还不是很理想，其中最为突出的现象是：我们在对长株潭职业女性参与健身目的的调查中反映出大部分女性参与健身是为了减肥，希望通过运动塑造苗条、骨感的身材，以此达到比如找个好老公，找份好工作等目的。因此，在我国健身健美体育与健康的关系从理论上讲是相互促进的，健身健美体育也能在不同程度上对心理健康、社会适应能力起到积极作用，但是在实践中我国的健身健美体育还没有全面体现出它的健康功能，这提示我们要使健身健美体育对女性身心健康和社会适应能力有促进作用，必须加强女性对健身健美体育锻炼的认识，形成良好的健身活动动机与健康的价值观等。

二、体态优美性

人对自然万物最原始、最根本的视觉感受是显现物体外形的“线”。“直线”使人感到刚毅、果断，而“波纹”的曲线会使人觉得柔和而细腻。成熟女性特有的外形轮廓曲线，正体现这种奇妙的作用。因此，健康的体魄；高雅、灵动的气质修养；体形的协调优美成了现代女性美的共同追求。而体形的协调优美，包括匀称健美、身材各部位比例协调、线条优美流畅、皮肤白皙细腻等。要想获得这些效果，完全可以通过做健身健美运动来实现。

首先，这是因为健身健美体育不仅可以培养文雅、优美的站姿，正确的坐、立、行走姿势，使身材呈现自然柔美的线条，给人以健美的感觉，而且优美形体训练中的行走方法可以培养女性迈出漂亮的步伐，经过一段时间的训练可使其背部、腹部、臀部以及四肢的赘肉减少，令举手投足间充满优雅的女人味和展现出柔和优美的体态。

其次，通过锻炼腰、腹、臀部的灵活性，可以使腰、腹、髋关节的发育均衡，比例恰当，同时能使盆骨的力量增强，臀部、腰部韧带的拉伸力坚韧，消耗体内过剩的热量，创造性感迷人的曲线。

再次，通过一系列的腿部组合练习，能够使其双腿修长，腿肌结实，线条优美而有弹性，同时加强腰骶关节和膝以上肌肉的弹性和韧带的耐力，可增加身体肌肉的柔韧度，从而不易被拉伤和损伤。

更值得关注的是，当前女性形体美的标准是非常严格的，她必须符合对称、均衡、和谐及比例适当等原则。而目前在我们的调研中有八成以上的女性对自己的体形不满意，其中最大的问题是认为自己肥胖。以现代审美观点来看，这种体形是不美丽的。从生理健康角度讲，也是不够健康的，因此瘦体是众多女性最为关注的话题。而健身美体练习可以最有效地防治肥胖，这主要原因为：一是，人体在健身运动时主要能源来自于糖和脂肪。健身美体运动多为有氧运动，有氧运动在肌肉运动时对血中游离脂肪酸和葡萄糖的摄取和利用增多，导致大量的游离脂肪酸被释放，使脂肪细胞缩小；同时使多余的血糖被消耗而不能转化为脂肪，结果为体内脂肪减少，体重下降。二是，健身美体运动能改善脂质代谢。三是，经常进行长时间健身运动的人，外围组织，尤其是肌肉细胞膜上的胰岛素受体敏感性提高，与胰岛素的结合能力增强。四是，肥胖者安静状态时的代谢率低，能耗少。经过系统的健身美体运动，使机能水平提高，特别是可以增强心肺功能，使肥胖者在静息时的代谢水平提高，能耗增大。五是，肥胖者进行适宜强度的运动健身后，常发生正常的食欲下降，摄食量减少，从而限制了热量的摄入，使机体能量代谢出现不平衡，引起体脂的减少；另外，运动后，食物的特殊活力增强，有利于能源物质的分解。特别是含有现代时尚元素的健身操、器械操和有氧舞蹈，它在视觉上可刺激人的锻炼欲；通过练习，在功效上，能使身体各部位的骨骼、肌肉及皮肤得到充分的运动，不仅能促进女性的身体健康，而且能令女性的体态变得优美，举止变得优雅，身材变得健美迷人。而优美动人的健美身材更能使女性在举手投足间洋溢出明快动人的节奏，并令其充满活力。

三、身心愉悦性

在古希腊，柏拉图就说过，“人的心愿不外有三：健康的身体、通过诚实劳动获得的富裕和看上去优雅美丽”。人们对人体美的渴望为什么强烈并成为人们永恒的追求？首先是由美的功能所决定的，美给人带来的是一种本然的愉悦。美可带来感官的愉悦或使思想和胸怀感到开豁。美是灵性和艺术的总和，从启发内在美而表现出外表的美，它代表着社会的进步和对美的追求，即表达着高尚情操的仪表和热情向上的人生态度。因为置身现代化的文明生活中，凡是懂得欣赏美、寻求美和表现美的人，多能热爱人生，因而也能充分享受生活的乐趣。

当女性向往美好生活，通过健身美体运动去表现美时，她们的情境是美好的，心情是舒畅的，而此时大脑内神经调节物质酰胆碱分泌增多，血液通畅，皮下血管扩张，血液通向皮肤，使人容光焕发，精神抖擞，充满活力和自信，这是一种心理、情感状况的表现。人如果合理而又坚持经常参与健身美体活动，所产生的生理变化而引起的心理变化就能积累起来形成人的性格，拥有愉快，开朗的心情，从而可以塑造一种健康完美的人格。18 世纪法国有个医生兼哲学家拉美特里曾说，“有多少种体质，就有多少种不同的精神、不同的性格和不同的风习”。“心灵随着肉体的发展而发展，就像随着教育程度而发展一样”。健身健美体育的实践也证明：在创建健康、优美形体的同时，也创建和塑造着和谐的心灵与精神。“形具而神生”，心灵是随着肉体的发展而发展的。相反，一个衰弱的，长期缺乏锻炼的身体，其内在的感觉不会很好，人的情绪也会受其影响，往往由于力不从心而对自己缺乏自信；心情不好，又容易导致疾病的发生，形成恶性循环。

健身美体的目标是减轻体重，缓解压力，拥有最好的身体和享受最快乐的生活。因此，在重塑形体的过程中，常常需要克服各种困难，如烦躁、沮丧、孤独，各种坏的生活习惯，改掉暴饮暴食的恶习等，这些都需要学会控制自己的情绪，提高自我认同度，不断地挑战自我，寻找和创造快乐，才能达到完美的境界。然而在实践和追求完美形体的过程中，也培养了人的毅力、顽强的品格以及美好的心灵。研究表明：当一个人有了审美能力的时候，他的心灵就能在各种美体健身中不知不觉地接受各种美的观念，并且接受同美的观念相联系的道德观念，因此也促进了人类道德的完善。必须指出的是，要使真正健康的健身健美体育深入人心，成为大众的自觉行为并贯穿生命始终，仅有理论上的研究与宣传是不够的，还必须使健身健美实践活动本身具有吸引力，即娱乐性。身心的愉悦性虽不一味追求娱乐，但其指导下的健身健美实践应该是一种娱乐的运动。无论采取何种活动方法，都无一例外地要使身心获得满足。健身健美实践决不以牺牲娱乐为代价，而是以娱乐为条件。是娱乐和健体健美有机统一，只有这样才能达到生存、享受、发展的和谐一致。

四、科学全面性

对女性健身健美体育的科学全面性特征的理解要从两个层面看：一个是女性的

身体观；另一个是女性健身健美体育。女性的身体观是对女性身体的认知、情感态度和价值判断；女性健身健美体育是以身体为作用对象，以身体活动为手段，以身体改造并进而全面发展为目的的一种社会文化活动。首先从女性身体观来说，女性身体观的三个维度——女性生物身体观、女性社会审美身体观、女性审美身体观与女性健身健美体育，由于共同作用于身体，因而发生了直接的互动关系。女性身体观对女性健身健美体育起着导向、规范和动力的作用；其次由于健身健美体育本身的独特性，在女性身体观规定的框架中发展的同时，也不断地与女性身体观发生冲突。因此，女性在追求健康、健美、健心的过程中，在兼顾生物差异、社会差异和审美差异的同时，女性健身健美体育有主动适应、融合的宽松、全面科学的特性，从而促进双方的互动与发展。具体表现在以下几个方面。

（一）在生物身体观指导下，遵循健身健美锻炼的一般规律

首先要有一个明确的健身目的，即生命在于科学运动。尽管我们无法抗拒人的衰老与死亡的自然法则，但可以让生命和健康延伸。根据人体科学和生理科学理论，科学健身必能强体。要对健身健美锻炼的一般规律有较深刻的认识，使健身健美锻炼系统化，全面锻炼与局部锻炼相结合，对健身健美的内容、运动负荷的安排应有合理的顺序，循序渐进，切忌盲目主观。科学研究表明，人体各器官系统机能不是一下子可以提高的，它是一个逐步发展、逐步提高的过程。否则不仅不能有效地增强体质，反而还会损害健康。这一点对一些想通过健身锻炼塑造优美体形的女性很重要，不要因为想减脂而急于求成，不考虑自己的承受能力，这样只会欲速不达，有害无益，因为健身健美的真谛在于务实，切忌浮华。

其次，健身健美锻炼者必须根据自己的性别、年龄、健康状况、工作学习情况，以及锻炼的思想基础，体型欠缺部分和重点发展的部位等，安排好健身锻炼的时间，承受运动量的能力和恢复能力，加强营养和遵守科学的作息时间等。

再次，有针对性地选择切合实际的健身健美锻炼方法和手段，才能提高健身健美的效果。如年轻的女性参加健身健美锻炼的目的，要有利于促进身体各系统、各器官的正常发育，使之练就健美的体型，以充沛而旺盛的精力更好地投入到学习和工作中去；中年女性参加健身健美锻炼的，目的旨在通过一定的锻炼，加强机体的代谢能力，保持旺盛的精力，提高心血管系统机能等，有助于延缓机体的衰老。总之，要因人而异，科学、合理地安排健身健美的活动量，使之有效地强身健体，改善体质。

（二）在社会审美身体观下，健身健美体育对女性身体意义的超越

健身健美体育以特殊的方式与女性身体发生联系，即与具有生理功能的身体、社会产物的身体、审美的身体发生联系。女性身体既是一种生物体又是一种社会产物，同时还是一种运动状态的物体。女性通过各种手段和方式获得健康、美丽的身体，同时也希望在各种场合表现身体并获得各种身体体验。因此，健身健美体育的特性不仅仅停留在生物功能层面，而是具有生理、心理、审美、社会全面功能。健身健美体育的意义不仅仅是增强体质，它超越了自然界所赋予的界限，它不仅仅是一种自然现象，还是社会文化的组成部分。

在女性身体观的三个维度中，生物层面是基础；社会层面基于生物层面，并对其起限制、修正作用；审美层面则是基于生物和社会之上，它是社会文化的体现，是最深层次的价值观念，特别是针对当今女性而言，身体的审美期待既决定着女性是否参加健身健美活动，也决定着其参加何种健身项目。随着社会的发展，审美期待也不断地变化着，这也决定着女性健身健美体育的发展方向。首先，表现在女性健身健美的体验上，健身环境的多样性构成了女性健身健美体验的多样性，这些不仅表现在身体和心理的体验，还是对社会生活与文化的多层次的感受。如滑雪的刺激体验、游泳的自如漂浮体验、体育舞蹈及健身操的优美体验、足球的激战争夺体验等，这是在日常生活中无法体验到的。其次，是社会体验。健身健美体育可以给予人体一定的社会体验，如健身项目中的活动规则和活动方法，可以折射出日常生活中人们的生活场景，以及人与人的联系、交流与沟通的技巧，特别是人对生活技能的学习也可在其中体现等，这些充分体现健身健美体育运动对人的社会意义。再次，是作为个体人的存在体验。在健身健美运动中，女性可以体验到自己的能力、个性，与他人的多样性的联系，以及自己与他人的统一性和差异性，这些不仅是通过健身运动来体验生活的意义，还发展为感受个人存在的价值与意义。对当代女性更重要的一点是审美体验。健身健美运动是最能展现动感人体自然美与人生命活力的运动。因为在动静相间的节奏中，通过急缓多变的健身动作打造和呈现出一幅幅美的画面——美的形体、美的动作、美的节奏、美的造型、美的旋律，一切的美又处于不断的变化中，使生命充满活力。

五、形式多样性

健身健美活动发端于人类的健康意识。进入现代社会后，健身健美活动日益成为目的明确、目标多元、形式多样的运动项群。如运动方式灵活，可以集体活动，亦可以单独进行；可以在野外或家中进行；可以静坐冥想——意念运动，也可以在音乐的伴奏下舞蹈。其运动种类多种多样，可选择较具生活感的定量步行、健身慢跑、园艺活动、爬楼梯等；也可选择水上运动、保龄球、网球等大众运动；或者是重视沟通交流的太极拳、瑜伽功，跳交际舞、韵律操、保健操等；也可为亲近大自然、恢复身心疲劳的郊外踏青、爬山、野营；有为追求刺激和探险的攀登悬崖峭壁、蹦极；当然更有流行时尚前卫的高尔夫、轮滑、冲浪、网络电子模拟舞蹈与对练等。无论哪种健身健美方式，一切由自己凭兴趣和习惯随心所欲地选择。在各种各样的健身健美体验中运动着你的身体，放飞你的心情，磨炼你的意志品质，恢复你的身心疲劳……当然，参与健身健美及选用健身健美的方法因人而异：如果是想改善和提高机体内脏器官功能、去脂减肥的，可以选择有氧运动项目；如果是为了塑身美体的，可选用器械健身、舍宾、瑜伽、法拉提等；如果是为了养生保健、延年益寿的，可选用传统养生、太极拳、太极剑等；如果是为了减缓压力、陶冶性情，享受生活乐趣的，可以选择休闲项目如旅游、踏青等。总之，女性可根据自己的兴趣和需求选择参与健身活动的形式和内容，通过各种各样的健身健美活动丰富生活、促进健康、提高生活质量，是女性共同的价值追求，因为健康、美丽是女人一生的坚持与追求。

第四节 女性健身健美理论的构建与实现

女性健身健美体育的发展是大众体育协调、可持续发展的重要内容和前提条件，促进女性健身健美体育的广泛参与是构建和谐社会、创建文明的生活方式，以人为本，充分发展个性所必需的一项长期的、复杂的系统工程。因此，对女性健身健美体育的发展提出理论构想，具有重要的理论价值与实践意义。

一、健身健美体育的发展动力

（一）内在动力——健、力、美、乐的追求

对于人体美的欣赏早在人类自我意识刚刚觉醒的原始社会就开始了，希腊米洛岛出土的维纳斯塑像，作为人体美理想的化身，受到了举世公认的称赞。人们渴望美、欣赏美，这是由美的功能所决定的。美给人带来的是一种本然的愉悦，美可带来感官的愉悦或使精神和心情感到开豁、兴奋。在我们追求、倾慕的一切美的事物中，首先关注的是我们自身的身体的美丽。古代中国人对女性人体美追求的是丰腴与弱不禁风，而现代人崇尚的是健美，它反映的是现代女性作为自然界的一员朝气蓬勃的自我意识与自觉要求，是在健康的基础上人体的更高境界。雕塑大师罗丹说过，“自然界中任何东西都比不上人体更有性格。人体由于它的力，或者由于它的美，可以唤起种种不同的意象”。因此，任何人都不会排斥美的东西。

追求美，是一种生活态度，爱美是女人的天性，女人爱美、欣赏美，也愿意被别人欣赏。特别是女性身体的美，是美中之至美，百美之典范，万美之荟萃，令人心生向往。然而，时间是美丽的天敌，随着时间的流逝，紧张、忙碌、升职、加薪充盈着女性的生活，巨大的工作与生活压力，使美丽渐渐远离女性，于是容颜的老去、身心的疲惫接踵而至。曾经的顾盼生辉、丰盈多姿早变成了记忆中的风景。有人抑郁、有人痛苦、有人焦虑、有人自残甚至自杀，因为承受不了生命的如此重负。

其实，生命本不该如此的脆弱，要成就女性美丽的梦想，女性只要学会给自己打造多彩的生活，让青青、活力、快乐、美丽充盈内心深处，让女性的美朝着无限的远方延伸。为了成就女性美的梦想，一些时尚的健身健美运动应运而生，它们不仅仅成就了女性的外在美，更丰富了女性的精神生活。如为缓解现代女性因生活节奏快而带来的紧张压力，女性可以选择瑜伽练习，它强调的是一种精神境界的锻炼，主要是通过呼吸和伸展的锻炼来调节人的情绪，使女性心境平和，不再心浮气躁，更多地感受生活的美好和快乐；又如健身健美运动中的普拉提，几分像瑜伽，几分似太极，在普拉提轻柔和愉悦中锻炼，使女性的身体散发青青的力量，它既融入了

西方的“钢”，又融入了东方人强调身心统一的“柔”，它能帮助女性拥有扁平的腹部、结实的肌肉、协调而柔韧的躯体；而舍宾项目是通过计算机测评来为女性量身定做适合的形体标准，让女性成为标准美人，是一种科学的健身运动，舍宾运动给予女性的不光是曲线，还有生命律动的活力；如果想变成“气质公主”，芭蕾形体训练可以使女性身材窈窕、气质高雅、举止迷人，跳芭蕾的女性也许并非都是令人惊艳的绝色美女，但却挡不住一种优雅、一种沉静、一种由内而外散发的魅力，因为，芭蕾具有很强的塑造个人气质和形体的效果，在动作中产生脂肪在燃烧的快感；如羡慕充满活力的魔力身材，那就选择动感十足的拉丁健身操，它可以让健身充满豪放激情，在疯狂地扭动中挥汗如雨，在尽情展示美好的身姿和迷人的拉丁舞步的同时，感受异国风情，体验身体“舞”动起来的绝妙感觉和神奇的健美效果，这就是力与美的体现；美的极致是自然，在SPA的自然世界里，通过天然素材与养生护理，享受来自阳光、空气、花草和水于一体的拥抱，使身心从紧张的生活中抽离，找回心灵深处的宁静、柔美与浪漫，让人发自内心地感受自然、感受平和，同时又自然地散发出迷人的自信。这些健身健美运动及美容方式所创造的这种女性的身体美，以力度、节奏、均衡表现出常人表现不出来但又潜藏着这些能力的姿态、造型、线条、韵律、健康、美感等。女性可以在健身健美运动中挑选、表达和感觉自己的身体、心灵和世界的关联。因为女性的身体既是健身健美运动的承担者，同时又是健身健美运动的成果。作为承担者，运动中动作的美就包含和表现着身体美；而作为成果，身体美又凝结和体现着动作美，因为协调、平衡、灵巧的动作，才可能锻炼出美的身体。身体的美凝结着锻炼过程中的动作美，如科学的健身运动必能练出美的身体，即美的运动、美的动作，创造出美的身体。

因此，在众多女性心目中，健身健美已经成为一种生活时尚，一种生活态度——“运动让我们更美丽”。女性为了使身体的美具有独特的审美价值，并能通过形式美揭示人的精神风貌，使外在美和内在美达到和谐统一，女性在运动中不断地挑选适合自己的运动形式，也正是女性对“健、力、美、乐”的追求，使健身健美运动从形式、内容、方法等方面呈现出多元化发展趋势。现在无论是海滩、公园还是广场，到处都有女性健身的身影，伴着椰风海韵、北方秧歌或充满黎族、苗族风情的健身舞相映成趣，妇女健身健美活动丰富多彩，魅力无限。实践证明，女性追求自身的完美，追求将自身塑造成理想的人，健身健美体育是最积极、最有效的手段。同时，女性对健、力、美、乐的追求与需求，是推动健身健美体育向多元化发展，并具有无限活力的内在动力。

（二）外在动力——和谐社会发展的需要

两性和谐发展促进女性健身健美体育健康前行。和谐社会发展具有深刻的内涵，它不是静态的完美，而是动态的和谐，其目标指向是自然、社会与人的和谐发展。这是一个系统工程，需要着力解决涉及政治、经济、文化等多领域的问题，当然也需要从多渠道、多途径加以建设。首先涉及的最根本的着眼点在于实现人的全面发展。所谓人的全面发展是人的体力、智力、道德品质及个性的充分、自由、和谐的发展。而人的全面发展的基础是人的健康体质，这不仅是一个国家富强繁荣的标志，还是社会主义和谐社会的基础与目标。因为在人力资本的构成要素中，人的健康资本是基础性的要素，知识、技能等创造价值的资本无不以它为基础。当然，这同时也是反映一个国家政治制度的优劣、经济基础、社会文明等的发达程度的重要指标。特别是中华民族要屹立于世界之林，就必须提高包括健康体质在内的国民整体素质。

然而，随着现代生活方式的改变，女性特别是职业女性的身心健康问题仍存在各种隐患，其健康状况依然不容乐观。一是，职业女性的生理健康问题甚多，表现为41%的女性有高血脂，心动过缓或心律失常，20～39岁的女性的发病率甚至高于40～49岁的女性；中国已婚女性感染妇科炎症的比例在75%左右；33%的女性患有肝脏疾病、慢性胃炎、胆结石等消化系统疾病；39%的女性有口腔问题。二是，女性的亚健康状态呈上升趋势，“女性健康状况调查”研究表明，只有12%的女性没有出现亚健康症状，也就是说有超过八成的女性处于亚健康状态，43%的女性虽然没有生病，但经常感到疲劳，身体状况不好。三是，女性的性病和艾滋病患病率呈上升趋势。四是，女性心理健康问题，如焦虑症、抑郁症、恐惧症、情感情绪障碍、社会适应问题等，且随着社会竞争的加剧，女性心理健康的风险越来越大，直接影响女性的生活与工作，调节不及时的话，可导致严重的疾患。此外健康产品市场化和商业化，以及某些媒体对于女性的误导，女性健康又增加了许多人为因素，媒体在商业化的运作中，有意或无意地对女性的身心健康带来了众多负面的误导。在所谓“苗条”“性感”“美丽”的标准下，许多女性加入到了“整容”“减肥”“隆胸”等的队伍中，大有“生命不息，战斗不止”之势。女性目前的这种健康状态和生活环境，与我国要构建的和谐社会格格不入。故此，维护女性的身心健康已经成为一个刻不容缓的问题，同时改善女性健康问题、维护女性健康权益，也是全社会义不容辞的责任。这也是和谐社会建设的重要内容，是关系到和谐社会三大目标：人与社会的和谐、人与自然的和谐、人与人的和谐能否实现的问题。其中最核心的问题是人与人的和谐，即人与人之间的利益关系问题。

社会发展是以人为主体的，人的发展是以个体为本位的，因而促进个体的人的和谐成长与发展是社会的主要工作和责任。因此，从两性和谐发展的角度，关注和培育女性健身健美体育，促进女性的身心健康全面发展，改善和提高女性生活质量，构建两性之间、女性与社会之间、女性与自然之间和谐相处的新模式，满足职业女性科学健身的需求，引导和培养更多的女性进行适度健身锻炼，并使之得到不断完善和提高，建立健康、科学的生活方式，创造文明、和谐的社会环境。只有大力发展健身健美体育，特别是引导女性与男性一道共同参加健身锻炼，促进两性相互之间的人际交流，以赢得男性的广泛认同和尊重。同时通过女性积极参加健身健美锻炼，带动家庭全体成员的共同参与，提高家庭成员身心健康水平和社会适应能力，以便更好地服务于社会主义和谐社会。另外更应重视建设和完善以先进文化为主、与两性和谐相适应的、具有多元功能和整体效益的女性健身健美体育文化系统，才能加速推动和谐社会的发展进程，人民才能安居乐业，国家才能长治久安。健身健美体育作为两性和谐发展的重要手段，在和谐社会的建设中不断拓展与丰富，同时伴随两性和谐发展而健康前行。

多元化的价值观在女性健身健美体育中得以实现。我们知道，在这个世界上只有人可以自觉地去认识自己的身体，自觉地锻炼改造自己的身体，创造理想的生命。雅典哲学家柏拉图认为，“……要为造就完美和谐发展的人而健身”。文艺复兴时期的伟人们，开始突破原始的人体创造即体育是为了战争的需要或物质生产的需要这一狭隘标准，超越眼下直接的生活需要，以人自身的完美、和谐发展为目的，这是人区别于动物的本质所在。当然，人们把自己的身体作为对象来改造时，就会按照“内在的尺度”即美的规律来塑造自己的身体。健身健美体育与人的健康美的塑造乃至人的全面发展具有必然的联系。特别是爱美的现代女性，不再听任自然的随便摆布，希望按照“美的规律”来塑造自己理想的身体。同时随着经济发展和社会进步，健身健美体育不仅仅是一种身体运动，它在具有强健体魄、娱乐身心、陶冶情操、振奋精神等特殊功能和作用的同时，更是一种教育手段，一种生活方式，一种精神载体，一种财富基石，它对于建设民主法制、公平正义、诚信友爱、充满活力、安定有序、人与自然和谐相处的社会，具有独特的价值和重要作用。

第一，女性积极地参与健身锻炼，可以促进身体与心理的健康。女性健康水平的提高，在某种程度上是提高人力资源的数量和质量，在人力资本的构成要素中，健康资本是基础性的要素，知识、技能等创造价值的资本无不以它为基础，而健身健美体育为社会健康资本的积累提供了保证，也无形地间接创造着社会财富。这是因为在高度的现代文明给人类带来实惠的同时，也给人类带来了很多困扰。如大自然的破坏日趋严重、工业化社会的竞争给女性造成了强烈的心理紧张和压抑感、现代生产方式和生活方式使女性身体运动的机会越来越少、老龄社会的来临使国家医疗保健费用的大幅度增加、患“现代文明综合征”人数的增加等，因此，通过健身锻炼能有效地提高女性的身体素质，预防现代文明病的发生，从而减轻国家的经济负担，并能促进经济的发展。

第二，女性积极参与健身健美运动，能使女性增强自信，充实生活，培养坚强的意志品质与强烈的责任感和事业心，从而不断完善自己，更有自信地工作与生活。促进女性在德、智、体、美等多方面的协调发展。与此同时，积极参与健身运动，能够提高女性的社会适应能力和社会化程度。现代女性背负家庭和事业的双重责任，生活节奏快、竞争激烈、压力巨大。女性积极参与体育运动不但能增强体质，改善神经系统的协调性和灵活性，而且能通过健身健美运动增进情感交流，改善人际关系，培养女性的合作意识与团队精神。女性在健身运动中所表现出来的乐观、自信及充满生机和活力，使其人性更加完善，人格更加健全，人体更加完美。

第三，女性通过参与健身，可以塑造形体，塑造美的体型。健康的身体美是女性永恒的追求，它是在增强女性体质的基础上对人体发展的更高要求。现代女性无论是进行锻炼、保健养生，还是美体的推拿按摩，都是在健身基础上的发展，并同健身相结合的一种有目的、有意识的追求与努力。在我们的调研中发现，现代女性参与健身的目的更多的是为了减肥，以达到现代女性美的标准，为达到大众认同的苗条而孜孜不倦。因为女性的美对她们来说，一方面是资本，是财富；另一方面是理想，是希望。这些由内到外的优雅气韵和悦目风姿，需要千锤百炼，健身体育是最积极、最有效的手段。当然，塑造人类也正是健身健美体育的意义所在。

第四，积极参与健身可以提高生活质量，提升休闲活动的文化品位。健身健美活动是一种文化现象，其内容、形式等都因女性的思维方式、文化素质、兴趣爱好差异的不同而千差万别、不一而足。健身活动作为健康向上的休闲活动既能使女性的身心享受快乐、个性得到张扬、能力得到锻炼，又能使社会环境得到改善，文明程度得到提升，使女性的精神面貌焕然一新。当大部分女性从消极的打牌赌博中走出来，积极投入到旅游、郊外垂钓、广场舞蹈、俱乐部健身等行列中时，女性休闲的文化品位就会得到根本的提升。特别是一些依赖自然资源开放的休闲活动还将有助于女性重新认识自然、尊重自然和保护自然，从而成为沟通和促进人与自然之间和谐、协调关系的一个重要媒介，它是人类直面现实的结果。对女性健身运动的发展，对人类健康，乃至对社会进步的贡献都具有十分重要的积极意义。

总之，健身健美体育作为社会文化的组成部分，与社会，特别是人的发展有广泛的联系，其在思想、文化、社会、健身等方面的多元价值，在构建和谐社会中发挥着越来越重要的作用。

二、健身健美体育的发展价值

美是人类的生活理想，又是人类的主要力量源泉。人在对美的追求中，生活才有了意义，人生才有了情趣。人的灵性和智慧只有在美的追求中才能呈现出来。因此，追求美是女性必不可少的精神需要，是其一生不懈的追求。苏联美学家布洛夫认为“人直接需要美，……而且也按照美的规律进行创造”。马克思在他的著作中也指出，“人也按照美的规律来构造”。

因此，无论是“创造”还是“构造”，其对象或领域不仅是要指向物质，更应当指向主体人自身。也就是说，在女性健身健美体育中，女性主体的身体应该按照美的规律来塑造，并朝着健康美的方向发展与提升。也就是只有真正认识和把握女性这个本体，以女性全面发展为健身健美体育的本体，把一切为了女性健康美作为健身健美体育的价值原则，明确满足女性的需要以及女性身心发展的规律和水平是健身健美体育项目开发与开展的出发点与着眼点。在立足于女性群体并有前瞻性眼光的基础上，注重充分发挥女性健身健美的主体性、自主性和创造性。以女性为本的健身健美体育的目标建构，既要具有现实性，还要具有理想性。没有理想性，就没有激励作用；而没有现实性，则会丧失实际价值。要不断追求女性的身心健全及人格完善，满足个人的兴趣和需要。只有这样，才能使女性的潜能得到开发、个性得到自由舒展与张扬、社会适应能力得到加强。

（一）女性健身健美体育的文化价值拓展

什么是“价值”？袁贵仁认为，“价值即意义，某事情对人有意义，就是有价值，意义的大小，也就是价值的大小”。价值是指客体对主题所具有的意义或效用。健身健美体育作为一种具有时代特色的客观事实，对参与健身健美体育的主体所产生的效用，以及对主体赖以生存的政治、经济、文化、社会环境所辐射的价值意义，无疑对女性的发展与社会的和谐起着积极的推动作用。因此，对健身健美体育的价值取向的认识也是在一定的历史条件下，在主、客观因素的制约下产生的。对女性健身健美体育的开展一方面要了解女性参与健身的价值取向、目的问题，另一方面是要以健身健美体育开展的现实条件，如历史背景、生产力水平、人文环境等为基础，从多角度、多层次认识和理解健身健美体育，把对女性的潜能开发、能力发展和个性的张扬作为健身健美体育的根本目标，以彰显健身健美体育的本质。其主要体现在以下四方面。

1. 健身健美体育对女性发展的特殊意义——本体功能再认识

健身健美体育对女性的发展特别是身体的发育具有特殊的意义。女性身体是人类文化的财富。文化就是人化，即文化是人的文化；人是文化的人。文化具有一定的价值取向，在这个意义上，文化即是“意识化”。人类从自然走向文化始于劳动，一方面是“自然的人化”，另一方面人类主体本身也不断地“人化”，女性身体正是一种自然人体的人化结果，是天人合一的产物，“天”即自然，“人”即文化。尤特纳在1624年出版的著作《古代身体文化》中指出，“‘身体文化’是包括从身体涂油剂、颜料、摄取的营养等与‘身体’有关的各种文化现象的总体”。也就是说，不仅是体育健身、保健等属于身体文化，连描眉、涂口红等，乃至于现在女性的隆胸、塑体和古代的女人缠足都是身体文化现象。从这里我们可以看出，在不同的社会文化背景下女性的身体文化也会有区分。这说明对女性身体文化的价值取向和对女性身体文化的不同追求与理解，表现出女性身体文化的“意识化”。表现在健身健美体育中的身体文化是有目的性的，是自为自觉地、积极主动地影响着女性身体的正常发育和健康成长，特别是在“依照美的规律来造型”上，具有特殊的意义。

生活在现代文明社会的女性正面临窘境：因文化而来的进化、因文化而获得的高雅以及经常出现的因文化而导致的畸形，使人类脱离了自然。如某些“文明疾病”“都市疾病”广泛蔓延和爆发、大面积的环境污染、生态失衡、各种复杂的社会关系，考验着人们的神经系统，扭曲着人们的精神世界等。基于现代生活造就的人类，现代社会的进步为人们的健身参与提供了更多的机会和可能，健身健美体育的本体功能不仅仅可以为人类的健康与亚健康的治疗提供一种最积极、最有效的手段，而且是最方便、最廉价的手段。这时的健身健美体育的价值，可以理解为维系人类的本原和未来。然而，作为健身健美体育的多元价值拓展，特别是针对女性群体的女性健身健美体育应更多地考虑其娱乐、审美的价值取向。

我们都知道，人类追求的价值无外乎是真、善、美。那么，当代人参与健身运动不再仅仅是过去理解中的强身健体，它超越了自然界所赋予的界限，它不仅仅是一种自然现象，而是社会文化的组成部分，具有生物、心理、社会全面功能。因此，在人类有意识、有目的地用健身手段改变和塑造人类的身体时，追求的是健身运动所赋予的特殊价值——健、力、美、乐，也是健身健美运动的不同形式按照人的意志造就着不同的身体。特别是对现代女性塑造的身体，从审美意义上看，则是一种不自觉地在审美经验的支配下，目的性和合理性的统一。与此同时，通过参与健身运动释放工作和生活压力，并由此而获得精神上的愉悦、快乐是女性健身的又一追求。它可以激发女性精神，陶冶女性的心灵，以此促进女性主体人的知、情、意的全面发展和人格的形成，因为快乐是人格全面发展的桥梁。因此，当女性健身健美体育能对女性的正当合理的需要产生积极的回应时，其文化价值才能得以拓展。

2. 健身健美体育作为一项人力资本投资的经济学价值

什么是人的富有？这要在过去的年代，人们会不假思索地回答是万贯家产等，但到今天人们已经意识到，生命之贵，贵于万物，身心的健康、快乐与长寿，是人生最大的幸福与富有，它是一笔无形的资产。首先，我们都知道生命对每一个人都只有一次，我们应善待生命，让生命快乐。而让生命快乐的摆在第一位的方法就是身体健康，否则就无快乐幸福可言。身体健康的最佳途径是必要的、合理的、科学有序的健身运动。而健身运动的特殊经济功能体现在人力资本的投资开发和利用上，是对身体健康的投资，是永不“贬值”的投资，是最明智的投资选择，它的经济价值不能用数字衡量。

首先，通过健身健美运动促进人的身体健康对经济增长有直接作用是女性工作时日的增加。如果女性参与健身健美运动促进了体质的改善，其健康时间延长，因而有更多的工作时间；再者女性在旺盛的精力和健康的身体条件下，其相对工作时间的产出也就增大，工作效率高。特别是中年的职业女性，正是功成名就之年，也是人生价值高峰之年，同时也是生活负担、精神压力、健康危机越来越大之年，各种富贵病多发之秋，如果没有健康的身体而被疾病缠身，只会限制女性的工作投入，这样只会影响经济增长和社会发展。

其次，从人力资本投资与个人收入来看，更高的教育水平在某种程度上决定一个人收入的多少，而高收入的人更有实力提高生活质量，拥有健康的身体，也将使得女性有更多地向教育和继续教育等人力资源的其他领域进行投资，这种良性的投资循环将使女性个体在健康水平、精神生活、事业发展等多方面不断提高与拓展，同时也能在其他方面有较好的回报，如个人修养、社会地位、理想抱负的实现等。

再次，从整个社会层面来说，通过健身造就健康一代并造福子孙万代，是人类的理想和追求。“健康”包括生理健康、心理健康、思想道德健康、社会适应健康四个层面，是社会和谐发展的基本保障，缺一不行。只有拥有这四个层面的健康，才能带来子孙万代的健康发展，体质低劣、又无教养的民族和家庭是强盛不了的。只有拥有良好的健康状态的民族，通过高效率、高质量地利用健康生命，来提高人口的综合素质与社会发展水平，才能促进社会的快速发展和经济的增长。

3. 健身健美体育作为一项人力资本投资的社会学价值

在中国社会全面转型的历史时期，女性在不同程度上要重新调整自己的生存位置和生存空间，女性如何处理好个人健康与健身的关系，在这个时期显得尤为重要。

首先涉及的就是劳动就业价值。因为改革是在社会主义市场经济条件下进行，企业在实现自身利益的过程中，必须建立一支高素质的企业职工队伍。一方面要有高素质的经营者，同时也要有训练有素的职工。而高素质中一个重要因素就是身体素质，它是其他各项素质的基础。作为职业女性，一方面随着改革的进一步深入，为她们的发展提供了极好的发展机遇和条件，另一方面因女性多重角色的负担、生育的职能、性别的差异等使女性相对男性而言更难在较高职业声望的岗位上就业，更容易从较好的社会保障职业中下岗。所说经济发展可以为女性提供物质条件，但是经济发展不一定能带来女性的全面发展，其中最重要的是女性健康素质的提高。因为以经济增长为目的的发展绝不会自然导致两性的平等发展，于是女性在工作和生活的压力下，如不重视或忽视对自身健康的投资，总是使自己的身体状况处于亚健康或不健康状态，那就业受阻是非常正常的现象。

其次，是性别平等与社会保障价值。两性拥有教育、经济资源的不同及社会主流性别文化是促使健身体育参与的性别差异产生的重要社会因素。因此，在健身健美运动的参与中不仅要依赖社会的进步与支持，同时也离不开女性自我发展的主体意识和主体行为，只有双管齐下，才能促进健身健美体育参与中性别平等的实现。特别是在社会保障制度的调控和作用下，我国目前实行的养老保险和医疗保险制度，是通过社会统筹和个人账户相结合。就养老资金而言，只有当就业者在就业期间有较高的收益时，即劳动积累多，其退休以后的保障待遇相对才会好一些。为了控制医疗开支，医疗体制的改革，也是以减轻地方政府和企业的财政负担为主，这时的健康显得尤为重要。

4. 健身健美体育对创建社会和谐的政治价值拓展

中国由于时代发展的原因，在体育结构和体育资源的配置上，出现了厚此薄彼的不平衡、不协调状态。特别是在国家经济不景气的情况下，采用举国体制，集国家有限的人力、物力、财力，使我国的竞技体育在21世纪初跃进国际体坛，而大众体育的地位受到挤压，越来越多的人成了体育的看客，而不是直接的参与者，这种情形的出现，虽说不能和中国的经济和社会的发展相协调，但更重要的反映了在当时的背景下，国家对竞技体育重塑民族精神，提高国际威望方面所独具的政治功利性取向的认同和推崇。也正是这种价值取向的作用，因此，在很多的场合“发展体育运动，增强人民体质”的口号被“发展体育运动，振奋民族精神”所取代。然而，在高度发展的现代社会，这种价值取向的弱点被暴露出来，大众越来越迫切的强体健身需求对健身健美体育工作提出了更多、更高的要求，而社会所能提供的体育资源与人们更加注重身体的健康、内心世界的充实与安宁、追求与周围环境的协调平衡，仍然还有很大差距。

众所周知，国民的健康水平是影响社会活力的一个重要因素。国民体质历来都是一个国家兴盛繁荣的标志，也是国家综合实力最直观的体现。为此，在我党十六大上明确将提高人民群众的健康素质作为党和政府工作中的一项重大任务。全民健身作为政府推动的一项社会公益活动，其目的是为增强人民体质，落实以人为本的科学发展观，构建和谐社会，以促进社会全面协调可持续发展。同时，我国社会主义制度也决定了体育的人民性，决定了群众体育应该优先发展。

事实证明，由于对群众体育的投入体制的不健全，全民健身环境如经费、设备、宣传、认识、管理的不到位，我国青少年儿童的健康体质与全社会营养膳食的改善，生活条件的优化很不相称。学生的视力、耐力水平普遍大幅度下降，肥胖比例明显增多，女性的健康状况出现严重的透支情况，其中以职业女性尤为突出等，而女性健康是下一代健康的基础，关乎着国家民族的兴旺，涉及人和社会的可持续发展的问题，因此，体育的价值也应顺应时代的发展而做相应的调整。金牌对于我们这样一个大国是重要的，因为它在某种程度上有一定的象征意义。然而，当全民的体质得到充分的改善，健康水平得到提高时，这种象征意义才具备真正的实用价值。

为此，在我国构建和谐社会的征途中，应对体育价值取向做相应转变，切实把体育“从群体的政治需要转向人类的根本需要；从社会的强制性功利需求转向个体健康幸福生活的主动需求”，对健身健美活动可以促进人们健康的生活方式的理解是“期望换回最大的效益投资”。在目前的社会发展背景下，体育的价值取向一方面坚持有益的政治取向，另一方面更应强调体育服务大众的价值取向，最终的目标是满足于人们的需要，提高人们的生活质量，从而为社会的稳定、进步和发展增添活力。如今的体育政治观相对过去的体育政治观具有更为广泛的政治和现实意义。

（二）女性健身健美目的及其表现特征

目的通常是指行为主体根据自身的需要，借助意识、观念的中介作用，预先设想的行为目标和结果。作为观念形态，目的反映了人对客观事物的实践关系。人的实践活动以目的为依据，目的贯穿实践过程的始终。女性健身健美的目的按照一般的方法，可以分为六类：减脂、增肌、健身、塑形、减压、娱乐。健身运动作为人类特有的一种文化现象，千百年来它以增强人类体质、养护健康、延年益寿、塑造美的形体的独特功效而深受人们的宠爱，在人类社会的文化发展中起着不可替代的作用。特别是在当今社会，现代人生活节奏加快，随着女性职业压力的剧增，它对提高女性的生存质量，丰富女性的精神生活，改善女性的生活环境，推动社会的和谐发展具有重要的意义，其特征主要如下。

1. 以女性的生存为目的的自然本体需要

物质、生活、健康和安全需要是维持人的生命存在的自然需要。而其中对于人的存在至关重要的是生命力的旺盛、身体的强壮、结实与健康。它不仅是人的一种自我感觉，也是人的身、心诸方面的安宁状态。在现代社会生活中，这种状态并不能唾手可得，需要付出相应的代价。于是，为了具有强健的体魄，有效地从事各项工作，尽情地享受人生的愉悦和欢乐，人体健康被越来越多的人高度重视和关注，并被视为人生幸福的重要方面。

然而，很奇怪的一种现象是社会越现代化，人们的生活水平越高，生活越便利时，关乎人类的健康问题却越复杂，对健康的支出也越多。人的生物结构和机能退化，“文明病”“都市疾病”广泛蔓延和爆发，各种心理障碍和疾患成为多种人群的高发病、多发病，而这些千奇百怪的疾病几乎是之前闻所未闻的。现代文明引发的各种疾病已摆在我们的面前，它损伤着人类的肌体，限制着人们的行动，考验着人们的神经系统，扭曲着人们的精神世界。在过去生产力低下的社会里，使用劳动工具的技能成为决定人能否生存的前提。但随着今天人类文明的进化，科技的发展与进步，生产力水平的提高，人与自然、人与社会、人与人之间的复杂关系以及由它而引发的矛盾破坏着人类的健康。基于人类进化的需要，必须采取积极的措施和行动，使当代人恢复他们失去的身体与心理能力。于是，运动健身也就成了现代人内心深处的一种需要，成为人们保持健康状态最积极、最有效、最廉价的手段。因为从古希腊伟大哲学家赫拉格利特提出“生命在于运动”这一命题到今天几千年的历史中，无数的人在体育运动实践中反复证明它的真理性——运动健身与人类生命存在、健康发展构成无法分割的因果关系。它在关照、监控和提高人的生命质量方面所起的特殊作用，是其他许多活动不可替代的。

2. 以女性身体塑造为目的的审美需要

对人体美的欣赏早在人类自我意识刚刚觉醒的原始社会就开始了，只是在不同时期、不同的环境和背景下，对女性身体美的标准不同而已。身体是美的创造者，世界的美源于对身体的创造，同时也可还原于对身体的审美。现代社会崇尚健美，“世界上没有比结实的肌肉和新鲜的皮肤更美丽的衣裳”。女性身体美——“曲线美”表现在匀称、丰满而不肥胖；匀称、苗条而不瘦弱。这种审美意识反映了职业女性作为社会一员的健康理想的自我意识和自觉要求，是女性追求身体美的最高境界。在我们对长株潭职业女性的访谈调研中，女性非常关注自己的身体，对自己的身体提出了“苗条”“骨感”“曲线”“弹性”“活力”等多种要求，大多数的消费都成了身体消费的延伸物。如城市职业女性身体美消费就是追求以某种美为目标，围绕个人身体全部或局部所进行的美容美体、瘦身健体、保健调养等“保美”“变美”的消费活动。特别是在当前痴迷于青春、健康、身体美的时代，在大众传媒和消费文化的推动下，“优雅自然的身体和美丽四射的面庞上露出的带酒窝的微笑是开启幸福，甚至是开启幸福实质的钥匙”。

于是，在现代人的身体审美中，越是接近年轻、健康、美丽的理想化身体与形象，就越具有现实价值。而健身健美运动被确立为能创造这种美的有效手段，它以女性身体的特殊运动为对象，打造协调、灵巧、健康的身体，通过肌肉的变化，塑造出美的形体和姿态。这种通过健身健美运动所创造的美，以活力、弹性、优雅、美丽表现出一般人表现不出来但又完全能体现在人的身体线条、姿态和动作的韵律中。现如今，当苗条成为女性美丽必须拥有的体型时，众多女性纷纷投入到可以打造这种苗条的健身运动中，也就不足为奇了。特别是现代的一些时尚健身项目，如瑜伽、舍宾、法拉提、钢管舞、肚皮舞等，已成为女性拥有迷人的身材，成就人生幸福的最佳途径和选择。

3. 以社会适应为目的的精神需求

和谐社会是社会成员的美好追求，心理和谐健康从个体的心灵感受出发，是社会和谐的心理基础。小我构筑大我，只有当每一位社会成员的内心和谐健康才能构建起整体社会的和谐。然而，随着竞争的激烈和劳动力市场供求矛盾的加剧，女性在职业与生活双重角色中，心理健康的风险越来越大，社会压力是诱使职业女性心理、精神健康问题的主要杀手。职业女性希望跟上时代步伐，在竞争中获胜，必须有良好的适应能力，能够构建良好的人际支持网络，学会主动寻求帮助和张弛有度地开展工作和生活，通过发展兴趣爱好，增加见识，增强对刺激或压力的耐受能力和容忍能力以及对自己的情绪、情感、思维等活动的控制和调节能力。同时，在复杂的社会环境中，人的生存和发展离不开社会，需要社会中各种因素的支持、配合、协调和影响。这主要是因为作为理性动物的人是有意识、有精神上的需要的。即认知需要、情感需要和意志需要。

对愉悦情感的追求与对忧郁情感的消解是情感需要的主要内容。如近年来随着产业结构调整，大量女工下岗，在生活压力下使她们经常处于不良情绪化的状态中，而健身健美运动是一种极富感情色彩的活动。女性通过参加健身健美活动，可以使其情感生活更加丰富而又充实，这种积极、愉悦的情感使女性沐浴在身心俱健的春风里，感受着人与人之间的豁达与友爱，陶冶着良好的情操和平和心态，从而缓解了快节奏生活给女性带来的心理压力，进而增进了心理健康。另外是意志需要，是为达到某种目的或追求理想所应具备的自控、果敢与不屈不挠的精神需要。我们知道，女性在实现自己的目标、达到成功的过程中，需要有坚强的意志力做支撑，一方面要勇于接受失败和挫折，用积极的心态接受困难正视困难；另一方面还应有自觉性、果断性、坚持性、自制力等良好的意志品质，去战胜困难和障碍。而健身运动作为一种健身健心的强烈运动，对个体意志品质的培养起到独特的作用。运动的魅力之一就在于它能体现人类意志力的能量。因而它具有调节并改善女性由于压力、生活习惯、饮食、学习等方面所造成对女性的健康状态，实现女性在精神与物质层面的多种需求和价值体现。

总之，职业女性只有重视健身健美运动，以积极的心态参与健身健美体育活动，让健身健美体育走进自己的生活空间，才能使自己的人生更加充实、健康与美丽。特别是作为职业女性，更应审时度势，对自己的身心健康要高度重视，对健身参与不仅要作为一种消遣娱乐的手段，更要当成一种戒除生活恶习的有力措施。其次，社会也应为女性尤其是中年女性创造和搭建一个良好的平台，为中年女性积极参与休闲体育运动创造条件，使中年女性身心健康问题得到社会广泛的重视，使她们在实现人生价值和自我价值的同时获得健康和快乐。

（三）体现女性健身健美的多元需要

虽然社会对女性潜能和需求的认识偏差客观存在，但是对于现代社会的职业女性来说，她们深知和已感受到自身健康素质的重要性，特别是在社会发展过程中，竞争的激烈程度对职业女性各方面提出了更高更多的要求，因此职业女性更多地意识到社会竞争残酷，为了能适应不断发展和多变的生存需要，面对复杂的社会环境，其需求相对迫切且呈多元化。从我们对长株潭职业女性的健康需求访谈中了解到，不同职业、不同年龄、不同文化程度对健康健身的要求是不同的，但是，综合来看在健康消费上具有四大特征：购买最多——保健食品；增长最快——健康服务；需求最旺——健康知识；消费最认同——绿色环保。为此，在满足职业女性的多元健身需求时，应有针对性地对如下几个方面的问题加以重视：第一，正确引导职业女性的健康需求。马克思曾说，“每一种生活本能都会成为一种需要”。在21世纪女性主义思潮和女性生存发展的现实状况影响下，女性将会有更积极的健身诉求体现，健康的体魄与坚强的意志以及针对女性生理、心理、社会适应等特有价值的完善途径都将成为她们摒弃所谓“有用身体”的表达方式。为此，职业女性在对健身方式的选择时需要注意的是：不仅要防止出现为迎合男性评判标准而脱离自身的追求倾向，同时也要对过分强调女性特征而不根据个体实际的盲目行为加以限制。职业女性应充分认识到个人在不同的时期有不同的身体心理需求，并能判断哪些为健康、合理需要，哪些为不健康的需要，对于能对自身健康进行促进的合理需要能主动地创造条件去满足它。第二，社会提供给职业女性的健身健美活动应体现多元价值。随着人们生活质量的提高，女性的需求也日益丰富和全面。它不仅包括丰富的物质需求和精神需求，而且两者要有高度的统一。人也只有在两者高度均衡和谐的条件下才能全面而自由的发展。这主要是因为一方面职业女性在健身活动中不仅追求身体的愉悦，而且追求精神的愉悦；特别是职业女性在竞争激烈的工作压力下，需要有自由、轻松、随意的环境、氛围和活动，来缓解她们工作中的紧张感；另一方面在她们的选择上表现为是女性自觉自愿的兴趣使然，而不是被强迫，同时能尊敬个人的个性和特长，当然紧跟时代，体现时尚也是女性健身参与的主要需求。因此，满足女性的多元需求，使女性通过健身参与，扩大生活空间，可以促进女性群体的互动与交流，从而有利于推动社会的健康与进步。第三，满足职业女性健身健美参与要体现科学发展观中“科学”的要义是以人为本、协调、全面、可持续的发展等特征。它讲究的是经济与文化、人与自然、社会与个体之间的和谐、平衡发展。然而，在我们的调研中，制约职业女性参与健身活动的主要因素有余暇时间不足、经济条件、体育场地设施等不能满足需要。另外健身观念不强、身心负担重也是不可忽视的因素。如要科学发展，必须从社会、政治、文化、环境等方面着手，对上述各种因素进行全面优化，才能有助于促进职业女性健身活动的发展。女性健身健美体育是以促进女性的全面发展为基本目的的社会实践活动，女性健身健美体育产生和发展的根本追求和终极目标是达到人的可持续发展，进而能动地促进整个社会的可持续发展，促进和谐社会建设的实践。因此，坚持以人为本、全面、协调的科学发展观，是促进女性健身健美体育活动在全面建设小康时期长足发展的指导思想和理论基础。

总之，女性健身健美体育的发展应强调和重视女性的需要，引导和唤醒女性的需要，并努力创造条件去全面满足女性的需要。

三、健身健美体育的发展目标

目标是指人们从事某项事业或活动时想要达到的境地或标准，是人们不断追求和期望实现的愿景。女性健身健美体育要达成的目标，则应是与全民健身事业的达成目标一致，既反映全民健身体育的基本需求，又在和谐社会的发展中充分发挥女性健身健美体育的健康促进作用，凸显女性健身健美体育在新时期社会建设中的重要性，从根本上推动我国体育事业与整个社会的协调共进。它一方面受限于女性健身健美体育的育人功能，另一方面也取决于女性对健身健美体育的总体要求，因此健身健美体育目标的确定受主观需求与客观条件的影响，只有把主观需求和客观条件有机结合，以女性的全面自由发展和个体生命价值的提升为最高目的，才能确定适当的目标。为此，应该注重以下几方面内容。

（一）以促进女性全面发展为出发点

“发展要依靠人，发展是为了人”，这是贯彻科学发展观的本质要求。在女性健身健美体育的发展与促进中，只有贯彻落实科学发展观，才能推进女性与自然的全面、协调和可持续发展；只有坚持以人为本，推进包括女性的需要、女性素质和女性能力在内的各种关系和存在方式的全面发展，才能促进社会全面、协调和可持续发展。因此，女性健身健美体育的目标在于女性本体的自我满足，在于女性身体的自由舒展，在于女性身心的愉悦以及女性的社会适应能力的增强，而不在于运动的技术水平的高低或主权文化的审美标准。女性健身健美体育强调的是女性自身的自我感觉，以及在活动过程中所表现出来的乐观、自信。女性生命主体在充满生机和活力的同时，人性更加完善，人格更加健全，人体更加完美，从而使自身更加和谐。这是女性健身健美体育发展的终极目标，现已成为人们的普遍共识。特别是在以人的发展为核心的新人文体育观认识的前提下，更需要对女性健身健美体育的人文精神做出基于人学的解释和思考。其目的是避免出现健身健美体育的“物化”。如一些女性为了苗条而运动，为了苗条而消费等使得有些女性涌入健身健美中心，出现在各健身场所等，她们的主要目的是为了瘦身，为了迎合主权文化的审美，她们追求“骨感”，大有“生命不息，减肥不止”之势。因为苗条的身体是女人的财富。更有甚者，为了使自己的身体变成更加光滑、更加光鲜、更具功能性的物品，部分女性自恋式地投入到自我身体的建设之中。她们把身体当作一座有待开发的矿藏一样进行‘温柔地’开发以便它在时尚市场上表现出幸福、健康和美丽的可见符号。另一方面为了追求增强体质的科学效果，而严重忽视人作为主体的精神价值追求，极端的做法是把人等同于生物，或者是为了人以外的其他目的而盲目追求商业利益，这些都是有违科学发展的，是对人性的摧残，是人的异化、失落的结果。因此，我们只有清楚地认识到：健身健美体育只有以女性的健康需求为出发点，成为提高女性发展能力的一种有效途径，并使运动精神融进女性的生活哲学，进而使女性感悟到健身运动作为人的自身存在的一种方式的重要意义，才能真正体现作为人的价值和对生命的尊重。

（二）女性健身健美体育目标构建中涉及的问题

体育是一个发展的概念，健身健美体育也一样，在不同的时代有不同的内涵，但是无论哪个时代，它的核心都应是人性和人的本质的体现，以人的全面发展为宗旨，鼓励每个人在对真善美的追求过程中充分地实现健全的自我。它是一种以人的发展为终极目的的体育思想、理念。基于这种理念，我们很有必要在女性健身健美体育的目标建构中明确以下几个问题。

1. 女性健身健美体育是面向现实身体还是理想身体

女性健身健美体育是指女性以身体活动为媒介，以谋求自身身心健康、全面发展为直接目的，并以培养完善的社会公民为终极目标的一种社会文化现象。它是以女性身体为作用对象，以女性身体活动为手段，以女性身体改造并进而全面发展为目的的一种社会文化活动。

女性身体虽然具有生物、生理的基础，但肯定是社会性的，且不可能超越文化、超越历史。因此，在不同历史背景下，女性身体被赋予了更多的社会、经济、文化含义。从女性身体的生物属性、社会属性和精神属性来看，至少具有生物身体、社会身体和审美身体三个维度。从审美身体的角度，对女性身体的审美期待既决定着女性是否参加健身健美活动，也决定着其是参加何种健身项目。特别是随着社会的发展，审美期待也不断地变化，尤其是受消费文化左右的女性身体审美观，它怂恿女性想象通过健美、美容、饮食等来塑造完美的身体，这就决定了女性健身健美体育的发展方向是面向现实的女性身体还是当今审美标准下的理想女性身体。

高尔泰先生曾经说过，“美是自由的象征”，但这句话在当今女性身上却恰恰相反。消费时代的审美观不光是直接或是间接地影响了女性身体审美，女性身体在当下身体文化的审美中，常常会出现一种现实身体与理想身体、个性化与标准化既矛盾又统一的双重特性。今天的女性有时在追求身体自由的同时，又甘愿去忍受饥饿、忍受超量的运动负荷、忍受科技塑身的“暴力”，并乐此不疲地挑战自己身体的不足，对身体美的塑造热情可谓空前的高涨。参与健身运动更多的是如何让自己身体变得更美，更符合标准的苗条身材，这是对职业女性的调查中了解到的大部分职业女性的心声。于是，很多女性就照着苗条、骨感的标准去运动、去打造，即使打造过程本身是反女性身体的生理规律和生命本然的，女性还是对身体展开了自恋式的投入。

然而，事实上关于理想身体美标准的任何先入为主的成见都可能是与事实不符的，与现实的女性身体不符，这在理想身体标准的左右下，很大程度地打击着许多女性作为一个人的自信。但是，退一万步讲，即使关于女性身体美的标准是无可指责的，即使关于女性的线条、曲线与体型的联系是无可挑剔的，我们同样拥有选择不要所谓美的权利。无论我们的身材是什么样子的，它都是属于我们自己的，是我们应该爱护和赞美的。如果一种理想成为对大多数人的否定，则不符合人类最高的理想——个体的自由与权利。故此，女性健身健美体育在塑造身体美的过程中，首先要考虑的是以健康为前提，尊重女性身体是有生命的活体以及个体性，而不是在刻板的审美标准打造下一致的“理想身体”。女性健身健美体育要塑造的是顺乎人体发展的规律，富有朝气的自由个体。

2. 促进女性的全面发展还是单向发展

人的全面发展有两个层面的含义：一是，从整个人类社会而言。强调的是人的社会化程度，即人类社会在经济、政治、文化各方面的全面发展；二是，从个体的人而言，强调的是人的个性化程度，即个体的人在各方面的全面发展。人的社会化与个性化、社会的全面发展与个体的全面发展是人的全面发展不可分割的两个方面。健身健美体育作为一种社会文化，从功能上说可以“化人”——教化人、塑造人、熏陶人。通过健身健美体育培养人、创造人。促进人的社会化、个性化、文明化，从而塑造健全的人、完善的人、全面发展的人。表现为可以通过不断发展女性健身健美体育，满足女性日益增长的精神文化需求，丰富女性精神与文化生活，能促进女性性格、情操、心理等内在素质，提升文化精神，振奋精神状态；另一方面可以促进人体质量的变化，造就人的身体基础。如人体的形态、功能水平、身体素质，机体适应能力的提高等。它是增进女性的身体健康，陶冶情操，发展完美个性，增强女性对社会的义务感、责任感，促进女性全面发展的重要手段。特别是在健身活动的教育和熏陶下，可以增加女性对社会规范的认识和行为的自我控制力。

然而，根据目前我们对长株潭职业女性的健身参与现状的调研情况看，职业女性参与健身运动的目的性非常强，且带有明显的功利性。即追求形体美成为越来越多的女性加入健身消费行列的动力和理由。从我们的调查结果看，女性参与健身的目的更多的是为了美丽而减肥塑身，特别是20～40岁年龄段的职业女性，健身的目的排在第一位的不是健康，而是塑身美体。在对有健身消费的女性的深度访谈中，有54.8%的女性对自己的身体体形不满意，有高达八成的人希望自己变得更瘦一些。为了达到理想的身体状态，她们寄希望于健身运动。于是，茶余饭后女性谈论最多的是减肥扮靓，健身房里咨询最多的是如何塑体，最得意的事情是自己迷人的身材受到男士们的夸奖、尊重和痛爱。虽然健身过程有不少的苦与痛，但比塑身美体的苦痛更为珍贵的是自己姣好迷人的身体外形。女性就这样被这种单一向度的身体美学“磁场”深深吸引，永不停息地奋斗在追求完美理想身体的征途中。一些健身俱乐部在健身项目的设置上，根据市场需求，更是抓住了女性偏执的爱美心理，将打造完美身体、减肥、消脂等作为主要字眼以吸引女性消费者。至于女性的健康、心理承受能力、情感、智力等都因为追求体型的形式美而分被遗忘或被忽视。造成部分职业女性单向求美行为的原因是多方面的，它严重制约了女性健身健美体育的发展，当然也很难促进女性的全面发展。由此可见，我们只有明确人的全面发展要义，树立健康的健身观与价值观，全面、理性的追求女性身体美，才能从真正意义上发挥健身健美体育的功能，把握健身健美体育的价值所在，促进女性的全面发展。

3. 健身参与上两性平等是相对还是绝对

当前，我国进入全面、快速的建设发展时期，女性社会性的职业是女性形成个人身份和社会身份的重要依据，更是使女性独立获得保障的经济基础。女性已从由家庭劳动延伸出的社会劳动的基础上，走向原先只向男性开放的职业。在我国的计划经济时代，强化了法律规定的妇女权益，然而进入市场经济时代后，由于整个社会进入追逐利润、追求效益最大化的竞争状态，给女性的发展带来了双重冲击，阻碍了两性实质上的平等实现。

第一，表现在两性健身健美体育的参与权利上，虽说我国颁布实施了《中华人民共和国体育法》，其中充分肯定了两性平等参与体育运动的权利，但这毕竟只是一种抽象意义上的平等，它只能说明两性可以平等地参与体育活动，并不意味人人实际都能够自由参与到健身活动中来，也就是在形式上的平等，并不等于参与水平和过程中的性别平等。

第二，受女性作为一个“美丽的性别”的影响，女性参与健身在项目的选择上臣服于美神的专制，只要是能减肥、减脂、能塑造所谓的曲线的健身项目是现代职业女性的首选，当一些健身项目在她们的实践中不能马上看到效果时，有人选择放弃，有人选择美容院的被动推拿按摩，更有人寄希望于药物。女性身体美的追求已不再是自己真实可靠的权利，相反的它对女性地位起着无情的镇压作用。同时也不得不为自己的爱美行为付出诸多代价，如导致疲劳、心神不宁、月经问题、性欲减退、肠道问题、神经系统病症等恶性后果。极大地损伤了她们的自尊心，影响其健康。也正是由于为苗条而运动的健身价值观，造成了职业女性健身参与的不稳定性。

第三，从现在女性就业比例较高的一些国家的情况来看，由于女性在家庭中的繁重家务劳动并没有从根本上减少，所以进入劳动大军中的女性常常需要承担家庭和社会工作的双重负担，我国尤为突出。女性长期处于两种角色的矛盾中，承受世俗舆论和心理的压力，在一定程度上也造成了两性健身参与的性别差异的产生。当然，那种为了追求所谓的两性平等，不考虑两性生理差异和女性自由自主选择为基础的健身参与，更是真正意义上的不平等。

故此，在对女性的健身参与上，要有一个最基本的立足点或底线，那就是在争取权利的同时，始终捍卫女性作为一种性别的天赋特质。女性的健身参与不必追求与男性标准、内容、形式等的同化，两性在健身参与上应是相对平等，而不是什么方面都绝对化。只有在健身健美体育的目标建构中，对女性健身参与是在一个更高的意义上寻求并建立文化、社会学意义上的权利结构重组，才能促进职业女性对健身健美体育的广泛参与。

（三）女性健身健美体育目标的价值取向

体育价值取向是指体育主体在把体育作为一种社会客体的情况下，根据自身生存和发展的需要对体育客体进行价值设定、价值预期时所表现出来的意向，它与人们体育目的紧密联系在一起。女性健身健美体育目标的价值取向应是女性以谋求个体身心健康、全面发展为直接目的，并以培养完善的社会公民为终极目标的一种反映在信念、信仰、理想等方面的基本价值的总和。特别是随着社会的发展，女性的自我意识加强，希望在生活与社会实践中不断认识自我、体验自我、实现自我、发展自我。表现在对健身健美体育的价值取向上“个人需求”“人本位”日益突出。同时，受社会文化价值观多元化的影响，女性对健身健美体育的参与也表现出多元化的需求。因此，如何正确把握女性健身健美体育的发展定位，明确其真正的价值需求，是女性健身健美体育发展的关键所在。

1. 促进女性的全面发展是健身健美体育的终极目标

女性的全面发展作为社会进步与发展的重要组成部分，既是一种理想追求和价值目标，又是一个逐步推进和不断完善的历史过程。就女性个体而言，强调的是女性的个性化程度，即作为个体的女性无论是物质生活与精神生活、身体素质与心理素质、人格与智力、体力与能力等的全面发展。就整个社会而言，女性的全面发展实质上就是人类社会从必然王国向自由王国的过渡，它强调的是人的社会化程度。马克思主义经典哲学关于人的全面发展的思想启示我们：社会发展从最高价值取向上来说，是为了实现人的自由而全面的发展。如果把社会发展看作是人的本质在实践中的全面展开，那么包括经济发展、文化发展、生态发展在内的整体意义上的社会发展都不过是围绕人的发展的全面展开和具体体现。因此，把人的发展作为社会发展的目标，已成为全球性的共同认识。我国政府发布的《中国21世纪议程》白皮书指出，“以人为本位”，把人的发展问题提到了一个新的高度。

故此，对具有满足个体和社会需要的功能，具有被个体和社会开发利用的价值的女性健身健美体育的目标构建的终极目标应是通过健身活动来增进女性的身体健康，陶冶女性的情操，发展女性的完美个性，能增强女性对社会的义务感、责任感，改变和完善女性生活方式和生活质量，来促进女性的全面发展。

2. 女性健身健美体育应追求科学与人文相融合的价值取向

我们知道，人既在改造自然界中确证自己，也在改造自然界中发展自己。因此，在促进人的全面发展的过程中，必须努力实现人与自然、人与社会、人与人的协调与和谐，这是人的发展需要。为此，女性健身健美体育的发展必须在科学发展观的引领和指导下，不仅要重视人、尊重身体、珍爱生命，把健身健美运动作为生活方式和提高生活质量的有效手段，促进包括身体、意志、精神在内的协调发展，而且要以人文精神、人文理念培养和教化人。以尊重人作为完备的个体的价值实现为价值取向，以实现人的全面现代化作为健身健美体育的实践目标。让女性超越个体、超越社会，从而体现作为人类一员真正的尊严与价值。只有这样，社会对女性价值的认识才能得到根本性提升，认识到人既是生物个体，又是社会个体和具有内心世界的精神个体，在强调人的生物属性的同时，还要注重女性更多的精神需求，如审美需求、娱乐需求、情感需求、社会适应等的满足。因此，在促进女性全面发展的过程中，片面强调体育的工具价值，为了达到所谓美的标准，不顾自身的承受极限的做法是不人道的，也是不科学的。只有着眼追求健身健美体育的科学与人文相融合的价值取向，使个体能够主动地参与健身健美体育，实现女性身心的健康发展，才能真正体现女性的主体价值和独立人格。

3. 女性健身健美体育应体现多元化的价值取向

当今消费文化时代，在重视身体意识的后现代身体文化的影响下，当今社会人们的体育价值观呈多元化倾向，尤其是职业女性群体对健身健美体育的需求更是如此，这给健身健美体育的发展带来了机遇与挑战。一方面，健身健美体育是促进女性身体健康的必要手段。只有健康的身体才能使身体获得更多的自由，人们才能从身体中获得更多的愉快体验，已形成共识。同时通过全身心的参与，特别是参与一些现代时尚的健身项目，女性在体验各种身体练习时，获得各种不同程度的刺激，并从中获得感官的享乐和心理的满足。另一方面，青春、活力、苗条的身体是女性美的追求，为塑身而运动，为健美而消费，女性通过各种各样的健身活动去塑造美、发展美、感受美、体现美。尤其是现代健身运动的意义不仅仅是增强体质，它超越了自然所赋予的界限，是社会文化的组成部分。女性参与健身活动，不仅仅期望获得健康，更期望通过这样的健康行为与方式向社会传递更多的意义。

四、健身健美体育的发展主体——人

人是世界的中心，人的这种地位决定了人与万物的关系是作为主体而存在的。而哲学作为探寻人存在根据的学问，自然要从人作为主体的性质出发，来认识人与世界的关系。马克思认为，“主体是人，客体是自然”。健身健美体育以人为目的，必然要求以人为主体。这是因为作为人首先面临的是生存，因而生存的价值必然是人的目的，其带有功利性，只是不能绝对化和唯一化。马克思认为，“自然性也是人的本质”。只要不脱离人的本质，人带目的的功利性是允许存在的。

但是，如果脱离了人本质的其他内容，它就可能变成动物的了。因此，按照马克思的说法是，“使需要成为真正的人的需要”。使作为主体的社会女性在参与健身健美体育的过程中，体现女性作为主体的一种自主的、能动的状态，即人的自主、主动、能动、自由、有目的地活动的地位和特性。

（一）主体人在健身健美体育中的特性

主体的特性就是主体性。主体性既是人作为主体所具有的性质，又是人作为主体的根据和条件。人之所以成为人，就是因为人的主体性。马克思主义认为，“人是文化的主体”。人不仅是实践的主体，而且是实践的产物即文化的主体。健身健美体育中的女性是有思维的人，具有主观的意识，在具有主观意识的人从事的健身健美活动中，女性理所当然地成为活动的主体。因为她们感觉着、情绪体验着、心理活动着等，完全体现出了主体精神和主体人的最根本的特征。

就如海德格尔所说，“主体性建构了主体”。人的主体性与人的本质是一致的。人的实践本质，决定人的文化主体地位，表现为人的主体性。那么，是什么条件或者说女性具有了什么样的性质才能具备能动的价值存在呢？

1. 自为的自觉性

女性成为主体首先就意味着世界的属人性质，而属人的价值关系的形成，其前提就是女性必须是独立自主的。女性不仅能动的认识世界，也能动的认识自我。女性作为主体必须具有自由的意志，能够以自身为根据，自我决定。健身健美体育作为一种有意识的身体活动，它具有人类有意识活动所具有的一般特性，即它是自觉的、有目的的、有倾向性的活动。因此参与健身健美体育的直接目的是为了促使女性形成主体性的体育素养，能够自觉主动地参与健身健美并在健身健美参与中关爱生命，享受生活，提高生活质量。当然，也应能为自己美的需求而主动关爱生命主体。只有当这种健身参与与关爱行为成为女性的自觉、自主的行动时，女性才可能成为属人价值关系的主体。

2. 自觉的能动性

人活动的根本特征就是人主体的能动性。在健身健美体育实践中，一旦女性不仅在观念中，而且在行为中作为健身健美体育的自觉的主体，自主自觉地参与健身活动，从而达到改善自身的目的，女性的主体性便提到了自觉的阶段。正如黑格尔曾指出，“有什么样的行为，就有什么样的个人”。女性的行为能力是文化主体的重要标志。当女性通过创造价值（精神的愉悦、机体的活力以及社会的适应能力）的健身活动而使自然归属于人，从而促进女性的健康发展。也正是在这种人与自然、人与社会、人与人的多种关系的分化与统一的健身实践活动中，通过女性自觉自为的健身参与改造自身以适应社会，女性才成为主体。

3. 自由的超越性

自由的超越性即创造性。法国文学家罗曼·罗兰借用哲学家笛卡尔著名句式说，“我创造，所以我生存”。创造性的形成，是女性由自在的人向主体的人转化的结果。它有两个层面的含义：一是女性的创造活动总是具有面向未来的开放性；二是在女性存在的价值和意义上，女性总要超越感性必然性的束缚，以人本身为活动的目的。而自由是自为和自觉的统一，真、善、美的统一，主客体的统一，只有在自由的状态下，人才是目的而不是手段。它是女性的主体性的最高表现形式。为此，在女性的健身参与中，健身活动不仅是人类生存发展的平衡工具，而且是培养和形成凝聚力、社会一致性的一种手段。在现实生活中，每一个女性主体都是现实的活生生的人，都有着不同的背景经历，不同的生理与心理特性和不同的需求，为了彰显每个女性主体的独特性与创造性，女性个体必须有足够的自由发展空间，这是主体对不断发展的现实世界的否定与超越，是个性价值与意义的最高表现。同时，也只有充分满足女性个体的需求，体现不同时期女性个体的特性，不断超越女性个体自身，才能成为发展的动力。

（二）人文理念下人的主体性追求

健身健美体育是为人的全面发展服务的，只有全面发展的人才能够有身心和谐的幸福感。为此，女性参与健身健美运动只有增加其主体性、创造性和自由体验，自愿参加各种健身健美的身体活动，并在体验运动乐趣的过程中，使个人的身体和精神得到放松和发展，最终促进女性的全面发展，并且在健身健美体育的发展过程的所有方面都要注重女性的主体性的体现。而女性的主体性的实现有外部条件和内部条件。外部条件包括：弘扬民族主体精神，塑造民族之魂，创造良好的周围环境，有利于女性的主体性发展。内部条件包括：增强女性主体意识，端正女性个体人的理想追求，讲科学，追求知识，提高个体人素质，加强个体人和他人、团体及社会的交往和联系。实现女性的主体性的内部条件与外部条件之间相互贯穿、相互促进，为女性的主体性实现创造着主、客观条件。因此，在强调自由、自主、创造的心态和积极的体验的健身健美运动中，何以保持和建构女性主体本质的丰富性和全面性，是实现女性身心和谐发展的关键所在，也是以人为本体育可持续发展的保证。

1. 增强女性健身健美者的主体意识

主体意识是女性对于自身成为主体或作为主体的一种自觉意识和强烈愿望。女性主体意识的强弱，在某种意义上决定着她们对自身发展的自知、自控、自主的程度，从而决定其主体性的发展水平。按照马克思主义观点，“人的主体性是‘自由自觉的活动’，它是作为人存在的必然性和根本方式，它不同于物的规定和动物的活动”。然而，在现实的健身健美活动中，女性参与活动受社会、文化、经济、自身等多种因素的影响，有较强的功利性，如有八成以上的职业女性参与健身与健身消费的目的是为了苗条和减肥，那种世人眼中的女性身体的“骨感”美标准左右着女性的追求，使越来越多的女性加入了健身减肥的队伍中，使女性在健身健美运动中没有了个性，失去了理性的选择能力。因此，为了更好地实现女性的自我发展，不断提高自知、自主、自控的水平，女性必须增强自身主体意识的培养，并在现实生活中能根据个体自身的需要和能力在项目的选择、兴趣的培养与自身的需求等方面增强理性选择和判断能力，使自己成为主动的运动参与者，成为自己发展的主人，在与社会和物质世界的“交往”中积极地构建自己的健身观、价值观与审美观，在具有一定挑战性的实践中展示综合素质。

2. 培养女性健身健美者的主体人格与能力

主体人格是指职业女性不仅要具有现代科学知识和技能，而且还应在教育的情感、意志、灵感、信念、直觉等非理性因素方面有充分的发展。具有主体性的职业女性应成为一个认知、情感、意志高度协调和完善的人。而主体能力是指具有一个主体所需要的认识和改造客体的能力。主体人格和主体能力密切联系，相辅相成，相互促进。在对职业女性参与健身活动的调研中了解到，一方面散步占被调查女性的35.6%、打乒乓球及羽毛球者占25.3%、跑步者占17.0%，说明职业女性参与健身的项目还是较单调的，虽说这些项目都容易开展，但在趣味性上可能枯燥一些。另一方面职业女性参与健身的频次是不高的，每周参与健身3次或以上的女性仅占被调查女性群体的15.1%，每月1～3次或没有规律的占被调查女性的59.6%，将近被调查女性的六成。在我们的访谈中还了解到，很大一部分女性有较多的余暇时间，但从不参加健身活动，她们选择通过娱乐来度过闲暇时间。由此可以看出，选择几项女性自身感兴趣，同时通过不断的练习又能达到自己健身健美目的的运动，对于现代社会的女性是特别重要的。然而，从我们对职业女性的调研所掌握的情况看，不参与健身活动或追求美但却通过一些不健康的方法和手段的女性所占的比例不小，这与职业女性个人的个性、文化素养、价值观以及对生活的热爱等有很大的关系。因此，培养女性健身健美能力，能理性选择有利于发展个性的健身活动，不仅要求女性要掌握健身健美的技能技巧、项目所应具备的身体素质，而且还要在健身健美运动过程中充分认识其重要性，克服运动过程中的惰性和功利主义思想，通过有益的运动健身活动，追求生活的乐趣，领悟生活的真谛。

3. 注重健、力、美、乐的价值引导

在健身健美体育中注重“健、力、美、乐”的价值取向引导，主要是指活动应具有方向性和目标性，必须以关注在活动中理想个体生成与发展为主旨，同时要注意体现参与者的自由意志和人格尊严，尊重她的个性。价值的引导只有建立在对健身健美体育的文化内涵和外延的深切的领悟上，对于现代社会、现代女性与现代体育的超强的洞察上，对职业女性身心发展一般规律和“个体差异”精确细致的体认上，对女性的发展潜能和对她们充满期待的内心世界的关注和欣赏上，才能真正引导职业女性达到健、力、美、乐的境界，才能催生主体性人格水平的生成，为确定女性主体性人格奠定基石。

为此，对女性参与健身健美运动的价值引导，一方面要必然坚持外修其身，内养其心，拒绝对刻板肌肉线条、力量、骨感的片面追求；在注重均衡、对称、协调的基础上，必须强调生理指标、心理指标、社会适应等的综合评价；另一方面在活动过程中，不压抑个性而合乎天性，重个体投入的内在需要，自我情绪体验，个性人格完善，人际交往自由。与此同时还应强调的是，要使女性积极主动地参与健身健美运动并成为她们自觉的行为并贯穿其生命始终，仅靠社会的宣传、鼓动和激励是不够的，还必须注重健身健美活动自身具有吸引力、流行性与魅力，即符合大众的娱乐价值取向。无论采取何种健身活动方法，都应使女性身心获得满足。特别是美作为女性一生坚持与追求的目标，在健身健美体育中更是不能忽略其价值引导。因此，在健身健美体育的创建和发展中，通过启发、引导职业女性的内在需求，创设和谐、宽松、民主的活动环境，并有目的、有计划地组织、规范、开发各种健身健美活动，从而把女性培养成为自主地、能动地、创造性地认识和实践的主体。同时也通过健身健美体育对人自身自然的改造，体现一种社会的人文关怀；克服狭隘的功利实用主义，尽量扩充其生活意义，体现一种个体的生命价值。

总之，健身健美体育是一种生命的主体性体验，职业女性必须增强自身的主体意识，才能在健身活动中实现人与自然持续发展，人与社会的和谐共存，人与自身的自我完善与发展。

第七章 美学角度下女性健身体育文化的培育

第一节 走向未来的女性身体美

回顾历史，我们清楚地看到美是人类生活永恒的主题。其中对女性的身体审美文化自古有之，历经了不同时代的变迁，女性身体的审美呈现出多层次、多方位。不同时代，不同阶层的人有着不同的审美情趣和审美理想，其形成都与当时的时代背景、政治、经济相联系，同时又对社会的发展产生深刻的影响。

女性身体审美的演变历程不仅是女性形象本身的历史，更是时代的变迁史。因此，如何塑造美的现代女性就是如何塑造美的时代。

一、女性身体审美的记忆——作为异己的存在

古今中外，美，一直是社会对女人的评价及女人自我评判的重要衡量标准。对于女性身体的审美，女性经历了从主体向客体转化的过程。原始社会，男女两性平等、互助、相互依存，互为伙伴关系，因此，在对人物的审美上同为主体，同为审美对象。但随着阶级社会的产生和父权制的确立，女性的地位发生了根本性的转变，男性统治者由审美主体异化为女性的审美主宰，而女性则被剥夺了审美主体地位，被异化为男性单纯的审美客体。于是，女性在失去了审美的主体地位和审视男性的自主权和主动权后，不得不按照男性权势者的审美标准，把审美情趣集中到自我包装、自我美化上，从而迷失了自我。从前面所阐述的女性身体再造的历史轨迹，我们可以清晰地了解到：女性的身体审美渐渐地与欲望和男性的需求联系起来，女人渐渐成为被观望的对象，女性的美也成了男性控制女性身体与心理的一个重要工具。以至于演绎为女性体貌的改变不仅仅是女性个人的事情，而是变成一种不利的社会文化环境——首先，是男性中心文化不断渲染女性身体美的标准、意义及价值，单向度强调女性身体的价值，使女性被物化并落入美丽的陷阱；其次，是男性中心文化对女性的控制逐渐渗透到人们的审美活动和女性的价值观中，女性在审美关系中的被动地位被强化；再者，女性身体仍然是男性文化的消费对象，在男性的各种“注视”中，女性逐渐他者化、商品化。即便是到了现代，身体崇拜和美丽的绝对化拥有一样的杀伤力，已成为部分女性新的膜拜对象。这种崇拜的本质在于，并不是将女性的自然身体与面貌自然接受下来，而是使身体与美丽本身纳入到身体模式与美丽模式中，形成绝对的完美论与自恋主义。这些，在固化男权社会的价值观、彰

显男性社会地位这一病态文化的引导下，女性无意识中为自己注射一针使自己麻痹、失去反抗能力的镇静剂，对于自身身体审美的扭曲，导致了女性身体美的沉沦，女性自身个性的自然美的自由表达被扼杀。对女性身体美的追求成了女性赖以确立自己、证实自己的存在尺度与价值尺度，女性的存在变成了一种“身体的存在”。女性身体美的审视具有历史的连续性，在女性的身体上，绵延着女性主体被抹杀的记忆，男性主权文化的印记总是烙在一辈又一辈女性的身体上，并通过对女性身体审美的归顺来默默地承载和记录着女性被塑造、被物化、被欣赏的事实。

二、主体意识的萌动——女性身体审美文化的颠覆

父权制度下的女性被培塑成了没有思想、没有意志、没有欲望的羔羊，成了男性的附属品，甚至被以“细腰”“三寸金莲”的畸形审美观无情摧残着肢体。直到维新变革，维新变革人士吸收了“天赋人权、男女平等”等西方女权主义思想，提出“禁缠足、兴女学”，我国女性意识终于孕育成形。但这个时期的女性意识觉醒是由男性所主导推动的，是为了把女性培养成“贤妻良母”，把女性的家庭责任与社会义务统一起来，根本目的是为了“保国强种”，很少有女性自身提倡。到五四新文化运动时期，女性才开始自我反省，思考如何通过自身的力量来谋求自身的解放。她们希望通过追求有独立人格来成为一个完整“人”，其中有影响的民主革命运动，女性通过积极投身于社会政治变革，负担起社会启蒙责任，成为民族民主革命的重要组成部分。女性积极行动得到了广泛的认同，也发展了自身的主体意识。新中国成立伊始，我国就开始女性权利的法制化进程，把妇女解放上升为法律上的赋权，并在持续而广泛的法律宣传、法律执行以及运行过程中，传统的宗法礼教观念渐行渐远，而我国女性主体意识也逐渐得以彰显。但是，女性的主体意识在现实生活中一直受传统和现代双重意识的困扰，表现为女性无法摆脱内心深处强烈的性别自卑感及潜在的“从属意识”，以至于她们即便自我意识逐渐加强但还是存在认知的片面性，即“男女同质化”倾向，与此同时，我国女性主体意识的觉醒也更多体现的是被动赋予的情境，普遍具有重义务、轻权利的倾向，女性本身也因不断强化社会责任感，而相对淡化了自我权利和意识，缺乏彻底自我觉醒的勇气，导致我国女性在接受现代文化洗礼的同时，依然摆脱不了传统观念的束缚，她们觉醒的意识不可自拔地陷入了传统与现代的困惑和迷茫，并在矛盾中徘徊。

在这种社会文化背景下，女性身体审美文化所历经的变迁正反映女性意识觉醒的历程。从过去的“女为悦己者容”的无自我，在男权左右下，按男性的喜好，出现了那种统一的美女标准——柳叶眉、水蛇腰、丹凤眼、三寸金莲等，如今，女性不再统一按照千百年来男人认同的标准，而是更多地倾向在社会中以新的形式表现自己，不再局限于传统温柔贤淑的贤妻良母角色，而是呈现出百花齐放的女性美丽，女性不再做“小脚女人”，新时代的挑战使女性对原有的价值观念进行重新认定，随着个体认知水平的提高以及实际经验的增多，女性主体意识已从朦胧变为清晰，女性身体审美完成了由过去“依附”男权标准到我的美丽我“做主”的“心理革命”。

正如我们在调研中了解到的，“我自己每天要打扮得漂漂亮亮并非为了他”。她们追求美丽的目的丰富多样，有的是吸引目光、取悦他人；有的说可以增强自信，让自己有个好心情。可见，如今更多的女性在对身体美的追求中已经开始变被动为主动，实现生活形式和精神层面的双重独立，不再是迎合，而是注重自己。

然而，受大众消费文化的影响，女性把对身体的保养和美化作为人生追求的目标和快乐的源泉，她们对自己身体的关注尤其是身体外观的重视超过了以往任何时代。于是，瘦身、美白、节食、减肥、整形、健身塑体等成了女性求美的主要手段。“云想衣裳花想容，爱美之心人皆有之”，塑造健康优美的身体和曲线值得提倡，同时，女性从欣赏客观事物的美来反观自身而完善自我，是一种进步。但必须清晰的是什么是美，什么是女性身体真正的美？如果说要经受肉体上的痛苦，精神上的摧残，而得来的那种不健康的美，是很脆弱的，是没有生命力的。当然，在追求完美的道路上难免不走歧途和弯路，但不能因此而全盘否定塑造美的积极性，世俗判定的美丽不是罪过，但在现代社会，美丽必须重新赋予多元意义，却是刻不容缓的事实。只要我们在实践中不断修正，以正确、健康的方法达到自我完善和美丽是完全可以做到的。

第二节　女性健身健美体育文化追求的发展方向

一、健身健美体育发展的制约因素

女性健身健美体育是以女性身体作为作用对象，以身体活动为手段，以女性的全面发展为目的的社会文化活动。而作为社会文化活动的产生、发展均受女性思想意识、观念以及社会的文化、经济与生活环境的制约。它是在女性身体观影响下逐渐形成的，作为一种身体文化，具有相对独立的文化品质，当然也会对女性身体观产生反作用。女性健身健美体育与其所处社会文化中的女性身体观既具有适应、认同和融合，也具有冲突、排斥和对立关系。特别是今天，随着社会经济的发展，进入消费时代，大众传媒带来的视觉冲击，使女性身体回归现代审美视野和日常生活中，女性身体文化由传统转向现代，由边缘跃到中心，由低调升到高调，辐射到女性生存的各个领域。同时也由于对女性身体的认知与价值的判断，直接制约女性健身健美体育的发展。

（一）女性主体角度

1. 主体意识薄弱

如今由于外在因素的推动与女性自身内在素质的发展，女性主体意识逐渐从朦胧变为清晰。女性认识到作为独立自主的个体的意义和能力，并在参与发展的过程中注重自身实力的提高，同时也认识到女性相互支持和合作的巨大力量和参与社会发展的重大意义。但女性整体主体意识的提高并非易事，在我国实现的“男女平等”的社会制度的推动下，主体回归实现的同时，也难以掩盖观念变革的长期性和艰巨性。在“时代不同了，男女都一样”的时代里，女人努力工作，自食其力，表面上像是女性独立了，但精神和情感上的依附却依然如故。表现为：一是主体意识的表层性，即面对机遇和挑战，不少女性表现出的是防御、畏缩的心理趋向，自我期望常常向家庭倾斜；二是局部性，即主体意识仅表现在某些群体中，如女高管、女强人等有突出表现，而没有形成群体意识的整体提高；三是被动性，即当女性权利有所失落或外在压力明显加大下凸显，但随着问题的缓解而又淡漠。在男性主体文化的影响下，女性已经习惯了被教导、被庇护、被引导，习惯倾听社会的和男性的声音，在他人的声音中校正自己。因此，在消费文化的冲击下，归顺男性的主流文化，为女性的身体又套上枷锁，那就是以各种美丽的名义进行的减肥、整容、文身、塑体等，而这些美的标准之谜，使女性身体永远也不够有女人味。女性也在这种对身体的苛求和暴政下孜孜不倦而没了自我。于是，只要是对身体控制有效、快速的种种手段，无不成了女性的最爱。而真正能带给女性健康和美的健身健美体育由于它的长期性，同时还需练习者具有良好的素质和毅力而被大部分女性放弃或根本不予考虑。

2. 自身性别定位

中国女性发展经历了一个“男女有别—男女趋同—回归女性的历程。传统的性别制度以“男女有别”的自然性别差异为基础建构“男尊女卑”的性别等级，表现在对女性的体育参与上，是将女性完全排除或被排挤在社会文化的边缘。同时，由男性父权制所建构的以“男人为中心，女人为边缘”的制度与体系，彻底剥夺了女性的社会文化地位，并使女性成为“不存在”的一种虚无的存在。相对男性而言，女性是劣等的、低能的、第二性的。女性心理的自我贬抑心态阻碍了女性主体意识的提升，制约了女性主体能力的发展和独立人格的形成。到近代虽说妇女解放，使女性走向了世界，表现为向男性靠拢，模仿男性参与体育与各种健身活动，在追求“人”格的基础上，进一步提出了女权。然而，在女性意识发展过程中，“男女有别”的性别话语一直干扰女性对自身的辨认，使反思后的女性又在一定程度上向传统女性回归。表现为回归家庭、女性参与健身运动更多的是为了苗条和美丽。而这些是由建立在形式和谐基础上的传统规定所决定的。女性在自塑与他塑的矛盾中纠结，在现实中处于自我分离状态，即身体与思想的分离、行动与准则的分离。于是，女性在男性性别话语干扰下，对自身真正的特点和需求很难认清，不能确定哪些是符合女性自身诉求，哪些是由男性塑造出的符合男性利益与需求的女性特点。也正是受这种模棱两可的性别话语的左右，使女性潜意识中对传统观念妥协和认同，因此当男性认为运动使女性强壮而没有女人味时，女性就自然转向可以变得纤瘦柔弱的绝食减肥和流行医学共同打造的“塑身神话”中，这种来自男性主流性别话语的抵制为女性获得运动参与权设置了重重障碍，女性运动参与机会的获得因此受到很大程度的影响。

3. 受价值观的左右

价值观反映一个人对客观事物的利弊、是非、善恶、美丑、重要程度、价值大小的看法，它决定着个体的态度、动机模式和行为指向，有什么样的价值观就有什么样的行为方式。在社会不同的历史时期有不同的价值观，不同的价值观反映在不同类型的女性身上，就有不同的行为方式。从个人行为角度看，女性个人行为取决于不同的社会经济环境及其价值观念取向的变化。它主要反映在参与行为选择意愿上，即个人内在的价值观念取向与外在社会、文化、政治的协调认同。建国初期，政治环境使个人对政府有极高的认同感和极大的顺从性，在强大的思想政治工作的作用下，绝大多数人都甘愿献身祖国的建设事业，自觉自愿地为社会建设和国防建设的需要而锻炼身体。改革开放后，经济体制的重大变革导致大众的个人意识也随之发生了变化。女性的个人价值取向中，自我价值的实现和个人目标的追求已开始主导着女性个人行为方式的选择。对受歧视的女性而言，希望通过更加关注自身的外表来吸引男性，因此在外表上下功夫；对受颂扬的女性，主要是将自身的价值融入家庭之中，她们的价值通过家庭来实现；而对自主的女性而言，她们不依赖男性，有其自身的社会价值。显然，这三类女性是出现在不同的社会发展阶段的。然而，到了现代社会，这几种价值观同时混杂在女性的身上，使得现代女性无所适从。现代女性在追求实现自己的社会价值的同时，又想在男人身上体现价值，这就使得现代女性仍然不能无视男性目光的审视和批判。于是，女性不论是在整形美容上还是在健身塑体上，都是以男性的审美标准去要求，即便是认可健康是第一位的，仍然有不少女性为了满足男人视觉上的需求，符合男性标准而不惜经受肉体上的痛苦、精神上的摧残。特别是随着科学技术的迅猛发展，对女性身体的塑造已不再局限于运动健身，甚至在比例的改观、形体的塑造、畸形的矫正、完美尺度的体现中，科技手段的采用比参与健身来得更快、更舒适、更有效一些。于是，在功利思想的左右下，女性价值观随之改变。这种破坏人体自然生态的不健康的美之所以仍有市场，也是因为女性视其为法宝，可以用来作为征服男人的武器，从而得到女性自己在竞争激烈社会所需要的优势、财富和便利。殊不知，这些女性自己只是扮演了小丑的角色，并没有认识到自己的真正价值，她们所追求的这种美是脆弱和没有生命力的。

（二）女性外在生活空间

1. 多重角色的冲突

多重角色的冲突普遍体现在现代职业女性身上，最为明显的是家庭角色和事业角色的冲突。一方面，女性在家庭里是妻子、母亲还是女儿；另一方面，在社会中她们又要承担工作的责任。特别是处在30岁左右结婚怀孕的职业妇女，更是受多重压力的影响，工作—升职，家庭—生育小孩、小孩教育，传统观念与现代规范的不一致等矛盾、冲突重重，使得担任双重（或多重）角色的女性顾此失彼，难以两全其美。但现实是残酷的，职业女性仍需要在多重角色中转换、适应。要适应，首先面临的是身体的健康状态，没有良好的身心素质，是很难应对激烈竞争所带来的多重压力的。为此，在一定程度上，职业女性会关注健身，也认识到只有积极参与健身运动，才能有健康的体魄和良好的社会适应能力。然而，受传统女性角色“男主外，女主内”观念的影响，即使健康状态下降促使她们有潜在的健身运动欲望和美好的愿望，但她们还是认为自己应该尽女儿、妻子、母亲之职，在工作之余多陪家人、多做家务等。虽说社会现实要求女性走出家庭，承担一定的社会分工，但传统观念却认为女性理所应当要承担家务、照顾家庭，正所谓新时代女性“上得了厅堂，下得了厨房，写得了代码，查得出异常，杀得了木马，翻得了围墙，开得起好车，买得起新房，斗得过二奶，打得过流氓”，这句调侃的话语，也正说明现代女性目前多种角色的重叠处境，同时也由于受不同价值观的冲击，导致城市职业妇女余暇时间减少。而余暇时间是人们直接参与体育健身和接触体育文化的基本前提，更是人们参与体育锻炼的保证。余暇时间的减少势必会阻碍她们参与健身运动的行为。而需求的人群少，社会的关注度就低，投入就少，健身体育发展的势头就肯定会受影响，从而制约其发展的速度。

2. 经济因素的影响

改革开放 30 多年来我国经济发展水平不断提升，人们的温饱需求已基本解决，当较低层的需要初步得到满足以后，人们就会追求较高层次的需求。健身、健美、休闲的需求是享受需求和发展需求，它是满足人们精神文化生活、增进健康、增强体质和愉快生活的需求。因此，经济的发展对于健身健美体育的发展会起到积极的作用。然而，从我国的情形来看，相对于其他事业而言，国家对体育事业的投入力度还是较小的，同时又由于体育事业自我发展能力也比较弱，社会资金筹措渠道有限，多元化筹集群众体育经费的机制尚未形成，进而影响城市公共体育设施的建设，公共体育设施无法满足职业女性的健身需求，特别是塑体美体需求，在大程度上影响女性的健身健美行为；加之女性个人经济条件也影响健身参与的程度和参与的质量。经济条件比较好的女性人群，体育参与程度和质量优于较差的人群。因健身健美消费属于发展型、享受型消费，必须以经济基础为前提，女性个人的经济条件，就决定了女性的健身消费层次，有什么样的经济条件，就会参与什么层次和程度的体育健身健美娱乐消费。当女性个人经济收入有限，其健身、健美、休闲消费必然处于较低水平，女性只好选择那些花费少或不需费用的健身项目来进行锻炼，或者只能在运动环境较差的地方进行锻炼，在一定程度上压抑了女性的锻炼热情，阻碍了女性体育生活方式的形成。尤其是在我们的调研中反映出一个大众的需求趋向：即在改革开放前，职业女性的体育锻炼更多的是追求身体的健康、增强体质，但近几年，情形发生了较大的变化，女性参加体育健身活动的目的多元化了，有为了社会交际、心理调节、改善关系的，也有塑身美体、减肥、减压的，还有为了教育子女等。因此，就出现了旅游健身健心、体育舞蹈、瑜伽、攀岩、登山、户外郊游等深受女性喜爱的健身健美项目。这些健身健美项目多是要求有较好的经济条件，而这些正是随着经济发展，现代社会可以提供给女性的，但由于女性自身的经济实力达不到而制约其参与，进而也就同时制约了健身健美体育的发展。

3. 受硬件设施的限制

体育场馆和健身健美设施是女性参与健身与健美的物质条件和活动载体。近年来，各级政府和组织不断加大对城市公共健身基础设施的投入力度，各种体育健身设施不断增加。如国家投资兴建了大量的“全民健身路径”“全民健身工程”“全民健身中心”等，但总体上还是不能满足大众的健身需求，且这些场馆多分布在学校和单位，社会上的场馆多数是豪华型，超过普通女性的消费能力。收费低或不收费的场馆多为篮球、足球、排球类，无法满足女性的多样化需求。调查结果显示，占了六成的职业女性选择的健身场所主要是小区与小区附近、家里，这说明职业女性偏重于参加健身活动的便利性。而收费场所是职业女性较少选择的地方，这种情形的出现，一方面说明我国的健身产业还有很大的开发空间，另一方面也说明职业女性的健身消费意识和消费能力都不理想。此外，调查还发现，女性参与健身活动的环境并不理想，许多女性希望到环境幽雅、设备较齐全、服务周到的环境中去健身，但现实生活中很难找到这样的环境，大部分女性对她们选择的健身场所和健身设施是不认可的，这同时也说明，在国家与社会层面，要提高全民健康素质，发动和鼓励大众积极参与健身，公共服务设施的改善刻不容缓。近年来，尽管体育场馆设施在不断地增加，但专供职业女性休闲娱乐和健身美体的场馆设施相对较少。尽管表面上健身馆、俱乐部、塑体中心如雨后春笋般地出现，但其消费水平却使大部分女性浅尝辄止。特别要引起重视的一个现象是：目前，我国在体育设施上的资源共享做得还很不够，现有的教育系统的场地设施资源利用不够，向大众开放程度低。同时，在女性常去的新的城市新建居住小区没有对体育健身场地和设施的规划要求，使得大众缺乏休闲健身的场所，势必影响健身健美体育的发展。

4. 媒介导向的偏失

随着传媒业的发展，传媒技术的提高，大众传媒对女性健身健美体育的影响也越来越大，女性参与健身与健美运动的积极性、方式方法与价值取向在一定程度上受干扰也表现得更为明显。首先，摆在我们眼前的是大众传媒对健身用品的广告宣传，打出减肥、塑身的口号，拥有苗条身材仿佛成了健身体育运动的唯一目的和体育用品的唯一功能。在我国的一些知名网站上经常会看到一幅幅性感火辣、妖艳的女性图片，女性角色似乎被女性的性感、美丽的身体所代表了，这种角色在网络上传播，俨然成为女性体育文化的象征。电视传媒也正在塑造一种以身体文化为主的女性体育文化，这种不公正的传播和片面塑造，必将影响女性的健身意识、给生产健身产品的商家以错误引导，阻碍女性健身健美体育文化的健康发展。特别是网络传媒对女性体育文化的忽视，以及对女性身体文化的过于重视和夸大，使女性体育文化逐渐被淡化。大众关注的特别是女性关注的健身健美体育的首要目标指向是是否具有欣赏性、娱乐性，是否能塑造性感、苗条的身材，以及青春美丽的脸蛋和时尚的服饰。大众传媒目前正以超越家庭、社会和环境等的影响力，以其倡导的标准影响和左右着女性的健身目标和价值取向，导致女性从事健身活动的动机失去正确方向。更有甚者，由于受利益的驱动和电视广告的蛊惑，购买了一些健身产品，原以为能像广告宣传的一样能获得理想的体形和减脂，但经过一段时间的实践，却没有一点儿反应和效果时对健身塑体不再有信心，因而彻底放弃。这种传播媒介对女性的健身参与产生的误导，严重影响了我国女性健身健美体育的发展。从另一角度看，也由于传播媒介的繁荣，娱乐节目百花齐放，使一些女性沉迷于网络和电视，进而占用女性太多的闲暇时间，致使女性没有时间参加健身锻炼。这在我们的问卷调查和访谈中就涉及了一部分职业女性，根本不参加健身运动，她们的余暇时间基本上是被网络和电视耗尽。媒介的这种负面效应制约了女性健身健美体育的发展。

5. 运行机制的制约

女性健身健美体育发展的运行机制，是在女性健身健美体育发展的过程中，使其按照目标（既定模式）运行所需要的相互联系或相互制约的内、外部条件。要促进女性健身健美体育的发展，必须要建立符合女性特点和时代要求的运行机制，而目前在我国健身体育运行机制运行不是很理想。运行机制包括三个层次：第一为动力机制，它的功能主要是提供女性健身健美体育迅速健康发展的动力，即动力源；第二层为控制机制，它的功能主要是调整运行轨道或运行秩序，也可称为调控器；第三层为保障机制，即保障体，其功能主要是保证整个女性健身健美体育运行的畅通。为此，要保证女性健身健美体育的健康发展和良性运行，必须处理好三者的关系。要清醒地认识到人力资本对国家经济增长和经济发展起着决定性的作用；要明确女性健身健美体育在国家整体层面的重要地位和作用；要把提高女性的身体素质摆在突出位置是“以人为本”的政府发展目标的重要体现。使女性参加健身运动真真切切的内驱力来自女性个人需求、社会需求和国家战略需求的统一。并在统筹经济和社会发展的基础上，不断加大对女性健身健美体育的投入，改善女性体育健身与健美的条件和环境，并通过引入激励竞争机制，改善公共体育事业的服务质量，提高管理效率，建立与社会主义市场经济体制相适应的现代职业女性健身健美体育组织体制。在体现发展目标的基础上，实现女性健身健美体育组织主体的多元化的同时，使女性健身健美体育公共管理的社会化及运行的法制化和民主化，在管理体制层面，加强对女性健身健美体育发展的调控力度。

从目前女性健身健美体育的运行情况看，虽说已取得了一定的进展，表现为社会体育管理和指导队伍不断壮大；初步建立了新型的社会体育组织领导体制和社会化的群众体育组织网络；管理体制的改革和社会化组织网络的完善，激发了女性健身体育的活力；国民体质监测工作稳步推进；在国家层面通过加强群众体育的法制建设，健全群众体育法规体系，进一步提高女性健身体育的组织化程度。但是，从调研的情况表明：一是，运行机制中的宏观调控。国家体育总局层面的积极性和主动性是有目共睹的，为提高国民素质出台的政策和制度以法律的形式得到确立和规范，但在地方承启和基层执行两个层面在执行过程中却不是很理想。激励机制尚未形成举国化制度，国家层面日益健全，但基层却滞后；控制机制缺乏行业规范和质量控制标准，行政主管部门的监控力度有限，存在无序化、随意化现象。二是，社会变革使职工体育管理职能部门逐步退出原有体制，职业女性参与健身健美体育所依赖的原有的“单位制”体育自然解体，现有的社团、社区健身体育组织在市场经济体制下表现出缺乏自主性的“先天不足”，“政府”与“市场”出现了盲点。与此同时，女性健身健美体育的“自我造血”功能不足，投资主体的多元化体制尚未形成，也就不能实现与市场经济环境相适应的有机契合。三是，女性健身健美体育的资源整合没有发挥作用。表现为职业女性生活小区的健身设施不能充分利用，如学校体育设施、事业机关设施等，这主要是因为学校、企业、机关、公司隶属关系不统一，如果不能在领导部门达成一致时，很难形成合力。四是，全民健身活动的管理在一定程度上仍以体育行政管理为主，不利于社会化、市场化的发育和形成，特别是各级部门之间的协调机制缺乏有效的联动与长效措施，“冷热病”现象经常出现。至于针对女性现实而开展的健身健美体育活动更是难上加难。五是，当前针对职业女性的健身参与与健康发展的目标机制缺乏科学的评估与分解手段。由于诸多现实情况的存在，使女性健身健美体育无法走上良性运行的轨道，因而也会制约女性健身健美体育的发展。

6. 方法选择的盲目性

国家体育总局体育科学研究所所长田野曾指出，“没有科学指导，就谈不上运动健身”。现阶段的研究也表明，我国大众健身中存在着健身随意性大、健身效果不明显、健身伤害时有发生等问题。这些问题的存在，同大众对健身方法选择的盲目性有很大关系。现实生活中，我们不难看到一些人在健身运动中虽然付出了一定的时间、精力和汗水，但难以获得理想的健身效果，因此渐渐地对运动健身失去了兴趣。事实上，健身方法和手段的选择在健身效果的体现上是非常重要的。因为不同的运动方式对于人体各器官系统的功能有不同的影响，会直接影响运动健身的效果。特别是职业女性，只有根据自己的健康状况与实际需要选择适宜的运动健身方式，才会收到好的效果。即不同年龄段的职业女性的健身方法是不同的，不同年龄段不同人的健身着重点也是不同的。在这个问题的处理上，必须遵循女性人体生长规律，如 20 岁年龄段的女性身体发育成熟，是人一生身体状况最佳的时期，身体无论哪一方面都能达到最佳状态，这时进行任何运动健身都是可以的。30 岁年龄段的职业女性，良好的身体素质大都还能保持，但是体形却有所改变，皮下脂肪堆积过多，发胖率较高；腰腹肌松弛，肌肉力量、心肺功能下降，耐力减退。这时特别要注意体形的恢复，侧重于柔韧性的锻炼，安排好时间，下意识、有目的地进行锻炼。40 岁女性身体机能和身体素质明显下降，从心里开始产生衰老的想法。这个时候事业蒸蒸日上，但同时也是最容易发胖的时间，想保住青春的想法更加强烈。这个时期的女性不宜进行运动量和强度过大的运动，应侧重于耐力、柔韧性的锻炼，不强求速度和力量等。与此同时，不同的职业女性其健身方法的选择是不同的，健身目的、健身功效也是不同的。如从事不同职业的女性，因为工作岗位与性质的不同，对身体各器官系统产生的影响就不同。像办公室工作人员、计算机操作者、会计、刺绣女工等颈椎病的发病率较高，这是因为长期低头工作，颈后肌群、韧带等组织劳损，甚至引起椎间盘变形、椎体边缘生长骨刺，小关节紊乱等一系列退行性病理改变。再有长期坐在座位上的职业女性，腹部比其他职业女性更容易堆积脂肪，臀部肥厚的人比例较大；而从事教师、外科医生、售货员、理发师等，基本属于站位工作，常见发生的是腰背酸痛、驼背、腰肌劳损甚至下肢静脉曲张等职业病。因此，不同职业的女性，选择健身的方法和手段是有区别的。然而，在现实生活中，职业女性健身方法和手段的选择是盲目的，没有明确的针对性和科学性，因而也就很难反映健身的效果。这样难免会影响女性健身的积极性，减少女性的健身参与，即参不参加无所谓。当然，一个同样应引起重视的问题是，在有针对性地实施健身计划的同时，健身方法与手段的采用要灵活多变。正如人们的饮食一样，如果每天都吃一样的东西，很快就会感到厌倦。健身也一样，如果老是用一种健身方法，不久就会感到枯燥无味，就会没有兴趣再坚持下去。因此，没有科学指导，就不会有理想的健身效果；没有科学的认知，就会产生盲目的选择，同时也影响和制约女性的健身参与。

二、重建“美丽”——健身健美体育生活化的呼唤

（一）人文精神的倡导是女性身体美价值内化的纽带

学者胡小明教授在阐述什么是身体美时说过：“身体美是人类健康的身体所呈现的美，它是一种由机体良好的生理和心理状态综合显示出的健康之美，是生命灌注之美”。诚然，真正的大美在于健康之美。健康美是事物诸美中最核心的美。健康具有正向美、和谐美、旋律美、力量美、灵动美、神韵美、大气美、幸福美、自信美，健康是一切价值中的最高价值。从广义上讲，一切美的都应该是健康的。那么，女性身体美所具有的功力意义也主要反映为健康美。健康美是人类所追求的，是进行生命活动的有机体表现出来的动态变化之美，是现实生活的一种美。对女性身体美的追求，可以使女性不断发展和完善身体、全面发展身体，进而将自身塑造成理想的人，这就是人类追求的真正的大美。德国著名文学家歌德有句名言是，“不断升华的自然界的最后创造物是美丽的人”。“世界上没有比结实的肌肉和新鲜的皮肤更美丽的衣裳”。马雅可夫斯基如是说。也正是由于女性身体美具有如此高的审美价值与诱人的审美魅力，因此女性身体美一直是人类为之追求，为之向往，为之精心创造的一种美。

女性身体审美价值遵循的是人文精神与人文理念。女性身体的审美揭示女性的生存意义、体现作为人的价值和尊严，追求的是女性的完善和自由发展。特别是作为一个完整的个体，是身体、心智和精神统一的个体。从作为完整的个体的女性而言，健身健美体育人文精神的提倡，不仅意味着女性身体的发展权利，同时还意味着女性作为精神个体的发展权利。健身健美体育作为人类自身发展的重要手段，其促进女性身体健康与形体优美等方面的生物学意义并没有消失，同时女性作为文化生产的主要力量，通过健身健美体育促进人类文化发展的需要更加迫切。希腊时期的人文体育精神，就包含着体育的人学本质，关注“人的身心既善且美”的和谐思想，希望通过运动实现对人的尊严、身体的权利以及审美需要等价值追求。唤醒体育中的“人的尺度”，体现了人类对自己身体的权利、人的尊严以及审美的天性。与此同时，新世纪健身健美体育的发展倡导的人文精神表现为一个重要的价值观是以人为本，以女性的生存健康权为关怀对象、对女性主体的发展和塑造，以及对女性

的身心健康的价值观的形成、激发女性作为人的发展和对人的自我完善过程与心理需求等。社会的发展，首先也是以人的发展为前提的。同时，社会发展的最终目的是使人本身获得全面发展。人的潜力和创造力，是社会发展进程最核心的资源，而健康的体魄是女性全面发展的物质基础。身心素质的提高与和谐一致是现代市场经济环境对女性提出的更高的内在要求：女性需要具有健康的审美心态和消费心态，具备日常生活心理学的素质，要学会和自己的身体语言对话，学会理解、欣赏和创造气质美和形象美，学会如何消费才能有效地表达美。特别是随着女性主体性的上扬，审美重心开始下移，女性身体之美自然也受到了相应的尊敬。而女性身体之美的实现来自理性（精神）与感性（形式）的和谐。要理智地认识到，当今女性对身体美更强的自恋性现象也使得女性身体更容易成为被注视的审美客体。如当下女性为了迎合时尚的标准，进行变性手术、减肥、整形等都是过于自恋，忽视了对身体的健康和本然状态。为此，只有通过弘扬和主动参与健身健美体育来对女性自身生存意义与价值的终极关切，以此而获得健康来表现对自身前途和命运的终极关怀。也正是通过对健身健美体育的人文倡导，使更多的女性学会关心，实施关心，通过大众的广泛参与，正视身体的本然，强调身体的健康，认同健身健美体育文化的人文价值，回到以人为本的健康的女性身体审美世界，体验和肯定健康女性身体美在其生命过程中的意义和价值，从而追求生活中的健康生活方式和审美境界。

（二）健康、快乐、美丽、活力是女性自我发展的价值内核

健康是人类发展的一个重要条件，同时又是发展的重要目标之一。健康权是人的基本权利的重要组成部分。然而，社会发展却给女性身体带来一系列的影响，直接危害到女性的健康，从而使女性身体机能退化、肥胖、早熟等，同时一些现代的文明病和一些环境变化引发的疾病等也不断地困扰女性。因此，如何保持健康状态，不仅关系到女性本身的健康，而且也关系到下一代的健康问题。尤其要引起关注的是一些媒体在商业化的运作中，有意或无意地对女性的身心健康带来了负面的误导。如制造所谓“美丽”的标准、“苗条”的标准等，而在这些标准的背后是诱导女性“整容”“隆胸”“减肥”“增高”。殊不知这些现代技术带来的“健康危机”已直接破坏了女性生态平衡，危及了女性的健康。然而，女性存在就意味着要发展自己，会尽可能地以各种方式超越生命存在的局限，是每一个现代有知识的女性必然要面对的。显然，女性要让有限的生命体现出无限的可能性与多样性，就必须依靠自己、发展自己，从而实现自己的生命价值。而要实现此目标最关键的，也是起决定性作用的就是女性身体的健康，只有在健康这个平台上，再去思索和探寻女性的发展才有意义。

健康与美息息相关，健康与幸福息息相关。健康是美的，健康是幸福的，健康就是快乐。健康是人类文明的标志。特别是随着机械化、自动化、科学化的发展，人的脑力劳动在逐渐代替体力劳动，成为物质生产的主要方式，人的体能在蜕化，于是，健康就成了社会发展的重要内容，是女性自我发展的基础。而现代体育的蓬勃发展，尤其是健身健美体育的发展就是女性实现肉体与精神平衡，保证生命和谐的一种方式。无论它的职业化代表多大程度的商品性，依然反映着人类提高体能的共同愿望，这里包含深刻的文化内涵。随着社会的发展，女性的价值观、风俗习惯、生活内容和生活节奏等方面发生了巨大变化，女性追求一种真正属于自己本身的美，这种美只要是符合女性意念指向，能给女性带来幸福、快乐，就是美的。如作为大自然的产物——女性身体美就是自然美中程度最高的美。特别是当人体生物美与道德精神美形成一种交互正向吻合而形成的美更动人。时至今日，美丽已经没有一个固定标准，美丽变得多元化。只要是一个身体健康、心智健全并愉悦于自己所处的社会环境的人，都是美丽的。从一定意义上说，健康的身体就是美的身体，因为只有健康身体才具有改造客观世界和发展、完善自己的能力，并可充分发挥人类最珍贵的特性——自由创造。女性存在就意味着要发展自己，无论是女性的美丽、幸福，还是女性心灵与精神的回归，都在向人们证实女性的发展应基于对自我的负责与承担。为此，以何种方式超越自己生命存在的局限性，是每一个有智慧及知识的女性必然要面对的问题。首先起码要作为一个主体存在于社会中，其次对女性身体的美、健康、快乐与活力作为一种理想的、个性化的、不断创新主体自觉的价值世界，是引导女性走不断完善自我、发展自我道路的必要所在。这种既强调内在的塑造又注重女性外在性征的表现与美化，是现代职业女性身体美的基础和核心，是不容忽略的。

（三）健身健美体育是女性建构身体美的最佳途径

体育因其独特的魅力和不可替代的功能而受到不同层次人们的青睐。就职业女性而言，随着社会的发展，健身健美体育内涵和外延的日益丰富，追求科学、文明、健康、快乐的生活方式将使女性生活和健身健美体育之间的界限变得越来越模糊。健身健美体育生活化将成为女性追寻健康、美丽与快乐的不可或缺的方式方法与途径。

1. 健身健美体育能体现女性对美的追求

首先，女性的身体美是人类所特有的，劳动在创造人类的同时也创造了女性的美，并随着人类的进化和有目的、有意识地用运动的手段改变和塑造自己身体，从而达到目的性和合理性的统一。女性身体的美不同于一般意义上的人体美，身体美源于后天的锻炼，源于运用美的规律自觉塑造身体的追求。身体美是运动美的成果和形式，这种美以力度、活力、均衡、协调、速度、节奏等表现常人表现不出来，但又蕴藏在这些能力中的姿态、线条、肌肉、比例等。健身健美体育最初的意义是对身体进行创造和锤炼，创造出一个不断发展和完善的身体，也就是一个健康的身体。其次，健美——女性身体的健美，从字面上就可以理解到，那就是身体强壮而优美。这些自古以来，从女性所参与的舞蹈、体操、武术以及现代的瑜伽、法拉提、肚皮舞、钢管舞等各种健身健美的运动形式都可以达到这一目的与要求。特别是女性为追求自身的完美，追求将自身塑造成理想美的人，通常可以通过选用一些健美的身体练习来解决塑造体型、形成优美姿态的问题。尤其是对于女性“曲线美”要求其匀称、丰满而不肥胖，显健康之美，匀称、苗条而不消瘦，显精干之美的问题，健身健美体育体现的是按照这种美的规律造型，以女性身体的特殊运动为对象，进行创造和审美活动。与此同时，健身健美体育中人文精神的提出，能引导女性进入一个审美的高级境界——充满人文关怀的健康美。它包括身体的健康美、精神的健康美、行为的健康美。其体现主要显现于人类对健康美的追求，核心就是主动表现健身健美体育对人类生存意义及健康价值的终极关切，是在体育世界里追求理想而完善的人的发展的美好状态。这是体育美区别于其他审美对象的一种特质，其最高表现是人文美，是身体运动的美好形式从情感上被领悟升华为人文价值观的审美创造。具体可以表现为三个层面的美，即物种之美、群体之美、个人之美。这正是健身健美体育能体现女性对美的追求的意义所在。

2. 健身健美体育能建构女性真正的美丽

从美学的角度，身体美是人类健康身体所呈现的美。人类身体是有生命的活体，身体的美不仅包括体型、骨骼、肌肉、形体，还包括皮肤、毛发、牙齿、指甲等。身体美的内容丰富而有层次，是一种由机体良好的生理和心理状态综合显示出的健康之美，是生命灌注之美。女性真正的美丽是表现在女性身体方面所呈现的是形体健美、身体健康、姿态优美、动作协调。生活中我们经常看到一些不乏身材高挑瘦削而显纤弱的女性，显现给人一种精神颓废的病态，很难予人美感，而有些人虽然相貌不一定很漂亮，但身材匀称、曲线优美、谈吐大方，与她们相处，使人如沐春风，给人的感觉是充满活力的健康、青春美。这种美和优雅可以通过后天的培养和塑造——健身健美体育运动而获得。首先，身体美作为一个物种的感性形象的理想，是人类对自己身体可感形式上的最高追求，同时与健康理想相一致。无论是体型还是形体，或者肌肉和骨骼的改善，即使健身健美体育的根本目的之一，也是体育美学的长远任务。健身健美体育是作为女性身体美接近理想标准的基本手段，能逐渐改变和美化女性身体，通过骨骼和肌肉强化身体平衡，以及因经常参加健身运动而使得皮肤柔软、细腻、富有弹性和光洁，诸如此类，都是因运动而富有审美价值。其次，女性优美的身体能带来美的运动。由于女性天生自然的柔美身体，其流畅、鲜明、简洁的身体曲线在生动而有节奏的运动中起伏恰到好处，给人美的享受，同时，也不乏娱乐性。如艺术体操、体育舞蹈、健美操、花样游泳等，女性通过参与这种特定的运动形式来显现身体的姿态以及形态美，并在一定的空间和不同的形式展现出来，激起人的美感、令人赏心悦目，同时也体现着女性身体美所蕴藏的文化内涵。再次，女性身体活动的主要目的是锻炼身体，其主要的效果为增强体能和塑造形体。在整个锻炼的过程中需要有很强的科学性，尤其是塑造形体，需要从美学的角度来不断改进方法和手段，用审美理想引导身体发展的未来方向。因此，通过设计一些运动动作和方法在科学合理的指导下，达到所需的审美要求，这种通过身体活动而体现的美，肯定会吸引越来越多的女性加入其中，从而促进健身健美运动的发展。

3. 健身健美体育生活化能促进女性的全面发展

女性健身健美体育生活化就是将健身健美运动融入女性生活，成为女性生活的一部分。随着科技的迅猛发展，工作与生活节奏的加快，竞争的激烈与压力的增大，女性必须通过一种有效的手段来调节和缓解生活与工作困境。为此，越来越多的职业女性选择了健身健美体育活动，并通过参与健身健美活动来满足自身需要，促进自我的健康发展。尤其是现代健身健美运动在一定程度上是回归自然的行为和活动，当女性投入大自然中进行健身美体活动时，会忘掉工作的压力和生活的烦恼，感受到的是心清气爽、心旷神怡，使人自然超脱自我，情绪稳定。这样人的大脑就会分泌出有益健康的化学物质，促进生理机制的调节，使人气舒心畅，活筋通络，达到身心健康的目的。不仅净化了她们的情感，提高思维能力，也促进女性的心理结构的“内化”，而且还可实现人与自然的统一、运动与文化的融合。特别是在健身健美生活化的过程中，随着社会的发展，女性能不断地改造自己、发展自己、美化自己，使自己永无止境地朝着愈加理想的方向发展。现代社会的女性对健身健美体育有着更为迫切的需要，因为健身健美体育不仅能释放人的生物能量，而且能体现人的生存价值和生命的意义，展示和谐的个体与社会人格。尤其是健身健美体育本身包含着美的因素和美的韵律更是女性自我全面发展，追求完美不可缺少的因素。以美促健，增强女性的体能，在现代社会越发显得重要。

三、健康、美丽、快乐、活力与健身健美体育文化的互动

（一）审美动机是健身健美体育形成的动力

女性为什么对身体美这样执着追求？第一，是由美的本质和功能所决定的。身体的美能满足人不断发展的生命追求和生命需要，这是人对身体美执着追求的不竭的内在动力。女性对身体美的追求，往往与健康、幸福、成就感以及自信心等人类基本的价值观联系在一起，作为人生在世的一个基本态度。第二，女性的外在形象在一定程度上会影响他人对自己的第一印象，对自己的感觉、态度和行为。如在当今社会激烈竞争的背景下，一些女大学生找工作困难和就业市场中基于性别、身高和长相等的歧视、下岗女工失去“铁饭碗”后与年轻女性竞争“青春饭”的艰辛、打工妹在城市生活中被嘲讽土气以及事业成功的“女强人”由于一心扑在事业上而带来的家庭危机等，都迫使女性格外关注身体的美。第三，身体美的追求与性有关。自古以来审美观便含有性的成分。特别是对于女性，这种性意识异常朦胧而其作用又非常强大。在男权社会针对女性身体的审美更是成为女性追求身体美的驱动力量。作为现代女性尤其是知识女性已经清楚地意识到：女性只有拥有自己的发展空间，才有可能去实现自我价值。新的时代的挑战使女性对原有的价值观念进行重新认定，主体意识由朦胧变得清晰，只有拥有健康的生活方式，才能在简单的健康管理中轻松拥有美丽，也只有为头脑与健康投资回报率才最高。现代女性的和谐美、洁净美、轻快美和窈窕美，都是健康生活方式养成后潜移默化的结果。女性身体美是人体经过健身健美运动所获得的静态美，如体格健壮、体型匀称、素质全面、气质高雅等。身体美又凝结和体现着运动美，只有协调、平衡、灵巧、优美的动作，才可能锻炼出美的身体。特别是当由于现代科技发展而人工制造美丽的事件损害女性健康和生命的事例不断出现时，难道追求美丽有

必要一定要以伤害身体为代价，甚至像“超女”王贝一样丢掉性命吗？再说了，整形出来的就一定是美的吗？在社会不断发展的今天，女性清醒地认识到只有在健康的基础上谈美，生命才有意义，并且通过健身健美体育活动可以塑造女性所追求的线条美、体格美，从而增进身体美。也只能按照身体美的规律去实践，才能充分领略到体育健身健美造就出的女性人体造型美、线条美。为此，健康的健身健美方式越来越被女性所接受和采纳，也因此成为健身健美体育发展的动力。

（二）健、力、美、乐价值的引领促进了健身健美体育的发展

中华民族是一个崇尚美丽的民族。我们的祖先创造出许多优美的词汇来表达对健康生活、美丽人生的追求。特别是经过30年的改革开放，一方面走向全面小康的发展过程使我们富裕起来，使女性有物质力量来追求美丽，另一方面我们有了更多的放飞、放纵心境的自由，有了越来越强烈的追求生命本质的愿望。这两种力量组合在一起，使美丽、健康、快乐、活力这些词汇以前所未有的魅力、震撼力、冲击力、亲和力出现在女性的生活之中。追求女性身体的美，展现身体美，留住身体美是女性思想追求的一个重要提升。然而，女人的美丽是短暂的，为能延长美丽，就必须学会创造、保留自己的美丽。于是就有女性过度追求美丽而损害健康。比如，减肥过度，损害了女性内分泌、免疫与生殖系统；长期使用化妆品，会因化妆品的使用导致皮炎的产生；至于医学美容更可能为身体带来不必要的创伤，甚至付出生命的代价。研究证明，五脏六腑的健康状况，才是女性外在美丽的源泉，平日坚持科学的健身、注意劳逸结合、营养均衡、情绪良好，才能确保职业女性健康和美丽。随着女性经济地位的提高、收入的提升和消费观念的改变，消费升级将成为我国经济增长的一个长期现象。以追求身体健康为终极目的的“健康产业”，如健身俱乐部、健美中心、健康会所等；以追求精神愉悦、放松休闲为终极目的的“快乐产业”，如旅游、野营、垂钓、滑雪、蹦极等；以追求自身形象优雅美丽为终极目的的“美丽产业”，如塑体中心、减肥大本营等；以追求时代进步和流行潮流为终极目的的“时尚产业”，如SPA、舍宾、水中芭蕾、温室瑜伽等将成为现代女性的首选，并融入女性的日常生活、工作、休闲和出行等活动中，并与更多的各地文化、民俗、生活习惯、自然条件、城乡特点相结合，除能塑造女性身体的体形外，还能强化女性的体格、体能、生命力及其精神素质以健康女性美。也正是因为现代女性不懈的审美追求和生存需要，推动了健身健美体育由以前单一、枯燥转向多种多样、丰富多彩。同时这条健康的审美途径也使女性辩证理解和认识到身体与心灵、自然与技术、个性与社会等的关系，从而不断的创造美、感受美、享受美、珍惜美。

（三）健身健美体育文化的进一步发展提高了女性的生活质量

女性身体文化之所以成为一种美学，其基本前提在于“健康”。对身体内在健康的呼唤与追求，是当前女性身体文化在人类自身生存方面的表现。尤其是在现代化进程较快的大都市，交通的拥挤、空气污染、饮食等不健康导致“三高”人员的增多等，使女性越来越注重生活的质量，纷纷加入健身健美的行列。然而有专家指出，

“当前不少国人对于健身存在一些认识上的误区，未来全民健身活动离不开科学指导”。杨则宜教授表示，“其中有相当数量的人群算不上是科学健身，未能从体育锻炼中真正受益”。国家体育总局体育科学研究所所长田野指出，“目前在我国百姓健身中存在着健身随意性大、健身效果不明显、健身伤害时有发生等问题，这需要我们在体质测定、运动处方制定、健身方法创新、健身技术指导等方面不断加速科学化进程”。只有不断完善和发展健身健美体育文化，才能激发女性积极主动的健身健美的参与意识，保持健身健美体育持续稳定的发展，形成生生不息的发展态势。“发展要依靠人，发展是为了人”，这是贯彻科学发展观的本质要求。为此，加快健身健美体育科学化的进程，必定会激励着越来越多的女性投身于符合生态和人体生命节律的运动中，她们将有更多健身方式的选择，她们将能够以自身喜好、身体体能、经济能力、心理感受等作为出发点来进行更宽泛的选择，为提升生活质量，塑造出一个个生机勃勃的充满活力的“新我”。因此，将女性置于健身健美体育发展的中心是当今体育发展的必然选择，健康、美丽、活力、快乐将成为女性一生的追求。关注与关照女性生活质量和生命价值是除健身健美体育外许多其他活动不可替代的。

高速发展的未来世界，女性个体的社会联系广泛、社会关系复杂、社会角色多样。女性作为当代社会生活中不可缺少的角色，是不容忽视的健身健美体育文化的参与群体。然而，受大众文化的影响，女性个体价值取向不同，虽说大众文化为女性个体素质的提高和完善营造出良好的氛围，但在提供多种自由选择的同时也为缺乏理性和阅历的女性造成迷惘。尤其是现代市场经济环境对职业女性提出了更高的内在素质要求，需要女性具有健康的身体素质、正确的审美心态、良好的社会适应能力，要学会和自己的身体对话，学会理解、欣赏和创造美，学会有效的表达美。为此，在职业女性自主性日益增强的今天，要努力摈弃大众文化时代压迫女性意识、忽视女性存在的消费文化，培育有利于女性平等发展、自主选择的体育文化氛围。培育女性个体能够以独特的方式发挥自己的潜能，从而使女性在健身健美体育生活方式的选择中有广阔的空间。因此，如何使得女性可以以不同的体育生活方式满足自己的需求、实现自己的利益，使女性的健身健美体育生活多姿多彩、充满朝气，一方面要认识到传统文化变迁的复杂性、长期性和培育新文化的艰巨性；另一方面也要求女性健身健美体育文化的发展越来越具备包容性，要呈现出多样化特色。只有这样，经过几代人的不懈努力，才能走向成功的彼岸，使女性身体的自主性以及女性的主体性在健身健美体育文化中真正得以确立。

第三节　女性健身健美体育文化的培育

一、女性健身健美体育文化培育的可能性

（一）时代发展的必然

随着社会的不断进步、人们物质生活水平的不断提高，文明生活、健康生活，

越来越成为幸福生活的代名词，业余休闲、健身、健美活动，越来越成为人们追求的时尚。人们已认识到“花钱买健康”的重要性，认识到适当的健身健美体育消费是健康的储蓄，只有今天的健身健美消费才能换来明天更多的精神财富和物质财富。健身健美体育文化是她们找回自身健康的唯一途径。特别是在我国小康社会的建设中，人人拼搏进取与社会与时俱进形成一个强有力的竞争氛围，不适应这种氛围就有可能被淘汰。而经过健身健美体育文化熏陶的现代职业女性，无论是生理、心理，还是社会适应能力，其抗打击的能力明显增强。因为健康、文明、向上的健身健美体育活动，能使女性在休闲娱乐的同时，陶冶情操、舒展身心、强身健体、增强凝聚力与社会适应能力。经常参加有规律的健身健美活动的人群，其多项体质指标均比不参加活动的人相应指标值要正常，并经统计学处理有显著意义。尤其是在高度文明的社会为提高生活质量，娱乐消遣、交流交际、塑身美体等这些人文精神的动因甚至超过了生理性的动因，也反映了健身健美体育文化内修自身、外结同道、乐群健体，提高生活质量的多元效应，也正是这种多元效应顺应了女性的需求，从而成为女性生活不可或缺的文化与精神食粮。

（二）女性自我意识的增强

随着知识经济时代的到来，在带来挑战的同时也为人类尤其是职业女性提供了寻求更大发展和解放的空间，女性已不甘于被男权话语左右和涂抹，她们开始以自己的行为对已成规范的男权社会文化体系宣战。特别是当今大众文化时代的女性是有灵魂、有个性、有思想、有创造力的群体，她们一方面受意识形态的控制并接受意识形态的塑造，但另一方面，某种反抗的因子又隐藏在她们的解读行为里。首先，表现为职业女性自主意识的确立。现代社会的职业女性，可以根据自身的实际条件和具体情况自由主动地选择适合自己的体育生活方式，并展现多样化的发展趋势，创造丰富多彩的女性生活。其次，也因为职业女性经济的独立，使女性有了自强自立的基础。如果没有经济基础，正如鲁迅所说，“出走的娜拉也只有回来和堕落两条路”。再次，是现代科学技术的发展促使女性能克服先天生理弱势，通过主动获取使用新技术的手段来使自己在竞争激烈的社会中处于积极地活跃状态，在实现对客体的超越的同时也完成主体对自身的超越。于是，现代女性尝试用自己的眼光审视环境，重新反思自我、认识自我、寻求自我主体意识构建与自我形象的塑造。具体体现在对健康、美丽、快乐的日益重视，使得女性加入到许多健身健美活动之中。虽说这些运动多数与保持苗条及对男人有性吸引力的传统女性特征相联系，但同时也开始强调健康素质与适应能力的提高。即便是有一些媒体对女性体育文化不公正的传播、宣传和片面塑造，甚至歪曲、忽视、践踏，但现代女性仍然认识到健康于女性生命主体的重要性，尽管目前还处于男权话语主流意识形态下，女性的声音是那么单薄，但她们追求自身健康快乐生活的本身就体现着女性主体意识的觉醒和群体意识的复苏。

（三）健身中的生命价值体验

由于健身健美体育文化与职业女性的生活息息相关，女性能在各种健身文化中体验到生命文化的价值，并通过自由选择适合自身需要的健身健美方式，由此而展现作为一个独立的人。女性生活意义或生命价值与男性一样具有多样性，而不是取决于观赏性如何（身材是否苗条、性格是否温柔、容貌是否美丽、机体是否年轻与充满活力）。她们可以成为审美主体，有创造自身美的自由，而不是被男性主流意识“美”的标准所控制的对象。她们可以发展为多样化的社会角色，而非传统意义上的“贤妻良母”。因此，虽然男性主流意识形态坚不可摧，其强大的惯性与阻力对女性的判断与信念有很大的干扰作用，但女性仍可以利用自身的行为方式来实施自己的对抗，把自己的生活方式巧妙地融入男权的主流意识之中，不再一成不变地消极接受男权社会制造的审美标准，不会盲目追逐媒体与商家合谋生产的商品，逐渐摆脱潜意识中存在的角色定位和女性身体美的标准化定型，并通过积极的健身健美实践，用自己的话语和生活方式去观察和审视女性身体美。

二、女性健身健美体育文化培育的艰巨性

“女人是变成的”，这一历史名言，极力强调了文化对女性的建构作用。人是由文化塑造的，同样，女性也是由文化塑造的。文化是一个复杂的整体，它包括知识、信仰、艺术、道德、法律、风俗以及作为社会成员的人所获得的其他任何能力和习惯。文化对女性的塑造是通过对女性形象的建构来完成的。女性也就根据文化所规定的形象的引导、规范、调适自己的行为，主要体现在价值取向、人生模式、性格气质、审美等方面，并主导着女性的精神世界，制约女性的行为方式。因此，在社会转型时期，要体现对女性人的关注、对女性之所以成为人的思索，以及对女性的尊重，以实现女性的自由和全面发展，重塑新型的女性健身健美体育文化的过程是曲折和漫长的，是一个巨大而复杂的工程，这主要是由于传统文化影响的长期性和复杂性。

（一）传统性别文化影响下女性形象的根深蒂固

传统性别文化是以男尊女卑为核心的性别文化。它对女性的塑造是从人存在的身体层次、社会层次和精神层次三个层面上进行的。在身体层面上，传统性别文化强调女性必须表现出柔弱的特点，男性对女性的审美也是以弱为美，以至于女性为了迎合这种审美而压抑自己、塑造自己，因而也就有了“楚王爱细腰，宫中多饿死”的悲剧；在社会层面上，传统文化严格规定女性活动范围，剥夺女性参与社会事物的权利，女性的主战场是家庭；在精神层次上，男为主，女为仆，女子无才便是德。传统文化通过这三个层面对女性的塑造，全面控制着女性的精神世界，使女性自觉自愿地时刻按传统文化理念塑造“以弱为美”。这个审美标准一直延续到今天，对于现代美女的首要条件仍然是身材苗条和外表美丽，甚至以骨感为美。女性参与健身运动的主要目的有八成以上是为了减肥，为了更苗条。而在女性对社会的贡献上，主张的是女性回归家庭，社会给女性的高度赞扬和最高荣誉是贤妻良母，男性主流文化呼唤女性成为温柔、善良，甘愿做侍候丈夫的好主妇。由此可见，传统性别文化影响下的女性形象，实质上就是传统文化中的女性形象，是没有主体意识的群体，

也就很难实现对女性主体的尊重。这种深层次的影响，对现阶段女性重塑自我将是一个艰巨的任务。这种传统性别文化的影响在女性身上产生的作用将是：女性没有自我，围绕家庭、服务家庭是她们的首要职责，即便是有一定的时间参与健身健美运动，也是受男性审美标准的左右，打造符合男性要求的身体形象。

（二）对现代物质文化打造的女性形象趋之若鹜

随着我国社会经济体制的转型，市场经济的物质、利益取向，催生了物质至上，金钱至上的现代物质文化，这种文化体现在女性身上表现为把女性客体化、对象化、物化和商品化。尤其是在大众传媒、商业广告等的打造和宣传下，女性形象——女人味的塑造在女性生活中形成了一股强劲的力量左右着她们的行为方式，其中最为触目的特征就是突出现代“女性”的外观——时髦的发式、通过整容整形后娇艳的身体和容貌、减脂抽脂后的骨感身材以及借助各种国际品牌装饰的敢于暴露的女体。这些特质强调的是女性形象是为了迎合男性口味、欣赏习惯及心理需求而设计的，女性的主体被客体化了，从而限制了女性的自主性。女性在人们的日常生活中也被作为卖点来炒作，如作为车模、电器的操作者等商品的附属物来进行推销，并在消费各种现代化的商品中实现女性传统家庭妇女角色的定位，获得充满“女人味”的满足。这种“女人味”表现在现代女性身上一方面要求其应该保持“东方女性传统美德”的同时，男性对女人的身体要求却不再传统，性感、暴露，三围的标准尺度，是当今时代女性努力追求的目标，并已内化为身体力行。物质文化将女性商品化、客体化，不仅制约了女性的发展，而且更为深刻的是，因为它与“文革”时期不分男女的装扮大相径庭，似乎迎合了女性“做女人”的诉求，所以它往往易于被广大女性接纳，甚至已经变成女性自我意识的一部分，构成女性自觉认同的事实。因此，现代物质文化所操控的女性形象比任何时代传统文化塑造的女性更有可能成为男性的玩物。因为这种文化所培育的女人味，其实质是没有女性个体身份或独立个性的女性。因而，当有些女性参与健身运动使自己变得健康和强壮时，就被认为没有女人味，没有女人的那种娇弱美，是不符合男性期待的女性美的，也就不被认可。于是，女性认为健身健美体育运动对自身最重要的意义是使自己更美丽和控制体重，而多数男性则认为参加运动的最重要目的是有趣和放松。女性在自己的潜意识中有这样一种想法：运动是男人的事，而且在很大程度上，女性只是作为男性运动的支持者与观赏者，对于已经形成的性别逻辑的女性形象，女性更多地选择了默认和顺从。

（三）女性体育人文精神的流失与缺乏

人类文化中的人文精神，在健身健美体育运动这种特殊的人类活动中的全面展现，就是我们所说的体育人文精神。它的主要内涵是：始终以人为核心，维护人的高贵与尊严，关爱生命与健康，尊重人的个性需求与选择，同时通过健身健美体育活动方式，全力促进人的身心与精神的健康和快乐，实现人的全面、和谐发展。然而，在中国传统文化中由于没有经历人本主义的洗礼，中国传统文化中的“天人合一”观虽有十分珍贵的人本思想在闪光，但没有形成影响深远的社会思潮，因而也就不会有社会思潮的人文积累，更未能形成以人为本位的天人合一的系统观念。表现在大众参与的健身体育上，首先是为了尽快甩掉“东亚病夫”的帽子，实现民族振兴；在“发展体育运动，增强人民体质”的号令下，开展了轰轰烈烈的政治体育运动；随着工业化进程及科学技术的发展，科技理性主义的张扬导致了人类生存环境和个人生活环境的严重危机，这种危机就是物质高度发达背后的“人文精神的失落”。加之体育文化的普适性，使之较为容易渗透到社会的物质领域和精神领域的各个方面。虽说它与社会领域有广泛的结合，但由于受功利主义思潮的影响，淡化了人本观念，从而促进人的发展功效甚微。因为在市场经济的全面竞争中，很多人对经济领域内竞争获胜的关注、对物质财富的追求常常自觉不自觉地大大超过了对情感、对健康、对生命的关注与追求。因而会促使一部分人彻底被物化，使人失去生命的真正意义，甚至有可能使人失去身体的健康和生命本身。诸如此类，反映了我国人文精神在现代健身健美体育中的不足与缺失，必将给女性健身健美体育运动的发展带来负面的效应与影响。建国以来，中国体育或许被赋予了过重的国与族的责任感，使命般的归宿，常常会让个体暂且忽略体育运动原本的美与乐。女性健身体育作为中国体育的一部分更是如此。

因此，要改观女性被物化而落入美丽的陷阱，不再以男性的或者说是社会的审美标准作为塑造自己身体形象目标的窘状，就必须有效消除传统性别文化与现代物质文化带来的异化现象，重新审视关于当代女性地位、角色的社会性别观以及女性作为人的主体意识观，从人的全面发展的角度在女性健身与健美运动的推广和普及中突出人文精神，在强调对女性健身健美体育本身的重新认识的基础上，更重要的是在价值构建上体现现代体育人文精神这一永恒价值。

三、女性健身健美体育文化培育的现实途径

21 世纪的发展主题是人的全面发展，我们已进入一个由不断满足人的物质需要进而转向更多地满足人的精神需要的社会。为促进女性的和谐发展，满足女性健身、健美、娱乐等多种需求，健身健美体育文化的人文价值将被女性认识和开发。健康、美丽、快乐也将成为越来越多的职业女性的第一需求。为此，以人为本，加强健身健美体育文化的培育，强调体育文化的“塑心育人”的本质功能，通过多种途径，丰富和拓展职业女性健身健美体育文化，可以激发职业女性积极主动的健身参与意识，保持健身健美体育的可持续、健康的发展，形成生生不息的发展态势，为新时期中国建设和谐的社会提供强有力的基础保障。

（一）倡导人文精神，弘扬综合功能

人文精神是以人为文化发展核心、把人作为主体存在的一种文化思想的体现。人是受文化影响的，文化是社会发展的结果和化人的手段。女性健身健美体育作为文化的重要组成部分，必须以女性为核心，维护女性的健康权利，肯定女性健康在其生命过程中的意义和价值，从而追求一种健康的生活方式。实现对女性的生存关

怀、优化女性的生活方式和对人性的弘扬与追求，这也是体育人文精神的时代文化主题，其最高价值原则是唯人主义，与我国传统体育文化以人为价值源头、完善人性、维护人的健康、提升人的生活质量的文化主题是统一的。然而，随着社会的进步，女性的社会地位和经济地位获得了显著提高，我们怀着对女性的全面关怀去反思时代，反思当代体育文化能清醒地认识到：女性在审美暴力和大众传媒的双重压迫下成了被束缚、被诱导的消费者，乃至于健身健美体育在女性生活中如不是被当作减肥塑体、追求苗条和骨感的手段和工具时，已边缘化。因此，要构建和培育新时期的女性健身健美体育文化，必须从多学科交融的高度，系统、全面整合健身健美体育“健”的多元功能，这样才能规范当代体育的育化体系和辐射范围。体育其最初的、根本的意义在于锻炼人的身体，或者说人的身体的自我塑造。其使身心得到统一，同时也能调整心态，但首先是身体的塑造。因此，在衡量女性健身健美体育文化是否具有人文内涵时，首先，要看其结果是否有利于身心健康。其次，当今大众文化时代的女性对女性身体美的关注已超越了以往任何时代，为此，审美文化在女性健身健美体育文化构建中的地位也更被女性重视。女性对身体的美的追求反映女性的自我意识和自觉要求。体育之美是皆万美于一身，而健身健美体育则是塑造人体美的最好手段。它是体现女性追求自身完美，将自身塑造成理想人的最佳选择。再次，在竞争日益激烈的今天，职业女性通过参加一些娱乐休闲的健身健美活动可以大大改善人大脑的供血供氧、减缓脑疲劳、激活大脑的思维能力，使机体充盈着旺盛生命力的美，进而使人的创造性思维进入最佳状态，塑造完美的人格，这才是身心和谐统一的最高境界，也是健身健美体育文化走进女性的日常生活，成为女性生活中不可缺少的组成部分的关键所在。因此，女性健身健美体育文化的培育要倡导人文精神，努力使之成为提高人的发展能力、使女性积极地参与自身发展的一种有效途径，并将其精神融进女性的生活哲学，进而使之感悟到健身健美体育文化作为人自身存在的一种方式的深刻意义。

（二）树立健康形象，展示多彩生活

21世纪的国际竞争是人才的竞争，而人才竞争最关键、最基本的是人才的健康。因为社会的发展离不开人的发展。如果不讲人的生命体的发展，社会发展就没有主体；不讲人的生命体，别的素质如思想道德、科学文化等就没有物质承载体，不能变成物质的力，都是虚空的存在物。因此，重视女性个体生命体的健康发展是关系到社会发展是否能健康前行的基础。而健康是一个动态的概念。不同的时代、不同的科技背景和不同的文化，健康有不同的内涵和外延。女性作为一个生命体，女性健康是人自身、人与人、人与社会、人与自然的和谐状态。要科学的认识健康，就要正确的认识人与人的关系、人与社会的关系、人与自然的关系。要达到健康，就要正确处理人与人的关系、人与社会的关系、人与自然的关系。作为新时代的职业女性，首先就是要树立以自我保健为主的健康观念。健康是实现自我生命价值的物质基础，健康也是自我享受的第一要素，健康就是生命，保护健康是人的天职，“我命在我，不在于天”，决定自我生命质量的关键在自我，而不是他人。一个生活在不能坦然而自豪地接受自己的身体、体态、面容的社会中的职业女性，一个因为身体不够“完美”而被置于歧视境地的职业女性，一个把对抗自己的身体从而维持她对观看者的吸引力作为一生的挣扎的职业女性，能够拥有健康的身体与心理吗？其次，展示健康美形象。女性的健康美是指女性应有健壮的体态，健康的体质，饱满的肌肉，优美的姿态，和平滑而光洁、细腻而光泽、有弹性的皮肤。而这些健康美形象可以通过健身健美体育去创造，去不断发展和完善。只有具有创造力、全面发展的身体，才可以称之为健康的身体。健康是一种美的要素，虽说不一定健康的都是美的，但一切美的都应该是健康的。再次，提高健康素养，享受多彩生活。职业女性作为一个受过良好教育的群体，其获得、理解和处理基本的健康信息或服务，并运用这些信息维护和促进自身健康的能力比以往的女性有很大的提升，并且越来越多的女性开始关注自身和家人的身体、心理健康。但是，由于职业女性这一特殊的群体形象往往很容易受到媒体塑造的形象影响而被固化，因此，作为社会要对不同职业群体的健康素养问题有不同的思路和方法，制定科学、可行及有效的传播策略，充分利用多种媒体，广泛开展以提高全民健康素养为目的的健康传播活动。通过开展针对职业女性特定群体的健康传播、健康教育、健康管理等健康促进活动，使职业女性养成一种健康的生活方式，呵护健康，关爱自我，享受生活。

（三）构建多元标准，塑造美丽女性

从一份共有3200位有效样本的研究《关于女性、美丽和幸福的全球调查》(The Global Study on Woman，Beauty and Well－being）了解到：关于女人与美丽的关系，对绝大多数的访谈女性而言，美丽并非是与自我联结的词汇，全球女性几乎近一半（47%）认为自己体重太重。几乎近一半的女性认同所谓“当自己觉得不美丽时，也觉得自己糟糕的说法”；45%的人同意外貌较为出色的女性在人生中享有更大的机会；59%的受访者一致同意“外貌吸引人的女性较受男人珍爱”。同时，调查还表明，全球女性殷切要求媒体对所谓美丽形象，应当重新定义。一切不该只停留于外表的吸引力，媒体必须将女性各种不同的形态（年龄、外形与尺寸）多元化勾勒并全面投射于世人眼中。这份调查报告说明，当今时代很有必要重新给出一个女性美的定义，这个定义必须得足以把每个女性包括进去，如果它不能，那它就不足以推动女性的身心健康。因为女性身体美标准的制定可有种族差异，但不能有性别统治。要以女性本体自然的身体健康为出发点和立足点。因为健康本身就蕴涵着美的元素，现代女性身体审美文化的精神内涵和永恒主题是健康长寿、能够抵御疾病。女性身体的美应该是多元和个性化的。女性不只是具有先天的生物性别的美，更重要的是具有后天个性的美，如独立之美、自信之美、气质之美、潇洒之美、追求之美、开拓之美、创造之美等。

为此，应加强对女性进行美的再教育，构建多元化的女性美标准，帮助女性抛弃旧的自我形象和美的观念。比如1997年由美国几位女医生发起了“真实的女人”，发起人因不满传统文化和传媒规范的女性美标准而雕刻“真正的美”的系列作品，就是一个生动而又影响深刻的实例。这一系列作品中的每一个妇女选择的姿态都密切地表达出她个人的生活经验，展示了女性生活的真实状态。她们不仅仅只把青春年少、外在美貌作为女性美的衡量标准，同时还从一种更加开阔、内容更加丰富的视角来看待女性的美，使女性身体的审美走出了狭隘传统标准的束缚，从“女为悦己者容”的传统观念中解放出来。当然值得肯定的是，女性为了美去修饰与打扮是一种文明和修养，也是对自己和他人的尊重。但女性更应注重的是提高自身的素质与能力、自身的人格与魅力、文化品位与精神境界。这样，我们才能获得做女人的尊严，获得社会的尊重和公正对待，获得作为一个“人”的主体地位。特别是现代中国女性的审美追求已逐步与国际“接轨”，而这种接轨的实质首先应该是追求自立和个性，选择自然健康的美丽，绝不再靠压抑自己的个性与自然需要来取悦男人，因为这个世界上美丽的形态本来就是多样化的。女性身体审美文化也一样，更需人们以开放的心态，接纳审美文化的多样性，以及女性美的多样性。只有这样，女性美丽的身体才得以呼吸自由的空气。

（四）引导体育生活化，打造健康的生活方式

根据马斯洛的需要层次理论可知，“自我实现的需要是人最高层次的需要，自我实现意识也是主体意识的最高表征”。在当今竞争日益加剧及生活节奏不断加快的社会里，女性为自我实现而就业、为自我实现而摆脱对家庭的依赖、摆脱对男性的依赖。她们的主体意识不仅体现在社会生活层面，而且表现在家庭生活层面。除此以外，马斯洛认为，“人类还存在审美的需要”。爱美乃人之天性，对女性尤其如此。生活中的女性对审美体验的需求是如此强烈，对审美的渴望是如此的迫不及待，以至于在女性的每一个生活环节中都随处可见。当代女性要实现自我价值和人的全面发展，追求“完美”人生，自然需要有更多的付出，要能承受足够的压力，要有良好的健康素质和适应能力。因此，如果能将健身健美体育融入女性的日常生活中并使其生活化，成为女性个人或家庭的生活方式的有机组成部分，成为其生活中不可缺少的重要内容，那将促进女性与外界的交流与沟通，增强其社会适应能力，发展人际关系；通过参与健身运动来增强体质，维护身心全面健康；通过健美运动，塑造优美形体，享受快乐人生。更重要的是它不仅仅是人类生物能量的开发和释放，更重要的是人的自身价值的体现和完美身心的展示，是个体人格和社会人格的和谐统一。因此，在人们生活水平不断提高的今天，职业女性的需求也日益多元化。她们追求的不仅仅是物质生活的满足，同时也高度重视丰富精神生活。表现为消费的结构发生了深刻变化，吃、穿、用增幅减缓，教育、文化、娱乐增幅较大，即社会消遣娱乐性消费增加。然而，现代女性穿着时尚，举止优雅，但因为事务繁忙，往往承担着高强度、超负荷的工作量，体力在不断地透支，亚健康状态已经出现在她们身上，甚至各种疾病可能早已“潜伏”其身。对此，女性健康专家指出，“健康的生活方式是保持外在魅力长盛不衰的最佳法宝”。为了让女性朋友切实了解健康的生活方式，在简单的健康管理中轻松拥有美丽，就必须积极探索，认真策划，通过多种途径、采取多种形式推广健康生活方式的理念，将健康生活方式融入广大职业女性的日常生活、工作、休闲和出行等活动中，创建更多与各地文化、民俗、生活习惯、自然条件、城乡特点相结合的活动形式，推动健康生活方式。使越来越多的女性积极参加体育健身活动，充分感受健身健美运动无与伦比的魅力以及它对协调人的行为、调整人的意识、振奋人的精神、使人感受到生命的力量，以及推动社会发展等的巨大作用。对于追求时尚的现代女性来说，使其认识和了解现代社会不仅只有时装、网络是时尚的代名词，健身健美运动也已经成为时尚的重要成员。青春健美、娱乐、长寿才是现代女性追求的时尚，只有健康与充满活力的人才是最美丽的，同时也能意识到健康是实现自我价值的重要标志，是完善生命价值的重要内容，懂得体育消费并非纯消费行为，同时也是一项健康投资，明白了健康的身体、愉悦的心境能为自己带来数倍的工作效益。体育健身与健美作为现代人日常生活中除衣、食、住、行以外的第五个基本要素，是一种最积极、最健康、最有益、最愉快的生活方式，是实现高品质生活的重要途径。

我们只有将体育生活化作为切入点，在全社会倡导健身健美就是素质，健身健美就是品位，健身健美就是发展机会，健身健美就是生活质量的新观念。以推进女性全面发展为目标，以生活化的体育健身活动为主要内容，以满足女性多元化健身健美需求的体育服务为手段，着力帮助女性形成以终身体育为指导思想的健康生活方式，才能推动女性健身与健美向更高层次和更广泛的领域发展，才能促进女性的全面发展和社会文明进步。

（五）规范文化环境，引领科学健身

女性健身健美体育文化是女性文化与社会文化的重要组成部分，是人类着力建造的美丽的精神家园与后工业文明相适应的健康的、积极的生活方式。根据新时期社会发展需要，女性健身健美体育文化主要具有三个方面的价值：一是生命文化价值。女性孕育生命，体育文化的思想和种子就会以基因和遗传的方式绵延不断地发展、播种下去。二是情感文化价值。女性在社会上扮演了多重角色，富有情感的人格品质是女性实现自身价值以及心理调节不可或缺的因素。女性体育文化正好能舒缓和释放女性压抑的情绪、有效引导女性的感性认识等。三是审美文化和养生文化价值。瑜伽、钢管舞、舍宾、普拉提、体育舞蹈、健美操等健身健美项目不仅能塑造女性健美、健康的身体，而且还具有养生保健的功能，是女性健康生活的最佳选择。然而，女性健身健美体育文化受社会文化的制约和影响，有一个健康的文化发展氛围才是推动女性健身健美体育发展的根本。

第一，对女性健身健美体育文化的管理不仅要通过管理人员和管理机构，还需要通过管理法规来进行。一方面，利用全民健身的法律、法规、法令等，严格规范，促进健身健美体育文化健康发展；另一方面，根据不同的女性群体的具体情况，充分体现以人为本，以有效达到科学健身的目的为本，要让制度有利于女性群体形成良好的健身氛围，最大限度地调动女性健身健美的积极性。特别是要体现制度和实施细节的实效性、可操作性。

第二，通过制定相应的法规、政策严加管理传媒话语权下的女性体育文化，出台相应的政策。例如，禁止片面或过分宣扬不切实际的运动功效，如美容、瘦身、苗条等；对女性体育运动、体育健身做积极、公正的宣传；在电视、报纸、网络的体育传播中，女性体育运动、体育健身享有与男性体育运动平等的报道时间、版面、经费开支等。

第三，各级体育管理部门应加大社会监管力度和公共服务，针对不同的健身、健美与休闲经营项目，制定必要的配套制度、构建体育健身健美项目等级服务体系、执行等级评审制度、社会指导员职业资格鉴定制度、体育健身产品行业指导价格；制定符合体育健身健美与休闲市场发展的投资、税收、土地使用等优惠政策，将体育消费的重点放在中低档的满足女性基本体育消费需求的项目上，使体育健身休闲市场能规范与健康发展及女性消费者的合法权益。

第四，创新和开发健身健美项目，引领女性科学健身，加强研制和开发简便易行的女性自我监测方法或仪器，注重健身健美效果的监测。经济发展的重要核心在于对人和健康生命价值的尊重。为此，无论参与什么类型的健身健美运动，作为女性个体首先必须明了什么样的运动适合自己？什么样的项目能达到自己想要的效果？这就是要找到适合自己健康、健美与快乐需求的个性化的、科学的健身健美项目。它是一套较为完整的健身健美体系，包括三个方面：一是全面分析，即体质分析——通过对身高、体重、肌力、心肺功能、柔韧性、反应能力等人体的身体形态指标、生理功能指标、人体体能指标的综合分析；在病分析——对自身病情、病况的分析是对症选择健身方式的关键；生活习惯分析——对生活习惯分析，可以卡住患病、体质下降的源头；心理分析——心理因素对健康会产生影响是肯定的，心理分析的目的是确定心理调节的方式。二是确定健身健美的模式，包括训练模式、生活行为模式、心理调节模式与营养模式。三是健身健美的周期计划的调整。只有通过科学的健身健美运动，才能塑造健康、健美的身体形态与优雅的行为气质，才能引导女性在迎接社会挑战、创造美好生活上更具有感染力、号召力、凝聚力和影响力。

（六）加大公共体育设施的投入，改善健身环境

尽管表面上健身馆、健身房、健美操培训班不断地出现在各个大小城市，但消费水平使大部分女性只能浅尝辄止。所以在构建用于大众健身、锻炼的场地设施，为女性创建一个便利、经济的运动空间时，应根据各地经济发展状况，因地制宜、量力而行，调整女性健身健美体育经费的投入，各级政府应加大公共体育设施的建设力度，有计划的修建廉价、实用、方便的公共体育消费活动场所，为女性创造良好的物质环境，才能满足女性娱乐健身与健美需求的心理目标，才能更好地发挥健身健美体育的作用，促进女性体育文化建设的发展。

建设满足女性健身健美需求的物质环境，需注重以下几方面的内容。

第一，要考虑的是加强健身健美资料、图书、软件等方面的建设。通过图书馆、社区会所阅览室的建立，给女性提供了解各类健康、健身知识的途径。同时也可以将这类知识尤其是健身方法开发成软件，存放在阅览室的计算机中便于女性查阅、学习，当然也可上传到网页上，便于女性随时查阅学习。为了营造良好的健身锻炼氛围，也可以通过在一些会所和公共设施上办内容丰富多彩的健身学习板块和墙报、专家讲座、经验交流、健康咨询等，使女性在各种环境中每时每刻都能受到健身文化的熏陶。

第二，通过政府引导，有效配置公共体育资源。采用准经营等方式，鼓励学校、企事业单位把现有的体育场馆设施对外开放，并配备相应的社会体育指导员，有效提高体育场地的使用效率。对免费向社会公众开放的学校、企事业单位等的体育场所，政府应给予一定的政策补偿。

第三，构建健身与健美运动组织。通过项目协会来构建起女性健身网络，形成真正意义上健康促进的氛围，才能有效地推进女性健身健美活动的开展。从这个意义上讲，女性健身健美组织与协会的成立、健身网络的构建，是女性健身健美体育文化建设中的关键一环。使各个项目组织协会与组织、组织与社区、组织与家庭、组织与个人构成一个网络。每个女性个体在健身网络中通过参与各类健身健美组织的活动，养成健身的习惯，学会健身的方法，达到健身、健美、娱乐的目的。

第四，加强社会体育指导员队伍的建设。针对女性健身健美体育运动的推广，其中最重要的一个因素是社会体育指导员的专业素养和能力结构问题。就目前我国的社会体育指导员现状，仅仅只是分级别（国家级、一级、二级、三级），而不能根据女性的特点和需求分层次和类别的话，是很难调动女性科学健身的积极性的，同时也不利于女性的健康与健美，有时还很有可能挫伤女性参与健身健美的积极性。为此，对女性健身健美体育的社会体育指导员队伍的人才培养问题应给予高度重视。首先，在国家层面应建立相关的政策法规和保障运行机制——资格认证和管理考核制度，有相关健全的社会体育指导员服务体系和组织管理网络与机构，确保社会体育指导工作的开展。其次，根据不同女性的需求，在功能、目的以及层次上对指导女性健身健美体育活动的社会体育指导员有明确的分层与分类，并对其资质的认定要严格审定，并对社会体育指导员的申报、培训、考核、授予称号、上岗、经营、年审注册、晋级、权利和义务以及相关法律责任等方面做出明确的规定。再次，在加大对社会体育指导员的培养、培训力度和经费投入的同时，系统地构建一个完整的社会体育指导员激励机制体系，在注重政府的政策支持、社会影响、经费保障等外部激励效应的同时，也不忽略内部激励，寻求形成社会体育组织内部对社会体育指导员的激励方式。旨在通过社会体育指导员这个高素质专业群体向女性传播理性的健身意识和科学的健身观念，以此推动女性健身健美体育文化的发展。

第四节　女性身体美的未来走向

女性存在就意味着必须发展自己。因此，以何种方式超越生命存在的局限性，是每个职业女性必须直面的问题。尤其是针对现代女性身体审美理念问题，如何实现“美女崇尚”向“美的崇尚”的跨越，以一种生命理性来完成自我价值的实现，从而实现女性身体审美上的自由。实践证明，追求女性身体的健康与美丽，让生命充满活力与朝气，维护女性真正的自由，维护其生命应有的价值和意义，让女性身体美体现出多种可能性与多样性，达到女性身体美的最高境界，是当今女性共同追求的目标。

一、女性身体审美更加理性

美是人类永恒的追求。对身体美的崇尚表达了人们对美好事物的一种向往。在每一个女性的心灵深处都有着对美的渴望，并一辈子都在追求美，有谁不希望自己有姣好的容颜和迷人的外形，更何况是在当今追求审美时尚以获得情感上的愉悦和精神上的满足，并具有价值判断和审美理想的时代呢？一个女人如果有一种求美的心态，那么她的生活一定是充满活力的。因此，在现时代理解的“女为悦己者容”里的“悦”应改成使动用法，就是说女人为了使自己愉悦而装扮自己。越来越多的女性，尤其是知性女性，她们追求美丽的目的丰富多样，有的是吸引目光、取悦他人；有的说可以是增强自信，也可以是让自己有个好心情。因为姣好的容貌、优美的形体与得体的修饰会给自己的工作和生活带来好心情，让她们充满自信地去面对现实。同时，做一个热爱生活有品位、有内涵、有深度的健康、美丽的女人，精心塑造装扮自己，那是一种对生活的态度。更重要的是“容”可以让女性心情舒畅，生活充满活力，从而提高幸福指数，何乐而不为呢？为此，如今更多的女性对身体美的追求已经开始变被动为主动，实现生活形式和精神层面的双重独立，不再是迎合。女性有自己的位置，有自己的价值，不必再为了取悦别人而去刻意地装扮。而是注重自己，更多关心的是自己的感受与心情。把自己塑造得漂亮优雅、美丽大方，是为了自己开心愉悦，也是为了尊重身边的人，你想如果你自己邋遢无神，自己心情会好吗？别人看着会舒服吗？只有真正健康、美丽而充满活力的女人，懂得爱惜自己，懂得内外兼修，懂得尊重自己、尊重他人的女性，才会光彩照人。但是为了追求所谓身体美的比例而采用暴力手段的行为，只是以外貌表象作为女性身体审美标准，带来的仅是短暂的愉悦和感性“美”，它忽略了美的内涵，阻碍了女性的健全发展，违背了社会公正。尽管感性享乐是现代人对生活的一种还原，但随着社会的发展，女性生存环境的变化与生命机体的进化，显然它并不是生活的全部。一旦把感性享乐置于衡量一切的最高价值的地位，任凭欲望肆意膨胀，女性也就丧失了真正的自由，从而成为受欲望摆布的“单面人”。因此，随着社会的发展，文明的推进，城市职业女性受教育程度与文化素养的提高，女性自我价值意识的觉醒，越来越多的女性已经意识到女性美是外在美与内在美的统一，不仅要有身体自然形式的美，如身材、相貌、五官、体态的美，还要有理性的道德修养、品性素养等的内在美。同时，在追求女性身体美的过程中，如何把握世俗化的限度，使审美文化既能满足广泛的、现实的审美需要，同时又能维护女性真正的自由，维护应有的价值和意义，才是作为一个主体人最珍贵的特性。

二、女性身体美的形式更加多样

泰戈尔曾说，“你可以从外表来评论一朵花或一只蝴蝶，但你不能这样评论一个人”。我们知道，对女性身体的审美感知，有其客观性、多样性、相对独立性和历史延续性，因为一个民族在其悠久的历史文化中形成的女性身体美的观念，已经世世代代积淀在人们的潜意识中，并不断流传和演化，时至今日，仍存在其民族文化的影子。因此，我们在关注全球化背景下的文化多样性的同时，也很清楚地意识到，女性身体审美文化也是多样的。对女性身体美的规范总是各有特色的，就好像造物主增加着万物的色彩一样多姿多彩。正如西方谚语说的，“Beauty is in the eye of beholder”，意思相当于中文的“情人眼里出西施”，美便是这样一种主观的感觉。美国“真实的女人，真正的美”发起人——产科医生列维、退休产科医生布鲁克斯、心理医师康海姆，三人通过一组雕塑用现实生活中不同年龄段女性的真实自然形态作为雕塑对象，突破只把妙龄少女作为美女对象的模式，从一个更加开阔的视角，揭示和颂扬女性不同身体的美。尤其是东西方有着不同的女性身体审美标准，不同的根源，不同的文化，就更应该提倡美的多样化。因此，社会发展到全球化的今天，无论推崇什么样的女性身体审美标准和审美意识，如果没有健康的身体，美就失去了根本的载体。只有健康才使人充满生机与活力，才能谈美。其次是追求女性自身的自立和个性，绝不会再靠压抑自己的个性与自然需要来取悦男人。同样，在经济全球化的大形势下，人们更多地关注文化的多样性，以及女性身体美的多样性。因此，女性身体美在大众审美文化倡导下又呈现出多样化的特点，并随着社会的发展与进步，女性身体审美的独立意志与自我意识将会像阳光下的花朵一样自由生长，完全由女性自我把握、自我选择，从而体现女性个体的生命价值，不再轻易受男人的目光评判所左右。现代女性健康的审美观念的树立，给女性身体美赋予了多元意义，使女性能坦然地面对男性的目光，这种坦然来自她们内心深处的自信，这种自信来自社会对女性全方位的认可，认可她们的智慧与才能、认可她们独立的人格与地位，认可她们独具个性的女性身体美。

三、女性健身健美方式更加科学

社会发展的最终目的是促进人的身心健康与自我价值的实现，直到最理想的人的全面发展。因此，人类对未来生活的憧憬体现出一种渴望健康长寿、快乐稳定、美满幸福的情结，未来将是一个比任何时候都需要健身健美体育运动和健康的时代。于是，将女性置于健身健美体育发展的中心是现代体育发展的必然选择。虽说对健康的身体以及无拘无束的肢体自由活动能力的推崇，是人类在早期文明阶段就树立起的审美共识。发展到今天，这种对健康和自由活动的认识不仅从来不曾改变，反而在审美的先进性上超越了以往，并朝着更人性化、更健康的方向发展。这是当今社会审美文化对女性身体美提出的新的要求。对女性身体的审美期待既决定着女性是否参加健身健美体育活动，也决定着其参加何种健身健美体育活动，参加了是否能达到审美需求与促进女性全面发展的问题。随着社会的发展，审美期待也不断地变化着，这也决定着女性健身健美体育的发展必须朝着更加科学、更加理性、更加人性化、更加丰富多彩的方向不断完善和拓展。这主要是因为健身健美体育是女性自觉地与自身的能力进行挑战的最好方式，它能有效地杜绝与人的健康相背离的现象发生，通过参与这项运动不仅可以健身美体，而且能增加人与人之间的信任、包容和接纳，使人与人之间更加和谐。特别是随着我国体育“立人”思想的确立，健身健美体育追求满足女性健康、美丽和充满活力将成为它不断发展的价值取向，成为女性关注的焦点和贯穿女性一生的不懈追求。尤其是在人们生活水平不断提高的今天，女性作为身体、心智和精神诸方面完整意义上的个体，其精神生活是作为人的重要标志。健身健美体育不仅在物化层面通过各种运动形式、方法、手段满足女性对身体运动的需要，而且在精神层面，如开放的文化视野、乐观进取的人生态度、鲜明的个性特点、健康的性格情操、深厚的文化感、强烈的归属感与责任感、集体认同感等，以其多样化的文化形态渗透到女性的价值体系中，体现女性的生活质量观、生活方式的选择、休闲品位的层次以及主体的理想追求等，影响和改变着女性的发展。

总之，在一个重视人的全面发展的时代，强调健身健美体育满足女性健身、塑心、美体、娱乐等多种需求，是未来世界人的发展主题。我们也有理由相信，在一个由不断满足人的物质需要进而转向更多地满足人的精神需要的社会，健身健美体育的人文价值必将被大众认识和开发，成为越来越多的追求健康、美丽、快乐女性的第一需要。为此，未来中国女性健身健美体育将顺应女性发展需求，从“立人”和可持续发展层面，呈现出多样化、社会化、生活化、娱乐化、科学化的趋势。

第八章　美学角度下女性体育健身生活方式的构建

第一节　女性体育生活方式研究概述

一、体育生活方式的研究

（一）生活方式

“生活方式”（Life Style）一词的出现已有150多年的历史，是人类存在的基本形式。生活方式也是哲学、经济学、社会学、伦理学共同关心的问题。因此，随着文明的飞速发展、科技的进步，使人类社会的生产方式、生活方式和生存方式发生着极大的改变。从原始农业的日出而作、日落而息、男耕女织、自给自足的生活演变到生产和消费日益商品化、市场化，工业文明的出现使得社会生产的专业分工更加细化，并大规模推动劳动力、资本和资源的流动与再恢复，人们对美好生活、健康人生的追求与向往也是促进社会文明不断发展的动力。

生活方式最早见于马克思、恩格斯的《德意志意识形态》、马克思的《路易·波拿巴的雾月十八日》《〈政治经济学批判〉序言》等著作当中。马克思和恩格斯在《德意志意识形态》中写到：“在社会生产的每一个时代，都有与之相适应的个人生活方式和一定的活动方式。生活方式首先表现为人们的日常生活，表现为衣、食、住、行、文化、风俗习惯等基本内容，社会生活方式首先是劳动生产方式，这是毋庸置疑的”。

1. 生活方式研究在我国的进展

我国于20世纪80年代初开始生活方式研究，比其他国家大约晚了20年左右。这是因为在我国改革开放之前，由于“文革”的原因，社会学研究被停滞了27年之久。而生活方式的研究具有时代性，某一时期生活方式的形成受社会条件制约和当时价值观指导，其目的是为了满足生活需要，生活方式也是表现人的生命活动的方式。因此，随着我国经济的持续发展、人们物质生活的不断提高，生活方式的研究才有了肥沃的土壤得以生根发芽，并茁壮成长。

在传统的社会学研究中，生活方式问题并没有受到足够的重视，在许多国家的社会学研究中，有关生活方式的研究并未成为一个独立的领域。随着改革开放序幕的逐步拉开，生活方式逐渐进入学者们的视野。早在1981年，于光远就提到，“生活方式、价值观和人的成长，是研究中国社会主义发展战略、研究中国式的现代化道路时必须重视的一些问题……除了产品的生产结构和分配结构以外，还必须很好的研究生活方式问题。我认为，作为我们奋斗目标的生活方式，应该是值得我们去追求的那一种”。

1984年，《中共中央关于经济体制改革的决定》指出，“在创立充满生机和活力的社会主义经济体制的同时，要努力在社会形成适应现代生产力发展和社会进步要求的、文明的、健康的、科学的生活方式，摒弃那些落后的、愚昧的、腐朽的东西，要努力在全社会振奋起积极的、向上的、进取的精神，克服那些安于现状、思想懒惰、惧怕改革、墨守成规的习惯势力”。中共中央的决定为国人建立发展科学、新型的生活方式奠定了基础，是我国现代化建设进程之必然，也为今后中国本土化生活方式理论和实践问题的构建提供了政策上的保障。

此后，是生活方式研究的高潮阶段，许多有关生活方式的社会学研究成果发表在以《社会学研究》为代表的学术刊物上，还出版了一些专著，如王雅林主编的《变革中的生活方式》和《生活方式研究))、邓伟志的《生活的觉醒》、王玉波的《生活方式》、冒君刚的《试论生活方式》、范国华和黄绍辉的《现代化与生活方式》等。这一时期生活方式的著作主要是研究生活方式的概念、含义、结构和本土化的问题，是我国生活方式研究的基础部分。

1993年以后，面对社会的变迁和转型时期的各种变化，社会学者开始关注研究市场经济对生活方式影响的性质、作用机制和新出现的大量社会问题。这一阶段出版的专著有王雅林的《繁荣的超越——市场经济与生活方式构建》、王玉波等人的《超越传统——生活方式转型取向》、郑杭生的《从传统向现代快速转型过程中的中国社会》等。

1997年9月12日，党的十五大提出，“营造良好的文化环境，是提高社会文明程度、推进改革开放和现代化建设的重要条件……积极推进卫生体育事业的改革与发展，提倡健康文明的生活方式，不断提高群众精神文化生活的质量……”。的要求。随后，党和政府多次在全国代表大会上提出建设健康生活方式的重要性，各级地方政府也将其作为工作重点，这不仅说明了党和国家对于建立科学生活方式的重视程度，而且指出健康文明的生活方式是提高我国国民精神文化生活质量的重要方面。如今，越来越多的学者尝试从社会学、体育学、生理学、心理学、经济学、管理学、女性学等视角对生活方式进行研究，使我国生活方式的研究逐步趋于完善。

在生活方式的理论中，有关生活方式概念的基本构成要素已经基本确定。在1995年，王雅林就提到，“生活活动条件、生活活动主体和生活活动形式三部分组成我们的生活方式”。其中一切自然条件和社会条件构成人们的生活活动条件；社会、群体和个人三个层次构成生活活动的主体；生活活动形式是主体和客体条件相互作用的表现形式和结果，它在生活活动主体要素和客体条件之间建立起了现实的联系，使生活方式具有可见性和固定性，是生活方式之所以成为生活方式的主要标志。

2. 生活方式的概念

苏联学者对马克思主义关于生活方式的论述和发展是我国生活方式理论的主要来源，研究的目的是要建立属于社会主义类型但又具有中国特点的生活方式；是以人的活动形式为研究对象，怎样才能更好地生活是人们要研究的关键问题。从学术史角度看，马克思、恩格斯对生活方式的论述构成了所有有关生活方式研究的共同渊源。

在部分中国学者关于“生活方式”的定义中，广义的定义包括生产方式，认为生产方式决定生活方式的理念。例如石运生的《生活方式变迁初探》、范国华和黄绍辉的《现代化与生活方式》，黄俊琪和饶从志的《生活方式与人类健康》、卢元镇的《体育社会学》等。广泛地从人类的物质生活、精神生活、政治生活和社会生活等方面全面解析生活方式的含义。另有一部分学者从狭义的角度理解生活方式，认为是人们生活领域中的各种活动形式和行为特征，如冒君刚的《试论生活方式》等；而有些学者则侧重的是价值观在生活方式中的地位和作用，例如李德周的《解放军政治学院讨论生活方式问题》、王玉波、王雅林和王锐生的《生活方式论》等。本书生活方式的定义引自 1992 年版的《中国大百科全书·社会学卷》，它包括人民的物质生活、精神生活、社会生活和政治生活的所有内容，并最终受社会发展的客观变化、社会经济模式的性质所决定。研究表明，生产方式、社会制度、自然环境、经济发展水平以及文化传统等均是影响人们生活方式的主要因素。

3. 健康与生活方式之间的关系研究

苏联医学博士兹与诺夫斯基提出了一个著名的健康长寿公式：健康长寿＝（情绪稳定＋经常运动＋合理饮食）/（懒惰＋酒＋烟）。从公式可以看出，一个人的健康和寿命与他的情绪稳定、经常运动和合理饮食成正比；与懒惰成性和烟酒成癖成反比。前人把生活方式和行为因素、环境因素、人类生物学因素、保健服务制度因素一起，列为影响人类健康的四大因素。大量研究结果表明，人们的健康状况与生活方式密切相关。20 世纪 80 年代起，生活方式和健康成为风行话题，非常突显地摆在人们面前。早在 1979 年，美国卫生总署在《健康的人民》中就向公众推荐了 6 种有益于健康的生活方式：不吸烟、少饮酒、平衡膳食、适量运动、定期健康检查和遵守交通规则。据世界卫生组织的资料证实，人类的健康寿命问题 40％在于遗传和生存的环境条件，其中 15％为遗传因素、10％为社会因素、8％为医疗条件、7％为生活环境和地理气候条件，而 60％需要靠自己努力，去“建设”良好健康的生活方式。

世界卫生组织同时向世界宣称，“生活方式疾病将成为全世界的头号杀手”“21 世纪对人类的最大威胁是生活方式病”“大约在 2015 年发达国家和发展中国家的死亡原因大致相同，都是生活方式病”。英国《自然》杂志刊登一份由全球多家顶尖医疗卫生机构联合发表的倡议书，倡议书提出在现代人的生活方式中，饮食不均衡、食用过量高脂肪含量的食品、吸烟、酗酒、工作长期静坐、缺乏体育锻炼以及心理压力大等问题，都会导致慢性疾病的产生。并在倡议书中提出了 20 条针对预防慢性病的措施，包括鼓励健康生活方式、健康饮食等，特别指出要加强体育锻炼。否则在未来10年内，全球可能会有大约3.88亿人（其中80%的人来自贫困国家）死于各种由不良生活方式引起的慢性病。

目前，因生活方式病而死亡的人数比例在中国达到67%。我国已公布的数据显示：心脏病、糖尿病和癌症等慢性病造成病人死亡的比例，是所有急性传染病总和的两倍，而吸烟、缺乏锻炼和肥胖是慢性病的主要“罪魁祸首”。2005年在北京召开的“第三届世界养生大会”新闻发布会上公布的一项调查结果显示，在我国死亡率居前几位的疾病中，44%的人是因为生活方式和行为方式不良引起的。

依据70年代的人口死因调查，恶性肿瘤死亡率为0.0008365，仅占全死因分类构成的12.57%。从70年代初至2000年，30年来城乡恶性肿瘤死亡率都有较大的增长，城市恶性肿瘤死亡率上升了59.71%，农村上升了39.34%，成为死因分类构成中的首要原因。目前，慢性病是世界上首要的死亡原因，由慢性病造成的死亡人数约占所有死亡人数的60%，所有因慢性病死亡的人数中有80%的人有低收入和中等收入国家人员，不健康饮食、不锻炼身体以及吸烟是导致慢性病产生的主要原因。只有加强健康教育改变不健康的生活方式，克服不良习惯，才能使人们更长寿、更健康。

（二）体育生活方式的研究

体育生活方式是生活方式系统的一个分支，也是人类生活方式的有机组成部分。它具有指导现代人在体育活动中培养适应环境变化的能力、提高生命质量、保障健康生活的功能。良好的行为习惯不仅能促进身体健康，而且有利于提高人们参与体育的积极性；但不良的行为习惯则不仅损害人体的健康，而且能抑制人们爱好体育的兴趣。现代文明病的不断蔓延和各种心理问题的突显，让人们逐渐意识到不良生活方式带来的弊端，而体育作为一种手段、一个媒介、一项工具，有着促进人们生理、心理、社会心理健康的三重功效。因此，人们对体育的兴趣爱好、体育习惯和体育行为也是生活方式的重要构成因素。随着全民健身计划的深入、生产力的提高及闲暇时间的增多，越来越多的人将体育行为作为自己生活方式的一部分以提高生命的质量。

早在1978年，联合国教科文组织在巴黎宣布了《体育的国际宪章》，在国际范围内明确了体育的发展是为人类的身心健康和提高生活质量服务的。1985年，美国人类学者勃兰恰德和切斯卡在其著作《体育人类学》中指出，“什么是体育：一种文化方式；21世纪的体育是一种‘文化生活方式’——即体育生活方式（Sport Lifestyle)”。1992年在日内瓦第47届世界健康促进大会上，世界卫生组织与国际奥委会召开了联席会议，会议宣布加强两个组织之间的合作，阐述了以一个完整的健康促进的视野在全世界范围内推动“积极生活——体育为健康”的运动观点。1993年，在我国体育学院本科的教材中这样描述，“从卢梭以来到21世纪初期逐渐形成的自然体育思想认为，体育是一种生活方式，是一种文化的传承和发扬……在奥林匹克运动的推动下，越来越多的人接受了‘体育是健康生活方式的重要内容’这一重要思想”。现国家体育总局局长刘鹏这样形容，“体育不仅仅是一种身体运动，更是一种教育手段，一种生活方式，一种精神载体，一种财富基石……”1994年，在世界卫生组织和国际运动医学联合会联合召开的“健康促进与体育”国际会议上，世界卫生组织提出了体育生活方式（Physical active lifestyles）的概念。会议认为，政府必须采取行动创造一个使公民形成和保持体育生活方式的社会的和体育的环境。大会明确提出了“使体育成为健康生活方式的基石”等7项中心任务。《国际人权公约》（International Covenant on Human Rights）是联合国制定的3项人权公约的总称，它包括《经济、社会、文化权利国际公约》《公民权利和政治权利国际公约》和《公民权利和政治权利国际公约任意议定书》。其中《经济、社会、文化权利国际公约》第12条规定，“享有能达到最高体质和心理健康标准的权利”。实际上也就规定了现代体育权利的两个具体内涵：达到最高体质的权利和达到心理健康标准的权利。这种关于人人在权利和自由上一律平等的原则性宣示，实际上确定了人类体育权利享有的基本形式和保障机制。2005年8月24日，联合国第四次世界妇女大会《北京宣言》中第14条规定，“妇女的权利就是人权”。而所谓的人权，就其完整的意义而言，就是人人自由、平等地生存和发展的权利，或者说，就是人人基于生存和发展所必需的自由、平等权利。享受体育权也是人权的一种表现形式，因此妇女应该自由享受同男性一样的参与体育活动的各种权利。

1. 我国体育生活方式的研究

前面提到，由于各种原因我国生活方式的研究比其他国家晚了20多年，同样有关体育生活方式的理论与实践研究在我国的起步也较晚。不过，有关体育生活方式的研究成果却成逐年上升的趋势。

生活方式的研究是具有一定时代特征的，因此我国这20多年有关体育生活方式的研究是与经济的发展、与人们拥有更多的体育设施和更多从事体育运动的闲暇时间成正比，与人们的休闲价值观变化相吻合，与《全民健身计划纲要》的出台、体育重心从争金夺银的竞技体育转向促进大众健康幸福的群众体育有很大的关系。虽然对体育生活方式的研究呈上升趋势，但论文发表总量较少。

1994年至2009年以来，我国各类期刊发表的体育类论文约393 313篇，体育生活方式领域论文按主题检索有263篇，约占总量的0.07%；按照关键词检索有1825篇，占总量的4.6%。根据我国学者发表论文的时间、内容、主题和数量，我国体育生活方式的研究历程大致可以分为三个阶段：初级阶段（1985年——1998年）、完善阶段（1999年——2006年）、发展阶段（2007年至今）。

（1）体育生活方式研究在我国的初级阶段（1985年——1998年）

首次出现有关体育生活方式的论文是在1985年，我国学者梁晓龙在《体育与现代生活方式》一文中通过探讨体育与现代生活方式的联系、发展和变化方向，认为由于当前人们体育观念的变化和现代社会经济的发展，体育已经渗入现代生活之中，成为人们现代生活方式中的一项重要内容，这是体育与现代生活方式密切结合的社会基础。另一篇文献是曹湘君的《体育与现代生活方式初探》，文章共分为三个部分：生活方式浅析、体育在建立现代生活方式中的作用和尽快建立文明、健康、科学的生活方式。通过这三个部分作者试图证明文明的、健康的、科学的生活方式的形成，是一个动态发展的过程。在这整个过程中，正确的宣传和引导是促进社会生活方式一体化的重要手段。这两篇最早出现的论文代表着我国关于体育生活方式的研究出现萌芽。

当时，在国内对体育生活方式的提法还是比较陌生的，几位学者在意识和观念上给予人们在生活方式的研究上以新的视野，无疑是为我国体育生活方式的研究开了先河。但是当时的研究无论是在方法、视角和内容上都略显得生涩和稚嫩，研究的重点也仅仅停留在对体育生活方式的概念定位、健康促进的作用和个别人群体育生活方式现状的研究上，绝大部分内容的构建尚处于起步阶段，并没有形成基本的概念和完整的理论体系。

金大陆在1990年首次指出，“现代化社会中，体育是一种从教育中分出的文化，是人民余暇生活方式的一个部分，是人类追求自我发展的要求”。因此，如何培养科学、健康的生活方式是每个体育工作者应该着重研究的问题。刘一民在1996年也提出了“余暇体育——种文明、健康、科学的余暇生活方式”的论点，这些均为今后体育工作者指明了方向，也为后来的体育生活方式研究做了铺垫。卢锋早在1998年就对体育运动在现代人的生活方式中的重要地位，以及对个体生命的重要作用进行了讨论。他以现代社会科学技术的发展与现代文明病的发生的相互关系为着眼点，分析现代人对体育运动的需要原因，阐述体育运动对个体生存和发展的平衡、调节和改造作用，分析“终身体育”提出的时代原因和发展趋势，展望我国“全民健身计划”实施和发展的必然性及对世界性健身运动的重大贡献。文章并没有对体育生活方式的具体定义和基本理论做出解释，只是将其对现代人生活的重要性进行了详细的描述。

（2）体育生活方式研究在我国的完善阶段（1999年——2006年）

改革开放以来，呈现出社会经济的持续发展和人民生活水平的不断提高。然而，随着经济的发展、改革的深入，我国处在经济和社会转型时期，由于城市产业结构的调整，经济体制、社会保障制度的改革等，造成新旧体制交替、利益格局调整、价值取向差异、物化意识加重、文化碰撞加剧，使得我国城市社会引发了诸多经济、社会问题，人们的社会规范与价值观念都处于不稳定的过渡时期。因此，我们注重和实现人的全面发展，以增进国民素质，完善人格，校正价值观念，使转型时期各种矛盾向有利于社会文明与进步的方向转化，实现物质文明、政治文明、精神文明的协调发展。在这个时期，学者们关于体育生活方式的研究也从多学科、多视角方面进行不断完善。

苗大培在对国外资料进行整理研究的基础上，于2000年首先将“体育生活方式”的概念引入我国。他的理论不仅丰富和完善了现代体育理论的相关内容，而且也为我国生活方式的研究开辟了一个新的领域。在他的博士论文中通过对体育、生活质量、生活方式、健康社会学等理论的分析研究，明确了体育与人的健康、生活质量和生活方式的有机联系，并提出了体育生活方式的概念，建立了体育生活方式的基本结构，形成了体育生活方式的基本理论。随后，越来越多的学者开始将焦点集中在这个崭新的领域——体育生活方式的研究。

社会的发展，人们对体育与健康的认识正不断走向深入，因此在探讨体育与健康关系的基础上，王建军在2000年提出了倡导与培养“体育生活方式”，并认为科学的体育运动计划是实现“体育生活方式”重要的一步。

辛利在2001年从活动时间、频度，活动项目、场所，以及活动动机等方面分析了中国城市老年人体育生活方式的特点，为我国老年人体育生活方式的研究打开了缺口。

度权于2003年在他的硕士论文中，对我国转型时期的体育生活方式的现状进行了阐述，并对其发展方向进行了预测。他在论文中提到，“体育生活方式是要求我们保持一种运动习惯的生活方式，最重要的表现形式是体育参与行为，它依次分为目的形成阶段、准备阶段、实施阶段以及评价阶段。对于体育行为具有重要的指向作用的是人们的价值观，而自然环境、宏观社会环境以及微观社会环境对整个行为的发生过程有着影响”。

马连鹏在2004年指出，“在党和国家提出的建设健康、文明、科学的生活方式的任务以及全民健身计划实施的大环境下，应该在世界范围内对体育的本质进行重新的认识。要研究出符合我国当前的社会改革对体育的需求，特别是对人和体育本质属性的认识，这样才能补充和完善体育和生活方式理论，才能提高人们的生活质量”。

度权2004年在《浅析体育生活方式的发展趋势》中写到，“在今后10年甚至更长的时间里，体育生活方式将表现为以下几方面的特征：人们体育活动的最基本的原因将凸显为习惯参与，人们在闲暇时间参与体育活动主要目的是娱乐消遣、实现自我价值；还有一种体育生活方式——“虚拟”体育将出现在人们余暇生活之中；现代体育生活方式的主导力量将是知识分子和青少年”。

对体育生活方式的特定地域或特定人群的研究也有了进一步的发展，在这一时期里的研究成果有：2003年杨李丽的《冰城现代老年人冬季体育生活方式的现状与发展趋势》、胡勇刚的《河南省高级科研人员体育生活方式及体质状况调研》、林向阳、周红妹的《高校老年教职工体育生活方式的研究》、张伦厚的《普通高校大学生体育生活方式的调查与分析》、张传来的硕士论文《上海市居民体育生活方式现状及发展趋势研究》；2006年国语歌的硕士论文《长春市城市居民体育生活方式现状与影响因素分析》、李娜的硕士论文《北京市部分高校离退休教职工体育生活方式的研究》、刘学伶的《推行大学生体育生活方式的必要性研究》、董伦红、陈爱民的《深圳市大学生体育生活方式调查与研究》等，也有少部分文章是关于弱势群体的研究，如2006年王炜、王健的《我国城市残疾人体育生活方式调查》。他们分别以各自不同的群体、地域、气候、生活习惯及风俗特点为出发点，通过各种研究方法发掘本地域体育生活方式的特点、现状和发展趋势，为我国体育生活方式的总体研究提供了不可或缺的基础材料。

（3）体育生活方式研究在我国的发展阶段（2007 年至今）

2007 年之前有关体育生活方式的研究大多局限在概念、分类、功能、人群、开展现状、本质内涵等方面。2007 年韩军生是第一个对居民体育生活方式多元评价指标体系进行研究的学者，他指出，“体育生活方式的评价指标由单一化逐渐向多元化方向发展，涉及社会学、生理学、心理学三方面”。他在文章中通过对系统构建小康社会我国居民体育生活方式的多元评价理论体系的研究，让人们由以前自发的体育生活状态过渡到小康社会的高目标、有序性的科学体育生活方式，以提高居民的生活质量。2008 年，他先后发表了《小康社会居民体育生活方式多元化评价指标体系的构建》及《小康社会居民体育生活方式的生理学评价指标体系研究》两篇文章，运用主要成分分析法，进一步完善了体育生活方式的基本评价指标体系；2008 年陶勇的《大学生课外体育生活方式评价体系构建研究》一文也补充了大学生人群的体育生活方式的评价体系，为我国体育生活方式研究的进一步发展奠定了基础。

2007 年还首次出现有关女性体育生活方式的文献，它是至 2010 年 3 月底为止仅有的，按照主题搜索出关于女性体育生活方式的 5 篇文献，仅对研究的现状、评价体系进行了描述，而相关女性体育生活方式的概念、内涵及理论体系构建等问题还未过多阐述。

2007 年岑人军阐述了体育与文化之间、体育与自然、个人心理及社会环境之间的平衡关系，并表明形成体育生活方式是行使人的基本权利的最好体现。2007 年，对特定人群或特定区域的体育生活方式研究有曾晓进的《贵阳市居民体育生活方式的现状调查及对策》、朱家新的《贫富农民体育生活方式比较研究以福建省沿海地区农民为例》、湛育明的《高校高职称群体体育生活方式与身心健康的调查研究》、2008 年，有梁娟的硕士论文《武汉市空巢老人体育生活方式的初步研究》、汪波的《小康社会进程中革命老区社区居民体育生活方式特征研究》、孙曦的《试论社会变迁下农村体育生活方式的变迁》等，也进一步丰富了我国关于体育生活方式研究的内容。

大学生体育生活方式的总体水平体现了一个国家、一个城市、一个学校的文化水平。2007 年开始，对于大学生体育生活方式这个特定人群的研究也逐渐增多起来，主要有三个方面的原因：第一，因为体育作为大学教育的一门重要学科，正越来越多地受到教育部门、大学生群体的重视；第二，在我国每年有 500 多万名大学毕业生面临就业，体育作为他们大学生活中一个重要的部分，不仅完善和健全了他们心理、生理的机制及社交的能力，而且为他们顺利进入社会打下一定基础；第三，更为重要的是，他们会在新的环境里将体育生活方式的理念继续发扬和传播，并影响到身边的每一个人。相关文献有 2007 年张凤华的《课余体育对大学生健康体育生活方式养成的作用》、田金华的《试论大学生体育生活方式》、章小辉的《大学生体育生活方式与心理健康状况相关研究》、李恺宪的《大学生体质健康与体育生活方式的相关研究》、陈华卫的《大学生体质与体育生活方式的相互关系》；2008 年张艳萍的《论社会转型期大学生体育生活方式的发展趋势》、殷瑞的《湖北省高校大学生体育生活方式的调查与分析》、殷雷亮的《广州市高校大学生体育生活方式的调查与研究》、庞大庆的《大学生健康教育与科学体育生活方式的形成》等。对社会转型期我国大学生体育生活方式现状及发展趋势的研究表明的特点：第一，我国大学生体育价值观由单一向多元转化；第二，大学生体育生活方式由保守向开放转变；第三，大学生体育生活方式由被动向主动的转变；第四，大学生群体将是推动体育生活方式向前发展的主力军等。

2. 体育生活方式的概念

体育生活方式从属于生活方式系统，是部分与整体的关系。体育生活方式是人类众多生活方式中不可或缺的一个部分，也是人们在经济高速发展的现代生活中重要的表现形式之一。体育生活方式是指导人们形成良好体育生活习惯的理论，与人的生命质量关系密切，是与现代人生理、心理、社会健康休闲相关的特殊生活方式。而有关体育生活方式的评价指标也由单一化逐渐向多元化方向发展，涉及社会学、生理学、心理学等方面。

在下面有关体育生活方式的定义中，我们可以看到有关体育生活方式的定义是一个逐步完善的过程。其定义包含三个范畴：第一，是参与体育活动的社会客观条件，包括自然、社会条件和人们的价值观念三个方面；第二，是参与体育活动的主体，即社会中的个人、群体或全体成员；第三，参与体育活动时所表现出的稳定形式和行为特征。

苗大培在对国内外有关生活方式的资料整理研究的基础上，将“体育生活方式”的概念引入我国。至今为止，他在博士论文中定义的体育生活方式是目前较多被引用的。在他对体育生活方式所描述的概念中，包含着质的规定性，即作为科学范畴的体育生活方式应该概括人们全部体育生活领域的活动方式和行为特征，不只是表述人们体育生活行为的具体特点，更主要的是表述人们体育活动形式的基本属性。因此，体育生活方式既是一个概括程度很高，又是一个非常具体的概念。同时，他从人的体育活动的角度分类，借鉴生活方式的理论，把体育生活方式的结构分解为体育活动主体、体育活动条件和体育活动形式三个构成要素。度权、苗大培等人的观点也从不同侧面反映了体育生活方式具有长期性和连续性的特点，体育生活方式不是单纯指某一次体育运动，而是指体育行为长期的运行过程。如果个体的体育行为已经具备长期性和连续性的特点，那么这个个体也就具备形成自己的体育生活方式的条件，否则某些体育行为只是一种偶然的体育行为，不属于体育生活方式的范畴。

二、女性体育生活方式及生活方式的研究

经济的发展是建立人们良好生活方式的主要前提，而女性占人类人口数的一半，其生活方式与人类整体生活方式的改变是基本同步的。根据 2002 年 10 月 11 日的《光明日报》记载，城镇居民已经整体上实现小康目标，1978 年城市居民恩格尔系

数为57.5%；1998年降到44.7%；2015年已下降到30.6%。

国家统计局发布的统计数据显示：2015年全年中国GDP为676 708亿元，增长6.9%；全年我国居民消费价格（CPI）上涨1.6%。我国城镇居民人均可支配收入为21 966元，比2014年名义增长8.9%，排除价格因素实际增长7.4%。居民的收入和消费能力的提高是生活方式发生质的改变的决定因素之一，也为女性建立科学、合理的生活方式提供了条件。

（一）女性体育生活方式

都市女性疾患高发，专家认为与其生活方式不良息息相关，不良的生活方式往往是病源。近日公布的一项对中国内地城市女性健康体检者调查的分析报告指出，九成以上女性存在健康问题，职业女性疾患高发，妇科疾患检出率惊人。其中肿瘤已经成为现代女性健康的最大杀手，特别是乳腺癌、宫颈癌、子宫内膜癌位居女性肿瘤的前三位。尤其是40～50岁的女性，子宫肌瘤发生率为40%～50%。此外，女性比较常见的疾病还包括泌尿道感染、贫血、乙肝等，肥胖、内分泌失调、高血压、高血脂、高尿酸、糖尿病等代谢病也是女性的大敌。人类的繁衍、社会的进步、家庭的稳定，女性的贡献和成就是卓越的，因此加强对女性健康的关注和保护，不仅是对女性生命质量的关爱，也是民族生息繁衍和提升国民生命质量的一件大事。同时，加强对女性生活方式的研究有助于提高女性生命质量，从而间接地提高人类整体的健康指数。于是女性们开始努力寻找一种可以获得身心真正解放的生活方式，因此体育生活方式便应运而生。

1. 体育对女性群体的特殊作用

国际奥委会前主席萨马兰奇就曾经说过，“世界上有五种通用语言：金钱、政治、艺术、情爱和体育”；南非前总统曼德拉也曾指出，“体育拥有改变世界的力量”。目前，不同国籍、不同种族、不同年龄和性别的人都已经接受体育时时刻刻都存在于自身的生活之中这个事实，不论你刻意还是无意都会接触到它、感受到它的魅力。恩格斯也把人的生活需要分为生存、享受和发展三个层次，而体育始终是贯穿于人类这三个层次的重要手段。随着时代的发展，人们认识到了体育对于满足自身各种需要的多元价值，体育逐渐融入生活，成为人们休闲时的重要选择。适量、适度的体育活动不仅可以有效地缓解或消除女性在生活、工作中的压力，同时也会改善女性更年期所带来的生理或心理上的负面影响，从而提高和改变女性身体素质，摆脱亚健康状态。

知识女性一般自尊心比较强，希望自己处处都能得到别人的尊重和理解，但由于社会对个人综合素质的要求越来越高，有的岗位已明确提出对人的学历、经验、开拓性、创造性等要求，导致一些知识女性产生心理上的焦虑和危机感，还有的存在消极态度，心理落差很大。事业与家庭的矛盾也是知识女性很难解决好的心理问题，双重的角色冲突，令她们很难做到两者兼顾。还有感情上的纠葛和烦恼、子女教育问题上的误区，使知识女性的心理问题亟待重视。这时保持一个积极、奋发和自我激励的心理状态尤为重要。

1995年美国的邦克（Bunker）针对世界500强公司的女执行官进行调查，在280名被调查者中，86%描述自己在成长中是个假小子，而她们在与男孩子一起运动时主要获得的重要技巧就是如何处理成功和失败。1993年米勒·莱特（Miller Lite）关于运动与健康在白领女性生活中的角色研究，结果证实了邦克的结论，他们均证明了体育与健康对职业妇女的生活是何等的重要。在1577名妇女的投票中发现，58%的女性经常参加运动及健康锻炼；40%的人相信运动和健康训练有助于她们的职业生涯和心理健康。

2000年卡拉·亨德森、2005年卢锋及2008年胡小明和吕晓华均认为利用调节情绪、舒缓压力、降低抑郁水平以解决心理问题，对女性来说显得尤为迫切。适度的体育运动可以缓解压力，对促进现代女性的身心健康有着积极的作用和价值，不仅对个人的健康有益处，而且有助于家庭、社会的关系融洽。因此，适度的体育运动的作用表现为：第一，舒缓情绪，改善焦虑和抑郁；第二，改善人际关系，接触社会，扩大交际范围；第三，增强健康幸福感和自信心；第四，形成良好的自我概念，增强自我意识；第五，提高生活质量、更好地体验和享受生活。

2. 女性体育生活方式的研究

如今，关于女性体育生活方式的文献还比较少。利用“中国博士学位论文数据库”和“中国优秀硕士学位论文数据库”（1999年—2009年）进行搜索，结果如下：以“女性体育生活方式”为关键词通过“中国博士学位论文数据库”查找均为0篇；以“女性体育生活方式”为关键词查找结果只有1篇博士论文，题目是《山东省农村居民慢性病相关知识与行为危险因素调查与研究》；另有32篇硕士论文，与其相关性也不是很高。因此，以“女性体育生活方式”为关键词或主题词进行研究的论文还很少。2008年范东芳从女性消费者自我概念的角度，分析了《女性消费者自我概念的系统结构》。把女性消费者自我概念分为五个纬度，分别是家庭自我、表现自我、发展自我、情感自我、心灵自我，并分析了其对女性消费者体育消费生活方式的影响。该文章主要从体育消费出发，以自我概念为切入点，与女性体育生活方式相关性不大。

目前，我国以女性体育生活方式为主题搜索到的文献仅有4篇，分别是2007年王立男、赵文阁、杨立新的《对职业女性构建良好体育生活方式的探讨》，文章从现代职业女性面临的困境、压力及体育锻炼对女性心理健康的作用，说明职业女性构建良好的体育生活方式的重要性，同时提出了几种适合职业女性体育锻炼的健身运动项目；高元元的《西部地区职业妇女体育生活方式的调查研究》，文章对西北五省不同职业妇女体育与生活方式进行了调查分析，结果表明妇女对体育的认识因为职业的不同呈多元化特点，各自显现出不同的价值观和表现形式，另外，有利于西部地区职业妇女体育生活方式形成的主要动因，还是要加强政府、基层组织和宣传媒体的作用；2009年吴翌晖的《南京师范大学女教职工体育生活方式水平调查研究》及《当代女性体育生活方式评价指标体系的构建》，其对女性体育生活方式的评价体系进行了初步的探索。4篇文章无论是从研究视角、研究工具、研究内容与方法上都略显单薄。目前，从多学科的角度研究我国本土化女性体育生活方式还是个空白，仍需我国的学者付出巨大的努力去填补这个空缺。

（二）我国女性生活方式的研究

妇女的社会地位随着全球性的女权主义倡导者的工作业绩已经卓有成效，科技的进步、各种家用电器和第三产业的全面发展，也为新世纪越来越多的妇女创造与建立良性生活方式提供了客观条件。然而繁忙的工作和琐碎的家务劳动又使得女性失去了活动的自由、追求美的时间和空间，健康状况同时也受到威胁。

例如：韩国汉城蔚山（Ulsan）大学峨山（Asan）医学中心的研究人员在2006年2月的《外科学期刊》中指出，韩国妇女生活方式的西方化导致乳腺癌发病率上升。例如，出生率低以及母乳喂养率低等使得韩国妇女患乳腺癌的数量在增加，年轻女性又占较大比例。更多的女性存在乳腺癌的风险因素，例如初潮时间提早、绝经期推迟、高脂饮食以及肥胖。

随着我国生活水平和生活质量的不断提高，我国居民的生活方式也在发生着巨大的改变。虽然近几年女性群体的在业率略有下降，但2000年末，在18～64岁的城乡女性在业比例仍为87.0%，广东女性在业人数的比例为87.6%，是个不可忽视的巨大群体。随着经济与社会的发展、生活节奏不断加快等社会因素，在业女性每天的工作时间长达8小时甚至更多；另外就业压力和不公平竞争、婚姻及家庭对于女性的压力，以及青春期、妊娠期、产褥期、哺乳期、更年期等生理因素引起女性的心理冲突和危机，都会令身处其中的女性群体的生活方式发生着巨大的变化。

我国上海，截至2004年12月31日，共有存活的现患恶性肿瘤病人13.4万人，其中女性占56%，每100名上海女性中就有1位癌症患者。其中，乳腺癌是上海女性最常见的恶性肿瘤，占全部女性现患病人的30%。不良的生活方式是导致患病的重要原因之一。专家们也提出：要保持良好的生活方式，并定期运动，最好每周坚持4次体育锻炼，患乳腺癌的危险可减少50%。

女性的生活方式从狭义上讲指的是女性日常生活活动特征和其表现形式，主要包括：工作、学习活动、满足基本生理需要的活动，如睡眠、吃饭、如厕等；还有闲暇和娱乐活动，如消费购物、社会交往、锻炼、交际应酬等。女性体育生活方式的内容能够贯穿于这几个部分之间。女性和男性的生活方式有着诸多的差异和不同，所以无论在研究的方法、内容、理论结构以及评价手段方面都有着很大的区别。目前为止，我国女性学的研究只有短短20多年，关于女性生活方式的研究还不是很健全，还有很多空白需要填补。利用“中国期刊网全文数据库”搜索到的，以生活方式、体育生活方式、女性生活方式、女性体育等为关键词的著作及期刊论文，其中硕士与博士论文查找年限为1999年—2009年；以女性、体育及生活方式为关键词搜索到的25篇期刊论文中，关于生活方式与女性身心健康的有2004年朱慧丽等人的《生活方式和环境因素对女性生殖功能的影响》、2005年翟林的《现代生活方式对都市女性身心健康影响的调查分析》、2006年李宏建的《健康的生活方式与女性卒中风险》、2007年唐风元的《不良生活方式导致女性乳腺癌的原因及预防》和

2008年高艳等人的《绝经后女性生活方式与骨质疏松关系的研究》；从群体角度的有2003年李洁的《试论农村社区中留守女性生活方式的转变》和2007年王力男等人的《对职业女性构建良好体育生活方式的探讨》；从社会转型角度的有1999年邢哲的《论现代化趋向与青年女性生活方式的发展》和2005年王毅平的《尚未完成由传统向现代的转变—山东女性生活方式管窥》；从教育角度的有1995年鹿立的《生活方式现代化与女性教育》；从消费角度的有2008年范东芳的《浅析女性消费者自我概念对体育生活方式的影响》；从服饰角度的有2008年王善贵的《基于女性生活方式的服装营销探讨》等。

这些文献分别从不同角度对女性生活方式进行了描述，其中以女性体育生活方式为主题的论文仅有4篇，因此，这部分研究还有较大的发展空间，特别是以女性群体为研究对象的体育生活方式还需要我国学者不断的进行探索和研究。

第二节 女性体育生活方式的理论基础

体育并非是单纯的身体活动，而是人类与自然和社会环境不可分割的结合体。在进行各种身体练习时，不仅会增强人体的生理机能，而且对人的意志、精神、感情、思维和人格发展也会产生重要的影响。在本章中，女性的体育生活方式理论基础将从女性心理学理论、女性生理学理论、女性健康社会学理论和生物、社会性别差异与体育参与的性别和谐理论四个方面进行论述。

一、女性心理学理论

（一）女性心理学理论的发展

女性心理学是在20世纪60年代后半期在心理学的不断充实发展中逐渐形成的。1973年美国心理学会建立了第35个分支，定义为“妇女心理学分支”，是女性心理活动及其规律的专门研究机构，属于社会心理学分支学科，此后妇女心理学作为一门学科才真正得到承认。

20世纪，以霍尔奈、乔杜萝、米勒、乔多罗和吉利根为代表的心理学家完成了关于“女性心理发展”的研究。一般来说，“不管采用什么途径进行性别比较、性别研究和研究女性心理学都根植于女权主义的观点”。女性心理学的产生和发展分为女性经验主义、女性立场论和后现代女性主义三个阶段。

1980年底，中国心理学会举行学术会议，邀请了美国心理学会主席、妇女心理学家丹玛克做了题为《妇女心理学：一个新兴领域的概观》的学术报告，引起了我国心理学界的关注，可以说妇女心理学作为一门学科才开始进入我国。近30年来，在我国心理学家们的共同努力下，不仅翻译了一批国外著名的女性心理学专著和教材，而且本土化的书籍和论文也逐步面世。如《现代女性心理学导论》，通过女性心理学的历史、西方女性心理学和相关成果的回顾，对女性的心理机能、人格与心理健康，以及心理发展、社会心理、性爱心理、成功心理、犯罪心理的特征进行了论述，并对中国当代的女性心理学提出了展望。《现代女性心理学导论》主要探讨了女性的成才、爱情、婚姻、审美、人际交往、犯罪等心理方面的内容，并且提出了女性发展观和现代两性和谐发展的理论。

（二）女性心理特征与体育活动

由于受先天遗传因素、后天教育及社会历史文化因素的影响，男女两性在认知、情感、意志、人际交往、成就动机等方面都存在着一定的差异。例如，男性更具有较强的好胜心理，而女性更具有依赖性；在社会交往中男性喜欢成群结队，而女性更喜欢三三两两；男性有较强的追求成功的动机，而女性却有更多避免失败的动机。这些与男性不同的心理特征在体育活动的参与过程中有着具体的表现形式，而且对她们参与体育活动的动机、体育活动的项目选择和体育行为的特征等方面也都有着重要的影响。

1. 女性的自尊、自信与体育锻炼

自尊是个体以自我意象和自己对自身的社会价值的理解为基础，对个人值得尊重的程度或其重要性所做的评价，进而产生的复杂的心理活动。是个体对自身的身体特点、社会身份、性格与行为的评价或情感反应。而自信是人们对自己的能力、价值和种种活动表示肯定的态度。人类的自尊与自信是自我概念的主要内容，是女性个体在主观上评价自己和感觉的总和，增强自我概念的能力就可以帮助女性适应外在不断变化的社会环境。

职业女性在社会中的地位日渐突出，在家庭和事业上做出的贡献也日益显著，多种角色、多种评价和标准的转换，让现代职业女性的身心经常感觉疲惫，加上自身生理和心理特点的制约，很容易出现抑郁、沮丧、焦虑、烦躁等心理问题。有调查表明，近52%的已婚女性存在不同程度的心理健康问题，其中职业女性的心理健康问题较为严重，职业女性的身心健康已经成为一个社会问题引起了人们的重视。

能够提升女性自尊与自信的因素很多，但无可否认的是女性可以通过长期参与体育活动来达到提高身体自我价值感的目的，对女性身体外观和躯体意象的知觉也有着显著的影响，从而改善了女性整体的价值感。因此，体育锻炼能使低层次的身体自我感知变化引发高层次的整体自我感知变化，已经成为许多心理学家研究的一个热点。有实验证明：科学的体育锻炼有利于调节和促进人的身心健康，能够改善人们的不良心境，增进整体心理健康效益。长期进行体育锻炼可以增强女性的自我价值感，从而获得自我肯定，这不仅对女性心理健康有很大帮助，而且对女性终生的人格发展也起着重要作用。

2. 性格特征与体育活动

男女性格与行为的差异都是与生俱来，雌雄两种激素的不同使得他们先天性的行为倾向与癖性都会有显著的区别。男性在情感表达上不喜欢兜圈子，喜欢直接、明确地表达，性格上较为冲动，在参与体育活动中则表现为喜欢刺激冒险的体育项目，敢于尝试新鲜事物，享受体育带来的竞争快感和体能提升；而女性的形体姿势、语气、表情比男性丰富，在情感的表达方式上常表现出委婉、含蓄、含糊、暧昧等特点。

有心理学家做过这样一个实验：分别对男女学生进行仰卧起坐的测试，将数量登记，然后男女学生分别在异性的观看下再进行测试后发现，男同学在女同学的关注下数量明显增多，而女同学却出现数量下降的现象，这就是心理学上的“异性效应”。为了吸引异性的注意，女性同男性表现出的强壮、力量不同，往往呈现出柔弱、文静、受保护的心理。所以，在参与体育活动中，女性更多的是注重整体的和谐所带来的平衡美感，倾向于展现肢体舒缓、柔美、节奏性强、对抗性小的运动项目。这使得形体舞蹈、瑜伽、健美操、交际舞、肚皮舞、太极扇等运动量柔和的、能修饰和塑造形体美感的项目在女性中得到广泛开展。

3. 审美心理与体育活动

心理学家经过调查研究得出这样的结论：漂亮的女医生和女护士对男病人能起到微妙康复作用和精神上的辅助治疗效果，是任何药物疗效所不能替代的。我国古代文学家司马迁也曾说过，“女为悦己者容”。从古至今，无论哪个时期和民族都偏爱女性的审美价值，特别看重女性的美，这也导致了女人爱美的天性。爱美是女性特有的情感需要，即使是在原始社会中女性也大量使用装饰品。体育活动可以塑造美，体育用品制造商协会对年轻的运动参与者研究发现，娱乐是男女性参与运动的主要目的，而提高运动技术、参与着迷的运动项目在男性里排第 2 位，获胜排在第 8 位；在女性参与运动的 12 个理由里，健美身材排在第 2 位，获胜排在最后一位。由此说明虽然男女性参与运动的本质都是为了寻找快乐，但附加的原因却相差甚远——女性关注身材，而男性偏重提高技巧。

女性个人的魅力在事业、家庭、社会交往等方面均能展现出独特的功能，它源自于长期以来在生活习性中的积淀，常常会随着年龄的增长而不断增值。一位女性如果拥有健美的身材、优雅的谈吐、不凡的气质、端庄的体态和充沛的精力，她的个人资本持有量就会提升，而社会地位与成功的概率也会增大。女性这种对美的追求影响着她们所选择的体育项目，在参与体育活动的过程中，以美容、减肥、健美体形为动机的比例显著高于男性，天生的表现和爱美欲望会驱使女性更积极参与体育活动。

体育活动已经是现代女性社会生活的组成部分，对女性自身发展有着独特的作用，体育活动也是现代女性在休闲娱乐中的一个重要内容。运动服装不再只局限在锻炼时才穿，它已渗透在现代女性的日常生活之中，是现代女性对美、对潮流、对自由的一种追求。体现个性、时尚漂亮的运动服饰也是促使女性参与体育锻炼的动机之一，女性通过参与体育活动拥有健美的身材，穿上时尚的体育服装更能展现自己的魅力，同时也得到情感的满足。

4. 从众心理与体育行为

女性的语言功能发达，支配语言的能力强，偏向倾诉，具有群体的倾向性。所以在体育活动方式上喜欢以集体活动为主，在进行体育锻炼的同时也强调开心快乐和娱乐放松，而且特别在乎朋友、家人、同事、邻里之间的交流与沟通。体育对于她们来讲不仅是锻炼的手段和方法，更是一个交友休闲的平台与工具。从众心理在一般女性身上都有体现，是一种表现宽泛的心理现象。女性的个体在消费时容易产生从众和攀比心理，这是女性群体消费心理中的特点，这种心理同时影响着她们的体育行为。当女性为了在一个新的群体中获得归属感而急切想融入时，就会放弃原来的立场，与大多数人保持一致。在体育行为表现中，女性会因为周围的朋友而改变以往的生活方式开始参与体育锻炼，也会因为社交圈的改变而导致体育行为不稳定性增强。因此，在形成体育生活方式的过程中女性容易受他人影响，加上特殊的生理周期，随意中断性也较强。所以，在体育生活方式持续性和长期性的培养方面，女性不仅需要付出更大毅力和意志力，而且特别需要外界的关心和鼓励。

如今体育与现代媒体、网络的密切结合，极大地增强了其观赏价值和体育明星的榜样力量。如莎拉波娃漂亮的头饰、各色性感艳丽的短裙，在展现个人魅力的同时，也引领着体育服饰和时尚行为的新潮，令许多女性体育爱好者竞相效仿。体育明星产生的积极效应不仅能刺激体育产业的市场，同时对女性对生活、对工作、对参与体育活动的积极性也有一定推动作用。1980 年初女排以拼搏精神赢得五连冠的佳绩，成了当时中国人的模范和骄傲，“学习女排、振兴中华”成为口号，在改革开放的初期，她们的精神激励着整整一代人，影响和改变了许多女性的生活方式和工作方式，并为更多的女性参与体育锻炼起到不可小觑的作用。

（三）女性心理情绪与体育活动

在受到挫折性刺激的时候，男性的反应一般会带有争取性，会将问题归咎于外在的种种因素与影响；而女性则容易放弃并显得极其无奈，会将问题内在化、责怪自己，加上经期、孕期、更年期等特殊生理变化，女性比男性更容易产生焦虑的心理。

女性在饮食习惯中更易反映出心理问题，像厌食症和暴饮暴食一类的饮食紊乱病症通常发生在女性身上，以至于有时人们会误解为它们是女性所特有的疾病。例如，英国已故的戴安娜王妃、日本影星宫泽理惠均得过暴食症。压力和身体的变化更有可能引起饮食、口味的改变；有很多女性释放压力的最佳方法就是不停地吃东西，因为口中咀嚼时，会使面部肌肉紧张度减少，从而缓解紧张情绪，只有通过不断进食才能得到心灵的慰藉和心理上的安全感，最后导致肥胖的发生。荷兰的一项研究发现，在城市长大的年轻女性，暴食症的发病率是厌食症的两倍，在大城市甚至能达到 5 倍。食欲可以通过体育运动有效的得到控制，适度的运动可以让女性远离不正常食欲的骚扰，同时运动还可以让人心情舒畅、心情变得开朗活泼，改变患者常见的内向孤僻的性格，这对改善饮食紊乱症有很大的作用。

从职业女性心理健康来看，由于社会和家庭压力的加大，容易产生抑郁，普遍存在焦虑感，且解压方式有限。国内外大量学者分别对女性自由支配时间内的体育活动心理效应进行了研究，结果表明，对不同“时期”的女性都能起到舒缓情绪压力，改善焦虑的效果。根据赖安 1983 年的调查，1750 名心理医生中，有 60%的人认为应将体育活动作为一种治疗手段来消除焦虑症；80%的人则认为，体育生活方式是治疗抑郁症的有效途径之一。所以，女性除了心理暗示之外，还应该多参加体育运动，这是缓解焦虑情绪最直接的方式。

二、女性生理学理论

生理学是生物科学的一个分支，是以生物机体的生命活动现象和机体各个组成部分的功能为研究对象的一门科学。相对于男性，女性的生理机能有许多明显的特殊性，同时还担负着人类生殖繁衍的重任，因此女性的生理结构相对比较复杂。所以在一般的生理学研究中，会将女性生殖生理作为一个特殊部分而单独罗列出来，但目前还没形成一个单独学科，只是在研究方法、研究内容及研究视角上更加丰富和宽广了。人体生理学是研究人体功能活动规律的科学，而女性生理是人体生理学研究的一个特殊部分，是专门研究女性人体各个系统的功能与活动规律的科学。

女性的一生根据其性腺卵巢的分泌机能变化可以分为五个生理阶段：幼年期（10～12 岁之前）、青春期（12～18 岁左右）、性成熟期（18～45 岁左右）、更年期（44～54 岁）、老年期（60 岁以上）。本文主要研究的对象是职业女性，因此所涉及的生理阶段主要是性成熟期（18～45 岁左右）和更年期（44～54 岁）两个阶段。

（一）女性的运动机能和循环系统

一般来说，女性的骨骼比男性稍细，肌肉内的水分和脂肪也比男性相对要多，男性的肌肉占体重的 40%～50%，女性只占 35%，且肌肉的力量较小，比男性更易感觉疲劳；根据莱吐诺夫（苏联）的研究，女子的体脂占体重的 28%，而男子的体脂平均仅为体重的 18%；男性血量较多，所以就能够形成大块肌肉，因而他们在力量与速度方面就有着天然的优势。女性身体结构的特性决定了她们在身体活动中比男性有更大的自由度，所以女性的运动机能具有柔韧性较好，但相对力量较差的特点。所以，女性偏重于选择对抗性较弱、运动量较轻、表现柔美、伸展性、节奏性较强的运动项目。

另外，女性在分娩前，胎盘中的激素会促使其暂时性的钙流失，这样就使得靠近产道的各个关节硬度降低，变得平缓，以便帮助宝宝顺利从母体中分娩出来而不容易被骨关节卡住。因此，女性的骨质更容易流失钙，更容易诱发骨质疏松症、风湿及类风湿关节炎、脚趾和腿部经常性痉挛和骨关节炎。女性的骨骼密度在 35 岁开始下降，到了 40 岁以后，每年丧失骨质约 1%。特别在更年期后，骨质丧失进一步加重，导致骨质疏松。

世界卫生组织的保健专家特别指出健康的生活方式和适度的体育锻炼是女性预防骨质疏松的最佳办法，本文研究的职业女性恰恰就处于骨质疏松的高发期。要想维持体内的酸碱平衡，防止体内钙流失，除了合理科学的饮食结构、良好的心态，就是将体育活动也融入平时的生活方式之中，多进行户外运动，从而接受适量的日光照射以增强体质，有利于钙的吸收；同时运动中肌肉收缩、直接作用于骨骼的牵拉，也会有助于增加骨密度。

（二）女性的消化系统和饮食

在美国 2009 年 1 月的《国家科学院学报》上一项最新的研究中发现，女性比男性更难于抗拒美食的诱惑，容易诱发暴饮暴食等饮食紊乱疾病。在健康状态下，男性会分泌更多的胆汁帮助他们消化大量的食物，因此他们的消化系统通常比女性更发达，而且物质的代谢能力也强过女性，这也能解释为什么女性肥胖率比男性高的原因之一。

女性肥胖可导致不孕、乳腺癌、骨关节疾病以及月经紊乱等妇科疾病。如今，肥胖已经不只关乎女性的个人形象，它所带来的社会问题已经引起人们的广泛关注。因现代人生活方式的改变，带来了闲暇生活与健康两大社会问题，这其中包括劳动时间的缩短、家务劳动社会化、家电自动化程度高、饮食结构中高脂肪高热量的摄入等。这一切变化必然使得女性在满足了基本生活需求之后，又有了享受和发展的高层次需求。无疑，合理的饮食和适度的锻炼是控制肥胖、保持健康的最佳方式，这也是当前体育生活方式成为个体、学界和政府推介的重要原因。

（三）女性的内分泌系统

有人将“晴时多云偶阵雨”的表现誉为女性的“第四性征”，说明女性较为情绪化的生理状态。而激素是影响我们的情绪乃至生活态度的一个重要因素，通常雌性激素的变化比较显著，所表现出情绪变化的周期也更分明，月经紊乱、肥胖、经前紧张、产后抑郁和怀孕早期的行为变化都是由激素导致的情绪变化的例子。女性内分泌系统引起的过度情绪化会干扰家庭和工作的正常秩序，也会影响其周边的人的心情。

调节内分泌的主要手段是从饮食、运动等生活方式上入手的，有专家证明，人类在进行体育活动中会分泌一种被称作“快乐素”的激素，它会使人感到轻松和愉悦。所以，女性应该特别注意通过各种方式管理和控制自己的情绪。例如，可以通过丰富多彩的文体节目、户外的娱乐活动等手段，借助音乐、与人沟通倾诉、消耗和释放身体的部分能量，良好地宣泄出自己内心的烦恼和焦虑。

三、女性健康社会学理论

社会学是从社会整体出发，通过社会关系和社会行为来研究社会的结构、功能、发生、发展规律的综合性学科。它从主要研究人类社会的起源、组织、风俗习惯的人类学倾向，变为以研究现代社会的发展和社会中的组织性或者团体性行为的学科。而健康社会学就是从健康的角度研究社会组织、群体或机构成员存在的关系。

完美的健康包括身体健康、情绪健康、精神健康、社交健康、智力健康，一个好的生活方式自然可以带来健康的身心，健康是个体生存、享受、发展、自我实现的基础。世界卫生组织对健康的定义为：没有疾病，而且在心理上和社会上都具有完满的状态。这也是我们经常提及的“和谐之美”。和谐可以分为四个层次：首先是个体的和谐；其次是人与人的和谐；再次是人与自然的和谐；最后是整个社会的和谐。女性的健康社会学理论也贯穿这四个层次。

（一）女性个体的和谐

女性个体生命的自我实现是与社会或者群体生命的自我实现密不可分的，也就是女性先要强调个体的修养，才能影响或改造他人或者社会的环境。女性担负着人类繁衍的重任，就像肥沃的土壤能够种出高质量的庄稼一样。斯巴达人认为，只有强健聪慧的母亲才能养育出英勇的战士，即健康的身体能孕育出理想的未来。女性的和谐之美不仅体现在仪态、谈吐、涵养、知识等的掌握程度上，还体现在服饰、发型、身材、肤色、脸型，更体现在饮食与营养、情绪与心态、运动与健康等之间的平衡关系和协调方面。这关乎女性衣、食、住、行的各个方面无一例外，但不包含在生活方式里面。体育生活方式作为现代女性生活方式的新宠，在其中起到的作用不可忽视。通过体育这种有效的手段和工具，达到女性身心的统一、内外的和谐，是现代健康生活中必不可少的一个部分。

（二）女性与他人的和谐

现代科技的发展不仅给我们的生活带来日新月异的巨大变化，同时紧张的生活、工作和学习，也占据了女性大部分的时间，使人与人的情感交流相对减少。和乐融融、气氛祥和的人际关系不仅会使女性少生烦恼、心情舒畅，而且从中可以使女性在交往中得到自信和安全感。女性在遇到挫折、困惑和压力时，会经常选择“倾诉”作为排压的方式。因此，与他人融洽、和谐地沟通对于女性来讲就显得特别重要。

《奥林匹克宪章》赋予奥林匹克精神的内容是“相互理解、友谊长久、团结一致和公平竞争”。正如已故美国著名黑人田径运动员杰西·欧文斯所说的，“在体育运动中，人们学到的不仅仅是比赛和练习，还有尊重他人、生活伦理、如何度过自己的一生以及如何对待自己的同类”。因此，无论女性是在观看欣赏，还是亲自参与和体验，其过程都是一个体现社会和人际关系的大平台，它可以通过正当的竞争化干戈为玉帛；通过团队合作精神、努力顽强体现当代女性的自尊、自信、自立和自强。这种友谊、公平的竞争及对美好生活的追求和乐观向上的精神是人类生生不息得以发展的源泉。

（三）女性与自然的和谐

女性与自然有着密切的联系，这是全人类不同文化中都存在的一种观念。中国人把黄河称为“母亲河”；欧洲人则将地球看作如同母亲般的养育者；古埃及人更以具有繁衍能力的子宫来象征生命的复苏和谷物丰收。人类如果违背或打破了自然界的发展规律，就会受到惩罚，连生命安全都难以保障，就更不要谈享受与发展了。

体育生活方式的条件中非常强调自然环境的因素，四季不停变换的自然界带来的资源取之不尽用之不竭。长期以来，人类把支配和征服自然看作是确认自己存在的方式而忽视自然界的力量。随着自然资源的不断发掘和开采、经济的飞速发展、城市化的加剧，居室内外的环境遭受到严重污染，人体逐步受到细菌、病毒、寄生虫及各种化学物质的侵害，成了导致人类亚健康状态的主要原因之一。在当前的文明时代，需要以人与自然和谐发展的原则为社会发展的基础，在维护生态系统平衡的基础上，满足人类生存和发展的需要。

大部分女性因为在日常生活中承担照顾家人和养育者的角色，她们必定更注重空气、饮水、食物的质量与家人健康的关系。同时，作为特殊群体的女性通常是各种环境灾难最直接的受害者，如核污染可直接导致女性不孕、流产、癌症等。她们对环境所带来的灾难有着更为深刻的体会，并希望适于她们生存的良好环境能持续下去，这也是当代女性追求美好生活的一个愿望。

（四）整个社会的和谐

整个社会的和谐是和谐的最高目标，也是人类一直追求的终极目标。无论是从东方的“天人合一”到“大同世界”，还是从西方毕达哥拉斯的“美是和谐”到“理想天国”，天道既是人道，人类为此境界一直在跋山涉水、孜孜不倦以求之。现代女性注重的是整体的和谐所带来的平衡美感，即生理、心理、社会心理的三维立体和谐之美。

我国有“人以和为贵”“家和万事兴”的古训；有名人曾经说过，“好女人是一本好书”。有了女性，社会的最小单位——家庭才有了稳定因素和生生不息；她们是妻子、母亲、女儿、主妇、姐妹、社会劳动力和社会活动的主力军。通过女性可以提供更柔和、更体贴温馨的接触，用她们的敏感和直觉化解纷争、达成沟通、带来和平，将亲善、慈爱、浪漫、妩媚与真诚带给世人。社会是男性与女性共同来发展的，社会的和谐离不开男女性参与体育活动的性别和谐，这也是构建和谐社会的一个部分。在接受体育教育的程度、拥有的体育技能和体育场所，在参与体育活动的时间、形式、行为表现上都应该与男性一样享受平等的权利，这样才能达到社会的和谐与统一。

四、生物、社会性别差异与体育参与的性别和谐理论

西方著名的心理学家弗洛伊德认为，“女性在生物学、解剖学、心理学上都天然地劣于男性，女性的依附性、被动性是由女性的生理特征乃至生殖特征决定的”。也就是说，他们把女性受压迫、弱势的原因或根源，归于女性的生物性别。两性之间的生物性差异是显而易见的，但一些学者借助于新兴的生物学、生理学和解剖学将这种差异性上升至女性不应该参与体育活动，否则影响发育、怀孕和导致男性化趋势，就带有性别歧视的色彩了。马克思主义的女性主义认为，“女性受压迫是资本主义制度下的政治、社会与经济结构的产物，因为私有财产主要或完全是由男性占有，女性就沦为男性的客体，就不可能得到平等”。

每个人的世界观都是受到社会性别差异影响的，性别是构成人类之间差异的最重要的因素之一。一般我们所指的社会性别并非完全指男女之间的生理性区别，而是指在社会文化建构下对男女两性差异的描述，抑或是在社会里和一定历史环境下所生成的属于男性与女性群体的行为与特征。也就是说，社会、文化、观念、历史等不同阶段形成的，对男性与女性性别角色的期待和认识就形成了社会性别。社会对性别角色的规范和评价则是建立在基因、生物、生理基础上的，一个社会往往通过对两性不同权利和义务的配置来体现其社会性别的概念。

我国是一个拥有五千年悠久文化历史的国家，社会性别受到了千百年来传统文

明的影响。在经历了几千年封建社会后，“三从四德”“男尊女卑”的道德伦理教育和社会传统是束缚女性参与体育活动的症结，她们没有尊严、失去自我，自我价值观就是无条件服从封建的传统观念，服从于“三纲五常”的行为范畴。

在我国古代盛唐时期，女性广泛参与蹴鞠、秋千、舞蹈、下棋、踏青、风筝等休闲运动项目，女性体育活动达到空前盛况，这与当时的政治、文化、经济的繁荣昌盛，与社会的文明与开放程度是分不开的。因此，从某种意义上说，文化观念、社会生产力与文明程度决定了女性在社会中的地位，女性社会地位的低下将直接导致女性失去参与社会活动的机会，也就无法参与任何体育活动。

尘封于封建社会的女性自我意识随着妇女的解放得到觉醒和提高，使女性认识到追求生活、自由及幸福的权利。自 1995 年 8 月 29 日出台了《中华人民共和国体育法》后，妇女体育走入女权主义者的视野，才认识到女性享受体育参与的权利也是人权的一部分。

我国政府曾向全世界郑重宣布，“把男女平等作为促进中国社会发展的一项基本国策”。性别平等是当前构建和谐社会的一项主要内容，性别平等当然也包括男女性在参与体育活动时享受平等的机会。男女性在体育参与的性别和谐不是绝对的平等，而是在先天生理与心理差异的基础上享受平等的自主权和选择权。随着社会转型时期的不断深入，我国社会体育的参与方式也发生了巨大的变化，直接的体现是从国家主导变成个人意愿的参与形式。另外，随着女性的社会阶层、价值观、活动内容、组织形式、场所设施的多样化和个性凸显，女性参与体育活动也呈现出多元化的特征。

制度与法规上的约束只能说明男女性可能平等地参与体育活动，但并不意味着他们实际参与中的水平与过程平等。虽然女性群体参与体育活动的人数一直持续上涨，但并不能代表两性在参与体育活动的机会、时间、方式和心态的平等。健康、合理与科学的体育生活方式的特点是相对的稳定即持续性和长期性，那么我国两性之间在这两个特点上有没有差异存在呢？连续两次的群众体育现状调查数据是对两性参与水平性别差距的显示：性别平衡指数（GPI）近几年均小于 1，最大为 0.63，而且体育人口的性别平衡指数逐渐下降，说明两性之间在参与体育活动的持续性和长期性上有显著的性别差异。

根据中国群众体育现状调查结果显示，女性参与体育锻炼的比例整体低于男性。在我国 16 岁以上城乡居民 18.3％的体育人口中，女性体育人口要比男性体育人口低 4.4％；我国 16 岁以上城乡居民中有 35％的人参加过 1 次或 1 次以上的体育活动，其中女性仅占 38.14％，男性偶尔参加体育活动的人口数也大大多于女性。与此同时，加拿大的两性体育活动参与的差异最小，性别平衡指数最接近；而芬兰的妇女体育参与度远远超过男性。和西方国家相比我国体育参与水平方面的性别差距是最大的，由此可见，要完全实现体育参与的性别和谐、推动女性体育生活方式的建立还需要国家、社会、学界和女性个体等付出一定的努力。

第三节 现代女性体育生活方式现状分析——以珠江三角洲为例

珠江三角洲城市职业女性体育生活方式的结构是按照女性体育生活方式的构成要素的组合和排列而形成的，体育生活方式的构成要素分为活动主体、活动条件和活动形式三部分。下面，我们分别从女性体育活动的主体、体育活动的形式与行为对珠江三角洲城市职业女性体育生活方式的现状进行分析研究。

一、珠江三角洲城市职业女性体育活动的主体

（一）珠江三角洲城市职业女性参与体育活动的动机

人类产生动机的过程是：需要→意向→愿望→欲望→动机。在人类从事体育活动时，动机是激励人们去行动并达到一定目标的直接原因，是发动与维持体育行为的一种心理状态。客观环境是动机形成的重要条件，促成某种行为的动机往往不止一种，一种动机也可以导致多种体育行为。在人们认为具备客观条件后，某种体育需要转化成优势需要，就会形成体育动机进而完成体育行为。体育是人类众多休闲娱乐活动的一种，是通过健康、科学、合理的手段增强体质、完善心理健康、促进人的全面发展的一种手段。由于心理和生理的特殊结构，女性产生体育活动的动机是多元化的。美国学者杰弗瑞·戈比认为，“人类在进行休闲活动时存在着五个不同的层次，即放松、消遣、发展、创造以及感觉超越。以放松为目的的休闲实际上只是停留在消除身心的疲惫，以便为更好的工作创造条件；消遣则是将休闲本身当作目的，因此消遣比放松处于更高一个层次；创造和感觉超越则是休闲娱乐的最高境界”。这和我们认为的“工作为了更好的休闲”，而不是“休闲为了更好地工作”的理念基本是一致的。珠江三角洲的城市职业女性在体育锻炼过程中，正确的体育动机和态度也反映了她们体育行为的目的。

从研究结果来看，“强身健体”“治疗预防疾病”“缓解压力”和“减肥瘦身”被珠江三角洲城市职业女性选择的人数百分比最高，85%以上的女性都认为参与体育运动可以增进健康，并通过运动可以带来快乐，减少工作与生活带来的双重压力；“享受运动乐趣”“增加运动能力”“延缓衰老”和“增加社交机会”选择比例也较高，这完全符合的她们的身心特点，“个人魅力”与“人脉资源”的提升是职业女性保持最佳竞争力的有力手段，同时，工作之余，兼顾家庭又是她们尽“母亲”与“妻子”天职的本分；“追求刺激、时尚”与“沟通上下级关系”选择率较低，说明在参加体育活动的女性人群中，这些并不是她们主要的动机。因此，可以这样认为，健康乐趣、交际沟通、增加魅力和亲情是珠江三角洲城市职业女性参加体育活动的主要动机。

显然，以健康快乐为女性参与体育活动的主要诉求是符合当前社会实际状况的，也切合马斯洛需求层次理论。体育是人类追求“被尊重”和“自我价值实现”的主

观精神需求，是人类活动的一种表现形式。在这种精神需求下，女性产生参与体育活动的动机，继而转化为体育行为。也可以这样说，珠江三角洲城市职业女性体育活动的动机是建立体育生活方式需求的客观反映。

（二）珠江三角洲城市职业女性健康认知及体育价值观

认知是通过心理活动（如形成表象、知觉、判断或想象）获取知识，是指人们获得知识、应用知识及信息加工的过程，也是人类认识外界事物的过程，即对作用与人的感觉器官的外界事物进行信息加工的过程，这是人最基本的心理过程，它包括感觉、知觉、记忆、想象、思维和语言等。通过女性对自身健康状况的认知状况，可以纠正不良的生活习惯，并了解和认识疾病的发生，有利于培养健康、文明和科学的生活方式。体育价值观是衡量个体在进行体育活动时的意义标准，支配着人的体育行为和态度，没有对事物价值产生一定的权衡，就不可能产生一定的价值观。

1. 珠江三角洲城市职业女性对于自身健康的认知

世界卫生组织指出，健康是基本人权，达到尽可能高的健康水平，是世界范围内的一项重要的社会性指标。健康包括生理上的健康、心理上的健康和社会学上的健康三种。女性对自身的健康有了客观的评价与认识，才可能意识到健康的重要性并努力实现健康，否则就不会付出实际行动去改变现在的亚健康状态和不良的生活方式。

世界卫生组织指出，全球有75%的人处于亚健康状态，其中白领女性亚健康的比例更是高达85%以上。从调查结果来看，珠江三角洲城市职业女性对自己健康的整体评价也不尽理想，觉得自己健康和非常健康的人仅占38%；感觉一般的人占32%；感觉不健康的人占27%；有3%对自身的健康状况不清楚。认识到健康的重要性，就应该及早改善饮食结构、增加体育锻炼来预防亚健康和疾病的产生，对于这部分职业女性应该防患于未然，从思想上、行动上给予支持与帮助，早日建立良好的生活方式。

2. 珠江三角洲城市职业女性的体育价值观

珠江三角洲城市职业女性的体育价值观会通过女性的体育行为取向而表现出来，同时也是女性产生体育行为的内部驱动力，它与女性的体育活动相互制约、相互促进。从调查显示，珠江三角洲城市职业女性的体育价值观是健康和正面的，“强身健体、提高生活质量，体育是较好的休闲娱乐活动”与“人生不能缺少体育活动”等健康的体育理念与价值观已经深入人心。这说明，珠江三角洲城市职业女性对“体育活动是一种健康的生活方式”有一定的认同感。

二、珠江三角洲城市职业女性体育生活方式现状

（一）珠江三角洲城市职业女性体育活动的时间分析

时间是反映人们参与体育活动的总量和各段分配及相互关系的一个重要尺度，也是评价体育生活方式的指标之一。下面我们就珠江三角洲城市职业女性参与体育

活动的时间总量和每次活动的时段、频率等问题进行分析。

1. 珠江三角洲城市职业女性时间总量的分析

（1）珠江三角洲城市职业女性的时间总量特征

时间是职业女性参与体育活动的前提，是她们进行休闲娱乐活动的基本条件，而在外因与内因的作用下，每个女性所拥有的时间量会出现一定的差异性。根据调查，珠江三角洲城市职业女性日常生活的时间分配总量，自由时间是最少的占28.4%，其次是睡眠时间占34.8%，而占用职业女性日常生活时间最多的是工作时间占36.8%。

（2）珠江三角洲城市职业女性的时间分配特征

经过调查，珠江三角洲的职业女性平均每天的工作（学习）时间是6～8小时的有34.4%，8小时以上的竟然高达52.1%；除去睡眠时间，自由支配的闲暇时间在2～6小时的女性为16.9%，6小时以上者为6.0%，绝大部分在1小时以下和1～2小时者为77.2%。另外，值得我们注意的另外一个数字是睡眠时间，珠江三角洲城市职业女性睡眠时间在8小时以上的只有49.5%，近40%的女性维持正常生理需要的睡眠时间都是在6～8小时这个范围，也就是说近半数的女性可能存在每天拥有的睡眠时间不足8个小时，自由时间偏少，而工作（学习）时间偏多。这与中国人民大学休闲经济研究中心主任王琪延教授为首的“生活时间分配课题组”所期待的终身时间分配，即工作时间仅占人生1/10，生活必须时间占1/2，闲暇时间占1/3的目标还相距甚远。

2. 珠江三角洲城市职业女性体育活动的时段、频率分布

（1）珠江三角洲城市职业女性体育生活方式的时段分布特征

珠江三角洲城市职业女性每周体育活动的时间主要集中在晚上占26%和中午占23%，不定时者占一定比例占21%，清晨占8%，上午占5%，此时参加体育锻炼的人数较少，下午参加锻炼的女性占17%。这个排序与2001年的《中国群众体育现状调查与研究》得出的中国居民参与体育活动时间排序为清晨、晚上、下午存在差异。究其原因有以下几个：第一，珠江三角洲和长江三角洲等地的职业女性工作时间上存在差异，长江三角洲大部分女性上班是朝九晚五、中午仅休息一个小时的工作制，而珠江三角洲的公务员自2005年7月1日起，改为早上八点半或八点四十五上班，下午是二点或二点十五上班，中午休息时间有两个多小时，因此有一部分女性会利用中午休息的时间参与体育锻炼。这部分女性参与体育锻炼的地点一般会选择条件较好的经营性体育场所，以避开南方中午炎热的高温，或者是由单位组织的职工福利性健身活动；第二，早上的时间对于职业女性而言相对紧张，不仅要准备早餐、送孩子上学还要赶着上班，因此早上参与体育锻炼的人较少；第三，因加班、应酬、出差等不确定因素较多，导致珠江三角洲职业女性的锻炼时间不固定，所以不定时者也占有很大的比例。

（2）珠江三角洲城市职业女性体育活动的频率特征及活动时间长短的分析

早在19世纪80年代，美国运动医学会、美国心脏病学会就把运动不足作为心脑血管发病的因素，并给出了每天锻炼 30～60 分钟、选择中等强度的运动的建议，即心率维持在最高心率的 60%～70%（最高心率＝220－年龄）。因此，女性若要修身健体、改善代谢、预防肿瘤及心脑血管病，每天应该至少坚持锻炼 30 分钟以上。

2000 年国家体育总局对中国社会体育现状进行了调查，其结果表明，我国 16 岁以上的体育人口约占 18.3%，若将 7 至 15 岁的在校生以及武装力量等人口作为当然体育人口统计，我国体育人口总数约为 34%。而 2000 年年日本 20 岁的体育人口占 37%；澳大利亚男性体育人口占 50%，女性占 49%；新西兰体育人口男性占 55%，女性占 49%。我国《2001 年—2010 年体育发展纲要》中提出：到 2010 年我国经常参加体育人口在现在的基础上增加到占总人口大约 40%的发展目标。目前，我国的男性体育人口高于女性，体育人口性别比，为 179.14，与 2000 年第五次人口普查总人口 106.74 相比，高出 75.80%。

女性体育人口应该包含在具备女性体育生活方式的大群体里。通过调查珠江三角洲城市职业女性每周参加体育活动的次数及每次活动的时间，其中每周参加体育活动 3 次及 3 次以上的达 50%，一周活动 7 次的仅有 2.1%，而从未参加体育活动也有 10.5%；每次活动时间在 30 分钟以上高达 73%，不足 30 分钟的只有 27%。从这一指标看珠江三角洲城市职业女性参与体育活动的习惯还是比较健康的，但也有一成多的女性从不参与体育锻炼，这部分女性科学的生活方式的意识还有待提升。

（二）珠江三角洲城市职业女性收入水平及体育消费水平

1. 珠江三角洲城市职业女性个人和家庭收入情况

据英国《每日电讯》报道，一家主题为“节食和健康饮食”的网站近期对 2000 名平均年龄在 31 岁的女性展开调查。结果显示，年薪不到 1.5 万英镑的女性工作者出现肥胖的概率是年薪高于 3.5 万英镑女性的 4 倍；而在兼职工作者中，年收入不足 6000 英镑的女性出现肥胖的概率为收入 1～2 万英镑女性的 2 倍。该调查还显示，75%的受访女性普通职员存在肥胖现象，而处于管理层的女性工作者仅有 8%属于肥胖者，前者概率是后者的 9 倍。意大利的一项调查也显示，接受良好教育的人更有可能戒烟并参与体育锻炼，可见在专业化程度越来越高的现代社会，经济收入、职位高低、受教育程度会直接影响人们的健康意识和生活方式。

通过调查珠江三角洲城市职业女性月收入情况得知，个人月收入主要集中在 4001～6000 元占 40.2%，而月收入 4001 元以上的占总人数的 76%，其中，月收入在 8001 元以上的 20.4%；在家庭月收入中，集中在 11 001～13 000 元 22.3%及 13 001～15 000 元 25.9%，家庭月总收入在 11 001 元以上的占总调查人数的 57.4%，证明有相当一部分职业女性已经具备休闲娱乐消费的经济能力。如今，各种健身俱乐部、休闲会所、体育公园、体育场馆越来越多，女性个体理性、有计划地选择和参与休闲娱乐活动已经很普遍了。

由于社会福利与保障水平不足、收入水平滞涨、收入分配的差距等原因，住房、子女教育和养老是目前我国居民个人消费面临的“新三座大山”。除这三项之外，是对医疗、买汽车的储蓄计划，而体育活动仅排在旅游之后，排在九个因素的第七位。

虽然广东省2008年恩格尔系数已降至37.8%，总体上已经进入小康居民消费阶段，但我国绝大多数市民还是顾及购房、养老、子女教育等生存型消费的巨大支出，把余钱都存进银行之后才考虑旅游、体育活动等休闲娱乐型消费。要改变这种状况除了提高经济发展水平、社会福利及保障水平，还有居民观念的改变等诸多因素。随着我国现代化进程的推进，还需经历漫长的更新过程。

2. 珠江三角洲城市职业女性体育消费情况

透过女性不同的体育消费动机与行为，可反映出不同的体育价值观。体育消费者行为是以购买体育产品与服务为中心的一切与消费有关的活动，包括体育需求动机的形成、购买前的准备、购买决策、对体育消费品和劳务的占有、使用、处理以及效果感受等一系列的行为。孙汉超通过调查分析将我国居民的体育消费行为类型归纳为：实物性体育消费、观赏性体育消费、活动性体育消费、康复性体育消费和博弈性体育消费五类。

据统计表明，珠江三角洲城市职业女性体育消费行为类型主要以实物性体育消费、活动性体育消费和观赏性体育消费为主。实物性体育消费行为是指个人用货币购买各种和体育活动有关的体育实物消费资料的消费行为。如运动服装、鞋帽以及运动器材等，这类消费以实物的形态表现出来，符合我国尤其是居家女性的传统消费习惯与心理，并且运动服装在功能上与同类物质产品有一定的替代性，珠江三角洲城市职业女性实物性体育消费的比例最高；活动性体育消费，即用货币购买各种和体育活动有关的体育劳务方面的消费行为，例如租用场地进行体育活动或购买健身俱乐部会员卡等消费行为；观赏性体育消费是指人们用货币购买各种入场券、门票，通过观看、欣赏手段达到以满足视觉神经为目的的体育消费行为，观赏性体育消费属于高层次的精神享受，而且花费较高，需要个体具备一定的经济实力；康复性体育消费和购买体育彩票的博弈性体育消费，这两部分所占消费的比例不高。

人类学家海伦·费舍尔就曾经预言，“女人将是21世纪的‘第一性’”。女性消费也将成为消费的主流。“为女性服务”已经成为西方服务行业目前流行的营销策略，在国内很多经营者都看到了这一点，因此越来越多为女性提供便利服务的行业悄然诞生。据调查结果显示，几乎所有的珠江三角洲城市家庭在2008年均有体育消费支出，用于观赏体育比赛、购买体育器材与服装、俱乐部会员费、参与体育健身娱乐活动等费用的支出大多介于501～1000元与1001～2000元之间，占比分别为36.7%和22.9%；支出介于2001～3000元的占14.1%；家庭全年体育支出在3001～4000元及4001元以上的占9.5%。

根据第五次全国体育场地普查结果显示，2002年广州人均每月体育消费达到139元，比北京、上海、武汉、成都四市同年人均体育消费的平均水平多46元。2005年之前，根据上海市国民体质监测公报称，还是有近半数的中年女性不考虑在体育活动上进行消费，而每月可以承受的消费金额在51～100元的女性居多。同期广州市则处于领先地位，这与2000年之前上海市体育场的建设相对滞后，造成场地缺乏有直接原因，最近几年，上海的体育休闲系统通过优化和完善，竞技体育和群众性体育都取得了蓬勃发展。

参照上面的数据，并结合珠江三角洲城市家庭月收入状况调查，体育消费支出的上涨充分说明了随着珠江三角洲经济水平的增长，居民生活质量逐渐提高，“花钱买健康”已渐成为每个家庭的时尚。家庭体育消费指数的上升虽然不能代表家庭成员之一的女性的体育消费也完全呈上升趋势，但作为一项指标至少可以说明，一部分珠江三角洲城市职业女性体育消费观念的更新。

（三）珠江三角洲城市职业女性参与体育活动的项目及分类

女性在参与体育活动时还涉及乐趣、爱好、放松、角色互动、个人投入、自我表达等心理感受，当女性个体处于被歧视、被压制的状态，就不能体会到活动过程中带来的愉悦、轻松和快乐。因此，从女性运动项目的选择上可以反映出当前女性在性别角色、性格、个人经历、技术技能、自尊自信等方面的进步。

通过调查，珠江三角洲城市职业女性选择的体育项目日趋呈现多样化，不只局限在散步、跑步、太极拳、气功等在免费场所就能完成的项目上，羽毛球、网球、乒乓球、游泳、登山、健身操等需要在收费场所完成的项目也越来越受到女性的青睐。其中，最受珠江三角洲女性欢迎的体育项目中，有一半都是要在收费场所才能进行的项目。调查中我们还了解到当前珠江三角洲城市职业女性体育活动不仅局限于个体可独自进行的诸如散步、跑步、做操等传统的项目，更增加了如羽毛球、瑜伽、乒乓球、游泳、各种健身操、广场舞蹈等项目，这不仅需有同伴或专业教师指导才能进行，而且需要一定的场地设施及个体需具备创造性的技能条件。其中羽毛球位居最受欢迎项目的第二位，瑜伽和乒乓球分别排在第四位和第八位。这从社会公共关系学的角度反映了随着女性社会地位的不断提升，她们更加注重人际关系的交往，逐渐不满足被动接受型或单纯消除疲劳的休闲方式，娱乐的空间也由矜持封闭逐步向张扬开放扩展。

（四）珠江三角洲城市职业女性参与体育活动的形式

随着世界经济和城市化进程的不断发展，网络、通讯业信息的发达，使得许多人可以足不出户地了解天下事、结识天下人，面对面进行交流的方式大为减少。科学技术的发展是把双刃剑，它不仅给我们的生活带来翻天覆地的变化，同时也产生了许多负面作用。繁忙的事务减少了亲朋好友间的往来；封闭的防盗门阻碍了邻里互助。这种情感分隔的现象，越是在经济发达地区越是明显，人们情感互动交流的需求也就越迫切。同时，随着时代的变革、社会转型的加速，原有的生活方式也都不同程度的受到影响。特别是受到家庭和事业双重压力下的女性，因缺少交流沟通而感到精神上的孤独与空虚，会经常处于不良情绪化的状态中。

在马斯洛需求层次理论里的第三层是归属与爱的需要，这一层次的需要包括两个方面的内容：一是友爱的需要，即人人都需要伙伴之间、同事之间的关系融洽或保持友谊和忠诚；二是归属的需要，即人都有一种归属于一个群体的感情，希望成为这个群体中的一员，并相互关心和帮助。对于女性群体，这种归属感更显得强烈。

平时我们就可以观察到，无论是逛街购物还是外出旅游，许多女性都喜欢结伴而行，参加体育活动也同样如此。体育活动这个最佳手段和工具不仅可以促进女性的社会关系，还可以让女性更好地体验和享受生活，从而提高生活质量。因此，在参与体育活动的过程中能得到家人、朋友、同事、同学的肯定、支持和鼓励，体验运动后的舒畅感、满足感、成功感，对女性的身心健康无疑都是非常有帮助的。

经调查发现，珠江三角洲近半数的女性首选与家人一起参与体育活动占41.9%，其次才是与朋友占32.2%、个人占25.0%及与同事同学一起参与占21.7%；参加单位组织的体育活动也有一成左右占10.7%。在调查中我们还发现，青年女性的体育伙伴多是朋友、同事和同学，而中年女性主要是家人和朋友。青年女性活泼好动，希望通过各种体育活动扩大自己的社交范围，结识更多的朋友；而中年女性不仅要与朋友们进行交流，还要顾及与家人的情感沟通，她们往往会和子女及亲友们一起进行体育活动。

（五）珠江三角洲城市职业女性参与体育活动的主要场所

根据第五次全国体育场地普查结果，广东省位于榜首，共有体育场地77 589个，占全国体育场地总数的9.1%。广州市首创了全国第一支全民健身体育宣传队和全国第一条全民健身路径，也曾连续10年保持全国体育先进城市称号。1990年末，广州市（8区4个县级市）各类体育场地共2443个，总占地面积达426.35万平方米，人均占有体育用地面积为0.68平方米；到1995年人均占有体育用地面积达到1.23平方米；2000年，广州市各类体育场地共6666个，人均占有公共体育场地面积为1.42平方米。广州市的体育人口占比由1994年的38%上升到2004年的59%，而且这个数字仍将以每年5%的速度递增。2003年广州每万人拥有17.87个体育场馆，是每万人拥有体育场馆数量最多的城市，其次是北京和上海。

对珠江三角洲城市职业女性活动主要场所进行调查发现，公共体育场所仍是女性最倾向于选择的活动空间，例如公园广场占25.5%、住宅小区占22.4%等；随着经济基础的改善，进入收费运动场馆进行体育锻炼已逐渐受到女性的青睐；紧随其后的是单位体育场所占20.1%和自家庭院占19.7%，这两个选项差距不大，可以看出免费场所已不像以前占绝对优势，收费场所的比例上升证明珠三角职业女性体育消费观念的更新，花钱享受娱乐与健康已经逐步被女性群体所接受。同时，单位福利的不断提高也提供了女性通过体育活动进行交流和沟通的平台，不仅增加了单位职工的凝聚力、降低医疗成本，而且对人际关系的处理、工作效率的提高也有推动作用。

另外，我们也可以看到，树林河边占11.1%及道路旁占0.9%的选择人数明显少于之前的三个选项，证明珠江三角洲城市职业女性对于选择体育活动场所品味与要求的提升，不仅顾及到空气与环境还要考虑到氛围与舒适程度。选择周围学校体育设施这一项仅占9.5%，这可能是由于多方面因素造成的。2003年7月，广州市教育局就出台了《学校体育设施向社会开放办法》的条例，并于2006年1月1日起开始实施，办法规定：各学校在不影响教学、工作、生活秩序的情况下，在非教学时间向社会开放体育设施，希望能缓解市内体育场所紧张的状况。目前广州市 1700 多所中小学，有 900 多所学校的体育设施已经对外开放，运营方式有三种类型：一是，学校本身成立体育俱乐部，自主管理；二是，由一些体育公司承包，与学校共同运营；三是，学校与各街道办事处、居委会共同管理，实现管理社会化。三种模式大多缘于不同学校自身的条件而产生，各自发展，各具优势。

2005 年，徐估调查显示：珠江三角洲城镇居民在休闲体育运动场所的选择上，收费场所是排在第二位的占 29.4%。而笔者本次在对珠江三角洲城市职业女性进行调查的过程中发现，收费场所是排在第三位占 21.4%。该数字表明女性在消费值上低于珠江三角洲休闲体育场所消费整体值的 8%。这从一个侧面说明随着家庭收入的增加，女性在体育消费上还是处于谨慎态度。她们往往考虑他人或整个家庭的需求，而忽略自我的兴趣和爱好。女性“主内”传统思想的存在，使已经具有一定经济地位的女性在面对诸多家庭支出的选择上，还是将住房、子女教育等问题排在前面。而从另外一个角度讲，男性在休闲体育消费上的选择范围和自主权仍会比女性要大些。

（六）珠江三角洲城市职业女性对体育生活满意度的评价

体育活动的器材和场地设施的质量、路程的远近、锻炼的条件、安全性也是制约女性是否愿意参与体育活动的因素之一。调查结果显示，对于当前的体育活动内容，有 54.6%的女性感到满意，只有 12.4%的女性表示不满意；活动时间上有 20.8%的女性感到满意，有 31.1%的女性感到不满意；而对活动场所有 28.9%的女性感到不满意。对于内容、时间、场所的三个满意度感觉一般的女性居多；对于当前体育项目和内容的选择上，女性认为还是丰富多彩的；而对于时间和场地的不满意程度还偏高。

（七）影响珠江三角洲城市职业女性不参与体育活动的原因

阻碍女性一生中不参与体育活动的因素有外因也有内因，如个人经济状况、参与者的性格、兴趣爱好、健康状况、场地、指导条件；及家人、同事、朋友的影响与支持等。2007 年高敏在《上海市白领女性健身现状与对策研究》一文中，对上海市 18 家大、中规模公司的 360 名职业白领女性发放问卷，调研结果显示：工作时间在 8 小时或以下的只占 15.40%，每天工作时间超过 10 小时的近 40%，可见白领职业女性所面临的工作压力；有近 40%的女性每日有 30～60 分钟的余暇时间，有 30.32%的女性有 60～90 分钟的余暇时间，而只有 11.37%的女性每天能享受两个小时以上的自由时间。在闲暇时间里被动休闲如看电视与 DVD、听音乐、上网、睡觉等人几乎占一半以上，主动参与体育活动者只有 14.47%，排在倒数第二位。

在 3029 份有效问卷中，有 318 名女性 2008 年从未参与体育活动，占被调查总人数的 10.50%。对珠江三角洲城市职业女性不参加体育活动的因素进行分析，可以看到困扰她们不主动参与体育活动的首要因素仍是时间和兴趣的欠缺；其次是对场地、设施、伙伴、运动技能的缺乏及对指导条件的不满意；而健康状况、经济基础、缺乏自信、学生时代的不喜欢等并不占主要因素。

在实地调研中我们发现，场地的不方便及社区的体育设施缺乏可以间接造成职业女性对体育运动丧失兴趣，也会成为没有时间去参加体育锻炼的理由；同时，女性个体缺乏运动技能、缺乏运动指导和运动伙伴也占主要因素。《中国妇女大众体育参与状况的调查与研究》中也显示：所有16岁以上女性对群众体育工作的共同愿望是：建立小区配套体育场所；开放更多的体育场馆；锻炼时有专人指导。同时，在2000年有69.1%的女性未参加过体育活动，其中有35.36%的人已计划今后参加体育活动，但必须解决的主要问题：一是要有时间；二是需要有场地；三是经济条件许可。而珠三角城市职业女性不参加体育活动的原因中除去时间与场地的缺乏，个人经济状况已经不是她们的主要因素。因此，随着职业女性经济地位的不断提高，对生活质量追求意识和行为的不断增强，想要调动女性参与体育活动的积极性，就必须改善目前体育活动的设施、环境以及体育指导员的质量和数量等问题。

通过个案分析和实证调查，我们还发现，不具备体育生活方式的女性，有一部分人会转向依赖保健品、美容产品及桑拿、按摩等康复性治疗，用于此类消费的比例大大高于具备体育生活方式的女性。康复性按摩可以缓解一部分病痛，起到恢复体力的作用，但若要完全改善女性亚健康状况的最好办法还是参加体育锻炼。专家们也强调保健、美容药品并不能完全替代运动对人体机能的提高和免疫力的增强，因此建议不应长期依赖保健药品维持健康。

（八）不参与体育活动的城市职业女性在闲暇时间主要的消遣活动

对不参与体育活动的女性调查与个案研究后发现，有部分城市职业女性缺乏对健康的危机感。她们在同等的闲暇时间内，消耗在网络、电视、书籍、睡觉的时间比直接参与体育活动的女性要多。珠江三角洲从不参与体育活动的城市职业女性在闲暇时间内选择看电视、上网、看书报和听音乐的城市职业女性比例较高，而通过睡觉、打麻将或扑克消遣的女性也占有一定比例。

美国专家对人的“快乐指数”进行过一项研究，结果表明：不快乐的人要比快乐的人更喜欢看电视。花太多的时间在看电视上，会占用人们社会活动尤其是体育锻炼的时间，看电视只会得到短暂的快乐，越长时间花在看电视上就越会失去快乐的感觉。因此，睡觉、看电视、上网、打麻将等被动与静力型休息不能完全消除城市职业女性的疲劳和压力感，要想真正享受生活，获得愉悦，在生活方式的选择上还应该健康、科学与多元化相结合，当然参与体育锻炼是不可缺少的元素之一。

（九）珠江三角洲城市职业女性间接参与体育活动的程度

在不参与体育活动的女性中，有近半数女性因没有兴趣或其他原因是从来不参与体育活动占比为50.3%的非体育人口，而有些女性是会通过间接方式参与的亚体育人口。珠江三角洲城市职业女性偶尔间接参与体育活动的人有26.0%，而已经将间接参与体育活动作为生活方式的女性有23.7%，其中经常会参与的人占总数的19.7%，已经成为习惯并非常热衷参与的人占总数的4.0%。女性间接参与体育活动的方式并不在总样本量中占有较大比例，仅占调查总样本量的5.2%。与男性相比，女性特殊的心理与生理更多地会选择直接参与体育活动，例如群体倾向性、从众及爱美心理、追求时尚、喜欢柔美和表达肢体美的体育项目等，并在参与过程中通过表现自我及与人沟通交流而达到愉悦身心的快感。

（十）珠江三角洲城市职业女性间接参与体育活动的形式

对珠江三角洲以间接方式参与体育活动的158名城市职业女性的调查发现，通过上网获取体育信息、收看体育频道电视节目和看体育报纸、杂志来参与体育活动的比例较高，以聊天和参与体育博彩的比例较低。前面提到过，一部分间接参与体育活动的女性会通过对体育的热爱而产生动机，进而转化为直接参与体育活动，从而建立全新的体育生活方式，甚至成为女性体育人口的一部分；而剩余部分的女性如果能长期和连续性地通过这种生活方式表达对体育活动或赛事的关注与喜爱，就会建立另外一种体育生活方式。

第四节　美学视角下女性体育生活方式的构建路径

一、女性体育生活方式模式构建的理论

（一）生命周期理论

生命周期理论（Lifecycle Approach）是一种非常有用的工具，来源于生物学领域，描述生物体出生、发展、成长、成熟、衰退直至死亡这一演变过程。无论是生物还是人类，任何一个物种的一生都要经历出生、成长、配偶繁衍、衰老直至死亡，并周而复始地变化着。女性体育生活方式作为社会系统中的一个组成部分，在其发展过程中必然会受到外部环境变化以及内部结构调整的影响与作用，从而伴随着时间的推移不断演化。将生命周期理论引入到女性体育研究领域，为我们研究女性体育生活方式的发展规律提供有效的分析工具。针对人类体育行为产生影响的有两种生命周期，即个体生命周期和家庭生命周期。

1. 女性个体生命周期理论

根据研究视角的不同，对女性个体生命周期也存在不同的划分形式。从维护女性权利的角度，可以分为胎儿期、婴幼儿期、女童受教育期、女性发展期和老年期，以便保证女性从胎儿到老年应该享有的出生权、食物、营养、医疗保健、教育、法规政策及就业等权益。

2. 女性家庭生命周期理论

家庭生命周期的概念起源于1903年，由朗特里（Rowntree）最先提出。后在1947年由美国学者保罗·C. 格里克（Paul·C. Glick）从人口学角度提出比较完整的概念。家庭生命周期会随着婚姻、子女的出现而发生质的变化，同时随着家庭各成员年龄的不断增长、是否独立等也会表现出不同的特点、任务和需求。它在《中国老年百科全书》中定义为：在一定生产方式下，在某类社会环境中，从男女结合组成家庭开始到夫妻双方都死亡而告终的整个家庭生活过程。从一个核心家庭的产

生、发展至衰亡所经历的全部时间是典型的家庭生命周期。也可定义为：由夫妻结合建立家庭开始至双方死亡而结束的家庭生活全过程。家庭生命周期与婚姻关系相始终，可分为婚后无孩、生育、子女结婚离家、后期父母和鳏寡等阶段，受婚姻模式、生育模式、生活方式、人口寿命等因素的影响。

家庭生命周期对研究体育生活方式及其体育行为具有重要意义。例如，一旦最后一个孩子离家，家庭内的衣、食、住、行以及体育娱乐、消费方式等都会有明显的变化。国内外许多学者都对家庭生命周期进行了研究，但因为国情、民情和研究视角的不同，对家庭生命周期的分类也不尽相同。

有的学者将家庭生命周期划分为 6 个阶段：新婚期、家庭拓展期、拓展完成期、家庭衰减期、空巢期和鳏寡期；也有的学者将其划分为 7 个阶段：单身期、初婚期、生育期、满巢期、离巢期、空巢期和鳏寡期；保罗·C. 格里克在 1949 年提出核心家庭生命周期的基本模型，按生命周期划分为 6 个阶段，它的建立隐含着两个基本前提：第一是婚姻具有高度稳定性；第二是夫妇正常生育，不稳定婚姻、残缺家庭、再婚等情况除外；而有的西方学者按照人类的消费习惯与行为将家庭生命周期分为 7 个阶段。随着改革开放与现代化程度的推进，我国正与西方部分国家的家庭模式以相同的趋势演变，例如：家庭规模的缩小，主干家庭在不断减少；丁克族与单亲家庭比例的上升；以及离婚率上升、结婚率下降、生育年龄推迟等。

职业女性的家庭生命周期是指女性个体从刚毕业走入社会至退休前的这段时间其家庭的变迁过程，它是附属于我国家庭生命周期系统中的一个分支。在研究完西方发达国家与我国的家庭生命周期的基础上，根据职业女性的特点与个体生命周期特征，可以这样制定女性在职业生涯中的家庭生命周期模型，如图 8-1 所示。

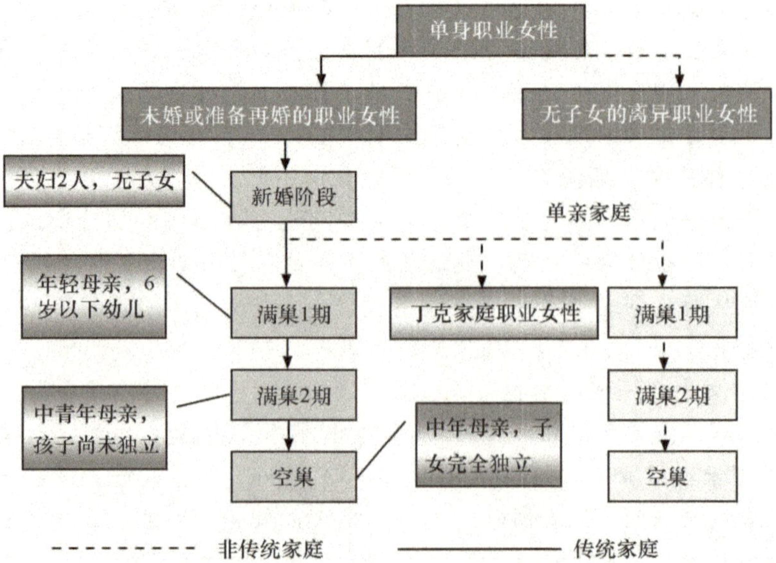

图 8-1　女性在职业生涯中的家庭生命周期模型

在该模型中，我们把未婚、再婚或离异的尚未有子女的职业女性都视为单身，满巢1期是指要哺育6岁以下幼儿的年轻职业女性；满巢2期是指要哺育6岁以上，但尚未独立的孩子的中青年职业女性；空巢阶段是指子女长大成人从父母家中相继分离出去后，剩下的中年职业女性。此模型中还包括了非传统家庭的丁克家庭、单亲家庭以及无子女离异后终生保持单身的职业女性的家庭生命周期。

（二）体育行为学理论

体育生活方式最重要的表现形式是体育参与行为，它是现代管理科学体系中的一个重要组成部分，在一定理论基础上，系统分析研究一定体育组织中人的心理与行为，并广泛运用于各级政府部门、运动队、体育俱乐部、学校体育、社区体育、单位体育、家庭体育之中。体育行为学揭示了人在进行体育活动时，其体育行为的发生、发展和变化的规律及其活动机制，对体育行为进行预测、解释和控制。

体育生活方式的研究从某个角度来讲属于体育管理学中体育行为学的范畴，体育生活方式的模式也可以从体育行为学的视角来分析。无论健康的生活方式还是不良的生活方式，都是通过人类的日常行为所反映出来的，一个人的行为是其受思想支配而表现出来的外在的活动，是个体心理特征和外部环境相互作用的产物。社会学家对人类行为方式的研究包括了一系列的从宏观结构到微观行为的内容，既有对种族、民族、阶级和性别等行为方式的宏观研究，又包括对某个家庭、某个个体行为习惯的研究。因此，人类行为模式研究不仅属于微观社会学范畴，还涉及宏观社会学的领域。从人的社会属性出发，其社会学行为模式为：需要→动机→行为→目标实现→新的需要。因此，对健康、美好生活的向往与需求是一切体育行为的来源。可以这样说，构建女性群体的体育生活方式模式同时也就是要构建女性群体体育行为和活动形式的模式。

1. 体育行为学的要素

体育行为学的关键要素是人、指导和技术，以及内部体育组织运行的外部环境，见图8-2。女性个体、指导与技术之间是相互联系、相互作用的关系，这三个要素既影响着外部环境，又受到外部环境的制约；同时，在体育行为内部，通过女性个体与技术的有机结合，才能充分发挥女性的主观能动性，才能获取技术通过体育行为的过程给女性带来生理、心理、社会心理上的满足。

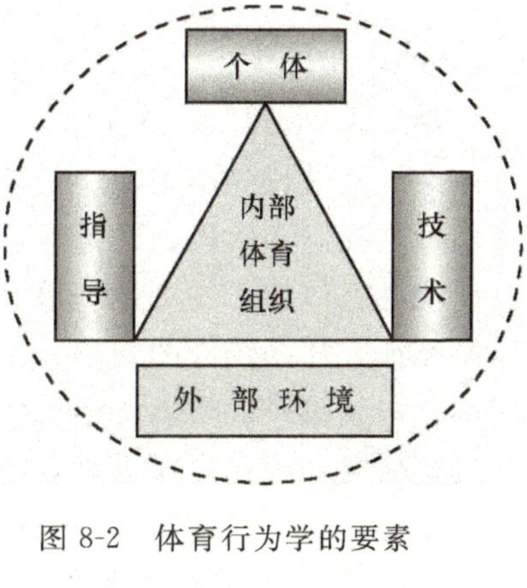

图8-2　体育行为学的要素

2. 女性体育生活方式行为管理系统

人作为个体不仅是管理的主体，也是管理的对象。因此，研究人的行为规律也就成了管理的主要内容。在本中女性体育生活方式的行为管理系统由外部环境和内部组织两部分组成，通过女性体育需求的群体、组织者、管理者等在体育行为过程中的和谐相处，最终实现体育目标、社会目标和个体的目标。

（三）可持续发展理论

20 世纪 80 年代所出现的可持续发展理论包含两个基本要素或两个关键组成部分："需要"和对需要的"限制"，即围绕"既满足当代人的需要，又不对后人满足其需要的能力构成危害的发展"这一基本思想所形成的完整的理论体系。它由最初对如何解决因工业文明发展造成人类生存环境恶化问题的单一领域的研究，转而发展成为广泛运用于生态、经济和社会的各个领域，旨在为人类提供一种全新的实现人类社会持续、协调发展的发展模式的理论体系。就体育领域而言，可持续发展理论已经广泛运用于竞技体育、群众体育、学校体育、体育产业等诸多方面。女性体育生活方式在我国作为一项新生事物，其发展也需要可持续发展理论的指导。

协调女性体育生活方式与其他生活方式的关系需要可持续发展理论。女性体育生活方式作为人类生活方式中体育生活方式的子系统，必然和社会中的其他系统发生联系，女性体育生活方式的发展也将受到其他系统的影响。同时，体育生活方式自身就具有持续性和长期性的特点，运用可持续发展理论才能探讨如何实现体育生活方式与人类其他生活方式的和谐发展。例如，女性体育发展就必须符合女性自然的生理周期规律，如果超出了女性心理或生理的承受范围，就不能保证其长期性和持续性的特点，也就不能可持续发展。

协调和处理女性体育生活方式内的各种影响因素同样需要可持续发展理论。影响女性体育生活方式有许多主观内在因素和客观外在因素，因此，女性体育生活方式的形成过程就是对这些因素进行协调和控制，通过解决各种因素之间的矛盾，去除影响女性体育生活方式形成过程的阻力，整合各种因素使之达到综合平衡从而形成健康、合理和科学的女性体育生活方式，进而使得女性体育生活方式整个发展过程顺畅和连续，从而实现长远发展和可持续发展。

（四）系统论

系统论（System Approach）是研究系统的模式、性能、行为和规律的一门科学。系统论的任务不仅在于认识系统的特点和规律，更重要的还在于利用这些特点和规律去控制、管理、改造或创造系统，使它的存在与发展合乎我们的需要。系统论认为，整体性、关联性、等级结构性、动态平衡性和时序性等是所有系统共同的基本特征。从系统论的角度来看，人类的体育生活方式是一个由若干存在相互联系、作用、制约关系的要素所组成的具有特定功能的有机整体，因而可以运用系统论对其进行研究，以指导女性体育生活方式的发展。

首先，在研究和掌握女性体育生活方式的发展规律中，必须注重整体性。系统论认为整体性是系统的特征之一，系统虽然由独立的各个部分构成，但是当各个部分组合、构建成整体后，就具有部分所不具有的功能和性质，因而研究和掌握某一事物的发展规律从整体与部分两个方面着手是必由之路。一是，我们在研究女性体育生活方式的发展规律时，就必须明确体育生活方式的发展有赖于各个部分的功能发挥及相互之间的合理组合与建构。因此，一定要把握住整体与部分的动态平衡关系，探寻实现整体与部分之间协调发展的规律性，即女性体育生活方式的各个部分如何放置于体育生活方式乃至整个生活方式的大环境之中，从而最大限度地发展各个部分的功能，以实现整体的发展。二是，作为一个整体，女性体育生活方式在发展过程中一定要注意女性群体及体育生活方式内、外部环境的平衡与协调。通过对女性体育生活方式内部结构、要素的有效调整实现内部环境的协调一致，同时内部环境通过积极调整又与外部环境相协调从而获得其发展空间。

其次，系统各组成要素之间的相互作用会使系统最终达到平衡状态（终态），对封闭系统而言是定态，对开放系统而言是稳态。因此，女性体育生活方式的系统性还必须有层次性、开放性和关联性的特征。女性体育生活方式的发展具有层次性也是社会系统的一个重要特征，每一层次都具有各自特定的功能。例如，在培养健康科学的体育生活方式的过程中需要一定的个体条件、自然条件和社会条件，而且每一个部分又分为许多层次，在女性个体条件中如果个人消费或健康水平处于较低层次，再好的自然条件和社会条件都无法起到宏观管理与调控的作用，假如强行介入只会对女性体育生活方式的构建造成负面影响。所谓开放性是指一个系统通过与外部环境进行物质、能量、信息交换获得发展动力和主动权。女性体育生活方式作为一个系统必须积极与外部环境进行物质、能量、信息交换，才能调整和完善结构、优化功能；关联性也是系统论中的重要特征之一，女性体育生活方式中的各子系统或各要素并不是孤立和无序存在的，它们之间的相互联系和作用呈现一定的规律性，如果顺应这一规律，将使得女性体育生活方式整体呈现有序的结构特征，也才能有序地顺应其发展的规律。

（五）“以人为本”与“和谐社会”的理论

“以人为本”主要强调的是人作为主体在历史和社会发展中的作用和地位，要求要尊重人及其在社会中的价值体现。也只有人类将自身的发展作为整个社会发展的重心时，社会的各个方面才能得到充分的发展，而最终社会的发展反过来也会促进社会的主体——人类本身的不断发展。“和谐社会”的六个基本特征分别是民主法治、公平正义、诚信友爱、充满活力、安定有序、人与自然和谐相处。广义的“和谐社会“主要是指社会与自然环境、经济、政治、文化之间的协调；狭义的“和谐社会”是指社会层面本身的协调，是科学发展观所关注的一个相对单一的问题。胡锦涛同志曾经指出，“妇女问题，从根本上说是发展问题，也必须通过发展才能得到解决”。发展与和谐是我国现代化进程的两大主题，而人与人的和谐是和谐社会的核心，达到和谐社会的条件之一就是使不同利益群体的需要都能得到满足。因此，女性体育生活方式也就是力争做到从女性的需求出发，以满足女性个体的基本利益为目的。

女性群体与男性一样，是我们人类发展和进步的基本力量之一。而人类社会是男女两性相互联合、相互作用的产物。所以，两性之间的平等与和谐也就构成了社会主义和谐社会的基本要素和内涵。就女性群体来讲，无论是与自然环境、社会、经济、政治、文化之间的总协调，还是女性群体内个体与个体之间、个体与群体之间、每个女性个体本身都应该和谐，和谐与健康的女性个体才能组成稳定安康的群体，才能达到家庭和社会的和谐。体育是一种文化现象，体育参与程度上的和谐也是和谐社会的重要组成部分，其发展也必定要与国家的改革与发展的趋势相适应和吻合。“和谐社会”与“以人为本”是我国社会主义现代化进程中的两个航标灯，对我国的体育事业起着指导方向、把握动态的作用。因此，女性体育生活方式的模式构建同样依赖这些理论的指引。

（六）宽裕型小康社会与现代化体育目标要求的理论

联合国将恩格尔系数的高低作为评价贫富国家（地区）生活水平的指标之一，系数在60%以上为绝对贫困型，50%～60%为温饱型，40%～50%为小康型，30%～40%为富裕型，30%以下为极富裕型。目前，我国只有香港为29.4%和澳门为30%可以达到极富裕型。进入70和80年代后，绝大多数发达国家的恩格尔系数下降到了20%以下，例如：日本家庭为23.49%；英国家庭为17%；德国家庭为20%；法国家庭为19.8%；加拿大家庭为11%。而2007年中国城镇居民家庭恩格尔系数为36.3%，广东省城镇居民家庭为35.3%，在2006年，恩格尔系数最低的深圳为28.0%，已进入了最富裕生活阶段，其次是佛山为31.6%、珠海为33.3%和广州为37.3%，2008年受金融危机影响，我国恩格尔系数有些上调，但基本保持在37%以下。

根据国际经验，全面小康社会的人均GDP在3000美元左右时，居民消费的恩格尔系数均在30%上下。所谓宽裕型小康，就主要指标而言，指人均GDP达4250美元以上。在2007年初，珠江三角洲地区人均GDP已经达到5843美元，珠江三角洲地区已率先达到宽裕型小康水平。宽裕型小康社会的到来，使人民生活质量提高、社会文明进步、环境优美和谐、体制健全高效，科技、教育、文化、卫生等文化事业领域全面发展。体育是文化事业里不可分割的重要的组成部分，宽裕型小康社会的到来同样给珠江三角洲体育事业发展带来了新的契机，在2006年—2010年的广东体育“十一五”发展总目标最终调整为：努力在全省实现宽裕型小康社会的体育，珠江三角洲率先实现现代化社会的体育，努力成为体育强省。也就预示着，在竞技体育、群众体育、体育产业三个大板块中，珠江三角洲不仅在广东省率先实现体育现代化，而且在全国都是处在领先地位。

体育生活方式是人类生活方式的重要组成部分，是随着人们生活水平、生活质量、生存质量的提高而出现并发展的。珠江三角洲宽裕型小康和现代化体育目标的逐步实现，对女性体育生活方式的模式搭建提供了经济资本、文化资本、个人资本和社会资本的保障，女性体育生活方式的模式也正是依赖这些硬件设施才能有了发展和创新的土壤。

二、女性体育生活方式模式构建的原则

（一）整体性与区别性原则

体育生活方式是人类存在的基本形式，女性体育生活方式是一个有机的整体，

整体性是它区别于男性群体的最基本的特点。在女性体育生活方式构建过程中，历史、经济、体育和人文等对其的影响都不是孤立存在的，也不是单独对女性群体的生活方式发挥作用，而是相互联系，综合显示其功能。也就是说，体育生活方式是历史变迁和社会经济进程的必然产物，也会在形成与发展过程存在着各种各样的复杂变量。女性体育生活方式不仅与女性的衣食住行、文化、风俗习惯等日常生活的基本内容有着密切的关系，还与历史变迁、经济规模、产业结构、政治改革、科技与教育的提升等社会经济文化环境存在着巨大的关联性。因此，女性体育生活方式在构建时也要作为一个整体，表现出现代女性群体对美好生活、健康人生的追求，以及成为促进社会文明不断发展的动力之一。女性群体虽然是一个不可分割的整体，但在这个整体内部每个女性作为个体，其社会环境、自身条件、活动内容、心理特征也表现出许多的差异性。因此，我们在构建女性体育生活方式时要注意女性群体共性与个性之间的关系，也要注意贯彻区别对待的原则。无论是在构建女性体育生活方式时制定的发展目标，还是在资源的配置和各方面的组织管理，都要仔细研究每个女性个体的具体条件，要考虑到不同年龄、职业、民族、地域、文化程度和社会背景的女性群体之间的生理、心理等方面的特点、生活习惯及爱好的差异性。

（二）多层次与协调性原则

女性体育生活方式的构建是个庞大的系统工程，无论是外界条件还是女性个体内部所应该具备的资本，还是从自然与体育，从经济与体制，从教育与文化，从场所与管理，都需要对所有的资源加以调配和整合。有些是要通过个体的受教育程度和价值观等为主观因素来决定，需要时间的积累才可以建立和慢慢形成；而有些则需要政府机构出台相应的政策来影响、协调、规划和安排，否则就不可能达到女性体育生活方式的最优化状态。

女性体育生活方式虽然从群体的角度来讲是完整的，但在这个整体中也有着若干个层次的划分，它是一个由自然、政治、经济、文化、科学、教育以及其他不同类型、不同性质组成的复杂系统，因而女性体育生活方式也必然显示出其多层次的特点。除此之外，自然生态环境（空气、地形、绿化面积等）、后勤保障（交通、餐饮、住宿、通讯、娱乐设施等）、居住模式、人口密度、科技发展水平、教育体系、经济信息化发展的规模与质量等也会对女性群体体育生活方式的参与状况产生不同影响，因而会造成层次的不同；影响女性体育生活方式的外界因素和相互作用、相互渗透的因素，随着这些因素作用的大小，女性体育生活方式同样会表现出一定的层次性；从个体的角度可将女性群体进行社会阶层的划分，来评价其体育生活方式的特点。这些分层表现出的特征不是一成不变的，会随着个人、经济、文化和社会资本量的占有程度的改变而不断变化，并且低一级资本拥有量的层次包含在高一级的层次里面，即高资本拥有的方式包含低资本拥有量的方式，而低资本拥有量方式则是高资本拥有量方式的有机组成形式。

（三）多样化与社会化相结合的原则

女性体育生活方式的多样化应该有四个方面的内容：第一，个体方式的多样化；

第二，活动内容的多样化；第三，活动规模的多样化；第四，组织形式的多样化。前面提到，女性个体之间因为个人资本、经济资本、文化资本、社会资本的拥有量的不同，体育生活方式会有不同的表现形式，也就是多样化的特点；活动的规模可大可小，大小结合，内容简便易行，而且趣味性、观赏性、健身性和娱乐性较强。

组织形式多样化，主要是指由体育和教育等政府机构、各级工会、共青团、妇联、体育协会、单项运动协会以及社会各民间体育团体，有计划、有组织开展的女性休闲体育活动的方式，也就是学校体育、单位体育、社区体育、家庭体育等组织方式多样化的结合形式。

所谓社会化是指作为个体的生物人，通过社会交互作用，学习社会文化，适应社会生活，成长为社会人的过程。而体育社会化则反映的是社会办体育和全社会参与体育的程度。女性体育生活方式社会化可以包含两个方面的含义：一是，女性的体育行为的社会化、大众化、产业化，增加女性体育人口，使之成为女性日常生活的一部分是女性体育生活方式贯彻的宗旨；二是，社会组织开展女性体育活动的程度，这不仅要通过女性个体的价值认可、态度提升来接受体育是我们生活的一部分，而且需要通过国家、社会、民间团体、各级单位及每个家庭等共同营造全民健身的大好局面。因此，多样化与社会化互动发展的结合原则，即能吸引和动员全社会的女性直接和间接地参与体育活动，又能发挥全社会的力量去给予帮助和支持。

（四）个体需求与激励相结合的原则

美国著名的人本主义心理学家马斯洛把人的各种需要归纳为五大类，并按其重要性和产生的先后次序排列为生理需要、安全需要、归属和爱的需要、自尊需要、自我实现需要。马斯洛认为，生理、安全、归属与爱的需要属于低层次需求，而尊重和自我实现的需要属于高层次需要。女性对体育生活方式的追求属于高层次的需要，它既有情感的需要，也有尊重和自我实现的需要。女性在参与体育活动时，可以使得伙伴、同事与家人之间感情更为融洽、忠诚，同时在群体中得到相互的关爱和照顾。另外，通过体育活动的参与可以使女性获得自信、独立、坚韧、顽强的品性，也期待得到别人的理解、尊重、信赖和高度评价，从而在别人的赞美和认可中实现自我的价值。有了个体的需求、向往，女性会产生参与体育活动的动机，但养成良好的女性体育生活方式，还需要内因及外因的激励。

激励是指通过高水平的努力实现组织目标的意愿，这种努力能够以满足个体的某种需要为条件。女性体育生活方式的激励有以下几个特点：第一，物质激励少而精神激励多；第二，负面激励少而正面激励多；第三，外激励与内激励相结合。女性通过体育锻炼主要追求的是心理和精神上的满足感，在体育活动中得到锻炼成长、赞赏认可、挑战自我、乐在其中的健康感觉，并不是追求物质和金钱的回报；女性参与体育活动是完全自主、自愿的行为，因此也不会有所谓的奖励（正面激励）与惩罚（负面激励）之分；对于女性体育生活方式的激励可以来源于个体、家庭、单位或社区，如果女性有了个体的需求并付出行动，在激励中得不到满足，势必会降低女性继续保持这一需求的积极性。因此，除了女性个体本身的自我激励之外，家庭成员、单位同事、领导、社区体育指导员和倡导者，都应该及时给予她们以言语或行动上的支持和帮助，为女性体育生活方式的持久性打下良好的基础。

三、珠江三角洲城市职业女性体育生活方式发展模式的构建

发展模式是由现状模式向目标模式过渡的一种动态过程模式，是发展战略过程的具体化体现。因此，在对珠江三角洲城市职业女性体育生活方式的目标模式与现状模式进行对比后，才能确立其发展模式，以便为尽快缩小现状模式与目标模式之间的距离提供理论依据。

不同社会阶层的女性因社会经济地位不同，拥有不同的个人、经济、文化、社会资本，其生活习惯、教育程度、价值观念、消费观念、兴趣爱好都会存在较大的差异性，反映在体育生活方式中也会有着不同的表现。而同一社会阶层中的职业女性，其体育生活方式也会存在着共性与个性。珠江三角洲城市职业女性体育生活方式的发展模式是在一定社会经济背景下，为了实现目标模式所选择实行的方式、方法、道路的统一体，是女性体育生活方式主体作用于社会发展客体，并促使社会客体向着符合女性体育生活方式需要和理想的方向转化，从而达到最终目标模式的一种手段。因此，女性体育生活方式的发展模式作为一个完整的系统，可以从目标、路径和发展的保障与支持三个方面来描述，如图 8-3 所示。

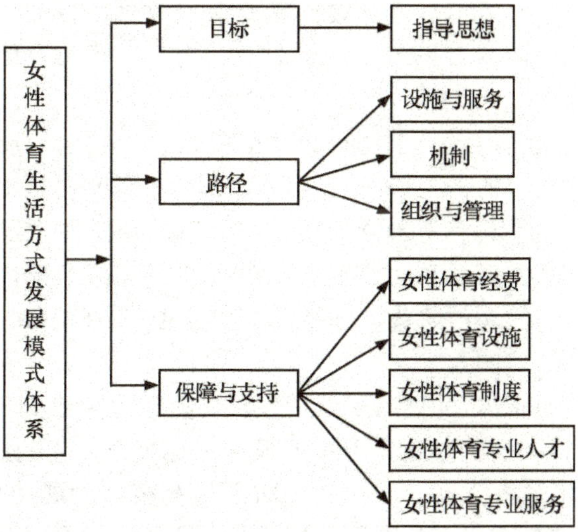

图 8-3　珠江三角洲城市职业女性体育生活方式的发展模式体系

（一）珠江三角洲城市职业女性体育生活方式发展模式的目标

不同的目标模式产生不同的行为结果，某一行为的表现又是为其目标而服务的，女性体育生活方式的形成过程就是在目标模式的指导下完成的。女性体育生活方式在形成过程中有许多内因与外因的干扰因素，随着女性生命周期、生活环境、社会及家庭角色的变换，对女性个体的体育行为与形式表现起着一定的作用，体育生活

方式的形成过程就会遇到不同程度的推动力或阻碍。因此，构建珠江三角洲城市职业女性体育生活方式发展模式的主要目标就是实现女性家庭的和睦，生活质量、生命质量的提高，对社会和谐、全面小康社会的建设、实现及社会主义现代化的实现具有推动作用。

根据珠江三角洲城市职业女性体育生活方式的保障体系，发展模式的目标为以下五个：第一，多元化的筹集女性体育事业发展的资金，包括全民健身事业资金、女性体育事业专门经费和来自单位及社会各界的投入经费，以保障女性体育生活方式形成的持续性和长期性；第二，建立多功能的单位、社区与公共体育设施体系，并根据不同消费阶层女性的需求，鼓励投资开发经营性体育场所，并加强审批、管理与监督，以期为女性随时提供便利安全、功能齐全、价格合理、环境舒适的服务；第三，面对女性群体开展可持续性的、有组织的体育设施、体育指导和体育信息服务工作，并帮助女性形成健康、科学、合理的体育生活方式；第四，加强针对女性心理、生理、社会心理特点的专门人才的培养，包括体育指导员、组织管理人员、科研人员的业务能力培训和提高；第五，通过鼓励女性参与体育活动的法规制度的完善，形成对女性体育生活方式的监测、激励和援助制度，以帮助部分参与体育活动的弱势女性群体建立体育生活方式。

女性体育生活方式发展模式的主体就是女性本身，其目标反映了女性的需要、意愿和价值观念，是女性体育生活方式构建的动力源泉和目的地，也是出发点和归宿；它包含着深刻的主体本质和人文内涵，是创造、实行和发展模式进程中必须遵循的指导思想。

女性体育生活方式的构建是个复杂而艰巨的过程，它的发展进程受到许多社会外在因素和女性个体内因的干扰，照搬发达国家的发展模式是不科学的，也是行不通的。因此，必须有一个具有中国特色的、符合我国现阶段发展状况的目标作为导向，才能符合贯彻科学发展观和建设中国特色社会主义的具体内容，才能顺应女性在社会大环境中生存与发展的趋势，才能达到促进社会的和谐、完善女性的生命周期并提高其生命质量的目的。

党的十七大报告中指出，“健康是全面发展的基础，关系到千家万户的幸福，追求健康成为我们共同的发展目标”；十八大报告中也提出，“健康是促进人的全面发展的必然要求”。国家发改委在“十一五”时期体育事业发展中提出的指导思想为，“高举邓小平理论和‘三个代表’重要思想的伟大旗帜，以科学发展观为统领，……以满足群众日益增长的体育文化需求为出发点，把提高全民族健康素质作为根本目标，积极开创体育事业发展的新局面，为全面建设小康社会和构建社会主义和谐社会服务，为中华民族的伟大复兴做出贡献”。保障国人的生存和发展是党和政府执政兴国的第一要务，是解决一切问题的关键。我国政府提出的“人的生命和健康才是经济和社会发展的重中之重”的理念，为人们建立科学、文明的生活方式提供了政策和法律保障。

习近平主席于 2015 年 9 月 27 日在纽约联合国总部出席并主持全球妇女峰会，

发表题为《促进妇女全面发展共建共享美好世界》的重要讲话。他在讲话提到，“妇女是物质文明和精神文明的创造者，是推动社会发展和进步的重要力量。没有妇女，就没有人类，就没有社会”。《中国妇女发展纲要（2010年—2020年）》的总目标中指出，“将社会性别意识纳入法律体系和公共政策，促进妇女全面发展，促进两性和谐发展，促进妇女与经济社会同步发展。保障妇女平等享有基本医疗卫生服务，生命质量和健康水平明显提高；平等享有受教育的权利和机会，受教育程度持续提高；平等获得经济资源和参与经济发展，经济地位明显提升；平等参与国家和社会事务管理，参政水平不断提高；平等享有社会保障，社会福利水平显著提高；平等参与环境决策和管理，发展环境更为优化；保障妇女权益的法律体系更加完善，妇女的合法权益得到切实保护”。除了在国家政策法律、经济地位、参与国家和社会事务管理、接受教育等方面保障女性享受的平等权利之外，在妇女与健康领域也提出了诸多发展目标，如要求“加强对妇女体育健身活动的科学指导，提高妇女健身意识；积极发展城乡社区体育，鼓励妇女参与全民健身运动。加强对老年妇女、残疾妇女体育活动的指导和服务”。该纲要的制定为女性体育事业的发展提供了政策保障和法律依据，也为促进女性体育生活方式可持续发展创造了机遇和环境保障。

女性在社会、政治、文化生活中的广泛参与体现着社会的和谐，女性平等享有参与体育活动的权利也体现着社会性别的和谐。和谐是一切事物的原则，是世界的本质，是我国建设社会主义的目标和过程。而构建社会主义和谐社会和精神文明建设，是党从建设中国特色社会主义事业总体布局和全面建设小康社会全局出发提出的重大战略任务。在此，我们认为建立女性体育生活方式的指导思想是：建设以邓小平理论，以“三个代表”思想、科学发展观及构建和谐社会理论为指导，以“以人为本、健康第一”为理念，以培养女性科学、文明、健康的体育生活方式为目标，努力满足女性对体育多元化的需求，全面提高女性素质、健身意识、体育价值观，最终求得女性自身的进步与发展。在这个指导思想下，女性应该自发、自觉、自主地进行各种能增进健康的体育行为，从而达到完善生命周期、提高生命质量的最终愿望。

在这个指导思想的指引下，珠江三角洲城市职业女性体育生活方式发展模式的目标包含以下几个方面的内容。

1. 女性体育生活方式的建立与社会的和谐和精神文明建设的关系

女性作为社会的主体为经济的发展和社会事业做着贡献，创造出物质和精神财富，在满足自身、他人和社会需要时，体现着自我的价值。同时，作为社会的客体，在为社会做贡献时得到相应的肯定和报偿，也享受基本的保障和权力，并且随着社会的发展，女性对于自我完善和社会的目标都会逐步成熟。因此，女性的发展是社会和谐发展的重要目标，也是社会和谐发展的必要条件。

体育生活方式是人类科学、合理、健康的生活方式，是现代女性生存与发展中追寻的生活态度，是女性与自然、女性与社会、女性群体之间和谐共处的催化剂，也是社会主义精神文明建设的重要载体。现代女性体育生活方式的发展必须服从于精神文明建设和社会和谐的要求，而社会的文明与和谐程度也将体现在女性体育生活方式发展的具体内容中。

2. 女性体育生活方式的发展依赖于女性个体的价值取向

女性体育生活方式的发展模式是以满足女性的需要为前提的，是按照女性体育生活发展的规律、原则、思路和意愿建构的。因此，它始终反映着社会进程中女性的价值观念。经历过漫长封建时期的压制、“五四”时期女性思想的启蒙以及改革开放的复苏，女性个体的主体性、独立性、自我意识、价值观均得到了飞速的发展。虽然女性自身发展与社会发展的需要还不完全协调一致，但现代女性已经逐步从繁重的家务劳动中解脱出来，从满足现实生活的基本需求转向对精神生活的追求，转向对生活质量的追求和对个性全面自由发展的追求。也就是说，只有将女性对物质生活与精神生活的追求相结合起来去发展，才能真正体现出女性体育生活方式的价值。

3. 女性体育生活方式的完善有赖于人类对社会发展规律的认识

女性体育生活方式的发展模式是为了满足女性自身发展而创造的一种手段，它的质量高低、内容结构、方法形式、数量配置是与女性自身生理、心理、社会心理及整个社会的发展规律和现状相适应的。由于女性个体与群体在社会中的复杂性与多变性，其体育生活方式的发展也会呈现多元化。如：中西方的差距、国内区域性的差异、社会群体中男女性别差异、女性群体内不同社会阶层的差异、不同单位、不同社区、不同家庭的女性之间的差异，甚至同一社会阶层中因年龄、教育背景、家庭结构、性格喜好之间产生的差异等。因此，只有把握并善于利用社会的发展规律，才有可能创造出更好的发展方式、方法和路径，才能更好地指导女性体育生活方式的发展。

（二）珠江三角洲城市职业女性体育生活方式路径

路径是指到达目的地的路线，或者比喻办事的门路或办法。女性体育生活方式的发展目的是一种期望和需要，没有一定的手段作为桥梁和条件就不可能将女性主观的体育需求变为客观现实性的体育活动。在此，珠江三角洲城市职业女性体育生活方式的路径从女性体育活动的组织与管理、设施与服务和机制三方面进行讨论。

1. 组织与管理的路径

在外国，如美国与日本，民众的体育活动基本是以社会主导、政府资助，以市场经济为导向的较为完善的社会服务体系，体育产业和体育消费的市场发展较为成熟。珠江三角洲女性体育生活方式的发展模式就是期望探索出一条符合我国国情的、有中国特色的发展道路和模式。

目前我国还必须集中国家的力量推动全民健身事业的开展，并带动我国体育事业的发展机制及相应的组织机构正常运行。“追求健康”作为我国的发展目标是政府下达的一项职责，也是社会给予我们的一种福利。这种“举国体制”是社会主义现代化建设过程中，计划经济向着市场经济转型的大背景下必然的产物，也是女性从被动参与到主动参与体育活动的必经之路。因此，我们还必须遵循政府倡导，以企业、社会民间组织和非营利组织为主体，以产业化为方向的组织管理模式，才能利用、争取更多的资源去发展和推动女性的体育生活方式。

2. 设施与服务的路径

设施与服务是女性参与体育生活的基本条件，在五次国家体育总局公布的全国体育场地普查数据中，珠江三角洲的体育场地和人均占有量均名列全国首位，即使是这样，体育场所还是很难满足女性的需求。我国的体育场所有近60%分布在各类学校，近10%分布在各类机关及企事业单位，几乎不面对社会开放。不对外经营和不追求利益的回报造成这部分场地的使用率并不高，即便遵循国家相关政策的要求在特定时间内面向社会开放，也会出现管理和服务不完善等问题。在第四章实证调查中我们发现，场地的不方便及社区的体育设施缺乏可以直接造成职业女性对体育运动丧失兴趣，也会成为没有时间去体育锻炼的理由，女性对场地设施的质量、距离的远近、条件、安全性的满意度也不高。

在传统的计划经济体制下，我国的群众体育是作为一项纯福利型的事业开展的。但随着社会主义市场经济体制的逐步建立与完善，群众体育也由原来的政府完全包办变为由政府和社会共同兴办，体育市场开始向着产业化、社会化发展，以满足不同层次、不同地域的人们的需求。市场决定出路，不同需求的女性，其体育生活方式需要不同的体育设施、产品和服务。因此，针对珠江三角洲不同社会阶层女性的特点及需求，遵循可持续发展的理论可采取两种服务体系：第一，为满足现代女性多元化的体育需求，除了大力发展公共体育设施与社区服务体系之外，还要配置具有一定消费能力、高质量的经营性体育场所，并依托市场的供需对其进行调节，以满足中高收入阶层女性的需要；第二，对以国家提供的公共场所设施为主，社区体育、单位体育场所为辅的低收入的女性群体给予一定的援助，鼓励这部分女性积极参与体育活动。

3. 机制的路径

机制的建立是一项艰巨而复杂的工程，它是靠体制和制度两方面支撑的体系，制度可以控制体制的运行，而体制能保障制度的落实，良好的运行机制才能产生发展的动力。女性体育生活方式的发展机制中各项体制和制度的制定、改革与完善并不是孤立的，也不可能通过简单的累加达到最佳效果，它需要外界环境与女性个体内因在不同层次、不同角度相互补充、相互呼应才能发挥出作用。人的生活方式是一个多元化的社会现象，是一个人价值观的综合反映，所以，女性体育生活方式的发展机制中应该特别重视女性个体的因素，否则制定的制度再健全、体制再完善，机制还是不能起到优化作用。

女性体育生活方式的机制，首先，必须明确政府的引导地位，必须强调在政府的推动下才能进行运转。前面提到，我国的体育事业是“举国体制”，是社会主义现代化进程中的必然阶段，所以，女性体育生活方式的建立必须依赖于党和政府相关制度与体制的不断出台与完善，并在制度下通过女性个体和社会大环境的相互作用对机制的效果进行反馈；其次，女性体育生活方式的机制不能脱离理论的指导，这些理论由于正确反映了女性在历史变迁、社会发展与女性生理、心理的基本规律，而具有普遍的适用价值和指导意义；女性体育生活方式的机制是符合女性特点的、具有中国特色的制度与体制的总和，是通过反复的实践高度概括产生的，除了整合自身的资源之外，我们还必须学习、移植、扬弃国外的经验和模式，才能具有前瞻性和可操作性；最后，社会是不断发展的，而生活方式更是随着社会的不断变化而变化着的。体育活动是人类在不断创新中才变得富有意义和价值，创新给予体育生活方式源源不断的生命。因此，通过创新的机制，在传统体育的基础上结合现代新兴体育，才能令女性体育生活方式得到永恒的动力。

（三）珠江三角洲城市职业女性体育生活方式发展模式的保障与支持

1. 女性体育经费

稳定的经费来源是女性体育事业发展的基础，根据目前女性体育经费的构成，女性体育生活方式的建立是在国家方针政策的支持下，由政府划拨与本单位体育事业专用经费为主，多种渠道赞助、募集为辅的模式。在各方面资金逐步畅通的情况下，逐渐增加女性体育事业经费，发展职工体育和社区体育，鼓励家庭体育的开展。此阶段，成立女性体育基金组织，专门用于推动和帮助女性参与体育活动，并资助针对女性参与体育活动的身心特点专门进行科研工作的部门，同时，对体育参与中弱势女性群体进行援助活动，最终达到女性体育事业专门经费建立的目标。

有资料显示：在31～40岁这一年龄段的职业女性，经常为孩子而感到焦虑的占69.5%，是所有年龄段比例最高的人群。她们生活忙碌而充实，不仅要关注孩子的发育和成长，要花费大量时间给予照顾，而且在事业上也日趋成熟，需要付出更多的努力去获取机遇。处在这个时期的职业女性更关注生活质量，花在孩子身上吃、用、玩的消费额度远远高于自己的消费，而且外出娱乐、旅游的支出以及余暇时间大大减少。

处于满巢1期的职业女性是自身健康的“分水岭”，35岁开始女性体内钙的丢失量大于摄入量从而易导致骨质疏松，并因为生活的压力出现“隐形更年期”和早衰症状。所以这个年龄段的女性除了补钙，还要多运动，并注意建立健康的生活方式。因此，根据满巢1期、满巢2期及单亲母亲的家庭状况，城市职业女性因为经费和时间等问题体育生活方式出现间断的现状，在市区政府的支持下，充分利用社区的绿地、设施、学校体育现有资源，提供专门经费，由街道社区体协与体育俱乐部共同组织开展多种形式的亲子或家庭休闲娱乐活动，以保障这部分职业女性体育生活方式的持续性。

2. 女性体育设施

完善、便利的体育设施是建立女性体育生活方式的硬件和物质基础，从现状分析来看，已经具备的单位、公共、社区设施条件，无论是从基础体育设施（健身路径、健身俱乐部、休闲中心）、单项体育设施（游泳池、羽毛球、网球场、乒乓球台等）、综合性体育设施（多功能体育馆、体育中心等）离目标都相距甚远。对影响珠江三角洲城市职业女性不参与体育活动的因素进行分析可知，其中对场地、设施、伙伴、运动技能的缺乏及对指导条件的不满意等外在因素多于健康状况、经济基础、缺乏自信等内在因素。同时，时间的缺乏是女性不愿参与体育活动的最大原因，显而易见，就近、便利、设施完善可以直接缓解女性锻炼时间短缺的现状。

目前，我国还是以政府投入为主、社会支持为辅、体彩公益金为补充的投入机制兴建公共体育设施，并积极引导社会各界出资兴建体育活动场所。据统计，我国目前的体育场馆和场地建设有80%以上都是依赖于政府或单位的名义才能完成的，而在欧美等发达国家政府与民间筹集的资金投入建设场馆的比例为1∶1。只有在这些设施逐步完善的基础上，才有可能在综合体育设施中设立女性健身专区，并针对女性心理和生理特点设立单项体育设施。

处在空巢期的职业女性，面临着重新寻找生活的重心、整合属于自己的生活模式的现状，她们会对集体性的旅游、健身、文娱活动等交流活动特别渴求。另外，我国目前有一亿两千万更年期女性，她们的健康已经成为社会关注和构建“和谐社会”的一大课题。同时，处在满巢1期与2期的女性也面临锻炼时间、场所短缺的问题。因此，单位与社区应“以人为本”，作为对职业女性的一种福利，完善已经具备的体育设施或定期为这部分女性租赁健身场地，并在政府相关政策的支持下，利用“三八妇女节”“母亲节”“教师节”“护士节”等节日，定期组织开展单位、系统、社区内的各种比赛、活动和表演，起到以赛促练、以练促学的作用。

3. 女性体育专业服务

如果说在建立女性体育生活方式过程中设施是硬件基础，那么专业的服务就是软件基础，两者均是发展的重点。在对珠江三角洲城市职业女性与男性闲暇时间对比及女性不愿意参与体育活动的原因中看到，时间的缺乏是造成女性体育参与程度降低最主要的原因。因此，完善的体育专业服务体系可以减缓女性在体育锻炼与照顾家庭之间的矛盾。只有单位、公共、社区体育设施建设的逐步完善，才能不断提高符合女性身心所需的体育专业服务水平，逐步完善女性体育生活方式的服务体系。

女性体育专业服务可分为以下几个步骤：第一，企事业、机关单位与社区可定期尝试无偿或有偿的和科研机构、医疗部门及高等院校合作，为喜欢追求时尚的职业女性开设科普知识、体育时尚、体育项目潮流趋势和健身误区修正等讲座，为女性提供运动处方、康复指导等项目，同时，还可以组织趣味运动会、家庭运动会、各种单项比赛等，吸引女性参与体育锻炼，初步建立体育生活方式；第二，建立本单位、本行业、本系统和本社区内部的网络体育教育课堂，传播体育信息、传授运动技巧、开设单项（瑜伽、舞蹈、健身操、健身气功等）网络教学，同时也可以达到更新健身知识、提升体育鉴赏能力的作用；第三，社区内增设妇女体育指导站、女性健康咨询中心、女性健身指导站、文体活动站等网点，定期提供专业的体育指导员进行辅导，扩大社区内女性的体育人口数量，并进一步提高服务质量。

现代体育人文的核心内容崇尚的是“以人为本，健康第一”的宗旨，培养国人为国争光的爱国精神、艰苦奋斗的奉献精神、精益求精的敬业精神、勇攀高峰的创新精神、团结协作的团队精神，以及和平、友谊、进步的体育价值观，这些理念对逐渐成长中的孩子都是一笔可终生享用的精神财富。随着我国奥运会的成功举办，珠江三角洲还将举办亚运会和世界大学生运动会。因此，结合主办单位当地的自然、人文景观，以及各类高等教育学府和不断完善的比赛场馆设施丰厚的资源，单位和社区可以组织符合各种家庭口味的“体育教育旅游套餐”，并出台相关旅游优惠政策倾向有学龄前幼儿的职业女性家庭，努力提高服务质量，这无疑也可以带动女性乃至整个家庭参与体育活动。

4. 女性体育专业人才

在女性体育管理、体育科研、体育指导专业的人才中，女性体育管理人才应采用选拔、任命、晋升等运作机制，而并非采用简单的任命制。由于主观因素和客观因素较多，因此，作为系统工程必须长期加强对女性体育管理的人才培训和监管。体育科研人才的培养任务主要在科研机构和高校，可以尝试针对女性心理和生理多增设些相关课程的设置和研究机构，这样才能为社会提供所需要的专业人才。体育指导专业人才是单位和社区帮助女性建立体育生活方式的重点，由于社区体育指导员的培训、审批权都在区以上机构，单位和社区应该主动挑选、报送，并在给予进修、审批、岗位津贴等方面的支持，最后还要跟踪落实，是否专门指导女性群体，帮助她们增加参与体育活动的积极性。

单身和新婚期的职业女性是个庞大的体育消费群体，这个时期的职业女性在实物性体育消费、活动性体育消费和观赏性体育消费众都有较高比例，对体育服装、户外用品、体育器材的消费也较超前，在单位、社区参与体育活动的积极性也很强。如果及时给予指导，将减少她们在即将到来的育龄期中出现体育生活方式中断的状况，对她们树立终生接受体育教育的理念有极大的推动作用。

5. 女性体育制度

只有在健全的法治下建立女性体育制度的保障系统，也就是说必须在立法、执法和司法环节中通过修订和完善，才能保证中国妇女体育的健康发展。因此，各单位和社区首先应该依据现有的《中华人民共和国体育法》《全民健身实施计划》《全民健身条例》《公共文化体育设施条例》《关于加强城市社区体育工作的意见》《广东省妇女发展纲要》《广东省经营性体育健身场所管理办法》《广州市全民健身条例》等进行制度化管理。对参与体育活动的弱势群体采取激励和援助制度，以调动女性参与体育锻炼的积极性，特别是处于满巢 1 期和 2 期的中青年职业女性，以专业的项目进行指导、优惠的服务吸引她们的参与。

与教育部门联合制定相关政策，逐步使学校体育设施向社会开放，让体育设施资源得到共享；另外，要令基层体育组织建设得到加强，县级以上各级行政区域不仅要建立完整的体育行政管理机构，还要建立省、市、县三级体育总会；要大力利用各级妇联、女企业家协会和各行业妇女分会等行政组织，还要发展地方体协、项目体协、行业体协和其他群众体育组织，广泛建立起妇女体育指导、咨询中心、健身指导站、文体活动站等机构。在组织形式上要利用各省各地区的资源，调动各方面的积极性，做到立体化、多样化，除了行政组织形式外，女性也要以单位、家庭、社区等自发的组织形式多渠道参与体育活动。

第九章　美学角度下不同职业女性健身行为分析

第一节　北京市不同职业女性健身的特点

一、北京市不同职业女性的健身项目

目前，人们的体育健身项目繁多，主要包括羽毛球、乒乓球、篮球、排球、足球、游泳、健身操、健美操、网球、保龄球、台球、高尔夫球、交谊舞、棋牌类、溜冰、武术、跆拳道、户外运动、跑步等健身项目。在我国大力推进全民健身的今天，人们对健身意识的不断深化，一些锻炼者和研究者已经革新和创编了许多新的健身内容，体育总局也曾组织专家，对健身内容进行收集整理，推陈出新，健身项目日益丰富，更加科学化、系统化。从调查统计结果发现，北京市女性喜欢参加的健身项目依次为健身操和健美操占 31.18%、羽毛球占 30.2%、户外运动占 26.24%、游泳占 22.38%、跑步占 20.84%、网球占 7.68%、交际舞占 6.86%、乒乓球占 6.22%、棋牌类占 6.86%、台球占 4.36%、保龄球占 3.82%、高尔夫球占 3.72%、溜冰占 3.26%、篮球、排球、足球占 2.1%、武术或跆拳道占 1.26%。由此发现，健身操和健美操深受北京市女性的喜爱，它是在音乐的伴奏下，以身体练习为锻炼手段，以有氧运动为基础，增进女性健康、塑造优美形体等为目的的健身项目。健身操和健美操是近年来新兴的健身项目，其特点符合女性的健身需求，现已具有一定的群众基础；羽毛球项目不受时间、地点以及经济条件的影响，可以随时进行健身运动，因此也受到北京市女性的喜爱。随着我国全民健身运动的开展，户外健身运动设施更加完备，越来越多的女性参与其中，参加人数也在逐年增加。同时游泳、跑步、网球、交谊舞等项目也受到人们的喜爱，形成了一定的群众基础。在这些健身项目中，羽毛球、跑步等项目在不同职业女性中分布比较均衡，没有表现出显著的差异，说明这种大众化的健身项目，灵活、方便、普及面广等特点深受北京市不同职业女性的欢迎。而对于篮球、排球、足球这类运动量大、比较激烈的集体项目，在不同职业女性中的选择比例均很低，也不存在显著差异。除此之外，由于不用职业女性的经济支付能力及兴趣爱好的不同，对健身项目的选择存在差异。高尔夫为尊贵、高雅、时尚的健身项目，是典型的贵族项目，必须要有一定的经济基础作为保证，因此国家机关、党群组织、企业、事业单位负责人的选择比例较大，占 15.8%，其次是专业技术人员占 1.8%，其他职业均没有选择。对于健身操和健

美操、交谊舞、游泳等以健身、娱乐、休闲为一体的健身项目，但受到消费场所的限制，职位高的女性选择比例明显高于职位低的女性；而对于棋牌、溜冰、台球这些花钱不多又具有趣味性的健身项目，职位低的女性选择比例大于职位高的女性。

通过调查可知，北京市不同职业女性在游泳、健身操和健美操、网球、高尔夫球、棋牌类、溜冰、户外运动健身项目的选择上存在非常显著的差异，在乒乓球、保龄球、交谊舞健身项目选择上存在显著差异，说明不同职业对女性健身项目的选择有很大影响。

二、北京市不同职业女性的健身动机

动机是推动一个人进行活动的心理动因和内在动力，能够维持人的活动，并使活动导向一定的目标，以满足个人的需要。人们带着不同的心理需要投身于健身运动当中，使参加健身运动的动机具有不同的指向、不同的层次、不同的深度和广度。通过调查显示，北京市不同职业女性的健身动机呈现多元化的发展趋势，主要健身动机是“为强身健体而锻炼”“为消遣和娱乐身心而锻炼”“为增加社会交往而锻炼”，其占比分别为53.34%、38.42%、12.6%，说明北京市女性健身心态趋向成熟与稳定，在重视强身健体的同时也开始为消遣、娱乐身心以及社会交往而锻炼。对北京市不同职业女性健身动机进行对比后发现，“为了强身健体而锻炼”是不同职业女性主要的健身动机，并且随着职位的升高有明显的增长趋势，选择比例从高到低依次为国家机关、党群组织、企业、事业单位负责人占73.7%、专业技术人员占66.7%、办事人员占54.2%、商业服务人员占40.2%、工人占31.9%。专业技术人员、办事人员“为了消遣和娱乐身心而锻炼”的健身动机表现比较明显，选择比例依次为61.4%、54.2%，其次是国家机关、党群组织、企业、事业单位负责人占31.6%、商业服务人员占26.8%、工人占18.1%。国家机关、党群组织、企业、事业单位负责人也有相当比例的人抱着“为了磨炼意志而锻炼”的健身动机，所占比例为21.1%；“为了社会交往而锻炼”的健身动机在国家机关、党群组织、企业、事业单位负责人、办事人员和专业技术人员中表现比较明显，所占比例分别为21.1%、16.7%、15.8%；而“为了丰富审美经验而锻炼”的健身动机各职业女性选择比例均很低，没有明显差异。

通过分析可知，北京市不同职业女性总体“为了强身健体而锻炼”“为了消遣和娱乐身心而锻炼”的健身动机存在非常显著的差异，“为了社会交往而锻炼”“为了磨炼意志而锻炼”的健身动机存在显著差异，说明职业的不同对女性健身动机有显著影响。

三、北京市不同职业女性的健身频度

健身频度指人们参加体育健身运动的次数，是健身运动的重要特征之一。健身频度影响着健身运动所达到的效果，居民是否拥有可以支配的时间以及可支配时间的长短影响着健身运动的频度。职业属性的差别导致闲暇时间占有的不均衡，因此不同职业女性的健身频度也会存在差异。本文主要从健身时间段、健身次数两个方面探讨不同职业女性的健身频度差别。

调查结果显示，从总体来看，北京市女性健身时间大多没有什么规律者占26.2%，一部分女性选择利用周末和节假日者占比为14.5%、每周固定几天者占比为11.4%；只有小部分女性每天健身者占比为6.6%。北京市女性健身时间的选择区别不大，各职业女性之间并没有存在显著差异；同时，北京市不同职业女性体育健身时间段的选择不存在显著差异，说明不同职业对女性健身时间的选择没有显著影响。

调查数据统计结果显示：从总体来看，北京市有24.5%的女性月均参加健身运动的次数为1～3次，有19.24%的女性为4～7次，有9.62%的女性在8～12次，还有5.5%的女性在13次以上，表明北京市女性参加健身运动的次数还有较大的增长空间。从职业分布来看国家机关、党群组织、企业、事业单位负责人，都有26.3%的人月健身次数在4～7次，即平均每周1～2次，15.8%的人在8～12次，即平均每周2～3次；他们当中还有15.8%的人平均每月在13次以上，即平均每周健身在3次以上；专业技术人员28.1%的女性每月健身次数在8～12次，14%的女性在13次以上，每月健身次数较高；办事人员、商业服务人员、工人大部分每月健身次数集中在1～3次，占比分别为37.5%、29.9%、17%，其次是4～7次，每月能够健身13次以上的女性最少，占比分别为4.2%、1.0%、3.2%。因此，女性职业地位与健身次数大致呈现职位升高，健身次数也随之增加的趋势。

通过分析可知，北京市不同职业女性健身频度存在显著的差异，说明不同职业女性对健身次数的选择有显著影响。

四、北京市不同职业女性的健身持续性

经常参加健身运动，健身效果才会明显、持久。虽然短时间的锻炼也能对身体机能产生一定的影响——提高人体免疫能力，增强人体的抗疾病能力。但一旦停止健身运动，这些良好的作用和影响都将会很快消失。因此锻炼者应持之以恒，不间断地进行健身运动。调查结果显示：从总体看，北京市女性有3.45%的人坚持健身运动1周；有8.97%的女性坚持健身运动2周至1个月；有10.34%的女性能坚持在2～3个月，有11.03%的女性在4个月至半年；有24.14%的女性健身持续时间在1年以上。这表明北京市女性健身的持续时间比较乐观，但仍然存在上升空间。从不同职业的角度分析，国家机关、党群组织、企业、事业单位负责人占63.2%有超过一半的女性坚持健身在1年以上；10.5%的女性坚持健身在4个月至半年；专业技术人员与办事人员分别有38.6%和33.3%的女性坚持健身在1年以上，两者相差不大；商业服务人员有19.6%的女性坚持健身在一年以上，有18.6%的女性在4个月至半年之间，还有一小部分在3个月以下；工人坚持健身在2两周至1个月的女性比较多占11.8%，说明工人的健身意识薄弱，以及其工作性质主要以体力劳动为主，其健身需求小及体力有限，因此坚持的健身时间相对较短。通过分析可知，北京市不同职业女性健身持续性

存在显著差异，说明职业不同对健身持续性有显著影响。

第二节　北京市不同职业女性体育消费现状分析

一、北京市不同职业女性体育消费水平

体育消费水平是指居民消费所能达到并能维持的一种状态，是以货币购买力表示的人均体育消费资料和劳务的数量，它直接反映了居民体育消费状况。一定数量的体育消费支出，是人们进行体育消费行为的前提条件，也是体育消费行为存在和发展的前提和保证，还是体育消费市场得以发展壮大的社会物质基础。本调查的体育消费总支出包括实物型体育消费支出、参与型体育消费支出、观赏型体育消费支出三大类。体育消费支出的多少和支出结构的复杂程度都能反映出职位的不同。一般认为职位越高，体育消费支出越多。

（一）体育消费总支出

据调查显示，北京市女性体育消费人均月总支出达到 589 元。对其职业进行比较后发现，国家机关、党群组织、企业、事业单位负责人的支出为 3063.2 元，遥遥领先；专业技术人员的支出为 746.1 元、办事人员的支出为 589.6 元，商业、服务业人员的支出为 482.2 元大致相当；而产业工人的支出为 96.4 元，则处于体育消费支出最低水平。最高支出与最低支出相差 2966.8 元，差异巨大。从分析的结果看，不同职业女性总体体育消费总支出均值差异显著。由此可知，不同职业对北京市女性体育消费支出有显著影响。

（二）实物型体育消费支出

实物型体育消费主要包括运动服装、运动器材、运动护具、体育出版物、体育纪念品、体育彩票、户外休闲运动装备以及运动食品和饮料等。实物型体育消费是女性体育消费的主要组成部分，是进行体育运动最基本的物质条件，是衡量体育消费水平的重要指标。一般而言，实物型体育消费与体育运动有关，越积极参加体育运动，对体育用品的需要越多。尽管在功能上体育产品与同类生活用品具有一定的替代性，但是女性购买体育用品的主要目的还是为了参与体育运动。本调查显示，北京市女性实物型体育消费支出人均达到 339 元，不同职业之间存在较大差异。高出均值的职业依次为国家机关、党群组织、企业、事业单位负责人为 1589.5 元，专业技术人员为 405.4 元，办事人员和相关人员为 370.8 元；低于均值的职业依次为商业服务业人员为 308.1 元，工人为 69.7 元。最高的国家机关、党群组织、企业、事业单位负责人支出额与最低的工人支出额相差 1519.8 元，差别显著。从卡方检验分析的结果看，各职业总体实物型体育消费支出均值差异达到显著性水平。由此可知，不同职业对女性实物型体育消费支出有显著影响。

（三）参与型体育消费支出

参与型体育消费是指人们用货币购买参加体育活动的权利、享受相应服务的消

费行为，如缴费参加某一运动项目的培训班，接受专业知识和技术的培训；购买会员卡成为健身俱乐部的会员，定期或不定期地接受健身俱乐部提供的各种服务；或者去高尔夫球场、保龄球馆、台球厅进行娱乐消遣等。参与型体育消费市场是体育的核心产业之一，其发展水平反映了某个地区体育产业的发展水平。目前北京市参与型体育消费市场已经非常成熟，其体育健身娱乐企业数量呈上升趋势，体育经营项目也逐步时尚化、多样化，并且造就了中体倍力、青鸟、浩沙等健身俱乐部的知名品牌。本文调查数据显示，北京市女性参与型体育消费支出平均达到 222.8 元，不同职业之间存在较大差异。高出平均值的职业有国家机关、党群组织、企业、事业单位负责人为 1247.4 元，专业技术人员为 303.9 元；低于平均值的职业从高到低依次为办事人员为 191.7 元、商业服务业人员为 172.2 元，工人 26.7 元。最高的国家机关、党群组织、企业、事业单位负责人支出额与最低的工人支出额相差 1220.7 元，差别显著。从调查结果分析看，不同职业女性参与型体育消费支出均值差异达到显著水平。由此可知，不同职业对女性参与型体育消费支出有显著影响。

（四）观赏型体育消费支出

观赏型体育消费是指人们用货币购买各种门票或者入场券，以观赏达到视觉神经满足和精神愉悦目的的各种消费行为。如观看各种体育表演、体育赛事以及各种与体育相关的展览、影视录像等。在美国，每年均有 1200 余种体育比赛，仅门票收入就高达 30 多亿美元，如果加上各场比赛的赞助费用、广告收入以及电视转播费用等，其数额将会翻倍。北京市的体育竞赛表演市场已经比较成熟。近年来，北京市体育竞赛、表演市场日趋繁荣，各类赛事不断，除了政府举办的大型综合性赛事和单项赛事外，许多商业性赛事也不断涌现，如北京“中国网球公开赛”、2011 年意大利超级杯足球赛等，都创造了上座率的奇迹。但其中适合女性观赏的赛事并不多，导致北京市女性观赏型体育消费的比例不大。本次调查结果表明，北京市女性观赏型体育消费人均月支出仅有 27.268 元。从不同职业比较来看，国家机关、党群组织、企业、事业单位负责人为 226.3 元远远超出其他职业；专业技术人员为 36.8 元、办事人员为 27.1 元大致相当，而商业服务业人员为 9.2 元，工人为 2.6 元，落后于其他职业。最高支出与最低支出相差 223.7 元，差别显著。从卡方检验分析的结果看，职业不同对女性观赏型体育消费支出有显著影响。

二、北京市不同职业女性体育消费结构

体育消费结构是指人们在体育消费过程中多种消费资料和劳务的构成和的比例关系，它是反映居民体育消费内在构成合理化程度以及质量变化状况的重要标志。西方行为心理学家马斯洛强调，人们对不同层次的需求是不同的，而且是有序的，即人们首先要求满足较低层次的需要，在较低层次的需要得到满足后，较高层次的需要才能得到强化。马斯洛的需要层次理论运用于体育消费结构分析，其启发意义在于随着女性需求层次的上升，女性的消费结构有层次的变化，女性体育消费结构也有同样的变化，表现为参与型体育消费与观赏型体育消费支出比例提高，实物型

体育消费支出的比例逐渐降低，消费形式也将进一步多样化。如，美国早在1988年体育劳务收入占当年体育产业总值的55%，实物型体育消费占体育产业总值的45%；德国1990年体育健身服务消费达到62%，而实物型体育消费仅占38%。那么现阶段北京市女性各类体育消费支出呈现怎样的比例关系，各职业之间究竟是否存在差异呢？本调查结果表明，北京市女性实物型体育消费支出、参与型体育消费支出、观赏型体育消费支出分别占体育消费总支出的57.5%、37.9%、4.6%，这一比例与发达国家仍存在一定差距。对职业进行比较分析发现，实物型体育消费支出最高的工人为72.3%，最低的为国家机关、党群组织、企业、事业单位负责人51.9%，其他职业介于两者之间。由高到低依次为商业服务业人员为63.9%、办事人员为62.9%、专业技术人员为54.3%；参与型体育消费支出最高为国家机关、党群组织、企业、事业单位负责人和专业技术人员都是40.7%，最低工人为27.7%，而办事人员为32.5%、商业服务人员为27.7%都低于均值；各职业女性观赏型体育消费占体育消费总支出的比例介于7.4%（国家机关、党群组织、企业、事业单位负责人）和1.9%（商业服务人员）之间，没有表现出明显差异。

三、北京市不同职业女性的体育消费态度

早期，对于态度的定义是指对某一刺激所持有的赞同或反对的情感程度。对于消费而言，只有消费者认为喜欢的东西，才有可能购买，而表示不喜欢的产品或服务，购买的可能性很低。体育消费态度是指个体对体育消费活动所持有的认知评价、情感体验和行为意向的综合表现。在一定程度上，态度就是行为的预测器，要预测和了解体育消费行为最需要了解的就是体育消费态度。那么不同职业女性的体育消费态度是否存在差异？本研究设计了两条表明体育消费态度的语句，组成了一个体育消费态度量表进行调查。按五级记分法，每个人的得分应该在2～10分，得分越高，体育消费态度越积极，得分越低，体育消费态度越消极。

将各职业体育消费态度对比后发现，不同职业女性的体育消费态度存在差异。各职业体育消费态度总分均值为7.57分，超过总分均值的职业从高到低依次为国家机关、党群组织、企业、事业单位负责人为8.12分，专业技术人员为8.10分，办事人员为7.75分，说明他们的体育消费态度比较积极，而商业服务人员为7.42分、工人为6.45分明显低于总分均值，说明他们的体育消费态度比较消极，其中最为消极的职业是工人。由此发现随着职位的升高，北京市女性体育消费态度的分值呈上升趋势。

从分析的结果看，各职业总体体育消费态度存在显著性差异，由此看出，不同职业对体育消费态度有显著影响。

四、北京市不同职业女性体育消费的目的

目的是任何实践活动从一开始就必定包含着改造客观现实的主观“要求”，这种主观“要求”是作为实践所要取得的结果预先存在于人们观念之中的，是一种内在

的驱动力量，是一种基于需要而由各种刺激引起的心理冲动。体育消费目的是指推动体育消费者从事各种体育消费活动，以满足对体育消费需要的意图和愿望等。消费者通过体育消费，不仅能够满足健身健美、强身健体的需要，同时还能达到追求时尚、调节情绪、学习运动技术知识、消遣娱乐、发展兴趣爱好、提高精神素养、培养意志品质、增加社会交往、体现个人身份等心理和社会需要的目的，从而形成了体育消费的复杂目的。那么不同职业女性的体育消费目的是否存在差异？调查结果显示，从整体来看，北京市女性体育消费目的呈现多元化的发展趋势，主要目的是为了健身健美占比为38.49%、调节情绪占比为19.93%、消遣娱乐占比为19.93%和发展兴趣爱好占比为14.48%，从中可见当代女性身体美的观念对女性体育消费的影响。

随着女性职位的升高，体育消费目的表现出更高的层次。对不同职业女性进行对比后发现，国家机关、党群组织、企业、事业单位负责人中以健身、健美为目的的女性最多为78.9%，其次是专业技术人员为56.1%、办事人员为54.2%、商业服务业人员为33.0%、工人为21.3%，由此可以看出职位高的女性比职位低的女性更加重视健身健美。国家机关、党群组织、企业、事业单位负责人选择“提高精神修养”目的的比例较高，为36.8%，然后依次为办事人员为20.8%，专业技术人员为15.8%，商业服务业人员为10.3%，工人则没有选择该项目的，由此看出职业地位高的女性不仅重视健身健美，而且提高精神修养也是其健身的主要目的，随着职位的升高而上升；办事人员有16.7%，国家机关、党群组织、企业、事业单位负责人有15.8%、专业技术人员有10.5%选择“学习运动知识技术”动机的比例相对较高，商业服务人员、工人相对较低，由此可见，职位高的女性比职位低的女性相比之下更加重视学习运动技术；不同职业女性都有以“社会交往”为目的的，最为强烈的是办事人员占33.3%和国家机关、党群组织、企业事业、单位负责人占31.6%，其余职业专业技术人员占12.3%、商业服务业人士占7.2%相对较弱，而工人最低只有1.1%的女性选择此项。除了国家机关、党群组织、企业、事业单位负责人有15.8%、专业技术人员有1.8%，其他职业女性都没有以“体现个人身份”目的的。

通过分析可知，北京市不同职业女性总体的以“健身健美”“治疗疾病”“追求时尚”“提高精神素养”“培养意志品质”“增加社会交往”“体现个人身份”为体育消费目的存在非常显著的差异，“发展兴趣爱好”体育消费目的存在显著性差异，说明不同职业对女性选择体育消费目的有其显著的影响。

五、北京市不同职业女性体育消费满意度

（一）体育消费的评价依据

消费者行为学研究表明，评价对一种产品或服务是主要依据三个特征：一是依据可寻找特征，即消费者在购买前就能了解该产品或服务的特征，如价格、设备设施状况等；二是依据经验特征，即那些在购买前不能了解或评估的产品或服务的特

征，而在购买后通过使用该产品或服务才可以体会到的特征，如产品的质量、服务的成效等；三是依据可信任特征，即消费者购买、享用后很难做出评价，只能够相信销售服务人员的介绍。比如技术性、专业性的服务，如汽车维修、保健等都具有这类特征。在市场经济条件下，价格是最敏感的因素之一，它最能影响消费者的购买心理和行为。消费者在消费决策过程中，经常将价格和消费产品或服务的总体感觉进行比较，检验是否对消费产品或服务得到预期效果，并在此基础上决定其最终的满意度。体育消费的评价也不例外，依据以上三个特征，体育消费评价的主要依据有价格、质量、项目吸引力、设备设施状况、服务态度等。

综上所述，对体育消费进行评价需要以消费者的预期为标准，如果提供的体育消费达到或超过消费者的预期水平，那么消费者感到满意，体育消费评价则高；如果未能达到预期的水平，消费者则不满意，体育消费评价则低，甚至消费者将很难再继续坚持参与体育消费，这也是体育消费者容易流失的原因。提高体育消费满意度，提供更优质的产品和服务是体育生产和经营企业势在必行的。同时，体育消费者自身具备的综合素质以及消费层次，将直接影响对体育消费的评价。因此，对体育消费的评价会受到不同职业的影响。

（二）北京市不同职业女性体育消费满意度现状

基于前面提到的体育消费评价标准可以看出，提高消费者满意度，使消费者能够继续坚持体育消费，是体育经营企业必须做到的。调查结果显示，不同职业女性体育消费满意度比较高，“满意”占 45.8%明显超过“不满意”占 13.6%的比例。另外，对不同职业女性进行比较发现，国家机关、党群组织、企业、事业单位负责人、专业技术人员的满意度超过了 50%，满意程度从高到低依次为国家机关、党群组织、企业、事业单位负责人 73.7%、专业技术人员 64.9%、商业服务业人员为 41.2%、办事人员为 37.5%、工人为 11.7%，由此可以看出，随着女性职业地位的升高，体育消费满意程度也在逐步提高。

通过分析可知，北京市不同职业女性总体在体育消费满意度上存在非常显著的差异，说明不同职业对女性体育消费满意程度有显著影响。

（三）北京市不同职业女性体育消费不满意的原因

对不满意的原因进行调查发现，“项目缺乏吸引力”是北京市女性对体育消费不满意的主要原因占 10.4%，其次是“价格和质量不符”占 9.5%。由此可见大部分女性对体育消费要求较高，主要表现在项目设置要求更加丰富、新颖，尤其是与体育消费价格进行对比后，对体育消费质量满意程度不高。对职业进行对比发现，工人占 13.8%、商业服务人员占 7.2%，认为“价格高”是制约体育消费的主要原因，这主要与该职业女性的支付能力比较低有关系。国家机关、党群组织、企业、事业单位负责人，专业技术人员，办事人员认为“服务态度差、效率低”“质量差”“设备设施和环境氛围”是体育消费不满意的原因，说明这些职业女性对体育消费拥有一定的支付能力，因此对体育消费的要求也较高，主要体现在对服务态度、效率和体育消费质量、环境方面的要求。而商业服务人员、工人对此没有过高要求，因此对上述三项没有进行选择。

通过分析可知，北京市不同职业女性总体对“设施设备不完备、不舒适”“质量太差”“服务态度差、效率低”这三项不满意存在非常显著的差异，而对“价格高”“项目缺乏吸引力”，这两项不满意存在显著的差异，不同职业对女性体育消费不满意原因有显著影响。

第三节 美学视角下北京市不同职业女性体育健身现状分析

随着我国经济的发展，生活质量的提高，求乐、求美、求健康已经成为人们的需求，为了满足需要，人们将自觉进行体育消费与健身行为。体育作为最积极、健康、文明的休闲方式已经成为人们新的社会时尚与追求，这种运动化的生活方式将带给人们更加健康、积极的生活。然而，众所周知要想进行体育消费与健身行为必须满足以下几个基本的前提条件：第一，有正确的体育价值观；第二，有较高的经济收入；第三，有充裕的闲暇时间；第四，有方便的体育消费场所。只有满足了以上 4 个前提条件，才有体育消费与健身的可能性。在调查的不同职业女性中，67％的女性没有体育消费支出；有 21.1％～60.6％的女性没有进行健身行为。那么究竟是什么因素制约了不同职业女性的体育消费行为与健身行为？了解不同职业女性体育消费与健身行为的制约因素，有利于有针对性地制定体育消费政策和不同职业女性的健身对策。

由于存在职业、收入水平、文化层次等诸多因素的差异，不同职业女性的体育消费行为与健身行为的制约因素呈现出多样性和复杂性。调查统计结果表明，制约北京市女性体育消费行为的因素按照制约程度的大小依次排序为：没有时间占 22％，经济条件不允许占 21％，不感兴趣占 16.8％，消费价位高占 8.6％，消费地点远排在第五位占 4.1％，缺乏信息占 17％、消费环境差影响最小占 1.4％；制约北京市女性健身行为的因素按照制约程度依次为没有时间占 29.2％，健身地点远与不感兴趣各占 14.1％、经济条件不允许占 4.1％、健身消费价位高占 3.4％、健身环境差占 2.7％、缺乏信息占 2.1％。从中可以看出，虽然自 1995 年实行双休日以来，居民的闲暇时间有所增多，但是生活节奏也在不断加快，尤其是现代女性不仅面临着强大的工作压力、激烈的竞争，还要负担家中繁重的家务。

没有时间是制约北京市女性体育消费与健身行为最大共同的因素；经济条件不允许是制约体育消费的第二大因素；健身地点远和不感兴趣是制约健身行为的重要因素，说明北京市健身地点分布不够均衡，阻碍了健身行为的发展，并且女性的健身兴趣也有待进一步提高。

对不同职业女性体育消费行为的制约因素进行对比发现，除了专业技术人员的时间制约程度比较小外，其他职业女性均受到时间因素的强烈制约，严重程度依次为工人占30.9%，商业服务人员占24.7%，办事人员占20.8%，国家机关、党群组织、企业、事业单位负责人占10.5%。经济条件不允许因素，表现为女性职业地位越低，制约程度越大，影响最大的是工人占36.2%，既而依次排列为商业服务人员占21.6%、专业技术人员占8.8%、办事人员占4.2%，而国家机关、党群组织、企业、事业单位负责人则没有受其影响。兴趣来自于对消费意识的认同，随着女性职位的降低，对体育消费的兴趣也在降低。其中最不感兴趣的是工人占27.7%，其他依次为商业服务人员占14.4%，办事人员占12.5%，专业技术人员占8.8%，国家机关、党群组织、企业、事业单位负责人最少仅占5.3%；对消费环境的要求主要集中在国家机关、党群组织、企业、事业单位负责人占10.5%，其他职业都相对较少，商业服务人员与工人没有受到影响。随着女性职位的升高，对消费环境的要求也在提高。缺乏信息、消费价位高、消费地点远都没有存在显著的差异。

通过卡方检验可知，北京市不同职业女性体育消费行为制约因素中“经济条件不允许”“不感兴趣”“消费环境差”这三个因素存在非常显著的差异，“不感兴趣”因素存在显著的差异，说明不同职业对女性体育消费行为的制约因素有显著的影响。

对不同职业女性健身行为的制约因素进行对比发现，各职业都受到时间因素的强烈制约，制约程度依次为工人占43.6%、商业服务人员占35.1%、办事人员占16.7%、国家机关、党群组织、企业、事业单位负责人10.5%、专业技术人员7.0%。健身地点远是第二个重要制约因素，并且是制约各职业女性健身行为的普遍因素不存在显著差异。但健身兴趣在各职业女性中存在显著差异，随着职位的升高，女性对健身的兴趣也有所提高。我国全民健身运动的发展带动了社区体育的开展，户外健身设施的完善，使越来越多的女性开始享受免费的健身运动，因此经济条件不允许、健身消费价位高已经不再是北京市女性健身行为的主要制约因素。

通过分析可知，北京市不同职业女性健身行为制约因素中“没有时间”“不感兴趣”“健身环境差”因素存在非常显著的差异，说明不同职业对女性健身行为的制约因素有显著的影响。

第四节 促进不同职业女性体育健身行为的方略

一、健身行为促进分析

（一）不同职业女性体育消费水平、体育消费结构与健身项目的分析

从理论上分析，体育消费水平、体育消费结构对健身项目有重要影响。从前文对北京市不同职业女性体育消费结构的分析发现，随着女性职位的升高，参与型体育消费、观赏性体育消费比重增大，体育消费水平较高。然而，体育消费水平较高，体育健身水平自然有所提高，可以选择尊贵、高雅、时尚的健身项目。

体育消费水平对体育健身项目中的“健身操、健美操”“游泳”“网球”的影响程度大于其他健身项目；体育健身项目中“溜冰”与体育消费水平成负相关，表示

体育消费水平越高，北京市女性对“溜冰”项目的选择越少。

（二）不同职业女性体育消费目的、体育消费态度与健身频度的分析

从理论上分析，体育消费目的及体育消费态度都对健身频度有一定影响。体育消费态度越积极，体育消费目的越明确，然而体育消费目的的确定，制定出符合目的的健身频度，使健身运动更能达到效果，更加科学。

（三）不同职业女性体育消费满意度与健身持续性的分析

从理论上分析，只有对体育消费感到满意产生一种幸福和愉悦感，才会刺激她们继续进行健身，如果产生不愉快的感受，那么就会影响她们进行下一次健身运动。

二、促进北京市不同职业女性体育消费健身行为的对策

（一）衡量不同职业女性体育消费水平，丰富健身项目

从相关分析看出，体育消费水平与“羽毛球”“乒乓球”“游泳”“健身操、健美操”“网球”“交谊舞”“户外运动”健身项目有相当显著的相关关系，这些健身项目受场地环境影响不大，普及性较高，均属于适合大众体育消费的健身项目。虽然现阶段适合大众体育消费层次的健身项目已具有一定的多样性，但仍需要进一步开发和拓展。以女性体育消费者为重点，以满足体育消费需要为出发点，积极拓展形式多样、内容丰富、时间灵活的健身项目，只有这样才能满足不同年龄、知识结构和审美趣味的女性消费者的需要，才能真正使更多的女性消费者参与到健身当中来，有效提高女性的健身人数，推动体育消费产业的蓬勃发展。因此，丰富适合大众体育消费层次的健身项目，不论是对全民健身的普及还是对提高体育消费水平、促进国民经济的持续发展都会起到不可忽视的作用。

（二）合理定位体育消费目的，提高北京市不同职业女性的健身频度

体育消费的目的是推动体育消费者从事各种体育消费活动，以满足其对体育消费需要的意图和愿望等。如果消费者没有明确的体育消费目的、意图与愿望，那么就算有再多的余暇时间和金钱，体育消费者的健身频度也不会提高。体育消费目的越明确、恒定时，不同职业女性的健身频度越稳定。女性的体育消费与健身行为是受意愿、观念等意识支配的，形成强烈的体育消费意识及明确的体育消费目的，其参与体育消费才能持久，健身频度才能稳定，即使有时条件差，也会创造条件去参加健身活动，保证其健身频度。现在，人们的健康需求、健身健美的需求也是不同职业女性参加体育健身活动最重要、最基本的目的。

各级政府部门应加大对“健身健美”“治疗疾病”“追求时尚”“调节情绪”“学习运动知识技术”等体育消费目的的宣传力度，通过广播、电视、网络等新媒体进行深入浅出的引导性宣传，使不同职业女性更加明确自己体育消费与健身的目的，在闲暇时间里能够做到有目的性的参加健身运动，激励不同职业女性的健身频度，认识到健身运动是人们在和谐社会快节奏、高效率工作压力下，保持健康和全面发展的重要支持力量。

（三）提高体育服务产品的功能引力，夯实不同职业女性健身的持续性

所谓商品引力就是某种商品对消费者的吸引力。吸引力大的商品，能够更好地满足消费者的需要，优化自己的利益。基于商品价值分析的思路，对消费者来说，商品引力主要由产品功能引力、营销功能引力、商品价格引力三个方面构成。而产品功能引力，是基本功能所提供的满足消费者特定需要的程度，表现为消费者对产品功能的满意程度，产品功能越强大消费者越满意，健身行为越持久。产品功能引力共包含两个方面，分别为产品的适用性和可靠性。产品的适用性就是强调产品的功能能够提供给消费者需要的满足，产品的性能能够符合消费者的要求，对消费者而言使用的产品才具备真正的吸引力；产品的可靠性，是指产品在规定的时间内，规定的条件下，实现规定功能的能力，包括产品使用的安全性、稳定性及性能的持久性等。可靠性高的产品，对消费者的吸引力就越大。

根据上文分析，体育消费的满意度与健身持续性具有相当显著的相关关系。因此夯实不同职业女性健身持续性，应该大大提高体育服务产品的功能引力，提高体育消费的满意程度。首先，应该提高体育服务产品的适用性，在认识女性体育消费行为、满足女性体育消费需要的前提下，针对女性的体育消费需求调整、规划、设计新的体育服务产品，提高现有体育服务产品的质量，提高服务人员的整体服务素质，树立良好的服务形象。其次，提高体育服务产品的可靠性，建立完善的售后服务体系。为女性消费者提供更多的售后服务保障，加强与女性体育消费者接触，调查体育消费满意度，进行信息反馈，满足女性体育消费者需求，提高质量评价水平，增加体育服务产品的功能引力，从而保证女性健身的持久性、稳定性。

（四）均衡不同职业女性体育消费结构，倡导经常参与健身活动

女性体育消费结构的构成是有规律的。一般而言，随着体育消费水平的提高，实物型体育消费支出的比例逐渐降低，参与型体育消费支出和观赏型体育消费支出比例随着提高。然而根据调查，北京市女性体育消费结构不合理，主要表现在女性对体育产品的消费远远大于参与型体育消费和观赏型体育消费，其消费比例很不协调。然而，参与型体育消费是体育消费的重要组成部分，也是我国体育产业化发展的必由之路。参与型体育消费与其他体育消费相比，其有比较稳定的市场需求和体育消费群体，并且与其他体育消费具有较大的关联程度。参与型体育消费为观赏型体育消费奠定了良好的群众基础，在一定程度上也会促进实物型体育消费需求的增长。因此只有加大参与型体育消费的发展力度，提高参与型体育消费水平，发挥其带头和辐射作用，促使体育消费结构的更加合理，最终带动体育消费与健身行为共同发展。

参与型体育消费最能够体现体育健身运动的本质功能，通过对参与型体育消费市场的开发，引导女性体育消费者参与到体育健身运动当中来。然而，参与性体育消费市场的开发，应该和目前女性体育消费者的兴趣爱好及实际体育消费能力相适应。大力开展青春美容健美健身市场，如以减肥、健美、形体训练为主要内容的体育健身、休闲、娱乐项目，使女性体育消费者增加健身兴趣，带动女性消费者参与健身运动，最终提高女性的体育消费与促进女性的健身行为。

（五）端正不同职业女性体育消费态度，激发健身兴趣

态度对任何人的生活都有影响，其影响个人对事物和事件的反应方式和判断方式。因此，人们的生活方式都受自己所持的态度所支配。态度是建立在人们获得资料基础上的，人们对同一事物的态度不同，至少有一部分原因是所获得信息和知识的不同。因此，了解态度特定目标的相关信念和知识在整个态度中起着非常重要的作用。

树立正确的体育消费态度，应该从体育消费与健身的认识方面入手，通过不同的体育媒体，宣传和引导女性体育消费者正确的体育消费观念和科学的健身方法，调动多种积极因素，强调阶段效益与长远效益相结合的理性消费观念，牢固树立以生理、心理和社会适应为基础的科学健身观和终身体育观，促使居民体育消费与健身行为的理性化与科学化，端正体育消费态度，转变消极的体育消费观念，使北京市不同职业女性更加认识和了解体育消费与健身的相关知识，建立正确的体育消费与健身意识，激发女性对健身的兴趣和热情。兴趣是指一个人趋向于认识和掌握某种事物，力求参与某项活动，并具有积极情绪的心理倾向。因此，消费者只有对体育消费与健身运动进行深入的了解，端正体育消费与健身态度，带动女性体育消费者对健身运动的喜爱，才能使不同职业女性对健身运动有持久稳固的兴趣。

（六）营造良好的体育消费环境，吸引不同职业女性直接参与健身

体育消费活动是在一定的环境中进行的，体育消费环境对消费的质量和效果具有很大的影响，良好的体育消费环境，会成为吸引体育消费者直接参与体育消费与健身的重要条件。体育消费环境是指在体育消费过程中，体育消费者直接感受和体验的外部条件。体育消费是在一个大的环境中进行的，本文主要从内部环境和外部环境两方面进行分析。首先，体育消费场所的周边环境对消费者的心理影响很大。然而，女性消费者从事体育消费活动时应选择交通便利，工作、生活方便以及具有舒适、温馨的装修氛围的体育消费地点或场所。因此，为吸引不同职业女性参与到健身当中来，首先，要营造良好的体育消费环境应该对体育消费场所进行科学的规划，结合居住社区人口规模选择地理位置优越、交通便利的地方建设体育消费场所及设施，并对室内、室外的设计进行细致的研究，努力营造一种清新、优雅、舒适、轻松的体育消费环境；其次，关于内部环境，不同的体育消费活动对内部环境的要求也有所不用，有些体育消费与健身内容适合安静的环境，避免干扰，使其能够精力集中，有些体育消费与健身内容，适合热烈的氛围使消费者能够受到感染。由于体育消费内容的不同，消费者对体育消费环境的需求有所不同，只有具体分析消费者的消费与健身动机，有针对性的营造内部环境，才能赢得消费者的满足，吸引女性参与到健身中来，提高不同职业女性的健身欲望，以带动整个体育消费与健身事业的发展。

第十章　美学角度下高校女大学生身体美课程的建设

第一节　女大学生身体消费现状及分析

一、女大学生身体消费基本状况

身体消费是指女性为维护自我的外表形象而进行的一系列消费活动，包括购买服饰、化妆品、进行美容整形和健身保养等活动。个人的身体静态外表包括个人的模样、体形、身材高矮、肤色、年纪、健康状况、穿着打扮、形象气质，等等。这里的身体消费基本状况仅是对静态外表的修饰过程，也就是说是对脸部、形体修饰的化妆品、美容美发、服装服饰等的消费情况。

（一）面部消费

在所有的外表构成中，人的脸是最关键性的部位。赛挪特认为，“脸是以各种不同的准确程度表明人的年龄、性别和种族，以及人们的健康和社会经济地位……脸还是个人美或丑的感知以及这些感知所意味着的自尊和生活机遇的主要决定因素。的确，脸是自我的象征，显示了自我的许多不同方面。不同于人体的其他部位，我们把脸认作我或你”。尽管脸的美丑是由先天决定的，但是人们也并不是不能对其有所作为。现代的整容手术、护肤品、化妆品和美容技术的进步，使得脸部的美丽在一定程度上是可以重塑的。人们在进行护肤、化妆、美容和整容等方面的身体消费时，潜意识里都在重塑着自我认同。为了维护形象资本，尤其是得到一张好看的、惹人喜欢的、有魅力的脸，至少是一张不令人讨厌的脸，对脸部的消费越来越受到广大女性的注重。

女大学生群体作为女性群体中无收入的特殊群体，她们都具有较高的文化素质，她们的世界丰富多彩，她们有自己的话语，自己的生活，自己的梦想，希望充分展现自我价值，获取人生的成就感。她们的思想不再像传统女性那样保守，她们的思想开放、思维活跃，能较快接受新的事物。虽然在经济上她们仍未完全独立，但随着我国生活水平的提高，在其父母及亲人的支持下，另外还有她们自己打工的收入，使得她们具有较强的购买力。

赛挪特认为，“对面部化妆具有两种功能：自我表现和自我创造”。“化妆就是认同”，有的学者认为，“化妆是介于服饰和整容之间的一种折中方式”。服饰可以修饰体型，但不能改变五官；整容虽可修正五官的缺陷，但毕竟代价太大，而化妆则可以视不同季节、不同环境、不同心情随心所欲地运用，因此化妆成为女大学生十分喜爱的修饰方法。对大部分的女大学生来说，化妆使她们更美，并因此使她们感觉更好。化妆及护肤品的使用使她们更具有自信和良好的心情。但更重要的是，护肤、化妆、美容和整容改善了她们的形象，增加了她们的形象资本，并可能在某种程度上影响她们的生活机遇。在女大学生群体中，大一大二低年级学生和大三大四高年级学生相比，有26.9%的低年级女生认为脸部消费可有可无，但高年级女大学生认可比例只有8.5%。高年级女大学生由于年龄较大、面临着找工作等情况，对形象资本的投入也越来越多，对面部消费也越来越重视。

（二）形体消费

人体形象资本除了脸部、身体的装饰物（服装、饰品）之外，对人体其他部位的修饰也十分重要。人的体形和健康直接影响到人的外表美和形象，人们在保健方面越来越受重视，各种维生素丸、补药、螺旋藻等营养品成为日常饮食之外的必备消费品。在女大学生的保健品消费中，有30.4%的学生有保健意识，由于保健品是在一定经济基础上才能购买的消费品，所以相对来说，在保健品花费上较少，其中月消费1～50元的占22.8%，月消费50～100元的占5.3%，月消费100～200元以上的占2.3%。

随着物质水平的提高，肥胖现象越来越严重，这显然不利于良好外形的塑造。为了控制体重和防止过胖，人们（尤其是女人）选择节食，使得厌食症成为女性的一种流行病。各种减肥药、减肥茶更是风行全国。作为辅助手段，体育锻炼也成为现代人塑造自我形象的重要手段，体育器材的消费也因此增加。

人体形象包括脸部、外表、形体在内的形象都成为反思性自我认同的一部分。在女大学生消费群体中，对于体形的要求更加严格，女大学生正值青春年华，爱美之心尤其强烈，她们把良好的外形作为一种强大的竞争力，努力按照社会的标准来要求自己，让自己更“苗条”些。有调查显示，有34.2%的女大学生在健身塑形方面进行消费，其中用于健身器械、健身房、减肥茶、减肥药等的花费在1～50元的占25.4%，50～100元的占6.7%，100～200元的占0.6%。总体来看，由于无收入和经济条件的限制，女大学生在健身塑形意识上虽已达到很高水平，但在实际生活中用于形体方面的消费尚处于较低水平。

良好的外表和形体是自我形象的资本，女大学生群体内部在塑造自我形象，寻求自我认同和社会认同的过程中出现某种差异。这种差异性体现在大一大二低年级女大学生的身体觉醒意识较低，不赞成“保持良好的外表和体形对女性的生活和工作很重要的”占9.7%，但大三大四的女生意识则较高，她们面临着找工作，接触到更多的社会人群，受到的社会影响较大，约有99%的女大学生认为保持良好的外表和体形对女性的生活和工作很重要。大三大四高年级中大四的女大学生比大三的女大学生更加倾向于赞同此种观点。

（三）服饰消费

张爱玲曾说，“个人住在个人的衣服里”。在消费社会中，作为外在的服装、服饰变成了形象，变成了符号，具有了某种象征意义。人们往往通过这些外在商品的消费来体现自身身份，通过身体消费来获得更多的自我认同和社会认同。

女性在服装、饰品方面的大量消费，建构了女性的美丽。在尚未经济独立的女大学生群体中，服饰的消费也很突出。正值妙龄的女大学生喜欢借助于服装和饰品来展示自己的个性、品味和独特的生活方式。因此，那些符合时尚潮流、富有个性的服饰会赢得她们的欢心，但是同一般人理解的所不同的是，女大学生购买服装、饰品时对价格品牌的关心度较低，她们最为关心的是适合自己，所以同大多的职业女性不同的是她们逛街的范围相当的广，而不是仅仅局限于专卖店与大型商场。女大学生的张扬个性、表达自我，并不是通过在学校的努力学习与自我肯定来达到自我完善，而是更多的通过各种强烈的身体体验来表现与实现自我，她们用自己的方法来追求社会认同的美丽。

女大学生在服装消费中实现着自我认同和群体认同。实际上，服装作为形象的符号象征具备两个方面的功能：一是，自我形象的认同意义，人们通过服装塑造自我形象，建构高品位、个性化的形象符号，正如克雷克所指出的，“服装是一种‘身体技术’，通过这种技术，一系列个人及社会观点得到表达”；二是，社会认同的符号意义，服装作为一种符号，代表的是人们的身份地位、职业状况、文化修养，体现出人们的社会关系和人际关系。”凡勃伦认为，“人们在服装上的花费，考虑更多的是如何使自己的外表更可敬，而不是遮体”。似乎服装的传统功用已被符号价值所取代，人们穿着服装便是在寻求社会认同。在凡勃伦看来，“服装是显示人的财富、闲暇和地位的媒介”。他认为在服装上的花费对比其他方法有一个很大好处，那就是我们的服装始终是一个证据，可以使看到我们的人一眼就看出我们的金钱地位。博格达列夫曾说，“通过注意他的服装，我们更容易确定它的穿着者的社会地位，他的文化水平以及他的趣味”。不同文化层次的人的服饰审美情趣不一样，着装风格也不一样，文化修养高的人不一定讲究服饰的华丽高贵，但格调比较高。所以，人们努力通过服饰打扮来获得社会认同，摆脱“俗气”的自我、得到大众的认可，获得良好的社会形象和人际关系。

二、女大学生消费行为影响因素分析

（一）自我身份认同

自我身份的认同感，也就是对自我的认知与肯定。在女大学生群体中，身体消费是否按照自身消费偏好的标准来实现，进行何种身体消费形式，这往往取决于自我身份的认同感。女大学生作为一个特殊的群体，既有蓬勃、向上的文化特征，又有展现自我、崇尚时尚的心理特征，同时又是一个没有独立经济能力的依赖群体。女大学生这一群体的独特性，必然影响其消费行为，使女大学生的身体消费成为继饮食消费之后支出最多的项目。女大学生们在面部修饰、外表妆饰和形体修饰的过程中，塑造着自信的自我，唤起个人优越感。女大学生的自我认同和社会认同意识越强，其服装、服饰、化妆品的支出费用越多，用于保健品和营养品的花费也越高。从相关系数来看，它们之间均成正相关关系，并且相关性成中等相关强度。换言之，女大学生的自我觉醒意识直接影响了女大学生身体消费水平，对自我认同度高的人，身体消费水平越高。正所谓观念决定态度，态度决定行为。

女大学生的身体消费来自于对自己身体（包括脸型、形体、气质等）的理解，对于镜中身体（女大学生如何通过他人来看到自己的形象）的理解。她们对自己的身体比较苛刻，会略微嫌自己“胖”或“丑”，但以嫌胖的居多。这种身体是相对于一种目光而存在的，这种目光或者来自女大学生自己或者来自他人。这种他人的目光可以是不可见的，但却是存在场的。女大学生对于自己身体的审视不可避免地受到了他人目光的干扰，是对于某种审视所做出的反应。女大学生渴望把自己的身体以最佳状态呈现在各种目光中，尤其是能够获得最重要的他者的肯定和赞扬。

（二）经济基础

女大学生的经济能力直接影响了女大学生是否有足够的能力进行身体消费的各个方面，即经济基础越好的大学生，越倾向身体消费。之所以出现上述相关性，是因为经济基础决定上层建筑，女大学生还没有完全脱离家庭对其的经济支持，家庭经济状况往往决定了其身体消费的构成与水平。如果家庭经济状况一般，身体消费方面的投入就会相对较少，较多的消费用于饮食消费上。在一定的经济基础上，父母对子女消费观念及消费习惯的影响大于其他人的影响，主要表现在两个方面：一是，家庭成员作为参照群体，在日常生活中的言传身教，孩子在潜移默化当中形成消费观念；二是，现实的家庭成员构成，个人社会化过程中，所接受的价值观和行为准则对其产生的影响。

（三）同辈群体

调查显示，女大学生身体消费在受同辈群体影响程度上同辈群体相对于经济条件和自我身份的认同较弱。这可能源于正在形成的消费观念，由于自我观念较强，而按照自身消费习惯和消费方式进行。但是不可避免的是同辈群体对女大学生身体消费也存在一定的影响。

大学生群体，因为具有较高的知识水平，相似的教育环境和社会环境、相似的兴趣爱好、相似的对外界事物的感受和认识，在信息交流上没有代沟，摆脱了家庭束缚，极易形成相互认同的参照群体。寝室群体和朋友群体是大学校园中影响力最强的两个参照群体，在购物的时候这两个群体不仅为购买行为提供意见，而且还会通过他们之间的观念来影响、约束购买行为。

在同辈群体内部存在着消费的趋同性。群体具有一定的整合作用，女大学生容易受到群体的约束和感化，尤其易受凝聚性强的群体影响，她们乐于接受新观念、新思想，彼此之间容易形成较一致的消费观念和消费行为。在同宿舍内的女大学生，如果一个人买了某名牌当季新款服饰，其他女大学生在认同的情况下，也会更趋向于购买。对时尚潮流，没有一个群体像现在在校的女大学生一样，既有足够的闲暇去关注，也有相当的经济实力去消费。当然，迫于经济实力的限制，女大学生追求时尚潮流，追求的是“形”，形似神似即可，对于质量则在其次。

（四）广告媒介及偶像效应

女大学生受广告偶像效应影响，服装、服饰、化妆品的支出会变多，用于保健品和营养品的花费也会增多。广告就是广而告之，利用消费者的心理混个脸熟，在你用得着、用不着的情况下，产生一种亲切感、信任感。女大学生群体正处于受教育阶段，课程较多，用于休闲娱乐的时间较少，没有办法也没有能力对成千上万的商品进行尝试，因此选择知名度高的、熟悉的品牌就成为一种省时省力又不太冒险的决定，推介这些品牌的便是广告媒介和大众偶像。

广告媒介和偶像对消费品的推介，快捷并影响力大，与女大学生的品牌意识相适应，女大学生的购买欲受到广告符号意义的影响。在众多的商业广告中，很多企业的品牌代言人是当红的影星和歌星，香港玛莎纤体中心的代言人最开始是台湾影星钟丽缇，后改为赵薇，都是女大学生较为关注和喜欢的偶像。女大学生如果对某品牌的代言人具有强烈的感情，就会产生强烈的忠诚度，在选择同类产品时，就会倾向于选择此品牌，而不选择其他品牌。即使在非必须购买的情况下，出于对偶像喜好的喜欢，有时也会产生购买冲动。

另外，大众媒介塑造着一种“美丽”文化，持续不断的强调苗条的种种好处，以及化妆品对于身体的好处，并要求个体对自己的外形负责，而不是把身体推给“父母”或者“上天”。“没有丑女人，只有懒女人”是许多时尚瘦身杂志的引用语，它试图宣扬一种改造自身身体的运动，让女性的身体合乎某种标准，如果不符合标准，那就只能怪自己懒惰。在广告塑造的一系列形象标准下，女大学生们不断审视自己的身体，努力发现自己身体的不完美性，继而不断改造身体，产生身体消费行为，让身体外形符合广告和社会形象中的标准美。

（五）消费主义

在消费社会中，消费主义价值观横行，它影响着女大学生的身体消费。特纳和费瑟斯通对其进行了经典描述，特纳曾说：“消费主义的盛行催生了‘表演性自我’，一种需要通过自我的成功表演博得他人认可的新型人格，这是一种看得见的自我，经过得体妆饰而出现的身体成为自我的公开象征，成为外部表演中体现的面貌”。显而易见，对作为美好生活的标志与文化资本标志物的身体，人们有一种强烈的商业与消费主义的兴趣。而费瑟斯通认为，“正是当代社会对享乐主义、欲望和享乐的倚重，使身体作为享乐欲望的实践领域而显现于大众视域”。因此对身体良好感觉的追求没有终点，处于永恒的自我监督、自我谴责、自我否认和持续的焦虑渴望中。消费主义的存在促使了身体消费行为的产生，尤其是女性消费人群。

消费社会还提供了超市、大型购物中心等消费场所，女大学生在休闲时，会在消费场所中看到自己需要的所有东西，它本身的存在刺激了物欲，使其会在琳琅满目的商品中产生购买欲。另外，消费社会还提供了先进的技术和理念，这使身体消费成为可能，比如身体消费手段方面，电话购物、信用卡购物、网络购物等的出现；比如身体消费项目方面，改变性别和整容手术现代技术的出现，在改变肤色方面，美国歌星迈克尔杰克逊是一个非常典型的例子，他由黑人变成白人，在性别方面，韩国河莉秀从男人变成女人，并得到大多数人的认同。技术的先进，使身体的重塑成为可能，使人们能拥有自己想成为的那个“美”的自我成为可能。

从上述分析中我们可以看到，在身体消费行为的影响因素中，影响程度也就是相关系数由高至低首先是经济水平和自我认同、社会认同感，其次是消费主义、同辈群体和广告偶像效应。也说明在当代女大学生群体中，女大学生的身体消费理性与感性并存，但以理性为主，也证明了前面所述的身体消费特征。

三、女大学生身体消费领域的不全面性——健身健美领域的缺失

女大学生的身体消费领域集中在脸部，身体的外在装饰（服装、服饰），形体三部分，消费方式主要有购买服装饰品、化妆品、美发美甲、保健品、健身塑形产品等，这与传统社会中的注意打扮自己的身体（主要集中在身体的外在妆饰上）相似，服装饰品的消费几乎人人每月都有。与以往身体消费的关注点不同，身体消费领域开始扩展至保健、健身消费上。但从数据中我们可以看到，虽然保健、健身等用于身体本身的消费正逐渐增长，但仍出现身体消费领域的不全面性，而且差距较为明显。女大学生在身体消费方面，把消费大部分局限于日常护肤和购买服装上，在其他方面涉及程度不够，忽视了真正用于健康的投入。比如注意科学的作息时间，让身体得到很好的休息；进行体育锻炼，增强身体免疫力；摄取一定的营养品、保健品，以保证营养的均衡等。

在身体消费中，认为服装饰品消费比重最大的女大学生高达86%，其次是化妆品消费为8.5%。可见，她们十分注重身体外表的装饰，却忽视身体本身的健康。吉登斯认为，“人身体外在表现的一个重要方面是人们对“养生法”的重视”。而注重养生却不是现在女大学生关注的焦点，仅有0.4%的女大学生认为在身体消费中，保健品消费方面应当占有较大比重，例如补充各种微量元素，购买绿色天然食品、各种营养保健品等；只有2.9%的女大学生认为身体消费项目中，健身塑形消费所占比重最大，女大学生群体热衷于“瑜伽”等小运动量的健身项目。但不管是保健品的食用，健身运动的开展，塑形消费的进行，都是着重身体的外在表现，是通过传统的“健康”观念把自身行为合法化。女大学生群体其实很清楚，节食塑形运动的主要动机是使身体更具魅力，而不是为了健康。在消费社会中，健康的含义对于女性而言，特别是年轻女性而言，不是意味着内在的身体素质好或者是具有能够用于体力劳动的身体，而是和外观紧密相连，健康几乎就等于苗条。为了保持苗条的身材，女大学生可谓是不择手段。

于是，健康的含义被曲解，节食和高强度的锻炼成了维持良好外观形象的手段。在消费社会中，消费价值观在不断物化为外在的身体，女大学生群体为了获得社会

认为的美丽，曲解医学中指的身体上的健康，着重于外表服饰和化妆品的消费，对用于身体健康保健或锻炼的消费出现缺失。

第二节　我国普通高校体育课程发展现状

一、概念界定

（一）体育课程概念的界定

对课程最常见的定义是“学习的过程”。对于课程的定义可谓仁者见仁、智者见智。即将课程定义为教学科目、学习经验、文化再生产、社会改造的过程等。美国学者古德来德归纳出五种不同的课程，即理想的课程、正式的课程、领悟的课程、实行的课程和经验的课程。可见，不同内容的课程定义反映不同学者对于某个问题的基本观点和取向，每一种定义都有其成文或不成文的理论做支撑。

体育课程是学校教育课程的一个重要组成部分。国内目前对体育课程的定义主要从学科和活动两大方面进行的。周登篙等人认为，“体育课程是指为实现学校的教育目标，配合德、智、美发展，并以发展学生体能，增进学生身心健康为主的特殊课程”。吴志超等人讲体育课程是指“以发展体能，增进学生身心健康为主的一种特殊的教学课程，它与德育、智育、美育课程相配合，共同促进学生身心的全面发展”。两学者重在强调体育课程是一门学科。针对体育课程的另一种声音是体育课程是一种活动。很多学者认为，“体育课程就是所有体育活动的组合”。毛振明等人也指出，“体育课程是在学校指导下，使学生能在身体、情感运动认知、技能和社会方面和谐发展的有计划、有组织的活动”。其重在强调体育活动。

我国体育课程可以分为体育专业教育课程和基础教育的体育实践类课程，当前普通学校基础教育的体育课程则是针对非体育专业学生实施的教育活动。周登篙等学者认为，“体育课程是为实现学校的教育目标，配合德、智、美发展，并以发展学生体能，增进学生身心健康为主的特殊课程”。吴志超等学者认为体育课程是指，“以发展体能，增进学生身心健康为主的一种特殊的教学课程，它与德育、智育、美育课程相配合，共同促进学生身心的全面发展”。而毛振明等学者指出，“体育课程是在学校指导下，使学生能在身体、情感运动认知、技能和社会方面和谐发展的有计划、有组织的活动”。总之，体育课程是一门综合性课程，包括运动认知、生活教育、身体锻炼和情感性教育课程，在学校教育课程中具有重要的作用。

国家教育部在对全国普通高等学校体育课程教学指导纲要中明确指出，“高校体育课程是大学生以身体练习为主要手段，通过合理的体育教育和科学的体育锻炼过程，达到增强体质、增进健康和提高体育素养为主要目标的公共必修课程；是学校课程体系的重要组成部分；是高等学校体育工作的中心环节”。

总之，体育课程是一门综合性课程，包括运动认知、生活教育和情感性教育课程，在学校教育课程中扮演着重要的角色。

（二）体育课程的目标和结构

体育课程的目标是教育目标在体育课程中的具体化，不仅规定课程编制的方向，决定课程的设置和组织，而且是课程实施和评价的依据。在教学实践中主要是讲学生上体育课做什么、怎么做和达到什么目的的过程，最终是要实现体育课程锻炼身体、增进健康的目标，进而实现教育总体目标。体育课程结构主要有五部分组成，即课程目标、课程设置、课程内容、课程实施、课程评价。可见，课程内容是体育课程结构中重要的环节，对影响体育课程目标的实现有重要的作用。

（三）体育课程内容设计

课程内容设计一词是由“课程内容”和“设计”两个部分构成的。国外学者认为，“设计为创造某种具有实际效用的新事物而进行的研究”。一般讲其理解为有目的性的组织活动。体育课程内容设计是指，“依据一定的课程目标，将体育学科中纷繁的构成要素形成某种特定的形式结构的组织活动”。主要有两方面的内容：一是，指对体育学科中特定的事实、观点和原理等要素进行系统的整合而建构出的一套较为完整的课程内容知识体系；二是，指体育课程内容的实质构成。

二、大学体育人文精神失落现状

大学体育发展的整个潮流将朝着技术知识的教育方面发展，国家对大学体育的指标要求也充满了计量化特征，虽然体育技术、技能、运动水平得到了显著的发展，也被大学教育所肯定，但由于人文素质的欠缺所造成的必然后果却很少有人去思考，大学体育将面临一场“人文危机”。大学体育人文精神失落同样会对高校、社会、经济以及文化影响甚大。一切教育的方式是以“关注人的自由而全面发展”为前提的。将人性贯穿于大学体育教育的全部过程，使整个体育人性化，加强自由与责任的教育，将自由与责任视为现代伦理生活的核心价值来审视大学体育的现实，我们遗憾地发现当前大学体育实践中对“人”的忽略。

大学体育人文精神在大学校园中的失落主要体现在大学体育竞技（大学高水平运动队）、大学体育课程实施（体育教师——体育课程教学的实施者，大学生——体育课程教学的受益者）以及大学体育科研三个方面。

（一）人文精神在大学体育“竞技化”中的衰微

中国大学体育竞技运动起始于1986年，在大学体育的人文精神建设中起着推动作用。大学体育竞技（高水平运动队建设）由各大学的体育部门负责管理，由国家教育部负责审批和评估工作，由中国大学生体育协会负责竞赛体系的管理组织工作。中国大学体育竞技运动由于发展历程较短，其体现的人文精神与中国传统文化和传统体育价值观念相悖，出现体育“竞技化”倾向。因此没有得到良好的发展，没有发挥大学体育培养高水平运动员的现实功能，也无法实现大学体育的人文精神在大学体育发展中应有的功能。大学体育竞技目前缺乏文化底蕴和人文精神内核，它还需要历史的积淀与价值观念的转变。

1. 大学体育竞技运动——大学高水平运动队建设的背景意义

竞技体育进入学校体育领域，是当代世界体育的一大特点。竞技体育已正式成为教育的内容，并列为学校体育的主要教材。1986 年原国家教委和国家体委联合颁发了《关于开展课余体育训练、提高学校体育运动技术水平的规划》，提出课余训练与竞赛的主要任务是：学校必须形成关心体育、重视体育的风气，带动全体师生参与身体锻炼，进行体育活动，培养学生的运动兴趣与体育爱好，养成科学锻炼身体的习惯，不断提高学生的身心素质和健康水平，提高学校体育竞技水平，要培养“四有”人才和较高体育运动技术水平的优秀人才；参加国内外体育活动和竞赛，促进校际和国际学校体育交流。

2004 年，教育部和国家体育总局在颁发的《关于进一步加强普通高等学校高水平运动队建设的意见》中指出，“普通高等学校高水平运动队建设是高等教育的有机组成部分，是高等学校创办高水平大学的重要方面，同时也是我国竞技体育健康、持续发展的重要途径”。1986 年原国家教委批准了清华大学等 51 所委属高校为第一批全国高水平运动队试办学校，这一决定促使大学体育竞技运动走向专业化发展道路，也预示着中国大学办高水平运动队，培养高水平竞技体育人才的开始。2010 年国家教育部又启动了高水平运动队建设学校的申请工作，预示着高水平运动队建设高校的数量将又一次增加。目前竞技运动（高水平运动队建设）在大学体育中具有以下几种意义。

第一，丰富大学校园文化生活。高水平运动员精湛的技艺、出色的表演既是体育活动也是艺术审美，观看他们的比赛和训练可以使自己心情变得舒畅，思想上获得审美情趣的感受，他们的存在为大学校园体育文化生活增添了一道靓丽的风景线。

第二，促进大学精神文明建设。经常性地开展校际校内的体育竞赛活动能倡导一种顽强拼搏、奋发图强、团结互助的体育人文精神。体育本身也具有丰富的精神文化内涵，大学体育人文精神饱含大学精神文化、传统品格，通过大学校内外高水平体运动竞赛能够深深根植于学生的思想观念之中。

第三，提高学校知名度、构筑学校品牌。国际上有世界大学生运动会、各项目锦标赛，还有很多建有高水平运动队的大学结成体育联盟，进行交流与融会，校际校内比赛如火如荼、精彩纷呈。在中国，每四年一届的大学生运动会、大学生田径竞标赛、中国大学生 CBA 篮球联赛、中国大学生菲利普足球联赛等。构成这些比赛的要素主要是裁判员、运动员、教练员、观众四大要素。

第四，培养大学生的自豪感，增强学校的凝聚力。大学高水平运动队在比赛中获胜能够培养大学生对学校的自豪感，增强学生的凝聚力。这是由体育自身的特点决定的，我们总是为自己所属地域的球队取得的成绩而兴奋不已，尤其是当这些球队与自己有着某种联系的时候，这种“荣誉”感更加突出。

2. 大学体育“竞技化”的实质与特点

（1）大学体育“竞技化”的实质

“竞技化”通常指竞技的异化，就是指参与竞技的人——即竞技的主体（包括：教练员、裁判员、运动员、管理员等），在训练和比赛中过分追求技能、成绩、报酬等物化层面的东西，却忽略了人的全面发展的一种“重物轻人”的倾向。将原来追求“自身”的发展，反过来自身却被对象化了，即被运动成绩和物质奖励占有了（简称对象化了）——异化（失我表现）。在竞技中，若仅将提高运动技能和报酬视为目的，那么必然会促使人（运动员）成为竞技的工具，人也必将被对象化。另外，当大学生长期进行超负荷、超强度的训练和比赛，长此以往对身体难免会产生一定的副作用，难免会打破人的生理平衡，破坏人的身心健康，违背人的健康发展的自然规律。如果大学体育竞技对大学生的道德品质产生副作用，那么，体育竞技的实质由“拜人”变成了“拜物”，对人的关怀度大打折扣，难免会被异化。

所谓大学体育的“竞技化”就是指在大学体育的竞技中只求达到直接功利目标的“夺冠”“争金”，而不顾忌更长远、更全局性的后果（培养健康、全面发展的人），大学人（大学生、大学体育教师、体育管理者）被物质、功利对象化的过程。就如同接受主人雇用的工匠一样，只为主人做事，而不需要多嘴追问主人使用的社会后果与责任。大学体育“竞技化”倾向忽略了对大学体育竞技的主体——人（大学生）的探索，以致造成中国大学体育及其教育时常出现主体迷失，人性失落的现象。这一现象也是大学体育竞技中的科学与人文分裂的表现，这将伴随着“物”的地位的上升，“人”的主体地位的下降，甚至被剥夺。

（2）大学体育“竞技化”的特点

目前，受国际国内体育竞技物化的冲击与影响，使当前中国的大学体育过多偏重于“竞技性”，而忽略“育人性”，导致大学体育价值取向严重偏离了正确的轨迹。即只注重大学生身体素质与竞技能力，忽略了他们的心理和精神的全面发展；注重比赛成绩和名次，忽略教育过程和参与的积极性；注重社会的需要，忽略人的价值需要；注重《奥运争光计划》，忽略《全民健身计划纲要》。其价值取向也偏向社会本位的“工具论”思想，还没有真正领会到大学体育的精神层面——大学体育的人文精神核心思想。这种“竞技化”使得大学体育竞技——高水平运动队的建设在大学体育价值的实现中出现了一些困惑。这些困惑具有以下几个特点。

第一，由于大学体育的“竞技化”使得大学体育竞技——即大学高水平运动队建设占用了大学体育的优势资源，与其在大学体育人文精神建设中所应发挥的积极作用并不相符。当前各大学在体育竞技方面的建设中都投入相对稳定的资源，而高水平运动队建设本来就是高消费，它不仅占用学校较多的体育资源和运动训练场所，加之竞技的“物化与异化”，将直接造成管理重心的转移，导致对学校其他体育建设的忽视，这犹如是对大学体育人文精神建设的“雪上加霜”。所以，大学体育竞技（高水平运动队）在大学体育的发展与人文精神的建设中并没有发挥出应有的积极促进与推动作用，也没有达到预期的效应。

第二，由于大学体育“竞技化”，使大学相关领导过度注重高水平运动队建设在提升大学声望与排名中的作用，忽视大学体育的育人功能，尤其不重视投入较大、建设周期长的大学体育的人文精神建设。这是由当前中国高等教育体制所决定的，大学同样也存在“政绩工程”的说法，大学主管体育的领导在这种意念的驱使下，往往希望在任期内让体育工作取得质的飞跃，最快捷、最显著的途径就是通过大学体育竞技来取得大学体育成绩的突破。所以，也就不难想象当前很多体育管理者的重心偏向高水平运动队的建设，使大学体育文化、人文素养和大学体育极为重要的人文精神建设遭到忽视和冷落。

第三，由于大学体育“竞技化”，使大学体育竞技（高水平运动队建设）目前出现“高而不高”的尴尬局面和娱乐、媚俗、物化等不良倾向。目前中国优秀的高水平体育竞技人才的培养主渠道仍为专业队模式，虽然国家希望借鉴于国外大学培养优秀竞技体育人才的模式，但由于培养途径在培养体制、培养方法、竞赛体制等方面大相径庭，导致当前中国大学体育竞技出现“高而不高”的尴尬局面。这容易导致很难给出高水平运动员的准确定义——“何为高水平”，大学高水平运动队很难与专业队达到资源共享，实现“竞、训、学、练”一体化与“体教结合，夺标成才”。由此，人文内涵丰富的大学体育竞技道路任重而道远。

第四，大学体育“竞技化”中出现“重物轻人，舍本逐末”的现象。因前，我国大学有相当一部分大学体育教师、教练员和管理人员在培养大学生高水平运动员的过程中只注重于抓大学生的体能、竞训成绩和比赛的物质奖励等“物化”层面的“硬件”建设。虽然这些硬件是竞技必不可少的因素，但在大学生培养过程中忽略对“人格”与“灵魂”的培养，即“软件”的构建，难免要产生重物轻人、舍本逐末的倾向。这一现象的实质是忽略了“成才”之根本，也就是忽略了培养大学生做人和敬业的精神。用“造物”的训练方法来代替“育人”的修炼手段，就好比舍弃小树之“根”，求其枝繁叶茂的“空想”一样，试想，小树若“根不牢”，能枝繁叶茂吗？为什么中国大学有许多“明星”高水平运动员昙花一现，他们既不能像布勃卡那样“常跳”，也不能像刘易斯那样“常跑”，更不能像瓦尔德内尔那样“常打”，道理就在于此。所以，大学体育因竞技化导致的重物轻人，舍本逐末的困惑在大学体育人文精神建设中是不可忽视的问题。

第五，大学体育“竞技化”中的“重训轻教，主体迷失”现象。大学高水平运动员和其他普通大学生一样，享有同等大学生的基本责任、权利和义务。但当前，各试点大学在招收和训练高水平运动员时，过于强调竞技的重要性，只注重比赛结果，急功近利，或者单纯地只通过增长运动训练的时间、增大运动负荷来提高大学生竞技水平，致使他们把大量的时间与精力都投入到提高运动技能等生物性的层面上，严重耽误了文化知识的学习与人文素养的提升，并且许多大学体育教师还认为这就是“科学的训练”。技能训练固然重要，但辩证来看，人与动物是有区别的。或更有甚者，将功利性的“锦标主义”与“为校争光”歪曲理解，促成在招生、竞赛中弄虚作假等不良现象的出现，这都极大的影响了大学体育的健康成长。表面上看是运动训练水平的问题，实质上是人文精神在大学体育实践中的贯彻问题，是大学体育能否坚定信念，有足够的力量抵抗来自各界压力和外来诱惑的问题。

大学体育不仅要重视对技能和体能等“物化”成分的训练，而且还要加强对大学生的人格培养与人文素养的提升，实质就是“人物双修”，它与单纯“炼物”“夺标”的锦标主义是有区别的。只单纯进行技术和体能的物化训练，忽略人的心理、精神和社会层面的修炼，那么，很可能会促成大学体育竞技成为一种“造物”不“塑人”的物化夺标过程。这样的竞技，只会强化人生物性，使人的社会性不断弱化，最终造成主体（人性）的迷失。这种训练在当今崇尚人文与科技并举的时代是不可取的。这里主体迷失的实质就是大学体育教练员与运动员人文精神的缺失。仅仅把大学体育本质看成是将大学体育竞技（高水平运动队建设）搞好，多举办几次体育竞赛，在大赛中多拿几块奖牌是多数大学体育教师以及大部分大学主体的共识。这种认识势必会导致人们对大学体育在形式上和物质层面上的重视，而忽略大学体育的灵魂——人文精神的建设，使人文精神沦丧在大学体育竞技中。

因此，大学体育的“竞技性”并不是人文精神的全部，大学体育的“竞技化”反而会将大学体育人文精神引向歧途。大学体育过度注重高水平竞技运动能力的培养、追求肌肉强化，将忽视人体精神与外形的和谐。为了获得大赛奖牌，不惜违背大学生的身心发展规律，进行高强度、超负荷的训练，因此，他们也将成为获得奖牌的“工具”，这便使得大学体育陷入一场深刻的“人文危机”之中。要回归“人性”只有从竞技走向健美，这无疑能弥补大学体育在其发展中出现的“人文危机”。也正是这种“人文性”，才能起到缓解大学体育“人文危机”的作用。这种“人文性”对“竞技化”的互补对大学体育人文精神的建设与大学体育价值的实现有着深刻的意义。

3. 大学体育“竞技化”的危害

大学体育本应作为使人“在游戏中成为人”的审美教育和全面发展的身体教育，却在片面追求“成绩达标、技术测试、心率指数”等科学化、物理化、生物化指标的过程中，把大学生作为“单向度的生物人”进行技术训练和机能改造，导致大学体育的“竞技化”，由此引发出大学体育究竟是“育人还是制器”的质疑。在这样的体育环境中成长起来的学生，很难体会到体育带给他们内心的自由和审美体验。

在看到大学体育“竞技化”必然的同时，我们还应该清醒地意识到，大学体育“竞技化”具有较大的危害性，它给我们大学体育教育事业的发展带来许多的负面影响，它的蔓延将对我国大学体育的健康发展产生极大的阻碍。

（1）阻碍大学体育竞技的和谐发展

胡锦涛同志曾指出，“社会风气是社会精神文明程度的重要标志，是社会价值导向的集中体现”。他倡导的以“八荣八耻”为主要内容的社会主义荣辱观，是引领社会风尚的一面旗帜，为我们迎奥运、讲文明、树新风指明了正确的方向。

在2006年11月，中央综治办委托国家统计局在全国31个省（区、市）进行的第六次全国群众安全感抽样调查的，结果显示，虽然群众对当前社会治安感到“安全”和“基本安全”的比重合计为92%，但是，社会风气问题以18.5%的关注率成为国民最关心的社会问题。体育作为社会文化活动的一个重要方面，非常显著的作用于社会风气，因为体育队伍作为一个引人注目的群体，知名度高，实践性强，影响力大，其一举一动，一言一行，都对社会各个方面特别是青少年有着深刻的影响。

在大学体育竞技比赛中，如果裁判员秉公执法、不徇私情，运动员尊重对手、尊重裁判、尊重规则，及发扬顽强拼搏、团结合作的精神，会大大鼓舞每一位观众，大力促进社会精神文明的发展。

相反，如果运动员、教练员、裁判员在利益的引诱下弄虚作假、营私舞弊，对明确规定的竞赛法律法规视而不见，便会严重影响体育人文精神的健康发展，玷污公平竞争的奥林匹克精神，败坏社会风气。邓小平曾指出，“风气如果坏下去，经济搞成功又有什么意义？会在另一方面变质，反过来影响整个经济形式，发展下去会形成贪污、偷盗、贿赂横行的世界”。从这段话中我们可以推断：大学体育竞赛风气如果继续败坏下去，即使在重大比赛中获得再多的金牌也是毫无价值的，反过来会影响体育事业的健康发展，并败坏了社会风气。

精神文明之所以会影响社会人文环境是基于体育人文精神是精神文明的一个有机组成部分来说的，如果说精神文明是一个庞大的系统，体育人文精神就是其中的一个子系统。从体育人文精神和精神文明建设的关系来看，体育人文精神和精神文明建设具有目标上的一致性。因此，在全党加强精神文明建设总体宏观要求下，体育人文精神作为精神文明建设的一个重要方面，理所当然担负展示民族精神、倡导顽强拼搏、高扬爱国主义旗帜等多种重要的任务。

然而，就现阶段大学体育人文精神中，作为大学主体的人的价值观念和价值趋向发生了扭曲的变化，思想道德水准出现滑坡，赛风问题层出不穷。例如，在有些大学生运动会的一些项目比赛中为了取得名次，有的学校隐瞒运动员的身份和实际年龄；有的在赛场上辱骂对手和裁判，甚至大打出手；还有人们高度关注的大运会中兴奋剂的使用问题等。这已经严重破坏了体育在观众心目中公平、公正的良好形象，破坏了大学体育竞技事业的平衡发展，严重阻碍了社会主义精神文明建设的顺利进行。我们发展大学体育事业，既要不断提高竞技水平，又要加强对体育人文精神的建设，特别是思想道德建设，端正训练、比赛的目标，牢固树立爱国主义、集体主义和团结互助的精神、树立刻苦训练、公平竞争的体育人文观念。

（2）影响大学体育事业的正常运行与健康发展

大学体育竞技化倾向与人文精神失落的现象是对公平竞争机制的破坏和扭曲，这直接影响到竞技体育的正常运行秩序与可持续发展。第一，不公平竞争产生泡沫和虚假成绩，反映不出我国大学竞技体育的真实水平。第二，不公平竞争影响和打击了那些在工作中兢兢业业、扎实肯干、遵守法规的运动员、教练员、体育工作者们的积极性与创造性。造成教练员、运动员等人才竞争的逆淘汰和人才资源的浪费，使优秀的人才受到压制，得不到进一步的发展。第三，在训练过程中的急功近利，拔苗助长，只图眼前的成绩与利益，而违背训练规律与训练原则，使得一些很有潜力的后备人才遭到扼杀，给竞技体育人才队伍的培养造成一定的危害。

我们的体育事业是社会主义现代化建设事业的重要组成部分，党和政府不仅要从形式上高度重视对大学体育人文精神的培养，更要从政策上高度重视对大学生体育人文素质的提升。但是，由于受到利益的驱使，对自身认识和要求不严，以及各种不良习气的影响，在大学体育教学、竞赛、科学研究等方面出现破坏公平竞争的宗旨的虚假等不良行为，这些都是与体育人文精神背道而驰的，都会对我国健康的体育事业造成严重的影响。虽然，这些问题和不足只是极少数的个别行为，但它对我们造成的影响是巨大的。因此，要正视现实、并高度重视，更要清醒地认识到目前我国大学体育的人文精神建构中存在的问题以及对体育形象的影响，特别是对大学体育事业的影响。每一位大学体育教师、体育工作者、管理者、大学生都必须从思想上高度重视这个问题，严格自律、加强自身修养，从我做起，从小做起。如果我们真正在思想上重视、行为上自律、措施得力，并不断健全和完善相关法规制度，我国大学体育人文精神的培养一定会有更新、更多的收获，从而促进大学体育事业取得更大的发展与进步。

（3）导致大学体育“物化”与主体的人性迷失

大学体育“竞技化”的倾向，对学生及教师的体育思想和体育行为造成的影响是极大的。人的体育思想优劣，决定着大学体育培养人才品质的高低，决定着我们能否代表先进体育文化的发展方向。法国哲学家帕斯卡尔曾把人比喻为“苇草”，另一位哲人拉美特利在更广泛的意义上把人比作“植物”。这种比喻的道理在于：就如植物必须扎根于土壤一样，竞技及其体育思想是竞技人的根基，是竞技人的家园。竞技人一旦失去了自己的精神家园，就成了无根的浮萍。当然，我们研究现实人与体育竞技化给人们思想和社会带来的问题，绝不是全盘否定它，而是让从事大学体育的人，真正形成先进的体育文化理念和成为最后“守门员”，从而启发人们去寻找大学体育的精神家园。

目前，国内相关运动理论认为竞技是以运动竞赛为特征，通过挖掘人的身体潜力，以争取第一，夺取金牌为目的的社会群体性活动。竞技的本质就“夺标”，它是区别于其他一切事物的特有属性。然而，大学体育的“竞技化”让单纯的“锦标主义”变成了大学体育的本质，作为大学体育主体的“人”必然要迷失方向，人性变为物性。事实证明，物化具有明显的流动性、易变性和易逝性特征，如果只提高人的运动技能和成绩，也就是一种“物化”现象。

所谓大学体育的物化是指运动者在训练和比赛中过分对物化层面的追求（包括体能、成绩和报酬等），却忽略了人的全面发展与价值体现的一种“重物轻人”的倾向。因为在大学体育实践中，若仅将提高运动技能和报酬等视为目的，那么必然会促使人（运动员）成为竞技的手段（人对象化了）。如果我们仅把“功利主义”或“锦标主义”作为大学体育唯一的本质，那么，必然使大学生成为运动的工具，而收获运动成绩却成了目的。大学生在现实的体育实践中，伴随着对奖牌和奖金的追求不断升级，其主体地位也必然会日趋下降，主体中的人性便迷失在了物质与功利之中。

（4）导致大学体育的价值理性被工具化所吞没

大学体育的竞技化让大学生与教师在高额利润的驱动下从事体育竞技活动，而丧失了对体育和竞技本身的热爱和兴趣，进而在对物质利益与荣誉的追逐中不仅玷污了体育精神和竞赛宗旨的神圣性与纯洁性，使之成为商业运作与市场交换的工具，而且最终从事体育实践运动的对象（大学生、教师等）也被沦为金钱与物质利益所奴役的、片面发展的人。由于中国体育的发展起点是从救亡图存的实际政治利益出发，具有强烈的政治性和浓厚的技术主义与工具主义背景。这样一来，人们对体育的认识也就只停留在工具理性层面上，认为体育只是工具理性的产物，只具有功利性色彩。

所谓工具理性是指作为实现满足欲求目标的工具，只关心这一实现过程的程序与条件，而不思考这一目标的价值意义，特别是不进一步深究或评估这一目标在人生与人类整体中的地位。大学体育的工具理性只重视对人的技能、成绩和奖金等物化层面的提高，而忽视人类意识与心理，精神与灵魂的价值理性，背离了灵肉一致、身心两健的宗旨，那么它将会造出头脑简单与四肢发达的“运动机器”，假设让他们重返罗马斗兽场，体育将退回“弱肉强食”的丛林世界。较之工具理性，价值理性更多关注与追寻生命存在的意义。它追问的是对象对人的存在的意义，以及对象在多大程度上合乎人的需要，关注存在意义的相互确认。由于工具理性在实践的过程中只服务于人的功利追求、精于算计、讲究效率。工具理性日益凸显，而价值理性则日益被边缘化。

当前人类最高的功能形态是价值理性，即对自己活动目标做出整体性与终极性的意义价值评估。诸如“大学体育使人获得身心愉悦、使人成为强身健美的人、使人获得自身的价值实现，是人存在与生活方式的真实表达”等这些以人为本的体育形式上的价值内涵在现代已经被工具理性所吞没，大学生作为大学体育实践改造的对象，其活动的效果只落实在单纯的锦标主义与功利主义上，使他们丧失了在体育活动中的主体性，成为物化的工具。这便使大学体育对人培养的全面性逐渐渐变为对人的技术、技能的训练，使大学体育不再关心人本身，而成为关注于是否完成了传授“三基”任务的工具课程，把学生当成被动接受“三基”训练的“工具人”；使大学体育竞技运动（大学高水平运动）失去了和科学与人文教育相结合的关心人的身心与精神追求的高尚目标，为夺金主义和物化利益所驱动，致使一些运动员（大学生）与教练员（教师）沦落为争金夺银的运动机器。这种对人的价值和意义的忽视、对人本质的片面认识和对人发展的片面关注，将是对人性的一种压抑和摧残。

（5）影响大学体育全面发展人才的培养

为社会培养人才、进行科学研究、为社会服务是现代大学三大基本职能。大学生是国家宝贵的人才资源，是民族的希望、祖国的未来，要把这项工作做好，十分不易，也只有做好，才能确保党和人民的事业长治久安。在现代大学的优秀人才培养和人文精神的建设上必须把培养中国特色的社会主义事业建设者和接班人作为根本任务，多方面促进大学生全面发展。这一时代要求为大学体育人文精神的培育提出了新的要求和任务。

大学培养人才这一职能随着高科技时代的到来，发挥的作用日益彰显。随着大学由社会边缘被推向社会中心，大学基本职能的发挥程度既制约着社会的物质文明进程，也影响着精神文明的发展。因而世界各国纷纷重视大学的发展，视大学发展为立国之道、强国之本。大学不仅要培养具有从事科学研究工作初步能力的学士，还要培养较高研究能力的硕士、博士。这就意味着当今大学不只是培养一般性专门人才，更应培养德、智、体、美等全面发展的人才。

目前，“竞技化”已成为大学体育的重心，无论是大学体育课程目标还是高水平运动队的价值取向都明显带有较强的技术性与工具性，功利性与物质性色彩。体现在培养目标上，以提高大学生的体能素质与竞技能力为主，将他们视为满足社会需求的“工具”与“机器”，严重忽略了人的人格、精神、身心的发展，教育等同于教学，教学内容上也以大量竞技型的技术技能课为主，教学评价上仅以学生运动能力水平的高低为主，严重忽视大学生体育人文精神、终身体育意识的培养与弘扬，忽视大学生心理和社会适应性的健康发展。以这种缺乏全面、协调、可持续发展的科学发展观作为指导思想，导致以培养全面发展的人为终极目标的大学体育中人文精神的流逝；这样的大学体育就是无视“人”的教育活动，所培养出的必然不是健康全面发展的人，而将是缺乏创造力的人才。

三、大学体育的发展趋势——以身体美学为指导

1. 身体美学的含义

“身体美学”近年来成为一个比较流行的学术语汇。目前国内一些研究成果将“身体美学”定位为大众社会文化视域中的身体审美实践，即按照美的规律对人体进行技术再造和改装。在它的经验维度中首先拒绝将人的外在身体异化为不同于人的经验的主动精神，其次也没用一套固定的外部测量的标准去规范、评估好的身体审美经验。

大学体育“竞技化”，追求单纯的锦标主义就是以人的意识和概念的方式来减少文化中的身体层面，忽视了身体作为一种被教化的对象，忽略身体在人格素养和精神品质中的作用，进而只把身体视为生活中必要的工具。在身体美学看来，大学体育“竞技化”倾向的根本性错误就在于忽视了对人身体的基础性价值的认识。从人与自然的关系上看，人们首先是以身体的方式和自然界打交道的，并不是以意识的方式进行的。是身体细胞首先感觉、触摸到外在环境，如果以单独的意识方式来对客观事物的一般性进行把握，那么环境与我们身体知觉原有的丰富性和多样性就会被对人的一种“符号强暴”抹杀于无形之中，这样一来我们就不能对人进行全面把握。

身体的问题，归根到底与“人的问题”息息相关。对身体的探讨，其实就是对人之存在的关切。只有通过身体而不是意识与世界对话，事物才会客观、真实地呈现于我们面前，因为人的肉体是以一种比意识更鲜明、更纯洁、更具体的现象存在于宇宙之中。因此，我们只有通过身体的革命，也就是将原先的非身体的灵魂与意识转向身体、回归身体，把大学体育从窒息它的“功利主义”和“技术主义”的沉重负担中解救出来。以身体美学来指导大学体育从竞技走向强身健美，对促进大学

体育回归“夺标育人”“人物双修”的本质，以及大学体育重塑人文精神具有重要的时代意义。

2. 身体美学的指导意义

身体体验既是寓于身体感受中的精神感受，又是肉体感受，这是身体美学区别于其他美学的典型特点。认为单纯的审美只是一种纯粹的精神性活动，审美体验不过是一种审美意识，与欲念和身体并无关涉；将欲念和身体确定为低级物，必须被排除，与只高扬精神性而排除了身体性的意识美学是截然不同的。

意识美学也产生于启蒙理性之中，但只是对理性霸权的体现，而另一种身体理性的倾向却被掩盖——即对身体性的否定。这与身体自然性的存在发生理论上的偏颇，也导致对大众文化的排斥。身体美学主张灵肉统一，精神与身体合一，它认为主体不仅仅是作为意识参与审美，而且还是以整个身体参与审美的，把意识作为身体的一部分对外物的主观思考，把审美作为一种身体行为活动。“日常生活审美化”是身体美学对社会贡献的主要表现。由于是近年来中国当代的一些美学家在呼唤身体回归主体，回归身体美学的背景下所提出的，标志着“新的美学原则在崛起”，这种观点无疑具有合理性。

身体美学所要完成的任务有三方面：第一，回归美学本义——即改善生命（Life Improving）的认知学科；第二，突出身体在美学中的功能，终结西方长期忽视身体的美学传统；第三，是构想一种扩展的、以身体为中心的领域——即“身体美学”（Somaesthetics），从而使哲学能更成功地履行它作为生活艺术（An art of living）的原本角色。简言之，身体是审美欣赏和创造性自我塑造的场所，身体“体验和用途”正是身体美学在此意义上所研究与探索的。同时，身体美学理论还指出无论在艺术性还是政治性的所有行为中，身体都将作为首要工具对生命活动进行开展。在实用主义对身体在艺术创造和审美欣赏建构核心位置的基础上，身体美学更进一步提出身体作为有灵性、有情感，且担负着一定的历史使命，是所有感觉在相互发生碰撞中所不可缺少的媒介。在指导审美新方向、实践哲学与提高人的生活品质方面，都具有不可抹杀的作用。

首先，能提高审美意识。我们可以通过对身体美学的认识更好地完成对审美活动中基本感觉形式的理解。因为艺术和美的对象会将我们的注意力和意识强力地吸引住，并聚拢，将我们的审美情感激发在对于意识、精神、注意力和情感的身体控制中。其次，能丰富实践哲学意义。身体美学在更广阔的意义上改变了对哲学的思考。表现在身体美学在审美理论与实践结合的基础上通过身体训练的规范化，从实用性的角度出发，按照社会改良主义的方向来引导哲学的新发展，使哲学的真正实践回归于大众生活方式即回归哲学的古老传统。在此意义上提出：身体作为每个人的世界中心，不仅统领着每个人的视域，还是充满灵性、智慧和情感的主体。最后，能提高人的生活品质。由于人们所处的社会和自然环境塑造了身体与引起自发行为的身体习惯，所以，身体美学指导我们要适应并改善周边环境的现状只有通过我们自己的身体，以丰富的审美意识和超强的身体控制能力才能完成与塑造更为友善、健康、真诚和更有行动能力的人。

（二）大学体育从竞技走向健美的必然性

目前人类已经认识到过去盲目发展科技，竭力“拜物”酿成的“恶果”。为此，在 1994 年埃及召了“世界人口与发展大会”，大会明确提出，“可持续发展的中心是人”；1999 年世界科学大会提出，“未来的科技要‘更富有人性’”。可见，人类已告别“物化”时代，进入了一个以人为中心的新时代，这将为大学体育由“竞技性”走向“人本性”的升华创造条件。

1. 探索竞技中人文精神的要求与价值

首先，从竞技的产生来看。竞技是在古代奥运会人文精神、欧洲文艺复兴与启蒙运动“自由、平等、博爱”的思想下诞生的。在这种精神背景的启发之下，竭力主张竞技应教导人们通过身体、心理及精神的锻炼达到个人的最佳境界。由此，竞技从一开始就奠定了人的主体地位。培养人的积极进取与公平竞争意识，激发人的爱国热情与创新欲望，以及在竞技过程如何给予人团结向上、超越自我与坚韧意志等积极而充满生命力的精神与意识积累，才是我们研究和参与竞技的最终目的和意义。最后我们将这些优秀品质全面发展，积极运用在人生奋斗的生命旅程中，使之形成对体育素养的培养，更进一步体现在体育实践与社会生活之中。这就是体育竞技之本质之于人而言最为重要和根本的价值所在。

首先，我们不仅要培养大学人的竞争意识，更要加强对他们进行体育人文教育，强化他们关心人的生命意义与价值理想的“人文关怀”意识，防止其竞技走向物化与功利，影响人、竞技、大学体育三者的协调发展。

其次，从竞技的目标来看。竞技不仅要造物，而且更要塑人，夺标育人是竞技的根本目标。竞技的本质属性也是由夺标（竞技特有的娱乐属性）和育人（竞技的教育属性）两者有机结合而构成的完整属性。一旦竞技失去了应有的育人属性，那么必然会有异化的发生，而且还会使人的生命健康的价值理念受到威胁，甚至失去生命活力。所以，在竞技的夺标育人过程中，夺标作为竞技的娱乐属性，揭示了人的价值追求，即“物道”；育人作为竞技的教育属性，探求人的发展规律，即“人道”。“人道”与“物道”的有机整合，对于重塑当代富有“人性”的大学体育人文精神，抵制大学体育“竞技化”与促进大学体育竞技“人性化”的挑战具有重要的时代意义。

夺标与育人的整合是符合当今奥林匹克宗旨的。按照平等、自由、团结和公平竞争的奥林匹克精神，来开展没有任何歧视的竞赛活动来教育青年人，建立一个团结和平而美好的世界。该宗旨的实质就是对“人”的教育，它所表述的是“人”的竞技，而不是“物”的运动。根据这一目标，我们认为大学体育竞技绝不是为某些人挣取荣誉与名利的工具，更不是捞取政绩的工程，而是以促进大学生全面发展、优化大学生生活状态、提升大学生生命质量为目的的活动方式与教育过程。

最后，从竞技的对象来看。竞技是生存技能的传习、演练与展示，既是一种改造自然的技艺，又是一种身体性运动竞争的技艺。这种技艺都建立在人的基础上，所以对竞技本身来说其实质是“人”，即研究全面提高竞技者的“身、心、群（合群、利他以及协调人际关系的素养）”素质，通过改变小环境，进而改变大环境，从而逐渐解决竞技过程中出现的一系列问题，这是竞技的实质。因为竞技的主体是“人”，在竞技中要创纪录、夺锦标都是靠“人”来完成，只有竞技“人”的身、心、群素质健康和谐发展，竞技才能稳定、持续地向前迈进。作为竞技主体的大学生，在夺取锦标时才能增大成功概率。

真正的竞技不仅要传授人文知识，而且要提高运动员的道德品质；不仅要传授做人的道理，而且要培养其高尚的情操和人文关怀。所以，竞技追求的目的永远指向对人的终极关怀，最终都要实现“真、善、美”的最高目标。

2. 身体美学解读健美的一般要求

大学体育的健美即健康之美，不单是指受遗传基因影响而形成的自然人体美，更主要的是指通过科学的身体锻炼和运动训练塑造的人体美。这种人体美应该是精神与物质的统一、灵与肉的统一、自然美与社会美的统一、内容和形式的统一，这些都是人体美追求的目标。

在身体美学理论指导下的健美，重人伦实践，重身体力行，使主体在经验与实践中始终保持“身心一体、灵肉一体”的完整统一。因而健美也不能把身体与精神完全分开，让人的身体与精神互相感应、互相融合。达到最高的精神境界，远远超越了身体性的低级阶段。换句话说，健美就是身体性的精神升华，并不是单纯身体的自然欲望。身体美学领域中的健美，进入了自由的境界，克服了意识与身体的对立，健美既是审美体验，又是精神活动在身体中的感觉。正如黑格尔所说，“人具有身体性，对人的解放不光是精神上，也是对整个身体的解放”。审美就是要解放身体，使身体重新获得自由。因此，审美带有令人解放的性质。一个人如果只有外在的形式美，没有高尚的思想情操，只能是虚有其表。海德格尔认为，“天地人神的和谐共在，将自然主义与审美主义的取向相融合，建构了一种身体性的主体间性美学”。德国诗人歌德曾发表言论说，“外貌的美只能取悦于一时，内心美才能经久不衰”。人体美就是要“诚于中而形于外”，就是要外在美和内在美的统一，这样美才能放射出真正的光辉。正如丹纳所说，“我们所要求的最高典型，是一种既有完善的肉体，又有高尚精神的人”。为此，我们可以将健美定义为：在娱乐健身活动中，由运动带来的体格强壮，身心愉悦、动作舒展、体质健康和良好的精神状况相协调的美的形态。它包含着体育运动所追求的目的，包含着人对自己生命价值的肯定，是人类理想追寻的目标，同时也具有一系列的感性规定，构成审美对象，激发人们的审美评价。当然，它并不等同于运动项目的那种健美活动，它是身体全面发展的一种外部标准，是通过身体运动所产生的健康美，运动过程中所展现出来的精神美。

健美在体育实践中作为一般美的表现，具有自然美和社会美的双重属性。其本质是人的本质力量在体育实践这个特定领域中的感性显现，它反映的是人与体育运动的审美关系。因为健美首先是以人为对象，以人自身运动为主要表现手段，所以有理由说健美是人的本质力量在自身的直接展示，是人的本质力量在自身的“复现”

和“确证”。

在大学体育运动实践中，人的本质力量指构成人体内在和外在的要素，如姣好的仪表、发达的肌肉、健全的内脏器官，以及意志力、想象力、创造力等各种精神力量和智慧力量，这些要素构成了人的本质力量。大学生通过人体运动的各种形式及其组合，感性地显现了人的本质力量，显示了人的智慧、坚韧、技巧、创造力和生命力。这样，从他们所创造的世界中直观自身而引起愉悦，获得精神上的满足、美的享受、情感的升华和理性的启迪。正如苏霍姆林斯基所说，“美是一种心灵的体操，它使我们的精神正直、心地纯洁、情感和信念端正”。

3. 竞技走向健美——大学体育新理念

体育竞技起源于人类对自身竞技行为的“真、善、美”的统一追求，与人类纯粹的审美活动——艺术具有共同的逻辑起点和相互交叉的内涵。初期的竞技运动是在初期审美意识、观念的作用下形成的，是从审美意识、观念对原始竞技行为的过滤筛选，保存其竞技性，确定其标准性和规则，扬弃其危害性，增强其观赏性。

大学体育的发展似乎愈来愈超越直接的功利性而走向纯粹的观赏性，审美活动似乎成为精神愉悦而与物质的功利性无缘。这样，始终与人类健身强体的目的直接相关，以争夺锦标桂冠为直接目的的竞技，似乎与审美分道扬镳了。但是，问题不在于大学体育自其本源上深深积淀着审美素质，也不在于审美自其本源上深深积淀着真与善的功利性质，而在于其娱乐功能。换句话说，当前的大学体育与审美活动的内在联系不但没有淡化，没有割裂，恰好相反，这种联系越来越强烈，越来越显著。大学体育发展到今天的辉煌，它的美学价值绝对不亚于艺术活动。

竞技和健美都是大学体育中的有机整体。大学体育中的竞技夺标是大学生通过科学训练和努力参赛，使其做人和竞技的能力都要达到理想的状态；健美则是要求学生在“夺标”的全过程中，不但要提高自我做人的境界，而且要用良好的形体、心理与行为去教育观众、感染观众，从而把夺标与审美合二为一。所以在大学体育中，“健美”与“育人”是不可分割的，两者有机结合共同构成大学体育人文精神的本质属性。离开“健美”去“夺标”，大学体育的主体就会迷失，人性就会失落，本质就会异化。

未来中国的大学体育必将要从“竞技化”向“人性化”回归，这种回归具体来说，它是在抵制大学体育“异化”的基础上，积极寻求通过竞技来促进大学生身、心、群素质的全面提高，从而使大学体育沿着“人——物——人”的历史进化的链条向前演进。这将是人类体育从“物的体育”向“人的体育”转变的必然结果。当前由于人们受“重物轻人”的竞技化思潮的影响，大学体育的重心仍是在“工具化”的技能、运动水平的高低以及“功利化”的奖金报酬上，表面上看似练“人”，实质则是练“物”。这已经与大学体育人文精神的价值追求——“强身、健美”背道而驰。

重塑大学体育人文精神的目的，就是要把大学体育迷失的主体、失落的人性与健康之美找回来，从而促进大学生、竞技、大学三者协调发展。大学体育中的“人性”就是探索其“人道”的倾向，因而，竞技中科学与人文的分裂难免在大学体育中造成“物”的地位的提升，“人”的主体地位却在下降，甚至被剥夺。大学体育的理论基础中，“人道”与“物道”的整合是整体地研究“人与体育”的基本哲学理念。把握这个理念，需要注意大学及其体育的人文基础离不开科学基础，科学基础也离不相关的人文基础，两者是有机的整体，只是各自的侧重点不同。

大学体育追求的目标永远应该指向对人的终极关怀。正如马特维耶夫曾指出的那样，“竞技真正的‘人道’基础在进步的竞技社会运动范围内获得了充分的表达。因此，它成为加强人民之间联系越来越重要的因素”。同时，这一过程应是一个“人物双修”的过程，将为我们建立“人物并重，更重人”的大学体育新观念，深刻认识大学体育既要“夺标育人”，又要“审美育人”的本质属性，从而为促使当代大学体育“人性化”提供理论指导。

由竞技走向健美后的大学体育既能防止大学生被沦为“夺标”的工具与不择手段的“锦标主义者”，又注重对大学生高水平竞技能力的培养；在身心健康的基础上既追求技术动作的优美与人体外形的健美、体格的健壮，又崇尚对力量的展示，力求通过体育实践达到肌肉与力量、速度与技术的完美结合，即“注重力量之美、速度之美和形体之美”。

（三）大学体育坚持强身健美与求真至善相结合

真、善、美是人类智慧的结晶，人们天生就对真、善、美有着无限渴望，而且，人类社会的进步和社会不断向前发展的根本价值和潜在动因都是真、善、美。它是人本质的必然性，或者说是人所追求的目标。一般讲，人的一切活动，虽然都有其短期的目标和实用价值，但最终都要以“真、善、美”为最高目标或最高价值，也是人文精神所追求的理想价值目标。

健美对于真、善、美的需要是一种内在的诉求，大学体育的强身健美不是只把美和审美当作是一种点缀，而是把美完全融入大学体育实践中，使人文精神的功能在大学体育中得到有效的发挥和发展。与人类社会一样，在大学体育中存在着丰富的真、善、美辩证关系，人们在大学体育界中所从事的一切实践活动，都是为了创造一个真、善、美和谐统一的完美大学体育世界。健美是强者之美，进取之美，拼搏之美，是生命活力之美，它反映了大学体育增强体质、增进健康的主要目的，是真、善、美在大学体育实践中的高度统一，也是大学体育人文精神的外化，充分体现了大学体育的社会价值，与求真和至善是相辅相成不可分割的。换句话说，大学体育实践追求的是真、善、美相统一的全面价值目标。

四、女生身体审美发展对高校体育课程发展的要求

随着我国高等学校体育课程体系改革的全面推进与实施，大学生对于体育的定位不再局限于体育可以强身健体，而是广泛意识到身、心、美、乐的体育价值。动机是健康的、积极的，有利于身心发展的大学体育价值观念呈现出多元化发展趋势，体育课程中有氧健身操、瑜伽、搏击健美操、啦啦操、体育舞蹈、形体训练、街舞、木兰拳、民族健身操等艺术类体育选修课程，备受大学女生关注，已经成为高校大学女生的热门选项课程。“艺术体育”集健身、娱乐、审美、休闲、体验、观赏于一

体，是当今社会需求的一种新的健身休闲方式，它超出体育原有的内涵，具备了独立的艺术化的表现形式，具有了欣赏、娱乐、健身等多种功能，是其他艺术形式所不能替代的，展现的是一种活跃的、动态的形象，具有很强的艺术观赏性和审美价值。随着高校“艺术体育”课程的开展，较多的学者展开了相关的研究，例如形体训练、健美操、瑜伽等项目对大学女生形体姿态、身体机能和素质的改善；健美操、体育舞蹈、啦啦操、研究等项目对大学女生的自信提升、身体自尊具有一定的作用，以及针对此类课程而进行的相关教学法研究。总之，高校开设“艺术体育”课程从课堂教学延伸到课外娱乐，从有形的身体操作延伸到无形的精神塑造，扩大了课堂内外的互补空间；其次，艺术类体育以锻炼、塑造、追求体育与艺术的全面和谐统一的发展而被大学女生所接受，成为大学校园体育文化的一枝鲜艳之花，给大学校园注入了新的活力；最后，艺术类体育课程的多样性，给学生提供更多的选择和参与的机会，在让学生的个性需求得到最大程度的满足的同时，体现了“以学生为本”的发展理念，在符合体育课程改革要求的同时，对研究大学女生体育课程发展起到积极指导作用。

第三节 高校女大学生身体美育课程的理论构架

一、大学女生需要身体美育课程

身体美育从广义角度理解为身体的审美教育。从高校体育开设身体美育课程角度出发，我们将身体美育的概念界定为利用身体活动进行体验美、表现美、创造美的审美教育。

对美的需求多过对健康的追求是当代大学女生的群体特点，美也是一种健康，健康美是当代大学女生永恒的追求，也是人类生活美好及社会进步的一种表现。大学女生一般在18～22岁，是青春发育后期，处于生命力最旺盛的阶段，虽然身体形态的发育上已基本定型，但是其身体机能的发育还蕴藏着不少的潜在空间，随自身的综合素养提升对自己身体关注越发强烈，对身体美的追求与向往成了大学阶段体育课程重要的发展目标。生命发展阶段：大学女生处于青春期与青年前期的过渡和动荡阶段，是身体走向成熟，性别特征凸显，与异性交往愿望强烈、身体自我概念发展的重要时期。她们离开家庭，通过大学校园初尝社会生活，面对着广阔的发展空间和千载难逢的时代机遇，在日趋激烈的竞争和挑战中，反思理想追求和人生道路的确立。思想层次的提高同时表现出女大学生对生活质量的要求相对较高，她们不仅渴求自己有一个比较匀称、线条优美的身躯，还要求自己具有心灵、气质与才学的内在美和外在美的和谐统一。

（一）生理发育

青年前期的大学女生身体各项机能处于鼎盛时期，心律、肺活量、骨骼灵敏度、稳定性及弹力等方面均处于最佳点，但各方面的发育和功能与大学男生的区别越来越明显，因而形成不同的表现。大学女生此阶段的生理特征主要是在身体发育定型过程中，增肌塑形，养成良好生活方式，能塑造健康与健美的身体。

（二）心理发展

良好的心理素质是大学女生身心健康、人格健全的重要标志，是其走向社会成才立业的坚实基础。心理素质培养作为人的整个精神活动的基础，对大学女生的影响是广泛而深刻的，它影响和制约着大学女生各方面素质的培养，渗透到大学女生的一切行为中。当前，在科技进步和发展下合理引导其身体意向，形成良好自我身体观念，是提高大学女生心理健康教育和生命教育的重要目标。

（三）社会适应

大学女生世界观、人生观、价值观的塑造带有明显的社会特征。校园里的生活期限由于比同龄人长，这使得她们与社会有一定的距离，正因为此，渴望加入社会的愿望更加迫切，这种迫切使社会需求与之正在形成的价值观相互作用，成为她们将来走入社会的重要依据。然而作为女性，又不可避免带有来自社会的信息反馈产生社会性别角色的差异，不可避免使当代女大学生的价值观念中揉入了对女性性别认识的特殊因素，例如“苗条文化”“郎才女貌”等负面身体信息，以及社会对女性身体的引导，促使大学女生对自己适应社会而形成的身体定位。大学教育要求适应社会发展，为学生走入社会做准备，但是大学教育更需要科学引导学生形成正确的社会观，尤其是高校体育课程，作为学校体育课的终结，需要树立学生正确的身体观，为今后进入社会应对不同社会环境打下牢固的身体基础。

二、身体美育课程的目标与任务

在贯彻教育部下发的《全国普通高等学校体育课程教学指导纲要》同时，与国家质量工程素质教育结合，在大学女生喜闻乐见的“艺术体育”类项目中针对大学女生实际需求与学校师资、场地等课程资源有机整合。身体美育课程不是对传统体育教育和“艺术体育”类教育的颠覆与否定，而是一种完善和促进，教育实践中以美为引领，引导学生身体训练内化为自觉行为，使学生由内而外散发出生命崇高美的无限意韵。

配合大学体育课程改革确立的“以生为本，健康第一，延伸结构，拓展功能”目标，将大学女生的身体美育课程定位为：坚持与发展体育促进健康，注重学生需求，以身体为载体培养学生体验美、表现美、创造美的能力，全面实施素质教育，实现人的发展，提升生命质量。

三、大学女生身体美育课程的理论框架

（一）目标框架

首先从年龄、身份、心理等方面相对客观的对大学女生群体进行梳理，分析该群体在身体、知识、未来发展等方面所呈现的特征，追溯女性身体美的历史渊源，

根据大学女生对身体美育的需求，将大学女生身体美育目标结构分为四个部分：身体之美、姿态之美、形体之美与仪态之美。

1. 身体之美

身体之美的基础，即身体素质。身体素质是由力量、柔韧、协调性、平衡等基本素质所构成的一个综合体。力量是其他身体素质的基础；柔韧性主要是人体关节活动幅度；协调性是人体各肌肉群同步活动的能力；平衡同人体视觉、听觉、动觉、触觉等相关联，是一种综合的感觉。力量素质、柔韧性素质、协调性素质及平衡等素质相互关联，任何一种身体素质的下降都会影响到整体的发展。此外身体素质是女性拥有良好姿态，在站、立、行间体现女性优雅姿态的基石，是保持优美形体，达到内外兼修的必要条件。

2. 姿态之美

姿态包括站姿、坐姿和行姿。端庄的站立姿态、良好的坐姿及行姿是大学女生外在气质的体现。从美学的观点出发，尤其是从女性姿态美的角度出发，良好的姿态应具备自然、优雅、敏捷和从容四个要素，这一理论体系不仅介绍了正确的姿态，告诉大学女生如何进行姿态训练，更重要的是通过姿态训练，帮助大学女生能够养成正确的坐、立、行姿，在日常生活中正确展现个人魅力。

3. 形体之美

要帮助大学女生正确认识“女性健康”美，杜绝一味追求“骨感”之美。在认识形体美标准的基础上，立足于帮助大学女生养成良好的生活习惯，采取正确的生活方式、运动方式进行形体塑造。

4. 仪态之美

仪态之美是大学女生内心世界之美、内在气质、外在风度、言语及仪容仪表的体现。主要通过介绍仪态美的标准，向大学女生介绍修炼自我仪态，充实自我内心世界的手段、方法，帮助大学女生在当今就业压力巨大的社会中正确定位自我，用积极的心态去生活，去追求新一代知识女性的美。

（二）课程结构框架

我国高校针对普通大学生开设公共体育类课程模式大体有四种：第一，一、二年级四学期都是自主选项课，四个学期中必须选择两个或以上不同项目的课程；第二，一年级进行两学期统一基础身体类素质训练课后，在二年级再自主进行不同选项课训练，选项每学期不得重复；第三，一年级上学期进行统一内容的基础身体素质训练，一年级下学期以后进行三学期自主选项课训练，三个学期中可以选择同一个项目不同阶段的课程，也可以每学期选择不同的项目进行锻炼；第四，一、二年级都开选项课，但每一选项课程中有一项学校规定的身体基础课。根据部分普通高校开设体育类课程性质为第三种，学生自愿开放式选项，所以身体美育课程根据不同年级、学期分成三个不同阶段进行，每一阶段为一个学期，每个教学班级为 30 人，身体美育课程三学期三个不同阶段，总学时为 108 学时，一学期 18 周 36 学时，即每一周 2 学时，采用体育教学中比较常用的体育传统常规教学方法：第一，以语言传递为主的讲解法、问答法和讨论法；第二，以直接感知为主的示范法、演示法、帮助法、纠错法；第三，以身体练习为主的分解练习法、完整练习法、循环练习法；第四，以探究性活动为主的发现法、问题探究法和小群体学习法。要求学生通过身体美育每一阶段的学习后才能继续下一阶段的学习。

第四节　高校女大学生身体美育课程的内容体系构想

一、身体美育教学内容构想

（一）身体素质的锻炼

身体素质主要指人体基本的力量素质、柔韧性素质、协调灵敏性素质及平衡素质体现。身体素质是人类自我控制和调节机能的一种形式，它通过身体活动对人体机能进行再创造，从而改善人类自身。人类自诞生之日起，就为生存与这个世界对抗，为发展与自己的缺陷对抗，人类在不断挑战自身极限的过程中，表现人对自身要求的强烈程度和勇敢精神，人类身体素质可以说既是社会发展的必然产物，推动社会发展的一种动力，又是人类为生存与发展彰显活动的能力。身体素质是培养良好姿态、塑造优美形体、修炼仪态举止并最终达到自我塑造、个体对自我身体正确认识的关键。

身体素质教学与训练的内容：力量素质主要围绕头颈肌群、肩臂部肌群、胸部肌群、背部肌群、腰腹部肌群、下肢肌群进行锻炼；柔韧素质主要围绕颈部、躯干、四肢柔韧练习进行锻炼；协调灵敏性素质主要通过徒手跑跳和游戏练习进行锻炼；平衡素质练习主要通过平衡垫站立、健身球练习进行锻炼。身体素质练习贯穿在每一阶段的每一次课的准备或结束部分进行，每周采用两种或以上方法，锻炼1～2种不同的身体素质。

（二）姿态的培养

姿态是身体呈现的样子，它主要包括站姿、坐姿、行姿三个部分。姿态也是直接影响女性美的重要因素。美的姿态必须是自然的姿态，不管一个女子的身材相貌有多完美，一旦忸怩作态，矫揉造作，那她的整体美就会大打折扣。

此外，美的动作必须是敏捷而舒展的，干脆利落、精神饱满，可以给人以朝气蓬勃的印象；相反，步履蹒跚、动作迟钝，就不可能给人以美感。中国古人对姿态的美有非常形象的比喻：站如松、坐如钟、卧如弓、行如风，这也是对人的姿态动作的一种高度概括，即俗话说的“站有站相，坐有坐相”。“站如松、坐如钟、卧如弓”描述的是对人体静态美的要求，即讲究稳重镇定；“行如风”讲的是对人体动态美的要求，即讲究潇洒飘逸。

身体姿态教学与训练内容主要为：站姿训练主要通过小八字站立、丁字步站立、双手叉腰顶书控制站立、双手叉腰立踵、双手叉腰，前、侧、后点地等进行练习；

坐姿训练主要通过端坐式坐姿、双脚前置式坐姿、双腿后屈式坐姿、侧身叠式坐姿等进行练习；走姿训练主要通过柔软步走、足尖步走、滚动步走等进行练习；其次通过不良站姿、坐姿、走姿纠正练习以及不同内容的基本姿态训练组合套路进行锻炼。阶段一教学中身体姿态练习主要有8学时，内容为站、坐、走训练、不良站姿、坐姿、行姿纠正和基本姿态组合训练；阶段二教学中身体姿态练习主要有8学时，理论介绍日常生活姿态注意事项2学时，其余6学时为基本姿态与跑跳组合训练。

（三）形体的塑造

形体是人体结构的外在表现，不同时期、不同社会背景下人们对形体有着不同的衡量标准与尺度。女性的形体之美是一种综合的美，它是健壮体格、完美体型、优美姿态融合在一起而展现的和谐之美。匀称健美的身材，秀丽端正的五官，是构成女性外在美的重要因素，无论是古希腊雕塑中的S形曲线，还是中国古代辞赋家笔下的“增之一分则太长，减之一分则太短”，都是强调女性身材的美。美的身材首先必须是健康、匀称、充满活力的，要求符合一定的比例，并呈现出顺畅流动的线条。形体美是由线条、姿态、造型美的移动和静止的形态所构成的，形体美的基本要素是指均衡、对称、曲线和韵律。形体塑造是集舞蹈、芭蕾、健美操和体操等学科为一体的训练体系。

形体教学与训练内容主要为：基本训练主要由芭蕾手位、芭蕾脚位、把杆练习、跑跳练习等组成；有氧舞蹈组合主要通过健美操、爵士舞、街舞、啦啦操等进行训练；借助器械训练主要通过花球操、抗阻弹力操、椅子操等教学训练。阶段一教学中以形体练习为主要内容，此阶段形体训练共计22学时，即把杆基本功训练6学时、形体各部位基本动作训练6学时、爵士舞10学时；阶段二教学中形体练习主要有16学时，即健身类健美操基本动作训练6学时、形体有氧舞蹈10学时；阶段三教学中形体练习主要有10学时，即器械与身体配合2学时、花球操或椅子操8学时。

（四）仪态的修炼

仪态美是人的空间活动方式变化的美。人总是要活动的，只要活动身体就会有变化，就会有各种各样的姿势、举止、行为。仪态修炼是一个内外兼修的过程，仪态之美是建立在健康身体素质、匀称形体、端庄姿态之上世界通用的身体肢体交流信号，全球各种文化之间的差异固然存在，但是世界各地所使用的基本肢体语言信息却是相同的，所以我们不能忽视仪态的重要性。如何用面部表情展现静态坐姿的典雅与高贵，站立姿态如松一般的气质，行走中体现风度，举手投足间的优雅，这些都是仪态修炼的内容。一个眼神，一抹微笑，一句问候，一个手势，大学女生的气质、风度、精神面貌将在举手投足间得到展现，同时内外兼修的肢体语言、仪态不仅要求大学女生拥有一个秀丽的外表，更重要的是拥有一颗平静安宁的心，拥有内在的气质与涵养。伴随着社会竞争的日益激烈，女性承受着来自社会与家庭双方面的压力，如何调整心态，在日常生活中保持微笑，神情自然，举手投足间展现自己内在的自信与优雅是仪态修炼的重要内容之一。女性内在美的表现是多方面的，如高尚的品德和情操、温柔贤淑的性格、宽容大度的胸怀等，而知识女性的美，更集中地表现在其独特的待人接物的气质和内涵方面。

仪态塑造内容主要为：中国传统导引养生功与大舞、东方古老养生术瑜伽、西方流行的普拉提以及中国民族健身舞蹈介绍；阶段一对中国传统导引养生功锻炼贯穿在每一节课中准备或结束部分进行；阶段二教学中瑜伽练习为 8 学时，主要由一些轻柔瑜伽与流瑜伽组成；阶段三教学中主要有 10 学时，理论介绍日常生活仪表仪态 2 学时，6 学时为中国民族舞或古典舞训练，大舞或普拉提介绍为 2 学时。

二、身体美育三阶段的教学内容

（一）阶段一：尝试选项阶段（见表 10-1）

主要以身体美育内容体系中基础学科为主，即身体素质训练主要是以身体力量、柔韧训练为主贯穿在每次课程中，形体基础、不良姿态纠正与基本姿态组合的教学，旨在通过不同的身体基本训练改善日积月累不良姿态对身体带来的负面影响，其次通过中国传统导引养生功的身心调节，拓展学生身体实践性，在人际互动交往中提高学生举手投足的风度。与此同时要求教师在课堂中通过不同的身体锻炼，针对不同学生个体进行不同要求与讲解，在兼顾大众的同时进行区别训练的原则。

表 10-1　尝试选项阶段的教学内容

内容体系	主要教学内容	教学时数
课程理论	身体美育体系	2
姿态培养	站、坐、走训练和不良站姿、坐姿、行姿纠正	2
形体塑造	基本姿态组合训练	6
	把杆基本功训练	6
	形体各部位基本动作训练	10
仪态修炼	爵士舞一套	准备或结束部分中进行
身体素质	导引养生功	贯穿在每节课程中进行
考核	把杆力量、柔韧性等素质训练	2
机动	基本姿态组合、爵士舞	2
合计	素质达标考评	36

（二）阶段二：基础巩固阶段（见表 10-2）

借鉴前人智慧和宝贵经验，按照美的规律来加以规范和教育，将几种不同形体练习的方法与日常生活姿态培养有机地联系起来，在诸多的生活案例讲解与示范中加深学生对身体美的理解，同时也便于学生的自主学习和塑造。与此同时要求教师通过课堂知识讲解，帮助学生认识自己的身体，同时在追求身体美的体验中，初步学会表现与创造自己的身体美。

表 10-2　基础巩固阶段的教学内容

内容体系	主要教学内容	教学时数
姿态培养	日常生活姿态注意事项	2（理论）
	基本姿态与跑跳组合训练	6
形体塑造	健身类健美操基本动作训练	6
	形体有氧舞蹈	10
仪表仪态	瑜伽介绍	准备或结束部分中进行
	瑜伽组合套路	8
身体素质	地面力量、柔韧性、协调灵敏性等素质训练	贯穿在每节课程中进行
考核	形体有氧舞蹈、瑜伽	2
机动	素质达标考评	2
合计		36

（三）阶段三：强化提高阶段（见表 10-3）

表 10-3　强化提高阶段的教学内容

内容体系	主要教学内容	教学时数
形体塑造	器械与身体配合	2
	啦啦操或椅子健身操（教师根据学生、场地、器材等情况自选内容）	8
仪表仪态	日常生活仪表仪态	2（理论）
	民族舞或古典舞	6
	大舞或普拉提介绍	2
身体展示	自编操（要求：个人、双人、自组团队自编一套表现肢体动作的不限艺术形式的套路组合，配合音乐，时间在 1 分 30 秒以上）	8
身体素质	力量、平衡（转体）等与器械配合进行的素质训练	贯穿在每次课程中进行
考核	花球或踏板健身操、民族或古典舞蹈（二选一）	2
	自编操展示	2
课程小结	学生反馈、教师小结	2
合计		36

此阶段教育不停留在“举手投足”教学，而是通过身体的动静表现，身体与器械配合，人际交流沟通来发掘蕴含于自身的文化气质，在自然中散发出信心、修养和魅力，这将作为健康与幸福的符号延续至女性的整个生涯修炼。与此同时要求教师在课堂中针对学生个体需求与兴趣选择不同的教学内容，从身体活动中通过体验美、表现美、创造美的审美教育，使学生了解身体的奇妙，尊重生命，在丰富的训

练素材中对自我身体进行塑造与展示，建立自信、自尊、自立与自强的身体健康观，为学生今后持续学习拓展空间，同时满足社会对大学女生的要求，为其今后步入社会奠定良好的基础。

参考文献

[1] 杜高山．从分析到实践：舒斯特曼身体美学与体育研究［J］．体育科学，2014（11）．

[2] 王深．身体的关切：体育美学的当代使命［J］．体育学刊，2011（2）．

[3] 刘媛媛，张爱红．阴阳共生，和谐至美——竞技体育美学形态与美学本质研究［J］．南京体育学院学报：社会科学版，2013（6）．

[4] 陈飞飞．体育美学在教学中的运用［J］．安徽工业大学学报：社会科学版，2008（4）．

[5] 徐博．重构体育美学——兼论以人为本的体育学科系统［J］．广西教育，2010（36）．

[6] 孙红霞，王康乐．学校体育中的美学教育研究［J］．搏击（体育论坛），2015（1）．

[7] 张若谷．试论体育美学在高校体育教学中的运用［J］．湖北经济学院学报：人文社会科学版，2012（6）．

[8] 蒋菠．竞技走向健美：大学体育人文精神重塑［D］．重庆：西南大学，2012.

[9] 王洋．西安体育学院健身健美专修课程现状调查及对策研究［D］．西安：西安体育学院，2012.

[10] 徐奕宏．女性参与体育运动的社会文化学分析［J］．体育学刊，2008（4）．

[11] 马凤霞等．女性体育在构建和谐社会中的作用［J］．北京体育大学学报，2007（9）．

[12] 蒋美华．20 世纪中国女性角色变迁［M］．天津：天津人民出版社，2008.

[13] 瞿青．20 世纪中国女性主体意识的演变轨迹［J］．山东师范大学学报，2006（51）．

[14] 裴晶晶．长春市健身俱乐部女性会员体育消费行为特征的研究［D］．长春：吉林大学，2008.

[15] 张玲．新时期女性体育文化生活［J］．河北理工大学学报，2010（3）．

[16] 石龙．论西方体育人文价值的演变［D］．广州：华南师范大学，2007（4）．

[17] 韦拴喜．身体转向与美学的改造——舒斯特曼身体美学理论研究［D］．西安：陕西师范大学，2012.

[18] 赵歌，赵广涛．身体意识、身体训练与自我关怀——基于理查德·舒斯特曼身体美学研究 [J]．北京体育大学学报，2015 (6)．

[19] 陈丽珠．当代女性健身观与体育文化产业创新 [D]．北京：中央民族大学，2011.

[20] 杨斌等．女性身体美的历史审视 [J]．体育文化导刊，2009 (6)．

[21] 杨斌．职业女性健身消费价值取向的社会文化分析 [J]．吉首大学学报：社会科学版，2011 (3)．

[22] 程宙明．肌肉观——审美泛化时代下女性健身路径选择的新视野 [J]．成都体育学院学报，2014 (4)．

[23] 陈丽珠．当代女性健身观念与行为的影响因素和特点——以北京地区为例 [J]．体育科学研究，2014 (1)．

[24] 陈丽霞，何百虎．我国都市女性健身思想、行为变迁的社会心理分析 [J]．四川体育科学，2008 (3)．

[25] 赵京华．南京市商业性健身场所女性消费调查 [J]．体育文化导刊，2009 (2)．